2003 中国市场经济发展报告

北京师范大学经济与资源管理研究所 - 著

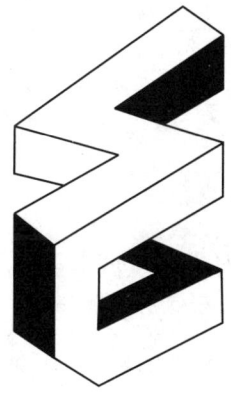

2003 A REPORT ON THE DEVELOPMENT OF CHINA'S MARKET ECONOMY

（校订本）

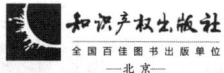

图书在版编目（CIP）数据

2003 中国市场经济发展报告：校订本 / 北京师范大学经济与资源管理研究所著 . —北京：知识产权出版社，2021.4
ISBN 978-7-5130-7372-1

Ⅰ. ① 2… Ⅱ. ①北… Ⅲ. ①中国经济—社会主义市场经济—经济发展—研究报告—2003　Ⅳ. ① F123.9

中国版本图书馆 CIP 数据核字（2020）第 269587 号

内容提要

本书遵循一个明确的目标，就是围绕中国市场经济地位这个主题，有针对性地回答国外对华反倾销中各种带有普遍性的疑问，客观地揭示 2001 年中国经济市场化的现状和水平，通过国际比较展示中外市场经济的共性与差异。

总 策 划：王润贵	项目负责：蔡　虹
套书责编：蔡　虹　石红华	责任校对：潘凤越
本书责编：荆成恭	责任印制：刘译文

2003 中国市场经济发展报告（校订本）
北京师范大学经济与资源管理研究所　著

出版发行：知识产权出版社有限责任公司	网　　址：http://www.ipph.cn
社　　址：北京市海淀区气象路 50 号院	邮　　编：100081
责编电话：010-82000860 转 8341	责编邮箱：jcggxj219@163.com
发行电话：010-82000860 转 8101/8102	发行传真：010-82000893/82005070/82000270
印　　刷：三河市国英印务有限公司	经　　销：各大网上书店、新华书店及相关专业书店
开　　本：787mm×1092mm　1/32	印　　张：17.375
版　　次：2021 年 4 月第 1 版	印　　次：2021 年 4 月第 1 次印刷
字　　数：483 千字	定　　价：78.00 元

ISBN 978-7-5130-7372-1

出版权专有　侵权必究
如有印装质量问题，本社负责调换。

出版说明

知识产权出版社自 1980 年成立以来，一直坚持以传播优秀文化、服务国家发展为己任，不断发展壮大，影响力和竞争力不断提升。近年来，我们大力支持经济类图书尤其是经济学名家大家的著作出版，先后编辑出版了《孙冶方文集》《于光远经济论著全集》《刘国光经济论著全集》和《苏星经济论著全集》等一批经济学精品力作，产生了广泛的社会影响。受此激励和鼓舞，我们和孙冶方经济科学基金会携手于 2018 年 1 月出版《孙冶方文集》之后，又精选再版孙冶方经济科学奖获奖作品。

"孙冶方经济科学奖"是中国经济学界的最高奖，每两年评选一次，每届评选的著作奖和论文奖都有若干个，评选的对象是 1979 年以来所有公开发表的经济学论著。其获奖成果基本反映了中国经济科学发展前沿的最新成果，代表了中国经济学研究各领域的最高水平。这次再版的孙冶方经济科学奖获奖作品，是我们从孙冶方经济科学奖于 1984 年首届评选到 2017 年第十七届共评选出的获奖著作中精选的 20 多部作品。这次再版，一方面是为了缅怀和纪念中国卓越的马克思主义经济学家和中国经济改革的理论先驱孙冶方同志；另一方面有助于系统回顾和梳理我国经济理论创新发展历程，对经济学同人深入研究当代中国经济学思想史，在继承基础上继续推动我国经济学理论创新、更好构建中国特色社会主义政治经济学都具有重要意义。

在编辑整理"孙冶方经济科学奖获奖作品选"时，有几点说明如下。

第一，由于这 20 多部作品第一版时是由不同出版社出版的，所以开本、版式、封面和体例不太一致，这次再版都进行了统一。

第二，再版的这20多部作品中，有一部分作品这次再版时作者进行了修订和校订，因此与第一版内容不完全一致。

第三，大部分作品由于第一版时出现很多类似"近几年""目前"等时间词，再版时已不适用了。但为了保持原貌，我们没有进行修改。

在这20多部作品编辑出版过程中，孙冶方经济科学基金会的领导和同事对本套图书的出版提供了大力支持和帮助；86岁高龄的著名经济学家张卓元老师亲自为本套图书作了思想深刻、内涵丰富的序言；这20多部作品的作者也在百忙之中给予了积极的配合和帮助。可以说，正是他们的无私奉献和鼎力相助，才使本套图书的出版工作得以顺利进行。在此，一并表示衷心感谢！

知识产权出版社

2019年6月

总　序

张卓元

知识产权出版社领导和编辑提出要统一装帧再版从1984年起荣获孙冶方经济科学奖著作奖的几十本著作，他们最终精选了20多部作品再版。他们要我为这套再版著作写序，我答应了。

趁此机会，我想首先简要介绍一下孙冶方经济科学基金会。孙冶方经济科学基金会是为纪念卓越的马克思主义经济学家孙冶方等老一辈经济学家的杰出贡献而于1983年设立的，是中国在改革开放初期最早设立的基金会。基金会成立36年以来，紧跟时代步伐，遵循孙冶方等老一辈经济学家毕生追求真理、严谨治学的精神，在经济学学术研究、政策研究、学术新人发掘培养等方面不断探索，为繁荣我国经济科学事业做出了积极贡献。

由孙冶方经济科学基金会主办的"孙冶方经济科学奖"（著作奖、论文奖）是我国经济学界的最高荣誉，是经济学界最具权威地位、最受关注的奖项。评奖对象是改革开放以来经济理论工作者和实际工作者在国内外公开发表的论文和出版的专著。评选范围包括：经济学的基础理论研究、国民经济现实问题的理论研究，特别是改革开放与经济发展实践中热点问题的理论研究。强调注重发现中青年的优秀作品，为全面深化改革和经济建设，为繁荣和发展中国的经济学做出贡献。自1984年评奖活动启动以来，每两年评选一次，累计已评奖17届，共评出获奖著作55部，获奖论文175篇。由于孙冶方经济科学奖的评奖过程一直是开放、公开、公平、公正的，在作者申报和专家推荐的基础上，由全国著名综合性与财经类大学经济院系和中国社会科学院经济学科领域研究所各推荐一名教授组成的初评小组，进行独立评审，提出建议入围的论著。然后由基金会评奖委员会以公开讨论和不记名投票方式，以简单多数选定获奖作品。最近几届的票决结果还要进行公示后报基金会理事会最终批准。因此，所有获奖论著，都是经过权威专家几轮认真的公平公正的评审筛选后确定的，因此这些论著可以说代表着当时中国经济学研究成果的最高水平。

作为17届评奖活动的参与者和具体操作者，我不敢说我们评出的获奖作品百分之百代表着当时经济学研究的最高水平，但我们的确是尽力而为的，只是限于我们的水平，肯定有疏漏和不足之处。总体来说，从各方面反映来看，获奖作品还是当时最具代表性和最高质量的，反映了改革开放后中国经济学研究的重大进展。也正因如此，我认为知识产权出版社重新成套再版获奖专著，是很有意义和价值的。

首先，有助于人们很好地回顾改革开放40年来经济改革及其带来的经济腾飞和人民生活水平的快速提高。改革开放40年使中国社会经济发生了翻天覆地的变化。贫穷落后的中国经过改革开放30年的艰苦奋斗于2009年即成为世界第二大经济体，创造了世界经济发展历史的新奇迹。翻阅再版的获奖专著，我们可以清晰地看到40年经济奇迹是怎样创造出来的。这里有对整个农村改革的理论阐述，有中国走上社会主义市场经济发展道路的理论解释，有关于财政、金融、发展第三产业、消费、社会保障、扶贫等重大现实问题的应用性研究并提出切实可行的建议，有对经济飞速发展过程中经济结构、产业组织变动的深刻分析，有对中国新型工业化进程和中长期发展的深入研讨，等等。阅读这些从理论上讲好中国故事的著作，有助于我们了解中国经济巨变的内在原因和客观必然性。

其次，有助于我们掌握改革开放以来中国特色社会主义经济理论发展的进程和走向。中国的经济改革和发展是在由邓小平开创的中国特色社会主义及其经济理论指导下顺利推进的。中国特色社会主义理论体系也是在伟大的改革开放进程中不断丰富和发展的。由于获奖著作均系经济理论力作,我们可以从各个时段获奖著作中,了解中国特色社会主义经济理论是怎样随着中国经济市场化改革的深化而不断丰富发展的。因此,再版获奖著作,对研究中国经济思想史和中国经济史的理论工作者是大有裨益的。

最后,有助于年轻的经济理论工作者学习怎样写学术专著。获奖著作除少数应用性、政策性强的外,都是规范的学术著作,大家可以从中学到怎样撰写学术专著。获奖著作中有几套经济史、经济思想史作品,都是多卷本的,都是作者几十年研究的结晶。我们在评奖过程中,争议最少的就是颁奖给那些经过几十年研究的上乘成果。过去苏星教授写过经济学研究要"积之十年",而获奖的属于经济史和经济思想史的专著,更是积之几十年结出的硕果。

是为序。

2019 年 5 月

再版前言

时隔18年后本书有机会再版,特别要感谢孙冶方经济科学基金会与知识产权出版社的历史担当与改革情怀。再版改革开放40年来陆续出版的这批著作,不仅有助于理解走过的历程,也有助于面对现实的形势。

下面对中国市场经济地位及其报告的影响与进展情况略加说明。

一、《2003中国市场经济发展报告》的国内外影响 ❶

《2003中国市场经济发展报告》,是针对国际上的反倾销而展开的。《中国加入世贸组织议定书》于2001年12月11日生效,中国正式成为世贸组织成员,这意味着中国经济体制改革和对外开放进入了一个新阶段。

2001年6月我工作调动到北京师范大学后,所做的第一件大事,就是接受商务部委托,组织了26位专家学者和30名研究生,围绕国际贸易中"非市场经济地位"这个问题,进行了研究。在撰写市场经济程度测度的报告中,我们有一考虑——在国际谈判中,需要"以子之矛,攻子之盾"。我们既不是全盘接受他们的标准,也不是全盘否定他们的标准,而是提出我们自己的具有包容性并可进行谈判的标准。

2002年我们用了近一年时间,对截至2001年年底中国市场经济的状况进行了调查研究,对市场化进程进行了评估测度,并与一些

---

❶ 本报告更具体详尽的进展与影响,请参阅《李晓西学术自传》,广东经济出版社2019年版,第118~128页。

发达国家、转轨国家及发展中国家的市场经济程度进行了比较,形成约 48 万字的《2003 中国市场经济发展报告》。时任国务院发展研究中心常务干事吴敬琏研究员、北京大学光华管理学院院长厉以宁教授、中国社会科学院经济所所长张卓元研究员等 18 位著名经济学家对报告提出了认真的书面评审意见。该报告概括了美国、欧盟、加拿大反倾销法规中对市场经济标准的规定,从市场经济发展的历史和中国改革市场化进程的现实出发,提出了合理判断市场经济地位的五大依据,建立了包括 33 个基础指标的市场化程度测度体系,测度出 2001 年中国的市场化程度为 69%,用数据和事实证明了中国总体市场化已领先于一些被西方承认为市场经济的转轨国家或发展中国家,得出了"中国已经是发展中的市场经济国家"的重要结论。

再版前言

《2003 中国市场经济发展报告》中、英文版分别于 2003 年 3 月和 8 月由对外经济贸易大学出版社正式出版,在国内外产生了广泛的影响。新华社发了新闻通稿,中央电视台、人民日报社、全国数十家报刊予以报道或转载;《求是》杂志 2003 年第 10 期发表了我的"中国是发展中的市场经济国家——解读《2003 中国市场经济发展报告》"一文。该报告的英文本正式出版发行后,美国驻华大使馆、澳大利亚驻华大使馆均表示关注。澳大利亚驻华大使馆经济参赞 Dr. Mike Adams 曾两度与我进行了交流,认为这是一项非常了不起的成果。在 2003 年 10 月胡锦涛同志访问澳大利亚后,Dr. Mike Adams 先生立即来到北京师范大学,他说:这次两国签署了自由贸易协定框架,双方在 2005 年 10 月前必须相互承认市场经济地位,才能启动正式的磋商机制。因此,希望能对中国市场经济地位问题有更多的了解,并愿意与我们合作。欧盟有关机构也对该报告给予好评,《美国商业周刊(中文版)》等国外诸多主流媒体纷纷报道。学术界众多专家对该报告予以充分肯定,该报告获第十一届(2004 年度)孙冶方经济科学奖和北京市第八届哲学社会科学优秀成果一等奖。该报告作为中国进行市场经济地位磋商的基本资料,正式提交给欧盟、美国和其他国家,也发送给我国驻 100 多个国家的驻外使馆。该报告在促使欧、美从拒绝讨论中国市场经济地位的立场，转到同意并成立了专门工作小组进行磋商过程中，以及在促使多个国家承认中国完全市场经济地位中，起到了重要作用；在促使完善国内市场经济体系中，也具有重要的参考价值。

此后，我组织完成了2005年、2008年和2010年三个年度的中国市场经济研究报告。英国阿什盖特出版公司（Ashgate Publishing Ltd）以《2005中国市场经济发展报告》为基础版本，出版了《中国市场化程度的评估》"*Assessing the Extent of China's Marketization*"一书。在对此书的简评中，哈佛大学库珀教授说："本书全面地记录了中国从中央计划经济走向市场经济国家的进程"；华盛顿国际经济研究所高级研究员拉迪认为，"本书是对中国向市场经济转轨的全面分析"；匹兹堡大学罗斯基教授认为，"这本覆盖面广、内容详实的著作将有助于外国人了解中国经济学家和政策分析者们如何看待他们国家的发展历程、制度结构和改革进程"。

二、中国要不要申请市场经济地位？❶

2004年6月，欧盟做出了暂不承认中国市场经济地位要求的初评意见，此后，国内出现了对是否申请市场经济地位的不同观点。下面我们简单地讨论一下这些观点。

有的同志认为，中国不需要申请市场经济地位。理由是：中国搞什么经济制度别人无权干涉；反倾销金额在我国贸易额中只是一个很小的比例，仅涉及中国出口贸易额的0.5%左右。我们认为这种观点值得商榷。中国建设和完善社会主义市场经济制度是完全自

---

❶ 这里引用了我和曾学文博士在《财贸经济》2004年第10期上发表的"再论中国市场经济地位——兼评欧盟对中国市场经济地位的初步评估"一文。本文是在北京师范大学经济与资源管理研究所《中国市场经济发展报告》课题组集体研究成果基础上撰写的，是在欧盟2004年6月对中国市场经济地位做出回应后的再分析，因此，称为"再论中国市场经济地位"。

主的选择，任何国家没权干预，这是不用争议的。但是在反倾销中，存在交易的双方甚至多方时，做事的规则就需要商量了。首先需要与当事国商量，即要进行谈判。这种谈判，就是一种斗争，但这是维护公平贸易原则的斗争。由于在入世的协议书中，有不利于中国市场经济地位的条款，虽然这是在入世谈判中有得有失的让步，而入世谈判总体上是成功的。没有人会相信，谈判不需要让步和妥协；没有人会以为，谈判的结果会全盘有利。但入世后，面对国际反倾销颇有增势的情况，面对企业提出承认公平地位的要求，研究机构纷纷提出确定中国市场经济地位的充分论据，政府就负有抓住机遇争取公平贸易条件的责任。商务部抓住了欧盟承认俄罗斯等市场经济地位的机遇，及时向欧盟提出中国的要求，是明智的，是必要的。欧盟做出回应，组织了专家组认真研究中方的申请，这也为中国早日解决非市场经济地位问题创造了条件。欧盟反复申明，它们完全支持中国的改革与开放，支持中国对经济制度的选择，无意对中国制度做总体判断，只是从反倾销调查角度提出疑问和担心，因为它们知道，中国作为一个大国，不会接受外国的干预，但听得进别人的建议，中国经济制度的选择权，完全在中国人民自己手中。

再版前言

　　中国争取市场经济地位，首先是义，其次才是利。义者，中国经过26年改革，已成为一个市场经济国家，虽然相比发达国家，其市场经济制度还需要完善、需要健全。承认这个客观情况，就是尊重事实，就是承认中国企业的权益，就是义。反之，那些严重背离中国经济发展现实的界定，就是不公平的，不义的。当然，讲义也要讲利。我们看到，否认中国市场经济地位，促使反倾销不断升级，已给中国出口进而国民经济造成了很大损害。1995—2003年，我国连续9年成为世界遭受反倾销调查数量最多的国家。仅2003年一年，国际上针对中国的反倾销和保障措施立案就高达59起，涉案金额约22亿美元。虽然22亿美元在同年外贸出口额中仅占0.5%，但是，每年这样的比例，每年这样的金额，累计起来就不是小数字；虽然直接涉案金额似乎还不惊人，但与之相关联的经济损失就大得多；虽然就全国而言，就总额而言，损失率在千分之五，但对被征高额反倾销税的企业或行业，就可能从此被挤出国际市场，就是100%的损失。事实上，中国遭受反倾销涉及的出口商品类别相当广泛，几乎从低附加值到高附加值的各类商品都有，其中机电设备、纺织品、化工产品、基本金属等受到的影响最为突出。一个企业败诉可能会连带其进口商和上下游的一批关联企业，进口商往往会转往其他市场寻找新的供货商。一个企业被征反倾销税会持续5年或更长时间，因此，影响是较长期的。企业败诉，还吓阻了想在本行业投资的外商和内资，更是直接影响到GDP的增长。与此同时，被反倾销的企业，员工就业也成了问题。比如，2004年我国虾产品在美国被初裁确定征收高额反倾销税，表面上受到影响的是我国100多个虾产品出口企业的利益，但这些企业后面则是我国数十万的虾农。又如，近期因美国反倾销，我国台湾家具厂商出现企业投资向海外转移现象，已影响我国相当数量的工人就业。

有的同志认为，市场经济地位是政治决策，技术层面之争没什么用。我们认为这个观点也是需要商榷的。由于市场经济地位的争论实际上是各国利益之争，是由政府出面商定的，因此，市场经济地位不完全是技术层面的问题，确实存在甚至有时主要是政治决策。但是，评定市场经济地位又与技术层面判断和争论分不开，市场经济地位磋商中技术层面是基础性的。技术层面的研究，能给政治层面提供有力的论据，这是常识，也是经验。有人认为，市场经济地位的获得纯粹是一个政治问题，欧盟承认俄罗斯是典型的政治决策。但当我们仔细研读俄罗斯的市场经济申请报告时，也看到其论述的全面和回复欧美标准的极强的针对性，换言之，也是以技术层面报告为根据的。事实上，自普京执政以来，俄罗斯经济已取得了较快发展，国家对企业的干预大大减少，市场化进程加速，虽然自由化指数总体上还是低于中国，但在某些方面的改革比中国进程要快。这个例子也在说明市场经济问题中技术层面的因素是基础性的，重要的。诚然，政治决策是政治家做出的，但什么叫政治家？

政治家就是最需要也最懂得为政治决策找理由的人。若政治层面决定完全不顾技术层面，就会明显看出某些集团或国家的不讲理和霸权，就会引起公众的批评。这一点，欧、美都是忌讳的。欧盟特别申明自己这次初估不是政治层面的，以表明自己是讲理的。对一个巨大系统如对一个国家的制度分析时，要有一套理由，有成系统的指标，有国内外的比较，这就是所谓的技术层面。难道这是不需要的？

三、要关注把市场经济地位问题从经贸领域引入政治领域的动向 ❶

2016年12月，中国与美国和欧盟就其市场经济地位再次出现争议。中国认为2001年加入世贸组织时，协议要求WTO成员在中国入世届满15年时自动给予中国市场经济地位。而2016年12月，美国、欧盟和其他一些成员国认为中国没有兑现其加入WTO时所作出的开放市场的承诺，拒绝承认中国的市场经济地位。2017年12月1日美国贸易代表办公室向新华社记者证实，美政府已向世贸组织正式提交书面文件，反对在反倾销调查中给予中国"市场经济地位"待遇。2018年4月，美国以中国贸易环境不公平、不遵守贸易规则等为由，宣布对中国钢、铝等产品加征关税，率先挑起贸易战，并于2018年7月底，在WTO总理事会上提交对中国经济模式的指责意见，认为中国构建了非市场导向经济模式和非市场的资源分配方法，仍是中央计划经济体制，拒不承认中国的市场经济地位。美国这种认定，对中国经济的影响很大，据估算与经验，意味着中国制造商每年出口损失将在数十亿美元。就美国的认定，中国外交部与商务部均表示，世贸组织成员在对中国产品发起反倾销调查时，必须按照世贸组织通行规则，以中国企业的价格和成本为基础确定倾销幅度。这是中国作为世贸组织成员应该享有的

---

❶ 这里引用了我与林永生副教授2018年11月15日提交教育部社科司的内参"坚持争取中国市场经济地位"中的部分内容。

权利，也是其他所有世贸组织成员必须履行的义务，其他世贸组织成员均应履行其放弃反倾销"替代国"做法的义务。按中国加入世贸组织议定书第15条规定，其他成员国不能再以"替代国"的方式作为判定中国企业是否进行倾销的标准。

非市场经济地位的这种认定，在政治上对中国影响更大。美国的报告，本质上是以市场经济地位问题为托辞，以"改革"WTO为突破口，拉拢日本、欧洲等部分国家组成市场经济国家联盟，拟改变中美贸易战中，以全球化与反全球化为中心的争论中，中方支持者众而美国已开始孤立的境遇，借市场经济地位的问题来对付中国。美国当局把市场经济地位从经贸领域引向国家制度领域的用心，我们不仅要防范，还应适度反击。我们要看到，全球已经有80多个经济体承认中国市场经济地位，包括俄罗斯、巴西、瑞士、澳大利亚、新西兰、英国、荷兰以及部分北欧国家。我们现在持续发声、理论争辩，才能使这些国家向我们靠近或至少中立，而不能毫无顾忌地站到美方一边。总之，不能轻易放弃我们在申请市场经济地位中已经取得的成果。

四、全面深化经济体制改革

党的十八届三中全会提出："使市场在资源配置中起决定性作用和更好发挥政府作用"。加强现代企业制度合法合规建设，加强对企业财产所有权的保护，非常关键。经济体制改革和对外开放实践证明，市场化最大的基础，是让千千万万的人民来决定生产、交换与消费。这是人民群众创造历史的经典理论所认同的。市场力量的自发性和盲目性，会自我克服，也需要借助强有力的政府的力量来解决。强调"看不见的手"和"有形的手"相结合的两手理念，曾是东亚几国20世纪末崛起的因素，更是今天中国社会主义的特色。

2020年5月11日，中共中央国务院发布了《关于新时代加快完善社会主义市场经济体制的意见》，强调："社会主义市场经济体制是中国特色社会主义的重大理论和实践创新，是社会主义基本经济制度的重要组成部分。"同时指出:"我国市场体系还不健全、市场发育还不充分,政府和市场的关系没有完全理顺,还存在市场激励不足、要素流动不畅、资源配置效率不高、微观经济活力不强等问题,推动高质量发展仍存在不少体制机制障碍,必须进一步解放思想,坚定不移深化市场化改革,扩大高水平开放,不断在经济体制关键性基础性重大改革上突破创新";提出"完善产权制度和要素市场化配置为重点,全面深化经济体制改革""吸收借鉴国际成熟市场经济制度经验和人类文明有益成果,加快国内制度规则与国际接轨""深化以政企分开、政资分开、特许经营、政府监管为主要内容的改革""以保护产权、维护契约、统一市场、平等交换、公平竞争、有效监管为基本导向,不断完善社会主义市场经济法治体系"。这些判断,太重要了。在新形势下,加快完善社会主义市场经济体制更具有重大现实意义了。

  我们认为,对内坚持经济体制的市场化改革,对外坚持市场经济地位的争取,二者并不矛盾,不论国内国外,有理讲理,见招拆招!我们曾提出的测度标准或许有助于也将会继续有助于我们对内尤其对外讲解中国社会主义市场经济体制。《2003中国市场经济发展报告》曾提出的5条标准:一是"政府行为规范化",二是"经济主体自由化",三是"生产要素市场化",四是"贸易环境公平化",五是"金融参数的合理化",这些方面及内容界定既符合当前经济改革的需要,也有助于我们对外的讲理与进行高水平的外交。2021年国际形势尤其是WTO态度方面不容乐观,我们如何真正实现让市场在经济中发挥决定性作用,如何争取更多的国际组织与友好国家的支持,不仅关系形成人类命运共同体的基础,更关系中国经济政治的未来前景。我心存担忧,也深深地祝福之!

李晓西

2021年3月16日

课题组组成及人员

课题组负责人
李晓西

课题组成员
王世春　许宪春　王贺军　李晓超
刘丹阳　余本林　董礼华　王　强

撰稿人员
王雪磊　田　辉　刘学敏　刘　韬　李晓西　李建伟
李文锋　李　静　江明清　苏旭霞　吴振宇　杨　琳
余　明　余洁雅　张生玲　张国会　张江雪　和晋予
范丽娜　林　伦　周武光　侯万军　施发启　高明华
徐薇薇　袁培红　董念清　曾学文　蒲凌尘　鄢晓发
戴宪生

评审专家

吴敬琏教授　著名经济学家　国务院发展研究中心常务干事
厉以宁教授　著名经济学家　北京大学光华管理学院院长
张卓元教授　著名经济学家　全国政协委员
陈锡文教授　国务院发展研究中心副主任
樊　纲博士　中国经济体制改革研究基金会国民经济研究所所长
马建堂博士　国家经济贸易委员会副秘书长
邱晓华博士　国家统计局副局长
易　纲博士　中国人民银行货币政策委员会秘书长
宋　宁博士　国务院研究室宏观经济研究司司长
范恒山博士　国家经济体制改革办公室综合司司长
卢中原博士　国务院发展研究中心宏观经济研究部部长
刘　伟博士　北京大学经济学院院长
江小涓博士　中国社会科学院财贸经济研究所副所长
陈东琪博士　国家发展计划委员会经济研究所所长
陈宗胜博士　天津市人民政府副秘书长
青　锋博士　国务院法制办综合协调司司长
张春霖博士　世界银行驻中国代表处经济学家
汤　敏博士　亚洲开发银行驻中国代表处首席经济学家

前　言

　　市场化进程的研究，既有理论意义，也有现实意义。它既有助于认识中国的市场经济，也有助于实现全球贸易的公平和无歧视。

　　我们撰写的《2003 中国市场经济发展报告》，遵循着一个明确的目标，就是要围绕中国市场经济地位这个主题，有针对性地回答国外对华反倾销中各种带有普遍性的疑问，客观地揭示 2001 年中国经济市场化的现状和水平，通过国际比较展示中外市场经济的共性与差异。

　　这份历时九个月完成的报告，凝结着各方面人士的智慧和劳动。对外贸易经济合作部进出口公平贸易局领导、专家的大力支持和专业指导，国内外一批著名经济学家的指点和建议，国家统计局国民经济核算司和国际统计中心专家的帮助，北京师范大学校领导的关心，新闻界朋友的关注，中国对外经济贸易出版社高效率的工作，以及课题组全体人员的勤奋、认真与合作精神，使得课题得以如期完成。

　　虽然尽了最大的努力，但只能说这是一个有待完善的成果。我们欢迎读者的批评与指正，更希望能与外国朋友进行充分的交流。

　　让我们祝愿公平、公正的精神，伴随着新世纪的阳光，穿透天空那淡淡的乌云，融入五大洲正在回暖的大地。

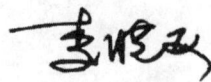

目录

总　论 1

　　一、从反倾销谈起　1

　　二、市场经济标准　3

　　三、经济自由化指数与市场经济程度指数　13

　　四、2001年：中国市场经济测度结论及其国内外比较　19

　　五、《2003中国市场经济发展报告》的结构和基本内容　33

第一章　政府管理体制的改革 36

　　一、政府管理体制改革的进程回顾　36

　　二、政府管理体制适应市场经济的现状　39

　　三、政府管理体制适应市场化的发展趋势　57

第二章　企业的市场化 61

　　一、企业市场化的内涵　61

　　二、中国企业市场化改革回顾　62

　　三、非国有经济的发展　69

　　四、国有企业的市场化　83

五、从重点企业看中国企业的市场化　93

　　六、中国企业市场化发展展望　97

第三章　劳动力流动与工资决定的市场化　104

　　一、劳动力流动与工资决定市场化的历史回顾　104

　　二、劳动力市场化指标的选择及分析　108

　　三、劳动力流动与工资决定市场化的发展趋势　120

第四章　资本交易的市场化　124

　　一、中国资本市场化的演变进程　124

　　二、关于中国资本市场化程度的综合分析　128

　　三、中国资本市场化的发展趋势　138

第五章　土地交易的市场化　142

　　一、土地交易市场化的进程回顾　142

　　二、土地交易市场化程度的判断　146

　　三、土地交易市场化未来发展趋势　155

第六章　国内贸易的市场化　161

　　一、国内贸易市场化推进的历程　161

　　二、国内贸易市场化的标志和程度分析　166

　　三、国内贸易市场化的走势　185

第七章　对外贸易的市场化　189

　　一、中国对外贸易市场化进程的简要回顾　189

　　二、中国对外贸易市场化的判断与评价　192

　　三、中国对外贸易市场化趋势　205

第八章 中介组织规模及行为的市场化 210
一、中国中介组织的发展历程 210
二、中国中介组织的作用和职能 213
三、中国中介组织的市场化程度 216
四、中国中介组织的未来趋势 223

第九章 货币与金融的市场化 226
一、中国金融改革的基本回顾 226
二、中国金融发展现状分析 231
三、中国金融市场化程度判断 239
四、中国金融市场化趋势 250

第十章 中国市场经济法律体系的建立与完善 255
一、中国市场经济法律体系的建立与完善 255
二、法律对产权和公平贸易的保护 266

第十一章 中国市场经济发展程度测度 281
一、中国市场经济发展程度测度的过程 281
二、测度指标的选择、定义及评分 288
三、因素、子因素和总体市场化的分值计算 310
四、测算结果可靠性分析 319

第十二章 欧美关于"非市场经济"问题的立法比较 326
一、关贸总协定关于"非市场经济"及"替代国"问题的规定 326
二、欧盟与美国反倾销法律中有关"非市场经济"问题的规定 328

三、欧美反倾销法中关于非市场经济问题的比较　335

四、欧美对中国"非市场经济"的认定是不公平的　339

第十三章　经济自由度测算的国际比较与借鉴　343

一、经济自由度测算方法的国际比较　343

二、两大研究机构对中国经济自由度的评价　366

三、本课题组对若干样本国家经济自由度部分测度指标的排序　369

第十四章　中国与发达国家市场化程度比较　376

一、政府管理体制的比较　377

二、企业的市场化程度比较　383

三、货币与金融市场化　390

四、对外贸易与国际资本流动的自由化　395

五、法律环境　400

第十五章　中国与经济转轨国家市场化程度比较　403

一、政府规模及政府对经济的干预　403

二、企业的市场化　409

三、货币与金融市场化　413

四、对外贸易与国际资本流动的自由化　418

五、法律和制度环境　423

第十六章　中国与发展中国家市场化程度比较　426

一、政府在市场化中的作用　426

二、企业的市场化　432

三、货币与金融的市场化 437

四、劳动力和土地交易的市场化 443

五、对外贸易的自由化 445

附录一 重点行业的典型企业市场化调查统计分析 452

一、样本企业总体分析 452

二、样本企业分行业基本统计分析 456

三、样本企业中三家典型企业案例分析 459

四、中国新建集团公司市场化分析 464

附录二 农村市场化程度分析 480

一、中国农村市场化改革 480

二、中国农村市场化程度 490

三、中国农村市场化发展的未来趋势 504

附录三 美国传统基金会和加拿大弗雷泽研究所经济自由度指数 508

主要参考文献 525

后　记 529

总　论

2001年中国加入了世界贸易组织，这是世界经济史上的一件大事。世界贸易组织绝大部分成员是市场经济国家，世界贸易组织运作遵循市场经济规则。但中国在参与世界范围的贸易中，在国外对华反倾销中被视为"非市场经济国家"（Non-Market Economy Country，NMEC），受到不公平的待遇。事实上，中国经过20多年改革开放，已经建立起市场经济体制。为促进外国朋友对中国市场经济的了解，2002年我们用了近一年时间，对截至2001年年底的中国市场经济状况进行了调查研究，对市场化进程进行了评估测度，并与一些发达国家、转轨国家及发展中国家的市场经济程度进行了比较。在此基础上，撰写了《2003中国市场经济发展报告》。

一、从反倾销谈起

中国市场经济发展程度（国内一般也称市场化进程）的研究分析，起初是为了找出中国市场化改革中的不足，以推进中国的改革开放。但20世纪90年代以来，这种分析的结果，越来越与反倾销有了内在关联，尤其是在中国加入世贸组织过程中和入世之后。

众所周知，是否是市场经济，是反倾销调查确定倾销幅度时一个常用的重要概念。反倾销案发起国的调查当局如果认定调查商品的出口国为非市场经济国家，将引用与出口国经济发展水平大致相当的市场经济国家（替代国 Surrogate Country）的成本等数据计算所谓正常价值（Normal Value）并进而确定倾销幅度，施以对应的征税措施。

反倾销是世贸组织允许采取的维护公平贸易和保护国内产业安全的合法手段，是各国所公认的。中国赞成和支持这一措施，并一贯反对以倾销方式扭曲公平贸易竞争的秩序，反对以倾销损害贸易伙伴国相关企业的利益。但是，中国坚决反对滥用反倾销，把反倾销变成进行贸易保护或歧视政策的手段。现在，确有一些国家利用某些贸易纠纷案件，把反倾销当作贸易保护的工具，人为地夸大对方国家所谓倾销的幅度，尤其是把一些发展中国家和转轨国家作为"非市场经济国家"，采用与这些国家经济毫不相干的第三国（替代国）的市场价格来计算这些国家产品的正常价值，而不从这些国家产品的实际成本和价格出发来计算。这就不能真实反映出口国经济的现实，导致误判（替代国制度本身的缺陷，将在本报告第十二章进行专门分析）。这种歧视性做法、不公正待遇，使一些国家出口产品本来没有倾销而被裁定为"倾销"，本来倾销幅度较小而被裁定为高度倾销，给这些国家的出口造成人为的壁垒，给国际贸易公平秩序造成过度的摩擦和动荡。

中国是受损害较大的一个国家。一些国家之所以对中国做出非市场经济国家的判断，之所以经常对华使用反倾销的政策并付之行动，主要是因为双方交流不够。他们不了解中国市场经济已经发展到什么程度，不了解中国市场化的快速进展，也不理解中国讲的社会主义市场经济到底是什么样的市场经济。而中国企业由于对国际反倾销法律及程序不熟悉，同时对国内市场经济方方面面的变化不甚了解，在相当一段时间内很少面向反倾销国家提供案件调查的广泛背景资料；而中国学者虽然从推进改革角度做了不少中国市场化测度的研究，但也几乎没有从反倾销角度与国外同行讨论过中国的"非市场经济国家"问题。因此，使一些国家对中国经济的误判一直没有能够得到更正甚至因某些小纠纷而加深了。当然，不排除在一些反倾销案件中，有非认识方面的因素在起作用。比如，有时会因涉及一些进口国生产企业的经济利益，进口国政府有关部门迁就了国内企业的过分要求；甚至也不排除个别时期或个别国家机构，在与贸易紧密相关的反倾销措施中掺进了某些政治因素。

实际上，市场经济地位并不是反倾销胜诉的唯一条件。市场经济条件下，也存在不公平贸易的产品；非市场经济条件下，也可以有相互满意的公平贸易。同样是市场经济地位的企业，反倾销中仍然也会有败诉。因此，中国要求反倾销国从实际出发对待中国的"非市场经济国家"问题，并不是追求反倾销中的优惠地位，只是要求贸易伙伴公平的对待；只希望为了公平贸易而实施的反倾销措施，不要成为扩大不公平贸易的手段。

为了在反倾销中能得到一个非歧视的、公允的判断，我们需要耐心地、客观地向外国朋友介绍中国经济快速转轨的进展情况，帮助外国朋友认识中国是一个市场经济国家，中国的企业是在市场经济条件下运行的企业。本报告就是这样一份向外国朋友们提供关于中国市场经济极为详尽的调研成果。我们欢迎国内外读者尤其是外国朋友共同来评判中国市场经济的发展情况。我们将充分听取包括国内外专家在内的各方意见，摆事实，讲道理，心平气和，充分交流，这不仅将有助于促进中国市场经济的深化，也将有助于形成公平、公正的世界贸易秩序和经济发展环境。

二、市场经济标准

当人们说某些国家是市场经济国家，某些企业是市场经济企业，自然会引来一个问题：什么是市场经济？什么是标准的市场经济或什么是市场经济标准？否则，怎么会得出某些国家是或不是市场经济国家的结论？

事实上，有人承认也有人否定存在市场经济标准。承认者和否定者都有各自理由。在这里，我们可以接受国际贸易中因反倾销提出的一个命题，即市场经济标准是存在的；但同时也认为市场经济标准是相对的。

我们看到，被公认的一些市场经济国家，其经济制度是有差异的。没有人会断言，某个国家是市场经济标准国，凡与之有差异者就不能算市场经济国家。各国基础不同，传统不同，发展阶段不同，市场经济的形式甚至部分内容也必然会不尽相同。但是，差异并不能证明市场经济标准不存在，从差异而否定市场经济标准存在是不正确的。市场经济作为人类历史上一种经济制度，产生于近代，繁荣于现代，与历史上的自然经济不同，也与计划经济不同，当然有其内在规定性。这种内在规定性是存在于各个发展阶段不同的市场经济国家之中的共性。从形形色色市场经济国家中，找到共性，树起一个框架，将有助于我们在反倾销中来判断，到底哪些国家是市场经济国家，哪些国家还不能算是市场经济国家。承认市场经济有一定标准是正确的，但把这个标准绝对化简单化也是不可取的。这个市场经济标准的框架，不是绝对的，不是一个点，也不是一条线，而是在市场经济基本特征基础上建立的区间，是一个允许有一定差异和偏离存在的状态区间，是一个以各国市场经济的共同性为主、差异性为辅而形成的一个丰富多彩的市场经济状态区间。

（一）从美国、欧盟、加拿大反倾销相关法规看市场经济标准

美国商业部所指的非市场经济国家是指不按市场成本和价格规律进行运作的国家。它对市场经济有六个法定要求［19U.S.C-1677（18）］或说具体标准：一是货币的可兑换程度；二是劳资双方进行工资谈判的自由程度；三是设立合资企业或外资企业的自由程度；四是政府对生产方式的所有和控制程度；五是政府对资源分配、企业的产出和价格决策的控制程度，要求该产业的产品数量和价格决策没有政府介入，所有重要的产品投入都是以市场价格支付的；六是商业部认为合适的其他判断因素。此外，美国商务部还特别关心出口国的出口管理：一是在法律上，政府是否对该企业的出口活动进行控制。包括：①对各个企业的经营和出口许可有关的限

制规定；②任何对企业减少控制的立法；③政府其他任何减少对企业控制的措施。二是在事实上，政府是否对该企业的出口活动进行控制，商务部通常要考虑以下因素：①出口价格是否由政府确定或须由政府同意；②出口商是否有权协商合同条款并签订合同或其他协议；③出口商在选择管理层时是否不受政府限制而有自治权；④出口商在分配利润和弥补亏损上是否有独立的决定权。

欧盟在1998年颁布了905.98号法令，允许中国应诉企业在反倾销调查中申请市场经济地位，同时规定了五条判定市场经济地位的标准：一是市场供求决定价格、成本、投入等；二是企业有符合国际财会标准的基础会计账簿；三是企业生产成本与金融状况，不受前非市场经济体制的歪曲，企业有向国外转移利润或资本的自由，有决定出口价格和出口数量的自由，有开展商业活动的自由；四是确保破产法及资产法适用于企业；五是汇率变化由市场供求决定。

加拿大在对非市场经济问题的调查中，明确包括五个方面：一是政府部门在经济政策、经济管理活动中发挥的作用是否不干扰市场经济正常运行。这包括政府定价的比重、结构、产品分布和报价程序的影响判断，国内产品及服务的定价机制，产品生产和提供服务的计划管理和市场限制的情况，对国内及国际贸易管理的情况，以及政府机构和职能进一步改革情况等。二是政府部门对企业在生产、销售、采购等方面是如何管理或管制的，对企业融资方面是如何管理或管制的。三是在国际贸易方面，政府决定外贸企业可进行对外贸易的条件、程序，政府对进出口产品配额、价格的指导和管制等。四是国有企业的市场化程度，包括企业所有制形式，国有企业改制的时间与完成方式；政府控制的国有企业中，要素价格包括原材料、能源、劳动力成本以及产品数量、价格是如何确定的；企业的资金管理、业绩管理、利润分配、劳资关系以及贷款的获取方式等情况。五是利率在不同企业、不同产业和内外贸不同部门中是否有差异，汇率对出口商而言是否市场形成，企业换汇及存汇方式是否有自主权等。

可以看出，欧美国家对市场经济标准的法律规定，是根据反倾销中影响公平贸易因素而归纳的，具有很强的针对性。虽然美国与欧盟以及加拿大提出的市场经济标准有一定的区别，美国直接提出国家的市场经济标准问题，而欧盟和加拿大主要是讲企业和行业的市场经济标准问题。但可以看出，这种区别只是表面上的，就其内容而言，涉及的问题是相同和相近的，实质上是一样的。这些标准构成了一个体系，不是单独使用的。欧美国家不是只根据某一条来判断，而是将围绕所有这些标准的调查结果综合起来，判断企业或产业是否达到市场经济的临界水平，得出和认定该国或该行业、企业是否已经具有市场经济的要素的结论。当然，在具体处理反倾销案件时，与哪一国家打官司还是要针对当事国标准来抗辩。

（二）市场经济五大因素

根据现代经济理论对市场经济的主要概括，从国内外市场经济发展的历史和现实出发，借鉴美国、欧盟、加拿大反倾销对市场经济标准的法律规定，我们认为在对什么是市场经济国家上，有五个方面特别重要，也可从中概括出五条共性的标准。

1. 政府作用问题

欧美国家关心的问题有：政府对自然资源、资本和人力资本资源的占有、分配与控制问题，政府对国民经济运行的控制和管理权限问题，政府对生产（谁来生产、生产什么、生产多少、为谁生产）的控制（涉及企业的产权制度、利润分配与破产机制）问题，政府对国际和国内贸易的控制问题，政府对中介组织的控制（如商会和行会）问题，等等。归根到底，是资源由政府配置还是市场配置？资源的使用和定价是市场决定还是政府决定？政府是否尊重和保护经济主体在经营方面的自主权利，是否对企业有不公平的对待？这些问题用一句话讲，是政府作用问题或更准确地讲，是市场经济中的政府作用及政府与企业的关系问题，我们将这条概括为

"政府行为规范化"。

2. 企业权力与行为问题

美国商务部关心企业的产出数量和价格决策有没有政府介入，企业有没有自主的经营和出口权，有没有选择管理层、分配利润和弥补亏损上独立的决定权，有没有协商合同条款并签订合同的自主权，尤其关心出口企业的这些权力。欧盟同样关心企业决定出口价格和出口数量的权力，关心企业有没有符合国际财会标准的基础会计账簿，关心企业是否有融资和向国外转移利润的权力，有没有开展商业活动的自由权。加拿大政府有关机构除关心上述方面外，还关心企业所有制形式及国有企业改制情况等。归根到底，他们关心企业在产销活动中，行为是市场化的还是行政化的？概括地讲，这一条要害是讲企业权力和行为，我们概括为"经济主体自由化"。

3. 投入要素的成本与价格问题

美国商务部关心一国政府对资源分配的控制程度，关心产品投入是否以市场价格支付；欧盟关心市场能否决定投入要素的价格，关心企业成本的真实性；加拿大政府有关机构关心国有企业要素价格包括原材料、能源、劳动力成本以及产品数量、价格是如何确定的。总之，欧美国家对企业投入方面的生产要素如原材料价格、劳动力工资等是否是市场价格，都是很关心的。这完全是可以理解的，因为投入品价格关系到产出品成本，直接影响产品价格，这与反倾销是直接相关的。因此，任何进口国，对出口国的产品，都会特别关注其成本的真实性和其价格形成的规则。这可归结为"生产要素市场化"。

4. 贸易问题

欧美国家关心贸易活动包括国际贸易和国内贸易中，交易活动是自由的还是被压制的？市场基础设施和市场立法及司法是否健全？市场中介是否具有独立性？起什么样的作用？贸易政策中的企业定价是否是自主的？政府是如何管理出口和出口企业的？企业是否有商业活动的自由？总之，关心贸易环境与条件，我们概括为

总论

"贸易环境公平化"。

5. 金融参数问题

欧美国家特别关注反倾销的被调查国利率和汇率是否由市场形成？本币是否可兑换或可兑换程度？利率在不同企业、内贸、外贸部门、不同产业中是否有差异？企业金融状况是否不受非市场经济体制的歪曲？企业是否有向国外转移利润或资本的自由？企业换汇及存汇方式是否有自主权？等等。概括地讲，他们关心利率和汇率这两大金融参数的形成和适用范围中的公平性，进而涉及这些参数形成基础即金融体制的合理性问题，这里将其归纳为"金融参数合理化"。

显然，以上概括的判断市场经济标准的五大因素，是在我们对现代市场经济理论和现实认识和理解的基础上，在充分吸收欧美和加拿大反倾销要求而提出的市场经济标准基础上，紧紧围绕公平贸易角度提出来的。我们认为，将这五条作为衡量市场经济标准进行比较和讨论，便于直接与欧美国家对话，是务实的做法。

当然，将这五大因素作为判断标准，与国内学术界对市场经济或市场化的分类是有区别的。有的专家强调市场经济是由三大产业组成，因此要分成三部分来衡量；有的专家强调市场经济是由七大类市场组成，因此可分为七部分来衡量；还有的专家强调市场经济应从政府企业和市场三大因素入手进行衡量，等等。各种不同分类，都有其存在的理由。正如我们在剖析一头大象时，首先面临如何分解？是头、身和腿的因素结构，是呼吸系统、神经系统、骨骼肌肉系统组成，还是因关注环境，重点从内因与外因两大部分进行归类，等等。分类直接会得出相应的因素指标。我们认为重要的是，要从研究的目的出发来进行分类。如果是市场专家专业所用，自然强调市场分类指标；如果是理论研究，则会看重全面性；而如果运用于反倾销，当然要注重当事国的问卷要求和相关法定指标。正因为我们是从反倾销的实用角度进行市场经济研究的，因此我们就从反倾销的重要当事国的标准中归纳出"五大因素"，以此作为讨论的基础。显然，五大因素选择有两大特点：一是不强调市场经济的完整性，而突出分类指标的标志性，即把市场经济中对贸易影响最大的五个因素，作为判断的标志性指标，进行综合分析。二是不强调按市场经济理论的逻辑性来分类，而是强调与公平贸易相关的针对性问题来分类和应对。

（三）"政府行为规范化"和"经济主体自由化"的进一步分析

以下，我们以"政府行为规范化"和"经济主体自由化"这两条标准，来深入地讨论因素标准的含义和基本特征。

"政府行为规范化"的要求是，政府管理体制能适应市场经济的要求，处理与市场和企业的关系。概括地讲，就是一国资源主要是政府行政性配置还是市场手段进行配置？欧美国家有关市场经济标准并不要求通过理论模型或是一个完全竞争的放任性经济来对各国做出判定，他们也承认当今世界上市场经济有许多不同的形式和特征。

在现实中，"政府行为规范化"往往是用"政府规模和干预程度"近似地表述。大家关心的是：政府在市场经济中，是要发挥作用还是不要发挥作用，发挥的作用大点好还是小点好，即大政府好还是小政府好、强政府好还是弱政府好，核心问题是政府与市场的关系。以亚当·斯密为代表的古典经济学强调小政府，强调市场的完全自由化；凯恩斯理论则强调大政府，认为完全自由并不能达到供求均衡，政府干预经济才能扩张有效需求，实现供求均衡。就现代市场经济而言，萨缪尔森的新古典综合理论成为主流意见：就是政府要与市场相结合，政府要在市场配置资源基础上，发挥自己的组织和引导作用。在这里，政府通过对经济的干预进行资源的再配置成为资源市场配置方式的必要补充。按萨缪尔森的观点，政府的作用：一是确立法律体制；二是决定宏观经济稳定政策；三是影响资源配置以提高经济效率；四是建立影响收入分配的合理机制。政

总论

府要少干预市场、少干预企业,但也不能放弃提供公共品和追求健康经济环境的责任。当今社会,没有一个经济体是纯粹的(完全)竞争的市场经济,更没有政府全部包干的市场经济经济体。共同的认识是,要减少政府过度干预,要防止垄断,要促进竞争,要实行法制。

但对不同国家、不同发展阶段、不同经济问题而言,政府对经济的作用大还是小是有区别的。对高度发达的市场经济国家,一些政府对经济直接干预的作用小了,但对经济间接影响的作用大了。同时也存在另一种情况:一些政府仍保有多一些的国有资本,对产业政策有多一些的依赖。比如,美国和英国强调市场机制的作用比日本和北欧国家更多一些,而日本和法国则对指导性计划和产业政策有较大的认同。对于中国这样一个转轨国家,尽管一方面通过改革与开放,将原来计划经济下的政府职能进行了大的调整,将全面的经济干预变为重点干预,并从制度上强化尊重和保护企业在经营方面的自主权力,越来越公平地对待各种所有制类型企业。但事情的另一方面是,为了将来政府作用小,现在必须要求政府发挥更大的作用。因为没有政府对改革的领导和对市场发展的支持,市场经济体制是建立不起来的。尽管成熟的市场经济国家和经济转轨国家,都存在政府适度干预和市场自由运行的结合,但政府作用大小和对经济的干预程度强弱,是有差异的。这种差异是正常的,是处在市场经济不同阶段的对应表现形式。

所有的政府行为都涉及管制。如果政府管制超过必要的程度,势必会影响市场的有效性,最终导致在保护一部分人利益的情况下,很大程度地影响了另一部分人的利益,并使整个经济自由性受到伤害。但有些必要的管制是不可或缺的,因为这些必要的管制一方面可以保护社会集团、国家的利益,另一方面也是为了推动社会进步,确保人们可以自由地享受其劳动成果。政府对经济的干预范围和程度的合理性判断,以及推广到不同国家时对差异性区间的界定,是测度市场经济标准的理论基础。

"经济主体自由化"的要求是,在市场经济中,企业(这里也包含各类经济主体,下同)不仅在法律上而且在事实上是独立的经济实体,产权关系是明晰的,经营管理、贸易和经营的决策等是独立的和自主的。同时,企业在资源(资本、劳力、土地和企业家)配置方面和在市场交易中,其价格、产量、利润和进出口等方面,是按照市场规则、市场供求来考虑和决策的,不是根据政府要求来决策的,企业行为也是市场化的。"经济主体自由化",有助于企业提高效率和自己承担风险,有助于实现社会范围内资源配置的合理化。因此,企业的自主性和行为的市场化,成为判断一个国家是否是市场经济国家的标志。也正因此,我们理解并赞成欧美国家在市场经济标准方面,对企业市场化的种种标准。

当然,"经济主体自由化"的测度,是复杂的、有难度的。我们看到,在不同时期、不同发展阶段、不同历史条件下,企业的市场经济标准是变化的。就企业产权、管理模式和行为而言,并没有一个绝对的标准。企业组织形式是多种多样的,公司治理模式是多种形式的。特别是国有企业存在情况是不同的,各市场经济国家对国有企业管理模式也是不同的。据世界银行统计,在20世纪80年代初,国有企业占全球国内生产总值的比重平均在10%,占全球总资本的份额则为35%。我们应按照一定标准,判断各类企业尤其是国有企业的市场化程度,并据此判断一个国家的市场经济程度。我们要允许这些标准有一定弹性、有一定区间,不能过于机械。比如,我们不能说,20世纪90年代的英国是市场经济国家,而20世纪70年代工党执政时期,国有化程度高峰时就不是市场经济国家;也不能说美国政府把国有企业的大部分出租给私人垄断组织的方式是市场经济的,而意大利政府通过国家级控股公司对企业进行层层参与、逐级控制的模式就不是市场经济的。事实上,第二次世界大战以后,英国、法国、意大利等西欧国家积极推进"国有化"运动,通过直接投资兴办、购买或没收以及国家持股参与等形式建立国有企业,从而形成了各个国家规模大小不等、管理方式各异的国有经济体系。1972年，国有企业占本国全部资产总额的比重，英国为29%，法国为33%，意大利为30%，联邦德国为30%，日本到20世纪80年代初也达到35%左右（见本书第十四章）。

（四）市场经济标准的绝对性与相对性

我们认为，市场经济标准应是绝对性和相对性的辩证统一。

从欧美国家反倾销的市场经济标准中归纳五大因素，这本身意味着我们承认存在市场经济的标准。任何一个国家，我们都可以用这五大因素标准加以衡量，来判断其是否是市场经济国家。但另一方面，这五条标准本身是大体上的、粗略的、有差异区间的、有弹性的、有变化的，现实中不存在100%的市场经济国家。

一些支持绝对标准论的专家认为，为了达到一个统一认识，为能做出统一结论，即使现实中没有纯粹的市场经济，理论上也需要具备100%的市场经济标准为完全的市场经济，以具备0作为完全的计划经济。否则不同国家的比较也就失去统一的标准，同一个国家的不同领域或不同时期的比较也会发生困难。持相对标准的专家认为，世界上不存在一个100%市场化的国家，只有市场化程度的相对比较及排序，才是有意义的。

我们倾向于这两种思路的综合。我们认为，国内专家多把市场化100%作为完全标准，这是一个绝对化的理论标准。绝对数值标示清楚明了，一目了然，但绝对化则与现实有差距。用相对位次判断市场化程度是可行的，相对指标只列位次，简单易行，理由充分，但这种排序过程中，其实离不开选择若干指标进行评分这样的测度过程。可以说，相对位次排列，并不能否认中间过程存在绝对数值的测度；绝对数值的结果，也不能否认甚至还需要再进行相对比较。绝对数值判断与相对位次排序需要结合和统一起来。

总之，绝对合理的市场化标准是没有的，但用市场经济五大因素方面的平均值作为大体标准，则是一种比较实际的相对性的标准。有人会问：这五条标准本身是否是科学的分类？我们的回答是：这是来自实践的标志性分类，是运用于特定目的的。我们研究的目的是如何公平贸易，如何正确公正地反倾销，而不是从理论的完整性出发。我们在追求实现和达致各当事国的共识过程中，在推进公平贸易过程中，相信能够不断提高测度工作的科学性。

三、经济自由化指数与市场经济程度指数

如何来测度市场经济程度？这是一个具有挑战性的课题。我们只有在借鉴和吸收已有成果的基础上，才可能做出自己的回答。我们拟以归纳欧美反倾销中涉及的市场经济五大因素作为基础标准，并借鉴国际上已进行多年的经济自由化测度的思路和方法，参考国内专家对市场化测度的丰富成果，提出以反倾销为目标的市场经济程度测度的思路与方法。

这里，主要是对国际上进行经济自由化测度的研究成果进行分析。

（一）经济自由化指数的测度

自20世纪90年代起，多家国外的研究机构对于全球范围内不同国度的经济自由化程度进行了实证性的评估和测度，进行了经济自由化指数的排序。其中最有影响的有两家：一家是美国传统基金会（Heritage Foundation），另一家是加拿大弗雷泽研究所（Fraser Institute）。下面，分别对这两家研究机构的测度思路和方法进行分析，并从中找出为我们测度和判断市场经济标准的可资借鉴之处。

1. 美国传统基金会的工作

美国传统基金会的经济学家将经济自由（化）定义为"政府在生产、分配、消费等方面超过保护公民和维持其自由的强制或干预的消除"❶ 他们认为，①一个国家的繁荣缘自长期持续地推行开放

---

❶ 引自 Index of Economic Freedom，2001，第1章。

市场和健全的经济政策；②贸易自由化将迫使其他领域经济自由化的发展；③在缺乏对建立强有力的法律制度进行承诺的情况下，仅仅推行私有化，不足以导致真正的经济自由化。显然，他们考察的具体对象主要是政府的相关政策。美国"传统基金会"和华尔街杂志（*The Wall Street Journal*）于1995年首次出版了该年度《经济自由度指数》（*Index of Economic Freedom*）。

美国传统基金会在对自由化指数的测度中，共设置了50个变量（Variables）或指标，并将其分为十项因素（Factors），分别予以估测，然后将各类因素的分值进行加权平均，便获得某国（地区）的经济自由（化）指数。显然，这是一种"三层楼、两段式"的测算方法。这十项因素分别是贸易政策、政府的财政负担、政府的经济干预、货币政策、资本流动，以及外国投资、银行和金融、工资及价格、产权、规制及黑市。由于传统基金会的研究人员认为，难以区分十项因素重要程度的差别，因此，便用上述十项因素分值的算术平均值来衡量一国经济自由程度的指数。而每项因素的评估采用了分值测度的方法，即预先就分值的含义、依据等做出规定，然后根据变量指标对各项因素进行"打分"和评估。该机构将各项因素的分值分为五等，规定了每一等的具体标准。分值1表示该因素的评定最好，5则最差。将各项因素的分值进行综合，便可获得用分值表示的经济自由（化）指数。指数小于1.95表示"经济自由"（Free）；指数2.00～2.95表示"大部分自由"（Mostly Free）；3.00～3.95表示"大部分不自由"（Mostly Unfree）；4分及4分以上表示"抑制"（Repressed）。

2. 加拿大弗雷泽研究所的工作

加拿大弗雷泽研究所是对世界范围内国家（地区）经济自由进行研究和测度的另一个著名研究机构。研究报告为《世界经济自由度报告》。该报告概括了100多个国家的自由（化）指数。

该研究所的专家设置了37个变量指标，归为五项因素：政府的规模、法律结构与产权保护、货币政策的合理性、对外交易的自由、信贷和劳动力及商业管制。

加拿大弗雷泽研究所认为：经济自由的核心内容是个人选择、私有财产的保护以及交换的自由。公众拥有经济自由应当包括：一是非使用暴力、欺诈及偷盗所获得的财产受到保护，以免除来自他人的实质性掠夺；二是公众拥有自由使用转让、赠予其财产的权利，只要其行为并未妨碍他人同等的权利。因此，他们特别强调个人经济自由的选择和产权基础。

弗雷泽研究所综合指数的计算过程是通过加权平均完成的，数值被设定为 1～10 的范围，较高的指数数值，反映较高的经济自由度。在具体指标的选择上，强调指标的可测性。

简短的评价：美国传统基金会的十项因素指标，对我们测度市场经济程度有很大借鉴意义。这十项因素指标，与市场经济标准的五大因素高度相关。因此，有些因素，我们可直接借鉴；有些因素，将修改后借鉴。比如，"税收"显然是政府管理的部分，可归在"政府的经济干预"之中，不再单独于政府之外；资本流动、工资等，可归入"要素流动"之中；而货币政策和金融可合并，物价控制也可以与贸易政策合并。此外，传统基金会的先定标准再打分的评价方法也是我们重点参考的。

弗雷泽研究所的因素选择也有很多可取之处。它的五个因素与我们概括的市场经济标准五大因素比较接近。其中，它对经济主体自由度的关心，更是我们在选择子因素下变量指标时，要充分考虑的，即企业这部分的变量指标要多一些，更充分反映经济主体的自由度情况。

对以上两个研究机构的更为详尽的介绍与成果分析，可参见本书第十三章。

（二）从自由化指数到市场经济测度

自由化指数在相当程度上是可以用来进行市场经济测度的，因为其所依据的因素指标或变量指标均与市场经济紧密相关。就总体指标看，市场经济程度越高，相应自由化程度越高；反之，市场经济程度越低，自由化程度也越低。另外，自由化指数还不能完全代替市场经济标准，二者在功能上和设计上还有一些差别。在现实中，同是市场经济程度很高的国家，自由化程度并不一样高；同样，同是自由度很高的国家，市场经济程度也有较大差异。就单项指标看，自由化与市场经济程度尚有较多的背离和矛盾的一面。

下文，我们从自由化指数两大研究机构的子因素与反倾销中的五大因素标准，来比较自由化指数与市场化指数的异同。

第一，自由化指数强调政府管制的放松和对经济干预的减少，这正是市场经济标准中最重要的一个标准。美国传统基金会不仅把"政府的经济干预"作为大指标，而且其他子因素中，如贸易政策、税收政策、货币政策、外资政策、工资及价格控制等，几乎所有的子因素，都是强调政府作用要限制、要规范化。加拿大弗雷泽研究所强调的政府规模、货币政策和私有权保护等，也体现着这一精神。因此，自由化指数中对政府管制和干预放松的诸多要求，与欧美国家反倾销中提到的政府行为规范化的精神是完全一致的。但是，自由化指数的评分标准中，对税收评价是越低越自由；而就市场经济评价而言，税收合理是最重要的，不能越低越好。同样，在自由化角度，政府干预越少越好，而市场经济标准中，政府少干预是必要的，但不是越少越好，符合市场经济规则的政府干预是需要的，也是经济市场化运行的保障条件。

第二，自由化指数特别强调经济主体自由的程度，这是强调政府少干预的另一种角度。美国传统基金会对政府行为规范化的种种要求中，体现着这种精神；加拿大弗雷泽研究所更是具体提出使用不同通货的自由、对外贸易的自由、资本市场上交换的自由等。而在市场经济标准规定中，经济主体自由化是非常重要的一条，也是市场经济的基本内容之一，由此可见，经济主体的自由度，是两种指数指标的共同要求。当然，在这一共同要求方面两种指数也有一定区别：市场化指数要求经济主体自由化的同时，还要求经济主体组织和行为符合市场经济规则；自由化指数对此的关注相对较少。

第三，自由化指数关注工资形成，关心政府对信贷的影响程度，政府对企业的补贴，这与反倾销市场经济标准中对生产要素市场化的关注也是相同的。但从具体指标上可以看到，在这一项上，自由化指数评判标准不如反倾销的要求那么严格和具体，这是可以理解的。因为这一条对公平贸易是至关重要的，而对自由化程度判断则相对分量轻一点。从这一条上，我们可以体会出评价两种指数时因关心重点差异而出现的具体测度上的差异。

第四，在贸易活动方面，自由化指数关心关税是否足够低，越低表明贸易越自由；关心企业自由定价的程度，关心对外商企业的公平性，关心市场秩序比如黑市的干扰等。就这一方面看，自由化指数的要求与市场经济标准的公平化要求，实质上差别很小。因为在反倾销中所考虑的市场经济标准，重点就是贸易活动公平化和自由度。当然，在对自由化的理解上，两个指数强调的重点有所不同。自由化强调管理、管制、限制，越少越好；市场化强调管理和干预，不能影响公平贸易，不能影响企业自主性，必要的管理仍然是不可少的。

第五，自由化指数强调银行提供信贷的自由和企业融资的自由，银行存贷利率的市场决定，使用不同通货的自由，汇率的市场决定，等等。这些自由化的要求，大部分在市场经济标准中也是必有的。例如，货币的可兑换程度，汇率变化由市场供求决定，企业换汇及存汇方式有自主权，企业有向国外转移利润或资本的自由，等等。同时，市场经济标准中，还关心利率在不同企业、内贸、外贸部门、不同产业中是否有差异，即资本资源配置时的公平性，关心企业金融状况和资金管理不受前非市场经济体制的歪曲。但自由化指数特别强调非通货膨胀条件的重要性，认为通货膨胀越高，经济主体越不自由，或者说相当于政府增加了通货膨胀税而市场化指数对通货膨胀并未提出要求，因为，市场经济国家，出现通货膨胀是经济周期中一个正常状态，不是反映市场经济体制变化的标志。

显然，自由化指数与市场经济标准在货币政策和金融体制方面的多数要求是相同或近似的，但市场经济标准更关注体制基础。

综上，自由化指数在很大程度上或者总体上是可以用来判断市场经济发展程度的。尤其是近年来自由化指数的判断标准与市场经济标准有靠近的趋势。比如2003年美国传统基金会年度报告就政府干预问题指出："政府管制或限制的度没有超出保护和维持经济自由本身是必要的"，也就是承认政府管制或限制存在着保护和维持经济自由的一面，只是不能过头和越位。这一点，恰恰是我们认为比较市场经济标准与自由化指数存在的不同之处，如果在这一点上两种指数在靠近，那么，我们就可能更多地吸收自由化指数测度中的思想和成果。

此外，我们也看到现阶段自由化指数与市场经济标准确有差别：一是自由化指数是从经济自由角度来看政府管理的放松，来测度经济主体的自由化程度；而市场经济标准关心的重点是从公平贸易角度来关心政府管理是否能遵循市场经济规则，关心政府与经济主体的关系是否符合市场经济规则。因此，二者选择的指标和对指标的评价有不同之处。正如非市场经济国家经济不自由，但不自由不都是非市场经济国家。在自由度排名中，自由度高的国家并不一定就是公认的市场经济国家。比如，在美国传统基金会2003年度报告的排序中，巴西和蒙古同排名第72位，但巴西被公认为是市场经济国家，蒙古则正处在经济转轨中，还没有被公认为是市场经济国家。二是自由化指数的理论基础是完全自由市场经济，是亚当·斯密的自由放任市场经济理论；市场化指数的理论基础是现代有管理的市场经济，是以新凯恩斯主义为主的，或者说是国家干预主义与新自由主义的混合。因此，市场经济标准在总体上肯定自由化的同时，更强调制度的合理性。三是自由化涉及的范围相当广泛，而反倾销中的市场经济标准相对是有重点的，因此，在指标选择上面，后者相对集中一些。或者说，市场经济标准的因素和子因素相对集中在对贸易公平性相关的指标上。因此，完全套用自由化指数来判断市场经济程度有其不足。

四、2001年：中国市场经济测度结论及其国内外比较

众所周知，20世纪70年代末以来，中国就开始了改革开放，开始了向市场经济的转轨，即人们常讲的市场化。2001年中国市场化程度如何？是否达到市场经济五大因素标准？这是值得我们认真、客观地进行研究的。下面，我们从三个方面来分析这个令人关注的重大问题。

（一）1978—2001年：中国市场经济快速成长

1978年，中国开始对计划经济体制进行改革。1979年，农村推广家庭联产承包责任制，农户被给予充分的生产经营自主权。1984年，中国做出了经济体制改革的决定。1992年10月，中国明确提出建立社会主义市场经济体制的改革目标。2002年中国共产党的十六大进一步向世界宣布，社会主义市场经济体制已初步建立。中国将坚持改革开放，不断完善社会主义市场经济体制。

经过20多年的努力，中国经济的市场化进程已经取得了举世瞩目的成就。

首先，政府职能从服务于计划经济转向服务于市场经济，市场在资源配置中发挥了基础性作用。生产什么、生产多少已由生产者根据市场需求自行决策，市场主体在经营活动中获得自主权。政府逐步从直接的大量的企业管理中退了出来，成为宏观管理和社会管理者。1994年财税、金融、外汇、投资等体制改革后，中国已建立了与市场经济相适应的宏观管理体系，市场体系逐步完善（见本书第一章）。

其次，多种所有制经济共同发展的格局基本形成。据国家统计局测算，中国非国有经济创造的增加值占GDP比重，1992年为53.57%，2001年增加到63.37%。另据世界银行所属国际金融

公司估算，1998年中国GDP中各种所有制企业的比重，国有为37%，集体为12%，私营为24%，外资为6%，股份制为3%，农户为18%。也就是说，私营部门的比重已经达到51%。这个估算为国际上所接受。❶ 非国有经济已成为支撑国民经济的重要力量。国有企业市场化程度大大提高，规范化改制力度不断加大。"产权明晰、权责明确、政企分开、管理科学"是国有企业改革的重要原则，人事、劳动、分配三项制度改革，促进了劳动力要素的自主流动和工资率的自主形成。垄断行业改革与重组已取得阶段性成果。国有企业市场化程度大大提高，基本按照市场规则运行，转制成为市场主体。中国政府采取措施鼓励外商直接投资，大批外商投资企业发挥了重要作用，进出口总额新增加部分外商投资企业所占比重达63%。欧美有许多世界著名的跨国公司，如摩托罗拉、西门子、阿尔卡特、诺基亚和飞利浦等，都在中国市场获得了巨大成功。中国市场化改革为他们开拓中国市场提供了强有力的制度保证，他们是中国市场经济发展的见证人（见本书第二章）。

最后，市场体系逐步完善。金融市场从无到有并日趋完善，劳动力市场近年来发展快速，房地产市场稳步发展，技术市场、信息市场逐步形成。商品、生产要素和服务品的价格绝大多数由市场形成，利率正在市场化，以市场为基础的、有管理的浮动汇率制度有效地发挥着重要作用。中介组织的发展明显加快，已初步形成了有多种机构类别、多种组织形式和多种服务方式的中介组织体系。市场的管理与监督也在不断改善与加强（见本书第三章至第九章）。

特别要指出的是，在中国，市场经济的法律体系已基本建立。这些年来，通过三次修改宪法，已明确了"国家实行社会主义市场经济"，确立了各种市场经济主体的平等地位。根据市场经济发展的需要，制定了一系列法律，确立了市场规则，规范了市场主体行为，明确了国家管理经济的职能（见本书第十章）。

---

❶ 引自 IFC report：China's Emerging Private Enterprises，1999。

综上所述，中国已初步建立起市场经济体制，已成为一个发展中的市场经济国家。下面，我们进一步从定量测度角度来评估这一结论。

（二）中国市场经济发展程度的测度结果

市场经济五大因素标准和美国、加拿大两大研究机构的经济自由化测度评价，是我们测度中国市场经济发展程度的重要借鉴和参考。我们在五大因素基础上，确定了11个子因素，在11个子因素下确定了33个变量指标（见表1）。通过对变量指标设等评分，汇总评估，得出中国市场经济发展程度的重要结论。

下文我们先简单介绍33个变量指标及分值，然后介绍11个子因素，并对五大因素的评分进行介绍和分析，最后将做出中国市场经济发展程度的最终评分和简短的评论。

表1　中国市场经济程度测度指标及评分

	指标名称	1992年	2000年	2001年	2001年得分
1	政府消费占GDP的比重（%）	13.11	13.09	13.58	2
2	企业所得税（含费）平均税率（%）	37.35	29.36	30.92	3
3	政府投资占GDP的比重（%）	2.24	3.54	3.90	3
4	政府转移支付和政府补贴占GDP的比重（%）	5.12	6.70	7.36	3
5	政府人员占城镇从业人员的比重（%）	17.86	14.39	13.90	3
6	非国有经济固定资产投资占全社会固定资产投资的比重（%）	31.95	49.86	52.69	3
7	城镇非国有单位从业人员占城镇从业人员比重（%）	39.03	65.00	68.09	2

续表

	指标名称	1992年	2000年	2001年	2001年得分
8	非国有经济创造的增加值占GDP比重（%）	53.57	60.62	63.37	2
9	非国有经济税收占全社会税收的比重（%）	33.00	57.72	64.42	2
10	非国有经济进出口总额占全部进出口总额比重（%）	27.45	54.59	55.04	3
11	财政对国有企业的亏损补贴占GDP比重（%）	1.67	0.31	0.31	2
12	经营者由市场选聘的企业比例（%）	7.9（1993）	79.98*	89.22	3
13	拥有决策自主权的企业比例（%）	54.9（1993）	90.46*	93.14	2
14	分地区常住人口与户籍人口数之差占户籍人口比重（%）	1.39	2.35	2.57	2
15	行业间职工人数变动率（%）	2.14	5.20	4.96	3
16	工资由雇主和雇员自愿谈判的企业比例（%）	70.2（1993）	—	81.35	3
17	资本形成总额中外资、自筹和其他资金所占比重（%）	57.27	74.69	75.28	1
18	外方注册资金占外商投资企业总注册资金的比重（%）	59.75	69.68	71.11	1
19	城镇土地使用权的拍卖面积占土地使用权出让面积的比例（%）	5.70	13.14	12.00	3
20	社会消费品零售总额中市场定价的比重（%）	94.10	96.80	97.30	1

续表

	指标名称	1992年	2000年	2001年	2001年得分
21	农副产品收购总额中市场定价比重（%）	87.50	95.30	97.30	1
22	生产资料销售总额中市场定价比重（%）	81.30	91.60	90.50	2
23	平均关税税率（%）	43.20	16.40	15.30	4
24	从国际贸易中获得的税额占进出口额的比重（%）	2.33	1.91	1.99	3
25	违反不正当竞争法规的案件立案查处率（%）	—	87.82	80.90	3
26	知识产权案件中立案查处率(%)	—	79.57	86.29	2
27	非国有银行资产占全部银行资产的比重（%）	—	24.59	26.74	4
28	非国有金融机构存款占全部金融机构存款的比重（%）	19.50	26.58	32.22	3
29	三资、乡镇、个体、私营企业短期贷款占金融机构全部短期贷款的比重（%）	7.08	14.85	15.74	4
30	最近五年通货膨胀率的平均值（%）	9.94	1.86	0.34	1
31	各种金融机构一年期贷款利率全距系数（%）	—	60.00	60.00	3
32	资本项下非管制的项目占项目总数的比例（%）	—	—	28.00	4
33	人民币对美元汇率与新加坡本金无交割远期汇率月平均差偏离度（%）	—	1.68	0.55	2

注：* 指本数据是根据1997年至2001年年均值估测出来的。

以上33个变量指标中，得1分的有5个，表明这方面自由度高，市场化程度高；得2分的有11个，表明这11个方面自由度和市场化程度较高；得3分的有13个，表明这13个方面自由度和市场化程度较低；得4分的有4个，表明这4个方面自由度和市场化程度低，是我们进一步改革需要特别关注的地方。

在33个变量指标分值基础上，我们得到11个子因素的评分分值，排分值从低到高即自由度和市场化程度由高到低的排序是："贸易产品定价自由度"1.33分；"资本与土地"1.67分；"企业运营"2.00分；"非国有经济的贡献"2.40分；"政府的财政负担"2.50分；"法律对公平贸易的保护"2.50分；"劳动与工资"2.67分；"政府对经济的干预"3.00分；"银行与货币"3.00分；"利率与汇率"3.00分；"对外贸易自由度"3.50分。

在11个子因素分值基础上，我们得到了五大因素的评分分值，排分值从低到高即自由度和市场化程度由高到低的排序是："生产要素市场化"2.17分；"经济主体自由化"2.20分；"贸易环境公平化"2.44分；"政府行为规范化"2.75分；"金融参数合理化"3.0分，排在最后。

在五大因素分值基础上，我们得到中国市场经济程度的总评分：2.51分，反映了中国市场经济程度既不是最好，也不是最差，处于中等偏好状态，或说比较自由和市场化程度较高的状态。如果折算为百分比，近似为69%。是市场化程度较前有进步但与欧美国家比较还有较大差距的一种状态。

具体的评分标准和方法，将在本书第十一章中进行详尽的说明。

（三）中国市场经济程度的国内外比较

1. 中国市场经济测度结论与国内各研究组织的同类成果比较

为进行中国市场经济程度测度结论的比较，现将国内学者做过的市场化测度概括为表2。

表 2 对中国市场化进程的各种测度指数

研究者	1980年	1990年	1992年	1994年	1995年	1996年	1997年	1999年
卢中原、胡鞍钢			62%					
江晓薇、宋红旭					38%			
国家计委课题组					65%			
顾海兵	5%	35%				40%		50%
陈宗胜等							60%	
徐明华(1999)	8大类共31项指标,对9个省份市场化排序							
樊纲、王小鲁(2000)	5个方面共15个指标对各省市市场化排序							

资料来源:根据王全斌"关于我国市场化进程的研究"《中国经济时报》2002年7月20日及原资料整理。

从表 2 中可以看出,1992 年后研究者们对中国市场经济程度的测度分两类,一类是绝对分值的测度,另一类是相对位次的排序。就绝对分值的测度结论看,其分值最低为 38%,最高为 65%。其中,有三组研究者的测度结论在 60% 及 60% 以上,其中一组对 1992 年的评分值就达到 62%,各种研究结果的年度简单平均值为 52.50%。这些结论告诉我们,各位专家对中国市场化程度的测度结论,是略低于但接近于我们的测度分值的。如果考虑到我们的工作与前期研究者相比,时间已过去了若干年,而这些年中国市场化进展又很快的事实,那么,我们测出的 2001 年市场化指数在 69%,这应具有相当的可信度。当然,这种比较是与前期相比,国内研究成果尚没有 2001 年的,因此,这仅为大家对市场化测度结论的分析比较提供一种参考。

2. 中国市场经济程度的国际比较

(1) 22 个国家(地区)金融市场化排序

为使我们的研究成果能与世界各国的同类评判有一个比较,我们按照发达国家、经济转轨国家和发展中国家三种类型,选择了

22个国家和地区,将中国市场经济发展的重要方面如政府管理、企业自由度、生产要素市场化等,与它们进行了比较。这22个国家和地区是:阿根廷、澳大利亚、巴西、保加利亚、中国、捷克共和国、中国香港、匈牙利、印度、意大利、日本、哈萨克斯坦、韩国、墨西哥、蒙古国、波兰、罗马尼亚、俄罗斯、新加坡、英国、美国、越南。与此同时,我们还从国内外有关经济体制和竞争力的国际比较年鉴或报告中,得到不少资料和启发。通过国际比较我们发现,中国市场化程度和发达国家有一定的差距,但其中某些方面,并不比它们差;中国市场化程度和改革与转轨国家相比,不少指标居领先地位(见本书第十二章至第十六章)。

我们对22个国家(地区)与市场经济标准相关的资料和数据进行了收集和整理。由于国外大量统计资料是发展类指标,而有关市场化方面指标很少;即使经济自由度方面的指标,也因国情差别,与我们在判断国内市场经济的指标不同,如国有企业市场化方面的指标,国外没有此类数据,甚至连"国有企业"都没有单列出指标,因此,经过最大努力,也只收集了不到20个的涵盖22个国家(地区)的变量指标。变量指标不足,使全面测度22个国家(地区)市场化程度并进行排序的设想没能实现。但这些已收集整理的资料仍有一定价值,我们把这20个变量指标挑选合并为两类,一类测度金融市场化,另一类测度政府规模和财政收支。下面列出金融市场化22个国家(地区)比较的简表(见表3),供大家分析。

表3 2000年金融市场化22个国家(地区)排序

国家（地区）	综合排名	各单项排名				
		金融资产占GDP的比重	对私人部门信贷占GDP的比重	直接投资和证券投资流出入之和与GDP之比	汇兑项目中管制项目的比例	最近五年通货膨胀率标准差
阿根廷	16	14	16	16	7	18

续表

国家（地区）	综合排名	各单项排名				
		金融资产占GDP的比重	对私人部门信贷占GDP的比重	直接投资和证券投资流出入之和与GDP之比	汇兑项目中管制项目的比例	最近五年通货膨胀率标准差
澳大利亚	6	8	8	8	5	10
巴西	10	11	11	10	10	5
保加利亚	14	18	17	7	8	17
中国	12	7	5	15	9	15
捷克共和国	7	10	10	5	2	12
中国香港	2	1	2	1	1	11
匈牙利	11	13	13	13	1	7
印度	17	12	14	22	10	13
意大利	4	6	9	4	1	1
日本	8	5	1	18	2	16
哈萨克斯坦	18	22	20	12	9	8
韩国	9	9	7	14	6	8
墨西哥	20	16	18	21	7	14
蒙古	15	20	21	19	6	4
波兰	13	15	15	9	10	9
罗马尼亚	22	21	22	20	9	19

总论

续表

国家（地区）	综合排名	各单项排名				
		金融资产占GDP的比重	对私人部门信贷占GDP的比重	直接投资和证券投资流出入之和与GDP之比	汇兑项目中管制项目的比例	最近五年通货膨胀率标准差
俄罗斯	21	19	19	11	12	20
新加坡	5	4	6	3	4	6
英国	1	3	4	2	1	3
美国	3	2	3	6	3	2
越南	19	17	12	17	11	15

资料来源：M_2、GDP来源于世界银行《世界发展指标2002》；私人部门获得的贷款占GDP的比重根据世界银行《世界发展指标2002》计算而来；直接投资、证券投资以及最近五年通货膨胀率等有关数据来源于国际货币基金组织《国际金融统计年鉴》（2002）。

金融资产的计算方法为：金融资产$=M_2+$有价证券（债券余额和股票市场总市值之和）。

从表3中我们看到，中国在金融市场化排序中综合排名列第12位，处于中间状态，领先于印度、俄罗斯等10个国家。关于本表中综合排名的计算方法，以及本表中原始数据的资料来源请看本书第十三章。

（2）美国传统基金会经济自由度报告中中国、俄罗斯排名比较

由于中国与俄罗斯国情极为相近，同是计划经济向市场经济的转轨国家，同是大国，具有很大的可比性。因此，下面利用国内外相关研究成果进行比较。

首先是根据美国传统基金会发表的《经济自由度指标2003年报告》数据和因素评分，提供读者进行比较。

传统基金会评分标准是越低越好。从表4中我们看出,在经济自由度指数方面,中国比俄罗斯领先10个位次。领先的具体因素指标是:"政府财政负担",中国是3.0,俄罗斯是3.5;"货币政策",中国为1.0,俄罗斯为5.0;"货币政策"明显高于俄罗斯;"黑市",中国是3.5分,俄罗斯为4.0分。

表4 经济自由度指数国际比较(美国传统基金会2000年)

国家	排名	得分	贸易政策	政府财政负担	政府对经济的干预	货币政策	资本流动及外国投资	银行和金融	工资及价格	产权	规制	黑市
中国	121	3.55	5.0	3.0	4.0	1.0	4.0	4.0	3.0	4.0	4.0	3.5
俄罗斯	131	3.70	4.0	3.5	2.5	5.0	3.0	4.0	3.0	4.0	4.0	4.0

资料来源:美国传统基金会。

自由度指数中国低于俄罗斯的因素有:"贸易政策",中国5.0,俄罗斯是4.0;"政府对经济的干预",中国是4.0,俄罗斯为2.5;"资本流动及外国投资",中国是4.0,俄罗斯为3.0。

两国持平的自由度因素有:"银行和金融",均为4.0;"工资及价格",两国均为3.0;"产权"和"规制"这两个因素,两国均为4.0。通过这些比较,我们可以看到,中国经济自由度与俄罗斯相比,有强项,有弱项,但总体评分上领先于俄罗斯。

(3)加拿大弗雷泽研究所经济自由度报告中中国、俄罗斯排名比较

下面我们再根据加拿大弗雷泽研究所发表的《经济自由度指标2000年报告》数据和因素评分,制成小表,提供读者进行比较。

弗雷泽研究所评分是越高越好,与传统基金会相反。从表5中我们又发现,在经济自由度指数方面,中国仍然领先于俄罗斯,且领先15个位次。领先的具体因素是"货币政策的合理性"和"信贷和劳动力及商业规程"。"货币政策的合理性",中国为6.52分,

俄罗斯为1.46分,两个研究机构对中国货币政策评价都相当高。"信贷和劳动力及商业规程",中国为5.23分,俄罗斯为4.39分。

表5　经济自由度指数国际比较表(加拿大弗雷泽研究所2000年)

国家	总指数	排名	政府规模	法律结构与产权保护	货币政策的合理性	使用不同通货的自由	信贷和劳动力及商业规程
中国	5.28	101	3.84	4.15	6.52	6.69	5.23
俄罗斯	4.73	116	6.39	4.45	1.46	6.95	4.39

资料来源:弗雷泽研究所。

中国自由度低于俄罗斯的因素是:"政府规模",中国是3.84分,俄罗斯是6.39分,中俄相差程度还比较大;"法律结构与产权保护",中国是4.15分,俄罗斯为4.45分,两国相差不大;"使用不同通货的自由",中国是6.69分,俄罗斯为6.95分,俄罗斯略高于中国。

通过以上比较我们可以看到,中国经济自由度因素与俄罗斯相比,二强三弱,但总体评分领先于俄罗斯。

(4)瑞士洛桑学院全球竞争力报告中中国、俄罗斯排名比较

由于国际竞争力比较体系中主要采用发展方面的指标,因此,这里仅选了几个与政府关系较大的指标,从一个侧面来看中俄的市场情况。洛桑国际竞争力比较是相对比较,位次越低越好。从表6中我们看到,2000年和2001年,中国竞争力均高于俄罗斯。

表6　国际竞争力比较表(瑞士洛桑学院2000年、2001年)

国家	总排名		经济表现		政府效率		企业效率		基础设施	
	2000年	2001年	2000年	2001年	2000年	2001年	2000年	2001年	2000年	2001年
中国	30	33	5	7	32	35	37	40	34	39
俄罗斯	47	45	44	30	47	47	47	47	44	47

资料来源:瑞士洛桑学院国际竞争力报告。

综合上面四个国际比较表，我们可以比较肯定地说，中国在市场经济程度方面，已全面领先已被承认市场经济地位的俄罗斯等一批国家，属于市场经济国家，或更准确地说，是发展中的市场经济国家。

（四）中国是发展中的市场经济国家

从1978年到2001年，经历了一个改革开放的过程，一个快速市场化的进程，一个由传统计划经济转向市场经济的历史性转轨过程。我们借鉴美国传统基金会测度自由化指数的思路和方法，测算出中国市场经济发展程度至2001年年底已达到2.51，按百分制算法为69%。假设存在一个100%的市场经济标准，市场化程度达到69%，也意味着市场经济框架已经建立。这里，我们实际上已给出一个判断，即是否达到市场经济标准，60%应是一个临界水平。超过60%就达到了市场经济标准的最低线，就成为了市场经济国家。如果承认80%到100%都是成熟市场经济的区间，那么，69%的市场经济水平，更应承认是市场经济国家了。在议会里，多数人赞成通过就可成为法律；在判断是否是市场经济国家方面，多数领域或某些领域大部分市场化，就可以判断这个国家从整体上已是市场经济国家了。

有人会说，你们讲一只桶盛上了一大半水，我关心的是没盛水的那一部分。诚然，中国还没有实现全部市场化。但什么是100%的市场化？哪个国家是100%的市场化？如果你要来中国投资，难道69%的市场化对你不重要吗？至于还有某些方面没有达到市场化临界水平，并不是说这一部分是非市场化真空地带，事实上，这部分领域市场化也在快速地推进中。

中国是发展中的市场经济国家，这包括两层含义。第一层含义是中国由初级的市场经济国家在向成熟的市场经济国家推进。这种含义强调了制度改革与创新，强调了中国经济体制的改革开放和全面转轨。这一层含义是"发展中的市场经济国家"的主要内涵。我们只用了20多年时间来实现计划经济向市场经济的转轨。事实证明，市场经济的核心是市场规则的确立；而建设市场经济的速度，则与制度目标选择直接相关。20多年前，中国之所以没有发展市场经济，是因为最初没有选择市场经济。在中国周边的国家和地区，一些新兴的工业国家和地区，因为选择了市场经济，几十年时间就已完成了自然经济或农业经济向工业经济的发展，也同时完成了统制经济向市场经济的转轨。市场经济作为各种经济形态中最自由发展的经济，只要你选择了它，其发展是很快的，尤其是在经济全球化背景下。

第二层含义是中国作为一个发展中国家实行了市场经济制度。这一层含义解释与"发展经济学"所讲的"发展"一词理解是一致的。"发展中的市场经济国家"，强调了从经济发展角度来理解这一概念的含义。发展阶段确实与经济制度有很大关系。市场经济制度是经济发展到一定阶段和程度上才产生的，因此，经济发展水平与经济制度有一定的关系，虽然不是等同的关系。发展程度高的国家，确实实行市场经济制度也更容易；或反过来讲，实行市场经济制度，也有助于经济发展。当然，"发展"与"发达"，虽然主要是经济发展程度的区别，但也内含着制度上的区别。从这一层含义出发，我们看到中国经济发展水平与发达国家的差距，我们还需要继续努力，保持经济快速稳定健康的增长，早日实现经济的现代化，也为全面实现市场经济制度打好物质基础。

显然，发展中的市场经济国家，是从发展与改革结合角度来判断一个国家经济制度的。同时，在这里"发展"与"改革"也是相辅相成的：经济发展到一定程度，才能建立和健全市场经济制度；市场经济制度的全面建立，是推动经济快速发展的重要体制基础。

1998年4月7日，欧盟通过决议，将中国从其反倾销政策中的"非市场经济"国家名单中除去，给予中国介于"非市场经济国家"和"市场经济国家"之间的"特殊市场经济国家"待遇。这表明欧盟一直关心中国的市场经济发展，并及时校正对中国市场经济程度的判断。这里的"特殊",就特殊在中国市场经济正在快速发展中,在令外国朋友吃惊的变化之中。但"特殊"不应是"非市场经济国家"和"市场经济国家"之外的第三类国家,而是应归于市场经济国家中有一定特殊性的国家。一位专家说得好:不成熟的孩子也是人,发展中的市场经济国家也是市场经济国家。因此,"特殊"不是"另类",政策不能歧视,贸易往来需要公平。

总之,中国国民经济主要已按市场经济规则运转了,市场经济标准临界线早已突破了。这是中国人民全力投入改革开放的结果,是世界范围内各种经济力量交融、激励和相互支持的结果。中国愿与各国共享改革与发展的成果。

五、《2003中国市场经济发展报告》的结构和基本内容

本书共分为四大部分,第一部分"总论",主要对本书的主题思想、立论目的、研究方法、重要结论进行了分析。这是全书的导读,也是全书各方面研究成果的综合概括。

第二部分是对中国经济市场化程度进行分析,共十一章。这十一章涉及市场化测度的各个重要方面,分别是:政府管理体制的改革,企业的市场化,劳动力流动与工资决定的市场化,资本交易的市场化,土地交易的市场化,国内贸易的市场化,对外贸易的市场化,中介组织规模及行为的市场化,货币与金融的市场化,中国市场法律体系的建立与完善,以及中国市场经济发展程度的测度。这十一章的前十章中,各章均扼要地概括了本领域1978—2001年的改革历程,分析比较了2001年与1992年以来市场化进展,阐述了该领域2001年市场化达到的水平,并初步预测了本领域市场化未来发展趋势。各章中,既有用于反映市场化进程指数的测度指标,也有专门针对该章市场化现状的若干分析指标。测度指标将该章与中国市场经济总体市场化水平测度联系起来,而分析指标又

深化了该领域的研究结论,并适当修补了测度指标结论的不足。总之,以上十章,实际上是对"总论"中概括的市场经济五大因素标准(政府、企业、生产要素、贸易环境和金融参数)的全面论述。其中,有的因素标准,用了两章甚至三章的篇幅来分析论证。在以上各章分析的基础上第十一章对中国市场经济程度进行了划等评分的测度,得出了中国市场经济程度的测度结论,并讨论了测度结论的可靠性。可以说,第二大部分是定性分析与定量分析的结合,是整个报告的核心部分。

第三部分是对市场化程度进行了国际比较。其中包括对欧美市场经济地位的认定标准的比较分析;对世界几大研究机构经济自由度测算方法的比较与借鉴;对中国与发达市场经济国家、转轨国家以及发展中市场经济国家进行了自由度和市场化方面的比较。在第十二章"欧美市场经济地位的认定标准"中,集中了近年反倾销中最具实际价值的宝贵资料,全面展示了国外重要国家在市场经济标准认定方面的第一手文件,这在国内属首次较为集中的披露和分析。在第十三章"经济自由度测算的国际比较与借鉴"这一部分中,一个重要成果是我们选择了22个国家(地区)进行的市场化排序,虽然排序最后仅限在金融市场化等方面,但在国内尚属首次,是一次尝试。本部分中中国与发达国家、与发展中国家和与转轨国家的比较,也主要突出了这22个国家(地区),见第十四、第十五、第十六章,力求可比性强和结论有现实意义。

第四部分是"附录"。其中包括调研报告类附录和统计附录两种。在调研报告附录一中,运用问卷调查所得到36家涉及反倾销的重点企业,其中包括进行了实地考察的3家企业。利用非常有价值的数据和答案分析了中国重点行业的典型企业市场化程度。附录二专题论述中国农村市场化进程和程度。这是中国市场化进程中不可忽视的一个大问题,虽然在测度中国总体市场化中,没有按城市和农村来分类,但第十一章的总体测度指标中包括了农村市场化的重要指标。同时,本附录中用多种分析指标,对农村市场化进行描述和剖析。附录三则全文译载了美国传统基金会和加拿大弗雷泽研究所的自由化指数全排序,这对研究市场经济标准和反倾销,是很有价值的资料。

最后,顺便指出,本书体例力求与世界银行等国际机构的年度发展报告接近。在使用数据上,采用推后两年的通用办法。譬如,2003年的报告,就用2001年的数据。以后均采取这种办法,使每年报告在数据上具有连续性和新颖性。本书各章中提到的"现在""目前"等,如果没有特别说明,主要指2001年的情况。在个别情况下,本书也涉及2001年以后的观点和数据。

第一章 政府管理体制的改革

世界上任何一个国家或地区，都关心政府与市场的关系。政府的作用是通过宏观经济调控，为市场运行创造一个良好的公平竞争环境。但是政府作用存在局限性，即"政府失灵"。市场竞争有效地降低了市场运行的信息成本和监督成本，因而能够节约交易费用，实现资源的有效配置。然而市场经济运行中存在明显的缺陷，如垄断性、信息不完全性等，即存在着"市场失灵"。克服"市场失灵"和"政府失灵"的最佳途径是实行把二者适度地结合起来，充分发挥二者的积极作用。

中国市场经济成长过程与西方国家相比，政府所起的作用不完全相同，中国的市场经济主要是由政府主导对传统计划经济改革而成长起来的，因此政府在市场经济建设过程中的作用尤为重要。在市场化过程中，中国政府不仅承担着一些基本的职能：提供公共物品、宏观经济稳定、外部性的管制、制定垄断行业的法规，而且承担着改革计划经济体制、完善市场经济体制的职能。中国经济的市场化进程也就是政府逐渐转变职能、精简政府规模、改革经济管理方式、完善市场经济体制的过程。

本章首先回顾了政府管理体制的改革历程，其次从政府规模和政府对经济的管理两个方面分析2001年中国政府对市场经济的影响，最后对政府适应市场化的未来趋势进行展望。

一、政府管理体制改革的进程回顾

为适应从计划经济体制向市场经济体制转变的需要，1978年以来，中国在缩小政府规模、转变政府经济职能和改变政府经济管理方式方面都相应地实施了一系列的改革。政府管理体制改革的进程大致经历了三个阶段。

（一）改革的展开阶段（1978—1988年）

这一阶段的改革是以权力的下放为主要内容的。在整个国民经济中，开始对计划管理、投资、财税、金融、价格、培育市场和政府机构等几个方面的管理体制进行了必要的改革。

——在计划管理体制改革方面，将原来单一的集中计划的形式改为实行指令性计划、指导性计划和市场调节等三种形式，并且缩小了指令性计划的范围和扩大了指导性计划的范围。

——在投资体制改革方面，国家预算内基本建设投资全部由拨款改为贷款，下放了固定资产投资项目的审批权限，国家专门成立了六个专业投资公司。

——在财税体制改革方面，国有企业实行两步利改税，政府实行"划分税种、核定收支、分级包干"的财政管理体制。

——在金融体制改革方面，中国人民银行摆脱了财政部门附属机构的地位，相继恢复和设立了专业银行，改革信贷资金管理体制，实行"统一计划、划分资金、实存实贷、相互融通"的管理体制。

——在价格机制方面，放开了大部分农产品价格和消费品价格，转由市场定价；在工业生产资料中实行价格计划内外两种定价方式的"双轨制"。

——在培育市场主体方面，实行"包干到户"，使农民成为自主经营、自负盈亏的商品生产者；对国有企业先后进行了"扩大企业自主权"和"经济责任制"的试点，实行了两步"利改税"和"承包经营责任制"。

——在政府机构改革方面，为了达到转变职能、精简机构、精简人员、提高办事效率的目标，先后于1982年和1988年进行了两

第一章 政府管理体制的改革

次政府机构改革,改革后国务院机构由72个调整为66个。

(二)改革的调整阶段(1989—1991年)

这一时期是政府经济管理体制的调整阶段。在新旧体制因素的混合作用下,1988年经济运行出现过热、秩序混乱和通货膨胀加剧的局面,政府运用一系列计划手段和经济手段治理经济环境,整顿经济秩序。同时,在价格管理和宏观政策调控手段方面进行了调整。

——在价格机制方面,通过价格体系的结构性调整,价格扭曲所带来的"瓶颈"制约得到了缓解,生产资料双轨差价逐渐缩小;综合运用经济杠杆控制物价总水平的上升,价格管理上普遍推行物价目标责任制,初步形成了以经济手段、法律手段为主,行政手段为辅的价格管理框架。

——在宏观调控方面,需求管理的货币政策和财政政策开始被运用,控制货币发行量和上调银行利率等货币政策手段和紧缩的财政政策手段在压缩总需求膨胀方面开始发挥重要作用。这表明国家宏观管理体制已从对经济主体的直接调控转向了间接调控。

(三)改革的深化阶段(1992—2001年)

这个阶段是逐步建立适应市场经济的政府经济管理体制的阶段。在这一阶段中,围绕建立市场经济体制的改革目标,大力推进财税、金融、外汇管理、价格管理、政府机构等方面的改革,初步建立了适应市场经济需要的宏观调控体制框架。

——在财税体制改革方面,实行"分税制"财政管理体制,推行以增值税为主体的流转税制度,统一规范内资企业和个人所得税制度。

——在金融体制改革方面,从体制上确立了中央银行在国务院领导下独立执行货币政策的职能,建立强有力的中央银行宏观调控体系;专业银行实行资产负债比例管理,并逐步向真正的商业银行过渡；成立国家开发银行、中国农业发展银行和中国进出口银行，专门从事政策性信贷业务。

——在外汇管理体制方面，实行汇率并轨，建立以市场供求为基础、单一的、有管理的人民币浮动汇率制；建立银行间外汇交易市场，改进汇率形成机制，保持合理及相对稳定的人民币汇率；实行外汇收入结汇制，取消外汇留成、上缴和额度管理制度；实行银行售汇制，实行人民币在经常项目下有条件可兑换。

——在价格管理机制方面，以市场价格为基础的价格形成机制已经确立，在中国商品市场和要素市场中发挥着主要作用。

——在政府机构改革方面，为了适应建立市场经济体制的需要，加强政府的宏观调控，先后在1993年和1998年进行了两次政府机构改革，逐步转变政府职能，实行政企分开。

——在培育、规范、监管市场体系方面，为建立统一开放、竞争有序的市场体系，相继颁布实施了一系列法律法规，使政府在规范与监管市场主体、市场组织形式和市场交易行为等方面，逐步走向制度化轨道。

二、政府管理体制适应市场经济的现状

为了比较全面、客观地描述2001年中国政府适应市场化的现状，以下主要从政府规模和政府对经济的管理两个方面，对1992年确立社会主义市场经济体制目标以来政府适应市场化的改革进行分析，以把握政府行为对市场经济的影响。

（一）政府规模的衡量

在市场经济条件下，从政府与市场的关系来说，政府规模小一点，对市场自由运行有好处；但是在市场失灵面前，政府也不能无所作为，政府应有适度的规模，对经济有一定程度的干预。国际上通常用经济自由化的尺度衡量市场化程度，对经济自由化研究比较著名的两份报告——美国传统基金会和《华尔街日报》共同主办的《经济自由度指数》以及加拿大弗雷泽研究所的《世界经济自由度报告》,都运用政府规模的大小衡量政府对市场经济的干预程度,并且他们都认为政府规模和市场化程度存在负相关关系,即政府规模越大,经济的市场化程度越低。这里暂借鉴他们的方法,利用1992—2001年的数据,从政府收入、政府机构与人员、政府消费支出、政府投资和政府补贴等方面衡量一下中国的政府规模,分析自1992年确立建立社会主义市场经济目标,经过十年的改革,中国政府规模大小的改变以及政府规模对市场经济的影响。

1. 政府收入

政府是市场化的启动者,政府必须筹措大量资金去推动改革,促进发展并维持社会稳定。中国政府收入筹措方式为多元化的收入渠道,收入来源可以分为预算(预算内、预算外)和非预算二大部分。财政预算内收入由税收、税收附加、基金、专项收入、规费等组成。预算外收入包括行政事业性收费、政府性基金收入以及其他杂项收入,预算外收入比预算内收入具有明显的分散性,具有结构复杂、收入不稳定和收入使用带有专项性的特点。非预算收入主要包括社会保障基金、政府集资、私自转换制度内资金、通过"创收"等形成的"小金库"资金、乡镇政府自筹资金等。❶ 在中国的政府收入体系中,预算内收入占60%左右,始终占据主要地位。随着政府管理按市场规则的规范化改进,将逐步减少预算外收入和非预算收入的数量,把二者纳入预算内管理。

政府收入占GDP的比重体现了政府直接支配的份额,并形成了政府对国民经济的影响力。中国政府收入占GDP的比重,除1992年为42%外,以后年份均为20%左右(见表1-1)。1993年政府收入比重急剧下降的原因是1992年开始了以产权制度改革

---

❶ 贾康、白景明:《中国发展报告——财政与发展》,浙江人民出版社2000年版,第61~66页。

表 1-1 中国政府收入

年份	1992	1993	1994	1995	1996	1997	1998	1999	2000	2001
预算内收入（亿元）	3483.37	4348.95	5218.1	6242.2	7407.99	8651.14	9875.95	11444.08	13395.23	16386.04
预算外收入（亿元）	3854.92	1432.54	1862.53	2406.5	3893.34	2826	3082.29	3385.17	3826.43	4173.11
非预算收入（亿元）*	3854.92	1432.54	1862.53	2406.5	3893.34	2826	3082.29	3385.17	3826.43	4173.11
政府收入（亿元）	11193.21	7214.03	8943.16	11055.2	15194.67	14303.14	16040.53	18214.42	21048.09	24732.26
占 GDP 的比重（%）	42.02	20.83	19.13	18.90	22.38	19.21	20.47	22.19	23.54	25.78

注：① * 根据 1996 年的典型调查估计，政府收入中非预算收入所占的比重与预算外收入所占的比重大体接近，根据这一结论估算出非预算收入的数值。② 2001 年的预算外收入为估计值。

资料来源：《中国统计年鉴》，各有关年份，中国统计出版社。

第一章　政府管理体制的改革

为核心的国有小型企业改革和以建立现代企业制度为主要内容的国有大中型企业改革，政府管理企业的方式发生很大改变，政府只行使国有资产所有者的职能，国有企业成为自主经营、自负盈亏的微观经济主体，政府从国有企业中取得的收入大大减少。但1993年以后，政府收入占GDP的比重扭转下降局面，并略有回升。从1993年的20.83%上升到2001年的25.78%，提高了4.95个百分点。主要原因有三个：第一是财源因素，经济增长和企业效益的提高扩大了财源；第二是政策因素，清理和取消了已到期的税收优惠政策；第三是管理因素，强化税收征管，有效地堵塞了税收流失的漏洞，企业缓税、欠税得到抑制。从政策因素看，停止一切到期的税收优惠政策，适应市场经济公平税负的要求，既有利于税收征管，又有利于规范税制。从管理因素看，税收征管的强化对政府收入增长的影响最大，以前中国因税收征管不到位，造成税收流失，名义税率与实际税率之间存在较大差距。所以，从这个意义上讲，政府收入占GDP的比重上升的主要原因是税收流失的减少。总之，1992—1993年，政府收入占GDP的比重显著下降。但此后近10年时间内略有上升，保持在一个较低水平上。

尽管中国政府收入的计算口径与其他国家有别，存在着若干不可比因素（如中国政府收入不仅仅是预算内收入，还包括预算外收入和非预算收入），但是与其他国家政府收入占GDP比重（一般在30%以上）相比，中国政府收入占GDP比重仍然是较低的。这一比重较低的原因在于，市场化改革后政府的职能发生转变，市场成为资源配置的基本手段，而且中国目前正处在经济起飞时期，政府的主要职能是调节经济和提供公共物品，不可能像发达国家那样进行大规模的收入再分配。虽然税收政策和税收体制对效率的完善导致中国政府收入的规模呈扩大的趋势，但是与其他国家比较，中国政府收入的规模还是比较小的。

2. 政府机构与人员

政府机构规模和政府人员的数量也是判断政府规模大小常用的标准。政府内部所设的机构数量越多，工作人员人数越多，意味着政府规模越大。中国历次政府机构改革都是缩减政府规模的改革。1998年以来，为了建立适应市场经济体制的行政管理体制，从国务院到地方政府，相继开始了力度较大的新一轮政府机构改革，这次改革是建国以来规模最大、力度最强、波及面最广的一次机构改革。改革强调转变政府职能，实行政企分开；按照精简高效、权责一致的原则，较大幅度地调整和精简机构和人员编制；重点加强综合经济部门和执法监管部门精简撤并专业经济部门，撤销了国内贸易局、国家煤炭工业局、国家机械工业局、国家冶金局、国家石油和化学工业局、国家轻工业局、国家纺织工业局、国家建筑材料工业局、国家有色工业局等国家局。机构改革后，国务院现有组成部门从40个减少到29个，国务院部委办局的工作人员从3.3万人减少到1.65万人，部门内设机构精简了25%。在国务院机构改革的推动下，各级地方政府也进行了相应精简，职责权限进一步明确。全国省级政府工作机构由平均55个减少为40个，平均精简20%左右，人员编制平均精简47%，共减编7.4万人。经过这次政府机构改革，政府人员占全社会从业人员的比重由1992年的5.16%下降到2001年的4.56%，政府人员占城镇从业人员的比重由1992年的17.86%降到2001年的13.9%。

3. 政府消费支出

政府消费支出是指政府作为消费者对最终产品和劳务的购买支出，包括用于法律制度、规制管理、消防和警察保护、国防、教科文卫等方面的支出。适度的政府消费支出为经济提供了国防、教育和宏观经济管理等服务，有利于经济的稳定与长期发展。中国政府消费支出占GDP的比重，1992年为13.11%，2001年上升到13.58%（见表1-2），十年间政府消费支出比重变化不大。与其他国家相比，中国政府消费支出占GDP的比重偏低，美国20世纪 90 年代政府消费支出平均占 GDP 的 16%，西欧和加拿大一般占 20% 左右，北欧福利国家通常更高，其他发展中国家政府消费支出比重也比较高，譬如南非在 19% 左右，以色列则高达约 30%，沙特阿拉伯平均占 30%。❶ 卡拉斯（Karras）以政府消费占 GDP 比重表示政府规模，利用 118 个国家 1960—1985 年的年度数据研究政府的最优规模，结果表明政府服务具有显著的生产性，118 个国家政府的最优规模平均为 23%，其中非洲为 20%，北美洲为 16%，南美洲为 33%，亚洲为 25%，欧洲为 18%。❷ 从这一研究结果可以看出，中国政府消费支出占 GDP 比重大大低于亚洲的平均水平。由于中国政府消费支出偏低，导致中国的许多公共服务保障不足，不利于市场经济体系的完善，有必要提高中国政府消费支出占 GDP 的比重，加大政府对改革、发展和稳定的支持力度。

表 1-2　中国政府消费支出

年份	1992	1993	1994	1995	1996	1997	1998	1999	2000	2001
政府消费支出（亿元）	3492.3	4499.7	5986.2	6690.5	7851.6	8724.8	9484.8	10388.3	11705.3	13029.3
占 GDP 的比重（%）	13.11	12.99	12.8	11.44	11.57	11.72	12.11	12.66	13.09	13.58

资料来源：各有关年份的《中国统计年鉴》，中国统计出版社。

4. 政府投资

在市场经济体制下，由于存在着"市场失灵"问题，就需要由

---

❶ 马拴友："政府规模与经济增长：兼论中国财政的最优规模"，载《世界经济》，2000 年第 11 期。

❷ Karras, Georgios: "The Optimal Government Size: Further International Evidence on the Productivity of Government Services," Economic Inquiry, 1996, vol.XXXIV, pp.193-203.

政府投资于公共设施和公共事业等公共产品领域。中国是一个发展中国家,由于历史原因,经济基础和技术水平比较落后,各地区经济发展十分不平衡,这又历史地赋予政府投资特殊的"使命"——政府除了在上述"市场失灵"的领域投资外,还需要在制约经济发展的"瓶颈"产业进行投资,尤其是交通运输、邮电通信、农业、能源和原材料工业,以及为消除地区不平等而对落后地区进行的投资。中国正处于向市场经济体制的转轨时期,经济波动的出现不可避免,因此政府投资还兼有调节社会总供需,对国民经济进行景气调节的责任。

中国政府投资的范围大体集中在社会基础设施、公用事业、部分重大基础工业项目,以及国防、航天和高新技术产业开发投资方面。涉及的具体产业和部门有:铁路、公路、航运、民航、港口、邮电通信、电力供应等基础设施部门;江河治理(防洪排涝)、环境保护、城镇给排水、煤气、热力、国土整治和防护林工程及科技、教育、文化、卫生、体育、国防、公安、司法等公用事业和公共部门;航天、微电子、生物工程等高新技术产业;少数涉及生产力布局和区域开发的重大项目;需要巨额投资、具有巨大风险的重大基础产业项目。❶

中国政府投资规模的绝对量和占 GDP 的比重都有所上升(见表 1-3),2001 年政府投资占 GDP 的比重上升到 3.90%,原因在于经济发展要求交通运输、能源、原材料等基础设施的配套,而这些领域都需要政府进行投资。总体而言,中国政府投资占 GDP 的比重不大。而且中国政府投资的范围和领域与私人投资不同,政府投资规模比较小,所以政府投资不但不会挤占私人投资的领域,阻碍市场经济主体的正常经济活动,反而会由于政府投资于私人不愿意投资的领域而促进市场经济的发展。

---

❶ 邱华炳、刘瑞杰:"论中国政府投资的理论创新与职能转换",载《投资研究》,1997 年第 1 期。

表1-3 中国政府投资

年份	1992	1993	1994	1995	1996	1997	1998	1999	2000	2001
政府投资（亿元）	595.98	954.8	1339.7	1596.62	1851.49	2324.56	2721.71	2823.41	3163.82	3741.40
占GDP的比重（%）	2.24	2.76	2.87	2.73	2.73	3.12	3.47	3.44	3.54	3.90

资料来源：各有关年份的《中国统计年鉴》，中国统计出版社。

5. 政府补贴

政府补贴作为国家有效干预和调节社会经济生活的重要手段，具有世界普遍性。从市场经济国家来看，补贴作为一种财政政策或价格政策，不仅广泛存在于发达国家而且也大量地出现在经济欠发达国家。中国的政府补贴主要指价格补贴和国有企业亏损补贴。价格补贴属于宏观调控性支出，是政府调节收入、稳定价格的一种手段。国有企业亏损补贴是政府从财政收入中扣减出来，用于弥补国有企业亏损的支出。在政府补贴总额中，价格补贴的比重从1992年的41.96%上升到2001年的71.19%，国有企业亏损补贴的比重从1992年的58.04%下降到2001年的28.81%（见表1-4）。无论从总量看还是从结构看价格补贴都大大超过国有企业亏损补贴，成为补贴的主要组成部分。

表1-4 中国政府补贴的构成

年份	1992	1993	1994	1995	1996	1997	1998	1999	2000	2001
补贴总额（亿元）	766.60	710.59	680.69	692.66	791.31	920.45	1045.61	987.67	1321.06	1041.55
价格补贴（亿元）	321.64	299.30	314.47	364.89	453.91	551.96	712.12	697.64	1042.28	741.51

续表

年份	1992	1993	1994	1995	1996	1997	1998	1999	2000	2001
占补贴总额的百分比（%）	41.96	42.12	46.20	52.68	57.36	59.97	68.11	70.63	78.90	71.19
国有企业亏损补贴（亿元）	444.96	411.29	366.22	327.77	337.40	368.49	333.49	290.03	278.78	300.04
占补贴总额的百分比（%）	58.04	57.88	53.80	47.32	42.64	40.03	31.89	29.37	21.10	28.81

中国政府对价格的补贴主要包括粮棉油价格补贴、平抑物价补贴、肉食品价格补贴和其他价格补贴等，其中粮棉油价格补贴占主导地位，后三项补贴之和不及粮棉油补贴的一半。中国的价格补贴初期主要是为了减缓有限的几类大宗产品物价上涨引起的消费者利益损失。由于物价市场化导致了物价上升，消费者的利益难免要受到冲击，而市场对资源的配置主要以效率增长为目的，并不考虑社会稳定，因此政府要承担起物价上涨平抑外部震荡的责任。随着市场机制的逐步完善，中国的价格补贴占 GDP 的比重不断下降（见表 1-5），1992 年政府价格补贴占 GDP 的比重为 1.21%，2001 年下降到 0.77%。由于价格补贴范围极小，数量很少，因此，在商品交易领域中，市场价格从 1992 年就成为资源配置的主要信号，2001 年社会消费品零售总额和农产品收购总额中市场定价的比重均在 95% 以上。

表 1-5 中国政府补贴占 GDP 的比重 （%）

年份	1992	1993	1994	1995	1996	1997	1998	1999	2000	2001
政府补贴占GDP的比重	2.88	2.05	1.45	1.18	1.17	1.23	1.34	1.20	1.48	1.08
价格补贴占GDP的比重	1.21	0.86	0.67	0.62	0.67	0.74	0.91	0.85	1.17	0.77
国有企业亏损补贴占GDP的比重	1.67	1.19	0.78	0.56	0.50	0.49	0.43	0.35	0.31	0.31

资料来源：各有关年份的《中国统计年鉴》，中国统计出版社。

政府大力推进政企分开，逐步培育国有企业的市场主体地位，大幅度减少对国有企业的亏损补贴。对大量国有小型企业采取改组、兼并、租赁、承包经营和股份合作制、出售等多种形式的改革，使大批国有小企业转换经营机制，增强了市场竞争力，减少了政府对国有小企业的亏损补贴。1997年开始对国有大中型亏损企业实行改制、改组、改造和加强管理，促使企业摆脱困境，2000年年底，国有大中型亏损企业由1997年的6599户减少到2001年的2208户。在此过程中，国家财政支出中对国有企业的亏损补贴无论在绝对规模还是相对规模上都有所下降，国有企业亏损补贴的总量从1992年的444.96亿元下降到2001年的300.04亿元，年均下降4.8%；占GDP的比重也呈逐年下降趋势，从1992年的1.67%下降到2001年的0.31%（见表1-5）。这说明政府加大政企分开的力度，国有企业逐步摆脱国家的干预，成为独立经营、自负盈亏的经济主体。

合理的亏损补贴是推进国有企业改革的配套措施。市场化改革之前国有企业由于各种税负较重，并担负着一些企业"办社会"的特殊职能，特别是在企业严重超员时，也必须分担政府"充分就业"的重任，每年必须吸纳一部分新增劳动力的就业，这就长期制约着这些企业劳动生产率和经济效益的提高，极大地影响了其自身的资本积累能力，还阻碍着这些企业向现代企业制度转变。目前政府对国有企业的亏损补贴主要用于安置计划经济条件下形成的大量企业冗员，用于解决历史欠账，而不是用于新产品补贴参与市场竞争，因此，这种已所剩不多的企业亏损补贴，并不破坏市场经济中的公平竞争原则，不会扭曲市场机制，可能反而成为特定阶段市场经济稳定发展的客观需要。

6. 政府间转移支付

政府间转移支付制度是实行分税制财政管理体制的各国普遍采用的一项制度，它是解决中央与地方间财政纵向不平衡和各地区间财政横向不平衡的矛盾、规范中央与地方财政分配关系的有效途径。转移支付制度的基本目标是实现经济相对均衡的发展，达到公平和效率的要求。从效率这一角度来看，经济达到相对均衡的发展，一方面会减少资源的无效流动，减少交易费用，另一方面会促进落后地区与发达地区之间的竞争，提高市场配置资源的总体效率，从而促进经济加速增长和经济总量的增加；从公平方面来看，经济实现相对均衡的发展是实现社会公平的必要条件，只有实现了经济相对均衡的发展，落后地区有力量为本地居民提供最基本的公共服务，中央政府才有可能在落后地区和发达地区进行调剂，实现社会公平。

1994年实行分税制财政体制以来，中国已初步形成了以税收返还为主要内容的转移支付制度，向公共财政体制下的转移支付制度迈出了重要的一步。中国政府间转移支付包括五种形式，即体制补助、年终结算、税收返还，专项补助以及《过渡期转移支付办法》中确定的部分（即规范化部分）。如前文所述，中国的政府收入占GDP的比重偏低，受财政能力的限制，中央政府也就无法拿出足够的资金用于转移支付，因此中国政府间转移支付的规模偏小，2001年转移支付占GDP的比重为6.27%（见表1-6）。与此同时，中国的地区间经济发展极不平衡，中央对地方的转移支付规模还只能以确保各地政府有能力提供全国最低标准水平的基本公共服务为目标。为了平衡地区经济发展和提高市场配置资源的效率,需要适度扩大转移支付的规模。

表1-6 中国政府间转移支付

年份	1992	1993	1994	1995	1996	1997	1998	1999	2000	2001
政府间转移支付（亿元）	596.5	544.63	2389.09	2534.06	2722.52	2856.67	3321.54	4086.61	4665.31	6015
占GDP的比重（%）	2.24	1.57	5.11	4.33	4.01	3.84	4.24	4.98	5.22	6.27

资料来源：各有关年份的《中国财政年鉴》,中国财政出版社。

综上所述,市场化改革后,市场成为资源配置的基本手段,政府规模相应地缩小,对企业和个人等微观经济主体的干预程度大大减弱。1992—2001年,从收入的角度看,政府收入占GDP的比重显著下降,从42.02%下降到25.78%,降低了16.24个百分点。从人员规模的角度看,政府精简机构使政府人员占社会从业人员的比重从5.16%下降到4.56%,降低了0.6个百分点。从支出的角度看,政府消费支出占GDP的比重从13.11%上升到13.58%,提高了0.47个百分点；政府投资占GDP的比重从2.24%上升到3.9%,提高了1.66个百分点；政府补贴占GDP的比重从2.88%下降到1.08%,降低了1.8个百分点；政府间转移支付占GDP的比重从2.24%上升到6.27%,上升了4.03个百分点。总体而言,政府支出规模变化不大,仍然维持在一个较低的水平。与其他国家相比,中国政府收入、政府消费支出、政府投资、政府补贴和政府转移支付占GDP的比重都比较低,说明中国政府的财政规模比较小。政府规模小,对经济活动的干预减少,有利于市场主体发挥自主性,使整个经济充满活力。但是,由于中国政府规模偏小导致中国的许多公共服务保障不足，降低了政府对改革、发展和稳定的支持力度。

（二）政府对经济的管理

在市场经济条件下，政府管理经济的基本原则是，凡是市场能够解决的问题就交给市场去解决，政府主要在市场无力解决和解决不好的领域发挥作用。1993年《中共中央关于建立社会主义市场经济体制若干问题的决定》指出："转变政府职能，改革政府机构，是建立社会主义市场经济体制的迫切要求。政府管理经济的职能，主要是制定和执行宏观调控政策，搞好基础设施建设，创造良好的经济发展环境。同时，要培育市场体系、监督市场运行和维护平等竞争，调节社会分配和组织社会保障，控制人口增长，保护自然资源和生态环境，管理国有资产和监督国有资产经营，实现国家的经济社会发展目标。政府运用经济手段、法律手段和必要的行政手段管理国民经济，不直接干预企业的生产经营活动。"这段论述概括了中国在政府经济职能上的认识进展，同时也指出了政府职能转变的基本方向。

政府对经济的管理本身是一个十分巨大而复杂的课题，下文仅就与市场化有关的问题做以下论述，主要包括六个方面：宏观调控体系的建立、行政审批制度的改革、税收负担的减轻、政府对价格的管理、政府对生产的管理、政府对市场秩序的维护。

1. **宏观调控体系的建立**

中国政府初步建立了以间接手段为主的宏观调控体系框架，基本形成了国家计划、财税和金融大体制相互配合、相互制约的调控机制。国家经济发展计划突出了宏观性、战略性和政策性，基本取消了指令性计划指标，强调计划总体上的预测性和指导性。财税体制正在向现代市场经济条件下的公共财政转变，以分税制为核心的新财税体制初步形成。金融体制正在按照发展市场经济的需要，构建现代化的金融机构体系、金融市场体系和金融调控监管体系。综合运用财政政策和货币政策调节经济运行，促使经济稳定增长。

经济发展过热时,通过实施适度从紧的财政、货币政策使国民经济成功地实现"软着陆";经济增长速度回落时,实施积极的财政政策,如增发建设国债用于加强基础设施建设,努力扩大内需。同时发挥货币政策的作用,综合运用各种货币政策工具,如运用调节利息率和存款准备金率、公开市场操作、信贷政策等工具改变货币的供应量。

2. 行政审批制度的改革

全面推进行政审批制度改革,建立与市场经济体制相适应的行政管理体制,促进政府职能转变。2001年国务院批转了《关于行政审批制度改革工作的实施意见》,重点对国务院各部门和省级人民政府有关经济事务的行政审批事项进行彻底清理。2001年11月,国家计委对不需要中央政府投资、国家产业政策鼓励发展、总投资限额以下的项目,属于地方政府出资的由地方计划部门审批的项目,属于企业出资的由企业自主决策的项目取消行政审批。第一批取消的审批事项有:城市基础设施建设项目、不需要中央投资的农林水利项目、地方和企业自筹资金建设的社会事业项目、房地产开发建设项目、商贸设施项目等。对其他不应继续审批的事项,正与有关部门协调,将尽快予以公布取消。对保留的审批事项,提出了简化程序、提高效率、建立监督制约机制等具体措施。同年,国家经贸委第一批取消了30项行政审批项目,财政部取消七项涉及企业资产与财务的行政审批事项。除对涉及经济发展、社会安全长远规划和合理布局的公益性项目和基础设施项目继续保留由政府审批外,逐步取消其他审批事项。凡是能由市场调节的、能由中介组织提供服务的、能由企业自主决定的事项都由市场决定,行政审批制的改革促进了市场作用的发挥,促进了政府职能的转变。

3. 税收负担的减轻

政府征税要有利于经济的发展,因此税收负担是政府制定税收政策时必须要考虑的重要问题。税收负担过轻,政府的职能可能弱化;税收负担过重,会造成经济发展的萎缩。政府的税收政策应当力求达到税负公平化和合理化。税收负担公平合理与否的标准体现在两个方面：一是纳税人税负的承担能力合理；二是各类纳税人的税收负担要公允。如果税收负担分摊不公平，就有可能刺激纳税人采用各种办法避重就轻，造成市场交易的障碍，不利于市场经济秩序的建立。

中国现行税制中的主体税类是流转税和所得税，其中又以流转税为主。流转税的主体税种是增值税，增值税不仅对政府收入意义重大，而且在体现市场公平和促进经济效率方面也起到重要作用。其一，大部分纳税人适用税率为17%（一般纳税人）和6%（小规模纳税人），理论上的税负水平基本上是一致的，纳税人所获得的效益主要与自身的努力程度有关，不会受到税制的不公平待遇；其二，增值税的纳税人分为一般纳税人和小规模纳税人，其税负程度在相当广阔的范围内是划一的，相同纳税人之间一般不会存在税收歧视。中国增值税税负水平的设计在理论上是合理公平的，纳税人分类也大体符合中国实际，特别是税率结构简化，为创造市场公平奠定了基础。❶

所得税包括企业所得税和个人所得税。2001年中国内资企业所得税均实行3%的比例税率，企业所得税的平均税率从1992年的20.01%下降到14.7%。单纯从税率比较来看，中国企业所得税的税率并不高。虽然自20世纪80年代中期以来，发达国家的公司所得税平均税率降低了近10个百分点，但2000年多数国家的公司所得税平均税率仍在30%左右。❷但如果考虑到很多国家采用累进税率的现实情况，中国33%的税收负担对中小企业而言略微偏重。因为实行累进税率的国家中小企业因应税所得额较小，一般适用于较低

---

❶ 刘小川、尚长风："转轨时期的财政税收政策"，见洪银兴等主编《转轨时期中国经济运行与发展》，经济科学出版社2002年版，第131～132页。

❷ http：//www.world bank.org，World Development Indicators.

的税率，而中国除了年应税所得额在 10 万元以下的小企业采用优惠税率（仍高达 27% 和 18%）以外，其他内资企业都按 33% 的比例税率纳税。总体而言，中国的企业所得税的税收负担比较合理，有利于促使不同所有制性质、不同资金来源、不同经营方式的企业进行平等竞争。

在个人所得税方面，对不同性质的所得采取累进税率或比例税率。其中工资、薪金所得，适用 5%~45% 的九级超额累进税率，最高边际所得税率为 45%；个体工商户的生产、经营所得和对企事业单位的承包经营、承租经营所得适用 5%~35% 的五级超额累进税率；劳务报酬所得、稿酬所得、特许权使用费所得、利息、股息、红利所得、财产租赁所得、财产转让所得、偶然所得和其他所得，适用 20% 的单一比例税率。世界上其他国家的个人所得税最高边际税率一般在 40% 左右，中国的个人所得税率基本与国际平均水平一致。

4. 政府对价格的管理

政府对价格的直接干预已大大减少，政府对价格的管理只是作为宏观调控的一种手段，目的在于维持物价稳定、调节收入分配。2001 年，政府公布了《国家计委和国务院有关部门定价目录》，放开大多数原由中央政府制定的商品和服务价格，将国务院价格主管部门及有关部门的商品和服务项目由 1992 年定价目录颁布时管理的 141 种（类）减少为 13 种（类）。在社会商品零售总额中，1992 年政府定价的比重为 5.6%，2001 年下降到 2.7%；在社会农副产品的收购总额中，1992 年政府定价的比重为 10.3%，2001 年下降到 2.7%，除粮食、棉花外，其他农产品价格已全部由市场调节；在生产资料销售总额中，1992 年政府定价的比重为 19.8%，2001 年下降到 9.5%。❶生产要素价格市场化改革也已启动取得了一定的进

---

❶ 《国家计委办公厅关于 2001 年三种价格形式比重测算结果的通知》（2002 年 12 月 3 日，计办价格〔2002〕1598 号）。

展。利率、汇率、工资等要素价格市场形成机制逐步建立和完善。如目前中国国债同业拆借利率、外国银行办理国际业务利率等均已由市场决定，正在推进浮动利率制度改革。

政府仅对极少数重要商品与劳务保有定价权或价格控制权。《价格法》规定，在必要时政府可对以下五类商品和服务实行政府指导价或者政府定价：①与国民经济发展和人民生活关系重大的极少数商品价格；②资源稀缺的少数商品价格；③自然垄断经营的商品价格；④重要的公用事业价格；⑤重要的公益性服务价格。借鉴西方发达国家的经验，政府定价综合考虑商品或者服务的社会平均成本和市场供求状况，国民经济与社会发展要求，以及社会承受能力。同时，建立和普及价格听证会制度，增强了民众对一些垄断、强制性商品和服务收费价格调整的参与度，提高了政府定价的科学性、合理性。

价格总水平的宏观调控机制日益完善。政府编制的价格计划都提出了价格总水平的调控幅度，并列入国民经济和社会发展的年度计划，把控制价格总水平作为宏观调控的长期目标。国务院价格主管部门于1999年发布了《价格监测规定》，建立了一套完整的价格监测体系，对重要商品、服务价格和成本的变动定期进行监测分析，有利于发挥价格监测在宏观经济调控和价格管理中的重要作用，稳定价格水平。

5. 政府对生产的管理

政府不干预具体生产行为。全社会各市场主体的生产主要是由企业和市场决定，政府的职能主要是防止和消除垄断和地区封锁，反对不正当竞争，创造公平的生产和经营环境。政府除了对少数重要产品实行指令性计划外，其余由市场调节或实行指导性计划。在工业品生产方面，指令性计划只局限于木材、黄金、卷烟、食盐和天然气五种，其中木材、天然气和黄金只是在某些环节或部分产品实行指令性计划。而在农业生产方面，指令性计划已全部取消，对主要农产品实行指导性计划和市场调节。

政府以往直接管理国有企业的方式有了很大程度的改变，政企分开迈出较大步伐。政府机构改革的同时，军队、武警、公检法、共青团、妇联以及政府各部门相继展开了与所属企业脱钩的改革。与主管部门脱钩的企业一部分进入国家经贸委直接管理的500家大型企业集团，一部分由地方接管。政府各部门解除了与所办经济实体和直属企业的行政隶属关系，不再直接管理企业。在加强所有者监督职能方面，政府采取了向重点国有企业和金融机构派驻监事会，以及向资产经营机构和大企业授权经营国有资产等措施，以实现国有资产保值增值；政府对一些重点企业实行了稽查特派员制度，加强了国有企业监事会的工作。大部分地区对一些国有企业实行了会计委派制，加大了政府有关部门对国有企业的财务监督力度。国家提出"有进有退""有所为、有所不为"的原则，正在对国有经济实行战略性调整。

政府对一些垄断行业放松了管制。反对垄断有助于市场发育和健全，中国的经济改革过程就是逐步打破各个方面的垄断，逐步由市场进行资源优化配置的过程。近年来，中国在电信航空、铁路、电力等垄断产业的进入管制上都有一定程度的放松。其中对电信业的改革是最成功的，这里所说的电信业是狭义的，仅指电信网和网上服务。网上服务离不开电信网，电信网的垄断性很强。在1994年以前，中国电信市场上，尤其是其中的基本业务部分，由于政府严格的进入管制，只有一家企业，即当时邮电部的中国电信，全国独家垄断经营。1998年开始电信重组，到目前为止，电信、移动、联通、卫通、吉通、铁通组成的电信业新格局大体形成。

6. 政府对市场秩序的维护

政府通过制定政策和完善法规维护市场秩序，致力于创造一个有利于各市场主体平等竞争的市场环境。市场经济体制成功的基础在于市场主体之间权利平等的契约关系，这种关系是通过完备的法律体系和严格的执法系统维持的，中国政府在建立和完善市场规则方面取得了重要进展。

——在维护市场秩序方面，颁布实施了《经济合同法》《技术合同法》《涉外经济合同法》《仲裁法》《商标法》《产品质量法》《会计法》《审计法》《反不正当竞争法》《价格法》等，对企业进入市场的规则、平等参与市场竞争和市场交易做出具体规定；颁布实施了《消费者权益保护法》《工会法》《企业劳动争议处理条例》和《劳动法》等，保障了消费者和劳动者的合法权益。

——在改善和加强国家宏观调控方面，制定了《预算法》，划分了中央和地方的预算管理权限；发布和修订了一系列有关税收方面的法律法规，如《个人所得税法》《企业所得税法》《企业所得税暂行条例》《增值税暂行条例》《消费税暂行条例》《营业税暂行条例》《印花税暂行条例》《资源税暂行条例》《土地增值税暂行条例》和《税收征收管理办法》等，初步建立了中国税收体系的框架；制定了《中国人民银行法》《商业银行法》和《保险法》，建立和完善了中央银行宏观调控体系，加强了对金融业的监督管理；制定了《农业法》《土地管理法》《水法》《森林法》《矿产资源法》《煤炭法》《公路法》《民用航空法》《铁路法》《电力法》《邮政法》《建筑法》《烟草专卖法》《渔业法》和《环境保护法》等，保证国家依据法律制定各项产业政策，促进了中国基础产业的健康发展。❶

三、政府管理体制适应市场化的发展趋势

中国经过20多年的市场化改革，初步确立了社会主义市场经济的框架，未来的5~10年将是逐步完善社会主义市场经济体制的时期。政府改革的最终目标是建立一个干预适度的政府经济管理体制，提高政府管理与服务的效率，使市场对资源配置充分发挥作

---

❶ "中国改革与发展报告"专家组：《透过历史的表象——中国改革20年回顾、反思与展望》，上海远东出版社2000年版，第63～66页。

用，提高经济运行效率。在这一时期中，加大政企分开力度、完善宏观调控体系、强化公共服务职能、提高收入分配职能四个方面将成为政府改革的重心。

加大政企分开的力度，强化企业的自主权。进一步取消政府对微观经济主体直接行政干预的权力，打破阻碍经济健康发展的行政性垄断，将不应由政府行使的部分职能逐步转移给企业、市场和社会中介组织。政府经济管理体制改革的首要任务是配合国有经济布局调整和国有企业改革，界定各级政府的基本职能和国有资产的管理形式，使政府的经济管理职能和资产管理职能分开，促进国有企业真正实现政企分开。

完善宏观调控体系，提高宏观调控质量。要把促进经济增长、增加就业、稳定物价、保持国际收支平衡作为宏观调控的主要目标。完善财政政策、货币政策等相互配合的宏观调控体系，发挥经济杠杆的调节作用。继续深化财政体制改革，逐步完善分税制，合理调整税费征收结构，在不增加社会总体税负水平的前提下，通过大规模减少预算外收入和制度外收入，形成与各级政府事权责任相一致的政府收入水平，提高中央政府运用财政税收政策的调控能力。稳步推进金融体制改革，强化中央银行的地位和作用，加强中央银行执行货币政策的职能，加快国有商业银行的市场化进程，积极发展和完善货币市场和资本市场，努力构造利率市场化机制，完善货币政策手段和政策工具，逐步形成中央银行运用准备金率、再贴现率和公开市场业务来有效调控经济运行的基本格局。

强化政府的公共服务职能。建立、健全和完善一整套关于产权保护、公平交易、平等竞争、诚实信用等市场经济的制度与法律，维护各类市场主体的合法权益，对市场中介组织和市场行为实施有效的监管，促进形成公平、有序、统一的市场体系。建立和完善信息公开发布制度，尽可能使社会各方面能够及时、充分地掌握政府的经济计划、宏观政策意图、产业政策导向等有关信息，提高市场经济主体自主决策能力。加强公共基础设施建设、义务教育、科技基础研究、生态和环境保护，为社会提供市场机制所不能提供的公共物品和服务。

提高政府的收入分配职能。继续实行鼓励诚实劳动和合法经营致富的政策，并通过税收调节等措施解决社会分配差距过大的问题。在完善分税制、企业和个人所得税的基础上，建立和健全对贫困地区和贫困人口的转移支付制度。建立和完善养老、医疗和失业保险制度，发展和规范商业保险、社会福利事业，初步形成社会保险、社会救济、社会福利多层次的社会保障制度。

参考文献：

[1] 国家统计局.中国统计年鉴[M].中国统计出版社.

[2] 国家计划发展委员会.国家计委办公厅关于2001年三种价格形式比重测算结果的通知.计办价格〔2002〕1598号，2002-12-03.

[3] 阿瑟·刘易斯.经济增长理论[M].北京：商务印书馆，1994.

[4] 吴敬琏.当代经济改革战略与实施[M].上海：上海远东出版社，1999.

[5] "中国改革与发展报告"专家组.透过历史的表象——中国改革20年回顾、反思与展望[M].上海：上海远东出版社，2000.

[6] 洪银兴.转轨时期中国经济运行与发展[M].北京：经济科学出版社，2002.

[7] 贾康，白景明.中国发展报告——财政与发展[M].杭州：浙江人民出版社，2000.

[8] 李晓西.宏观经济学：转轨的中国经济[M].北京：首都经济贸易大学出版社，2000.

[9] 李晓西.转轨经济笔记[M].广州：广东经济出版社，2001.

[10] 林毅夫，蔡昉，李周.中国的奇迹：发展战略与经济改革（增订版）[M].上海：上海人民出版社，1999.

[11] 马拴友.政府规模与经济增长：兼论中国财政的最优规模[J].世界经济，2000（11）.

[12] 潘志金，王代玉，黄力明，等.公共财政条件下的转移支付制度 [J]. 财政研究，2000（5）.

[13] 邱华炳，刘瑞杰.论中国政府投资的理论创新与职能转换 [J]. 投资研究，1997（1）.

[14] http：//www.worldbank.org，World Development Indicators.

[15] Karras, Georgios.The Optimal Government Size：Further International Evidence on the Productivity of Government Services[J]. Economic Inquiry, 1996, 1116：193−203.

第二章　企业的市场化

在中国加入 WTO 和全球经济趋于一体化的情况下，历经 24 年的中国企业市场化改革已达到什么程度，正越来越引起国际社会的关注和重视。因此，客观、公正地评价中国企业的市场化进程，无论是对促进企业的深化改革，还是使国际社会对中国企业市场运行有正确认识，都具有重大意义。

一、企业市场化的内涵

企业市场化是指企业的资源配置行为按市场规则进行，企业的生产要素（资本、劳动、土地和企业家）和产品的获取和交易都由市场提供和决定。一个普遍共识是企业市场化能为企业带来利润最大化，降低政府配置资源的高昂成本，因此，各国都在积极推进企业的市场化改革，减少政府对企业行为的直接干预。即使在市场制度已经高度发达的美国，也仍有人认为市场化程度还不够，因而主张推进市场化改革。例如，诺贝尔经济学获得者布坎南（J. M. Buchanan）认为，政府在美国经济中所扮演的角色，已远远超出了恰当的范围。因此，在经济的许多领域中，用市场替代政府将会带来社会财富的增长。❶

企业市场化应包括各种类型的企业。就转轨国家而言，非国有

---

❶　这一思想在布坎南的论文集《自由、市场与国家》中有集中的反映。参见 J M Buchanan：Liberty, Market and State：Political Economy in the 1980s, Wheatsheaf Books Ltd, 1986.

企业的行为本身有很强的市场化倾向，但也需要强调提高管理水平和素质；而国有企业行为从行政化转向市场化，则是改革的重要内容。在转轨国家，许多国有企业已改制为非国有企业或混合所有制企业，尽管国家可能会参股甚至控股。中国改革多年来，政府已不再对国有企业实施行政控制，国有企业从总体上讲已成为真正的市场企业。事实上，国有企业在任何国家都是客观存在的，如市场经济国家国有企业创造的增加值占 GDP 比重的非加权平均值为 9%，法国则达 17%，即使自由化程度非常高的美国，这一比重仍在 1%以上。❶ 这类国有企业的生产经营行为一般都具有很强的外部性，如公共产品和服务的生产和供应，以及具有自然垄断性质的产业，如果将其付诸一般性的市场交易，势必要付出高昂的成本，于是政府就不得不参与这些领域的交易活动。当然，这类企业的资源配置行为不会是单一的市场交易行为。

二、中国企业市场化改革回顾

中国企业的市场化改革发端于 1978 年 12 月的中国共产党十一届三中全会，迄今已走过了 24 个年头，大致可以分为三个阶段。

（一）起步阶段（1978—1984 年）

改革前的中国企业基本上是大一统的全民所有制企业，即国有国营企业，尽管存在少量集体企业，但其管理体制与国营企业并无实质区别，其他所有制企业则根本不存在。国营企业其实不是真正意义上的企业，而是党和政府控制下的行政机构。这类所谓"企业"仅仅是一个"生产单位"，既无独立性，更无创造性。它们接受政府的生产指标，产品由政府统购统销，利润由政府统分统配，

---

❶ E S Savas: Privatization and Public-private Partnerships, Seven Bridges Press, LLC, 2000.

对政府具有高度的依赖性，企业经营机制呆滞、僵化，企业效率极度低下。正是从这些基本事实出发，政府提出了向国有企业"放权让利"的改革思路。

"放权让利"是通过扩大企业自主权和物质刺激，以图调动国有企业的生产经营积极性。其基本内容是：企业可以在完成计划的前提下，根据市场需要制订补充计划，自主安排生产；在一定范围内可以按照国家规定的价格自销部分产品；国家与企业以经济责任制的形式确定二者的责任与利益关系，允许企业有一定的自主分配的财力和经济利益，以使企业经营好坏与职工物质利益挂起钩来。1984年5月，国务院明确了国有企业可以享有十方面的自主权，即生产经营计划权、产品销售权、产品定价权、物资选购权、资金使用权、资产处置权、机构设置权、人事劳动权、工资奖金使用权和联合使用权。

"放权让利"使得僵化的资源计划配置制度得以放松，从而促使了非国有企业，尤其是农村个体企业和乡镇企业得以成长，而农村改革的巨大成效又进一步刺激了这类企业的快速发展。非国有企业的进入意味着已在中国沉寂20多年的市场机制重新诞生并开始发育，因为非国有企业是市场的产物，它们必须从竞争性市场中获得生产要素，也必须在竞争性市场中出售其产品，因而具有硬预算约束，一开始就显示出比传统国有企业更高的活力和效率。据世界银行提供的数据，1980—1984年，国有部门产出增长率和全要素生产率分别为6.77%和1.8%，而集体部门（主要是乡镇企业）产出增长率和全要素生产率则分别为14.03%和3.45%，❶远远高出前者。

1982年9月，中共十二大明确提出，在很长时期内需要多种经济形式并存，非公有制经济是公有制经济的"必要的、有益的补充"。同年12月，全国人大五届第五次会议通过的《中华人民共

---

❶ World Bank:"Reform and Role of the Plan in the 1990s"，Washington, D.C, 1992.

和国宪法》，对此做了法律确认。这意味着，非国有经济将成为中国市场经济发展的重要力量。

（二）探索阶段（1984—1991年）

1984年10月，中共十二届三中全会通过《关于经济体制改革的决定》，提出"全民、集体、个人一起上"，鼓励全民、集体、个体、外商等不同所有制经济进行合作、合资、联合，小型国有企业可以"租""包"给集体企业或个人。1987年中共十三大又进一步提出股份制作为一种财产组织形式，可以试行。小型国有企业的产权可以有偿转让给集体或个人。1986年12月，六届全国人大常务会通过《企业破产法（试行）》，规定企业资不抵债时可以申请破产。1988年4月，全国人大七届第一次会议通过《企业法》，这是新中国成立以来国有企业的第一部基本大法，该法律将改革以来国家搞活企业的有关法规、政策概括为十二项权利。另外，这一时期还相继出台《城乡个体工商户管理暂行条例》《三资企业法》《私营企业暂行条例》等保护非国有经济的政策法规，这为非国有经济的发展提供了法律保障。

以中共十二届三中全会为起点，中国经济制度改革的重心从农村转移到城市，国有企业改革被明确为改革的中心环节。这一时期国有企业最突出的改革是政企职责分开，所有权和经营权适当分离（即"两权分离"），具体措施主要是推行承包经营责任制，对一些小型国有企业实行租赁制。

承包经营责任制以"包死基数，确保上交，超收多留，歉收自补"为基本内容，并以契约方式确定国家与企业的责权利关系。这种经营形式改变了政府与企业之间单纯的行政隶属关系，政府对企业的行政干预因承包合同而受到限制，是把国有企业塑造成为独立的市场主体的有益尝试。但是，承包经营责任制下的企业，还不能成为真正的市场主体。

租赁制是主要针对小型国有企业的一种经营形式。它是在不改变国有企业性质的前提下,依据"两权分离"原则,政府将企业资产有条件、有期限、有偿地出租给承租者,并将经营权让渡给经营者,政府与企业的关系同样以契约形式予以明确。相对于承包制,租赁制是一种更为市场化的企业经营形式。其突出表现是企业经营者不再由政府任命,而是通过招标竞争方式确定。企业所需生产要素也由自己筹措或从市场购买,产品通过市场销售。

股份制从1984年开始试点。但1990年以前,股份制试点只是在少数企业进行,还没有统一的政策。1990年11月和1991年4月相继成立上海和深圳两家证券交易所,这为股份制的进一步发展提供了新的契机。

非国有经济在这一阶段实现了突破性发展。1984—1991年,国有工业产值年平均增长速度仅为8.3%,而非国有工业产值年平均增长速度则高达23.9%,其中,集体工业平均为19.7%,城乡个体工业平均为45.4%,其他经济类型工业平均为47.3%。1991年,非国有工业企业产值占工业总产值的比例达到43.8%,比1984年的30.9%高出12.9个百分点,平均每年提高5.1%。这反映出市场化为非国有企业带来的效率远远高于基本上仍由政府控制下的国有企业效率。相对于国有企业而言,非国有企业基本上是独立的市场主体,拥有较为独立的市场权利,追求较为独立的经济利益,其行为已具有典型的市场特征。

(三)规范发展阶段(1992年至今)

1992年1—2月,邓小平南方考察时的一系列谈话,为中国经济的市场化发展确定了基调。同年7月,国务院发布实施《全民所有制工业企业转换经营机制条例》,该《条例》将《企业法》规定的企业十项权利进一步具体为十四项权利,即生产经营决策权、产品劳务定价权、产品销售权、物资采购权、进出口权、投资决策权、留用奖金支配权、资产处置权、联营兼并权、劳动用工权、人事管理权、工资奖金分配权、内部机构设置权、拒绝摊派权,其宗旨是使企业成为适应市场要求的、依法自主经营、自负盈亏、自我发展、自我约束的商品生产者和经营者。10月，中共十四大将社会主义市场经济体制确定为中国经济改革的目标，提出国有企业、集体企业和其他各类企业都要进入市场，在市场上进行优胜劣汰的竞争，国有企业应通过平等的市场竞争来发挥其主导作用；股份制有促进政企分开、转换企业经营机制和积聚资金的作用，要抓紧制定或落实有关法规，使国有企业的股份制改造有秩序地健康发展。由此，中国企业的市场主体地位得到正式确认，中国企业进入规范发展阶段。

1993年11月，中共十四届三中全会通过《中共中央关于建立社会主义市场经济体制若干问题的决定》，提出"要使市场在国家宏观调控下对资源起基础性作用"，"国家要为各种所有制经济平等参与市场竞争创造条件，对各类企业一视同仁"，国有企业要适应市场经济体制的要求，建立"产权清晰，权责明确，政企分开，管理科学"的现代企业制度。从此，国有企业的改革由偏重于放权让利转变为着力进行市场化的企业制度创新。同年12月，全国人大通过《公司法》，提出不同产权主体投资设立公司，其法律地位都是平等的。1997年，中共十五大又提出，"非公有制经济是我国社会主义市场经济的重要组成部分"，并写入了1999年修改的《宪法》。由此，非国有经济，尤其是私有经济在我国经济结构中的地位和作用得到正式肯定。

1999年9月，中共十五届四中全会通过《中共中央关于国有企业改革和发展若干重大问题的决定》，提出国有企业要实现股权多元化，发展多元投资主体的公司，以实现公司制改革的规范化。2001年4月，国家经济贸易委员会、人事部、劳动与社会保障部联合出台《关于深化国有企业内部人事、劳动、分配制度改革的意见》，提出取消企业行政级别，管理人员不再享有国家机关干部的行政级别待遇。除应由出资人管理和应由法定程序产生或更换的企业管理人员外，对所有管理人员都应实行公开竞聘、择优聘用，也可以面向社会招聘。

国有企业建立现代企业制度（以股份制为主体）是这一时期国有企业改革的核心。1994年年底，全国已有3.3万个股份制企业，有78.4%的股份制企业认为改制后企业经营机制发生了很大变化，经济效益大大高于全国平均水平。鉴于改制的成功，国务院于1994年11月确定100户大型国有企业进行现代企业制度试点，由此拉开了国有企业大范围规范改制的序幕。在试点大型国有企业，国家授权投资的机构或者国家授权的部门及其他出资者，按照持股比例依法享有股东权利，出资者不能抽资，企业产权可以依法转让；企业作为独立的市场主体不再依赖于政府，也不再套用行政级别；在企业内部，根据决策、执行、监督相互独立、权责明确、相互制约的原则，建立由股东会、董事会、监事会和经理层组成的公司治理机构，各司其职，有效行使决策、监督和执行权；取消企业管理人员的国家干部身份，企业经营者由董事会聘任，企业与职工之间实行双向选择制度；在财务会计制度方面，全面实行与国际标准基本接轨的《企业财务通则》和《企业会计准则》；企业必须参加职工养老、医疗、失业和工伤保险，逐步做到由社会保险组织统一经办和向职工支付。由于试点企业一开始就走上了规范化改制之路，因而改制取得相当成功。在取得成功经验的基础上，改制不断向纵深发展。到2001年年底，在国务院及地方列入试点的2710家企业集团中，已有1994家的母公司改制为公司制企业，占73.6%；国家520家重点企业中的国有及国有控股企业，也有430家进行了公司制改革，占82.7%。在此期间，其他国有企业的改制继续深入并全面展开，国有企业的退出机制也逐步建立起来。

伴随着国有企业的公司制改革，公司股票上市的规模不断扩大，相关法规不断完善。1992—2001年，上市公司数由53家增至1160家；年筹资额由94.09亿元增至1252.34亿元，其中2000年的筹资额曾高达2103.08亿元；股票市价总值与GDP的比率由3.93%增至45.37%。这期间，相继出台《股份有限公司规范意见》《股票发行与交易管理暂行条例》《中华人民共和国证券法》和《上市公司治理准则》等法规,这些法规成为上市公司规范运行的重要保障。

由于国家在政策和法律上对非国有经济市场主体地位的确认和保护,因而非国有经济在这个时期继续快速发展。这种发展不仅体现在增长速度上,还体现在广度上。从增长速度上看,1991—2001年,国有及国有控股工业产值年平均增长速度为17.3%,而非国有工业产值年平均增长速度则为24.3%,其中,非公有工业(包括个体企业、股份制企业、外商及港澳台投资企业等)产值年平均增长速度为35%。2001年,非国有工业企业产值占工业总产值的比例达到78.3%,比1991年的45.8%高出32.5个百分点,平均每年提高5.51%。从广度看,非国有经济已渗透到国民经济的大部分领域,甚至属于国家垄断的一些行业,如银行业、邮递业等,非国有经济也已部分进入。

健全的财务会计制度是市场经济中企业规范运作的显著标志。1992年11月,中华人民共和国财政部发布《企业财务通则》和《企业会计准则》,并于1993年7月1日正式实施。"两则"的制定参考了国际标准,其中《企业会计准则》又于1997年、1998年、1999年、2000年和2001年五次修改和补充。《企业财务通则》明确规定,企业实行实收资本金制度,政府不能随意抽走、转移企业资本金。新的《企业会计准则》则在会计核算基本原则、会计要素定义收入确认、资产减值、关联方披露等重要方面与国际通行惯例实现了一致。1999年,根据加入世贸组织的要求和中国市场经济发展的需要,对《会计法》进行了修改。该法规要求各单位包括国有企业,依法设置会计账簿,保证其真实、完整。特别是要求公司、企业必须根据实际发生的经济业务事项,按照国家统一的会计制度的规定确认、计量和记录资产、负债、所有者权益、收入、费用、成本和利润。特别要指出的是,这次修改,由财政部委托德勤国际会计公司(Deloitte Touche Tohmatsu)提供会计立法技术咨询。德勤国际会计公司在对比分析了澳大利亚、比利时、丹麦、法国、德国、匈牙利、日本、波兰、新加坡、英国、美国以及我国台湾地区有关会计立法和会计制度情况的基础上,对我国《会计法(修改草案)》提出了重要的咨询建议,并得到了重视和肯定。可以说,于2000年7月1日开始执行的《会计法》吸收和借鉴了国际上主要国家的通行做法和原则精神,是与国际规则基本接轨的。全面实施"两则",是企业作为市场主体独立性和规范性的一个不可缺少的方面。

总之,中国企业经过24年的改革和发展,其市场化进程已实现突破性飞跃。可以断言,中国企业已经实现向市场经济的过渡,中国企业的运作已经是市场化的运作。

三、非国有经济的发展

衡量非国有经济的发展,大体包括四个方面:一是非国有经济对国民经济总量增长的贡献;二是非国有经济的产权关系;三是非国有经济的市场准入;四是非国有经济市场运行的规范化。其中第一方面具有综合的意义。

(一)非国有经济对国民经济总量增长的贡献

改革开放尤其是1992年以来,中国国民经济总量中来自非国有经济的贡献份额呈逐步上升趋势。以下六个指标可以反映这一趋势。

1. 非国有经济创造的GDP占国内生产总值(GDP)的比重

非国有经济创造的GDP占国内GDP的比重,可以从总体上反映非国有经济对国民经济总量的贡献率以及在中国企业市场化进程中的作用大小。1992年至2001年,非国有经济创造的GDP占国内GDP的比重由53.6%提高到62.32%,年均增长1.69%。

从工业来看,非国有工业总产值占全部工业总产值的比重也是一个较好反映非国有经济发展的综合指标。1992年到2001年，非国有工业总产值占全部工业总产值的比重由48.5%增至78.3%，❶年均增长5.47%。其中1992年以来，市场化程度更高的个体、私营和外商投资经济的发展速度超过了集体经济，而集体经济则趋于稳定，并略显下降。1992年到2001年，在工业总产值中，集体工业产值所占比重从35.1%下降至30.1%，而个体和私营工业产值所占比重则由5.8%上升到17.2%，包括外商投资企业在内的其他工业产值所占比重则由7.6%上升到29.5%（见图2-1）。❷

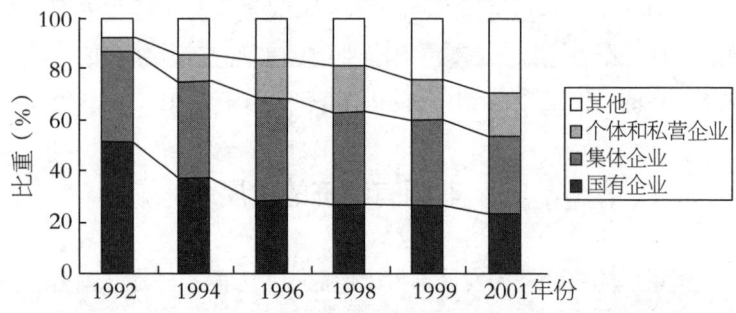

图2-1　不同经济类型工业企业产值在工业总产值中的变化

特别要指出的是，外商投资经济对国民经济增长的贡献率显著上升。1993—2001年，外商投资经济创造的工业增加值占全部工业增加值的比重由8.4%增至24.57%，年均增长14.36%；上缴税收则由5.7%增至19.01%，年均增长16.25%（见表2-1）。2001年，在全部外汇结汇收入中，外商投资企业所占比例为37.48%，同比增长6.29%；在全部外汇支出售汇中，外商投资企业所占比例为

---

❶　2000年开始工业总产值统计范围是全部国有及规模（年产品销售收入500万元）以上非国有工业企业总产值，这里2001年的数值是以乡及乡以上工业总产值为基数的测算值，以与1992年的数值相比较。

❷　由于2000年开始工业总产值中的非国有经济只统计规模（产品销售收入500万元）以上部分，因此，以此计算出来的非国有经济产值比重与以前年份不具有可比性。本图中2001年的数据为测算值。

26.33%，同比增长 2.11%。

表 2-1　外商投资经济对工业增加值和税收的贡献　　（%）

年份	工业增加值所占比例	税收所占比例	年份	工业增加值所占比例	税收所占比例
1993	8.40	5.70	2000	22.51	17.50
1998	19.13	14.41	2001	24.57	19.01
1999	20.69	15.99			

资料来源：①《中国统计年鉴》；②外经贸部 2001 年外资统计；国家税务局 2001 年税收统计。转引自中国企业联合会、中国企业家协会：《中国企业发展报告》（2002），企业管理出版社 2002 年版。

2. 非国有经济固定资产投资占全社会固定资产投资的比重

固定资产投资是国民经济增长和企业发展的重要因素，该指标可以反映非国有经济主体在固定资产投资方面的贡献率以及固定资产投资的市场化程度。1992—2001 年，非国有经济固定资产投资占全社会固定资产投资的比重由 31.95% 提高到 52.69%，年均增长 5.72%。

与此相近的一个指标是非国有经济对全社会固定资产投资增长速度的贡献率。该贡献率 1992 年为 31.94%，2001 年增至 52.54%，年均增长 5.69%。其中，集体经济和个体经济之外的其他经济（包括股份制经济、外商及港澳台投资经济、联营经济等）投资的贡献率增长较快，从 1992 年的零增至 2001 年的 24%（见表 2-2）。

表 2-2　各经济类型对全社会固定资产投资增长速度的贡献率（百分点，%）

年份	全社会投资增长速度(%)	国有经济	非国有经济						
			总数	集体经济	个体经济	其他经济			
						总数	股份制经济	外商及港澳台投资	联营经济等
1992	44.4 (100)	30.22 (68.06)	14.18 (31.94)	7.47 (16.83)	6.71 (15.11)				

续表

年份	全社会投资增长速度（%）	国有经济	非国有经济						
			总数	集体经济	个体经济	其他经济			
						总数	股份制经济	外商及港澳台投资	联营经济等
1998	13.9 （100）	7.52 （54.10）	6.38 45.90）	2.05 （14.75）	1.83 （13.17）	2.50 （17.98）	0.96 （6.91）	1.46 （10.50）	0.08 （0.58）
1999	5.1 （100）	2.72 （53.33）	2.38 （46.67）	0.74 （14.51）	0.72 （14.12）	0.92 （18.04）	0 42 （8.24）	0.45 （8.82）	0.05 （0.98）
2000	10.3 （100）	5.16 （50.10）	5.14 （49.90）	1.50 （14.56）	1.47 （14.27）	2.17 （21.07）	1.27 （12.33）	0.82 （7.96）	0.08 （0.78）
2001	13.0 （100）	6.17 （47.46）	6.83 （52.54）	1.85 （14.23）	1.86 （14.31）	3.12 （24.00）	1.98 （15.23）	1.06 （8.15）	0.08 （0.62）

注：括号外数字为增长速度（百分点），括号内数字为贡献率（%）。
资料来源：①根据《中国统计年鉴》（2002）计算；②卢中原：《民间投资态势分析》，打印稿，2002年。

3. 城镇非国有单位从业人员占城镇从业人员的比重

市场化改革打破了传统的固定工制度，劳动力流动成为必然。城镇是劳动力比较集中的地区，随着国有企业的改制和退出，非国有经济单位容纳的劳动力日益增加。因此，该指标可以反映非国有经济单位在提供就业职位方面的贡献率以及城镇劳动力的市场化。1992—2001年，城镇从业人员中非国有部门所占比重从39.03%提高到68.09%，年均增长6.38%。

4. 非国有经济创造的税收占全社会税收的比重

税收是国家财政收入的主要来源，市场化可以刺激非国有经济主体的积极性。因此，该指标可以反映因市场化而引致非国有经济的发展对国家财政收入的贡献。1992—2001年，非国有经济创造的税收占全社会税收的比重由33%提高到64.42%，年均增长7.72%。

5. 非国有经济进出口总额占全部进出口总额的比重

进出口额是国际贸易的衡量指标，中国加入WTO，以及世界经济的一体化趋向，使进出口额呈现增长态势，而非国有经济对这种增长的贡献在不断扩大，这种扩大又是市场化带来的。1992—2001年，非国有经济进出口总额占全部进出口总额的比重由27.45%提高到55.04%，年均增长8.04%。

6. 工业中非国有经济所有者权益占全部国有及规模以上非国有工业所有者权益的比重

工业是国民经济的核心产业，而所有者权益体现了经济主体的投资贡献。但考虑到规模以下非国有经济和国有控股企业中的非国有主体所有者权益没有计算在内，因此，该指标只能在一定程度上反映非国有经济对工业这个核心产业市场化进程的作用大小。1992—2001年，工业中非国有经济所有者权益占全部国有及规模以上非国有工业所有者权益的比重由34.1%提高到45.13%，年均增长3.16%。

将以上指标归结为表2-3。从中可以得出一个基本的判断，非国有经济在中国经济增长中的作用已经超过国有经济，而且这一趋势仍在继续。

表2-3　中国非国有经济的发展　　　　　（%）

年份	非国有经济创造的增加值占国内生产总值（GDP）的比重	非国有经济固定资产投资占全社会固定资产投资比重	城镇非国有单位从业人员占城镇从业人员比重	非国有经济创造的税收占全社会税收的比重	非国有经济进出口总额占全部进出口总额的比重	工业中非国有经济所有者权益占全部国有及规模以上非国有工业所有者权益的比重
1992	53.60	31.95	39.03	33.00	27.45	34.10
2000	59.80	49.86	65.00	57.72	54.59	44.37
2001	62.32	52.69	68.09	64.42	55.04	45.13

资料来源：根据《中国统计年鉴》和国家税务总局《税收统计月报》整理。

（二）非国有经济的产权关系

非国有经济包括集体经济、私营经济、股份制经济和外商投资经济等类型，尽管由于它们成长的历程不同而使其产权关系各具特色，但却存在一个共同点即它们的产权关系是相对比较清晰的。

1. 集体企业

20世纪90年代之前，由于历史的原因，其产权关系是模糊的。但90年代以后，集体企业开始进行大规模的、不同形式的股份制改制。对于"大集体"，在清产核资的基础上，组建国家股、集体股和个人股并存的股份制企业；对于集体中小企业，组建集体股、职工个人股和社会个人股并存的股份制企业，个人可以控股，也可以买下集体股，成为完全的私有企业；集体企业与其他企业联合组建新的股份制企业，股份由各方投资折算而成；还有些集体企业进行了拍卖或租赁。通过改制，集体企业的产权关系已基本实现明晰化。此外，90年代以后根据《公司法》新创办的集体企业（主要是科技企业），自开始就是产权明晰的企业。以乡镇企业为例，2001年，95%以上进行了股份制、拍卖、租赁等多种形式的改革，不少企业建立了现代企业制度，明晰了产权，完善了经营机制，增强了企业活力。

2. 私营企业

私营企业的注册资金绝大多数来自个人或家庭，一般采取合伙制或有限责任公司等组织形式。20世纪90年代以来，有限责任公司形式的私营企业发展迅速。2001年，该形式私营企业在全部私营企业中的比重达到68.02%，比上年同期上升10.24%。合伙企业所占比重为6.44%，比上年同期下降24.96%。独资企业所占比重为25.5%，比上年同期增长3.48%。这种发展趋势反映了私营企业的产权关系已不仅满足于明晰化，而且更注重产权运作的规范化。

3. 股份制企业

股份制企业包括有限责任公司和股份有限公司,是现代市场制度中典型的企业组织形式,即所谓现代企业。国有企业、集体企业、私营企业等各类型企业都可以采取股份制公司的组织形式,以实现公司产权的多元化和明晰化,产权多元化和明晰化是现代企业这枚"硬币"的两面,密不可分。正因为如此,股份制企业发展迅速。到 2001 年年底,90% 以上的新建企业为股份制企业,70% 以上的老企业改制为股份制企业。

4. 外商投资企业

外商投资企业包括中外合资企业、中外合作企业、外商独资企业等形式。中外合资企业一般是股份制企业,合资各方按各自的出资额享有应得的权利,承担相应的义务和责任,董事和正副经理由合资各方分别派出。中外合作企业是一种契约式的合营企业,双方的权利和义务经协商一致后写进合同。外商独资企业如果只有一个投资者,则产权结构是非常单纯的;如果是多个外商共同投资,产权结构出现多元化。可见,三种形式的外商投资企业的产权关系都是非常清晰的。到 2001 年年底,累计批准外商投资企业 389549 户,是 1992 年底累计 90791 户的 4.29 倍,9 年平均增长 17.57%;外商直接投资总额累计达到 3935.12 亿美元,是 1992 年累计金额 343.55 亿美元的 11.45 倍,9 年平均增长 31.12%。

(三)非国有经济的市场进入

1992 年以来,政府通过政策法律,在市场准入方面对非国有经济采取了更为积极、开放的政策,在许多重要方面取消或进一步降低了行政壁垒,纠正了在市场准入上的歧视待遇。尤其是 1993 年 11 月,中共中央提出"国家要为各种所有制经济平等参与市场竞争创造条件,对各类企业一视同仁",1999 年又把非国有经济的重要地位写入新修改的《宪法》。这些政策法规的出台大大刺激了非国有经济在更广泛领域的进入。

1. 集体企业

以乡镇企业为例。早在1997年,农业部在给国务院提交的一份总结报告中就已指出,"乡镇企业的生产经营活动,几乎涉及国民经济的各个领域",尤其是在第三产业呈现良好发展势头。在乡镇企业增加值中,第一、第二、第三产业比重由1999年的1.36:77.64:21.00调整为2000年的1.16:77.01:21.83,2001年变为0.98:76.67:22.35,第三产业2001年比1999年上升了3.16%,而第一、第二产业所占比重则趋于下降。从细分行业看,批发零售贸易业、交通运输业和工业增长较快,2001年增加值分别比上年同期增长12.6%、10%和8%(见表2-4)。而且,乡镇企业还进入了一些原属于国家专营的行业,如烟草加工、医药加工等。另外,至2001年年底,全国已有50多家乡镇企业成功上市。乡镇企业尚且如此,城镇集体企业的这种变化趋势就更加明显。

表2-4　细分行业乡镇企业进入情况　　　　　　(亿元)

产业		第一产业	第二产业				第三产业				
行业类别		农业	工业	建筑业		小计	交通运输业	批发零售贸易业	旅游饮食、服务业	其他	小计
增加值	2000年	314	18812	2101		20913	1657	2626	1288	357	5928
	2001年	287	20315	2193		22508	1822	2956	1375	409	6562
比上年同期增长(%)		-8.6	8.0	4.4		7.6	10.0	12.6	6.8	14.6	10.7
所占比重(%)		0.98	76.67				22.35				

资料来源:中国企业联合会、中国企业家协会:《中国企业发展报告》(2001,2002),企业管理出版社2001年版和2002年版。

2. 私营企业

1992年以后,中央及地方相继出台一系列鼓励私营经济发展的政策、条例和法规。1993年,国家有关部门将私营企业不准经营的 50 多个品种改为 35 个品种。2000 年年初，政府又强调，除关系国家安全和必须由国家垄断的领域外，其余领域都应允许民间资本进入。同年还出台《中小企业产业指导目录》，以更加开放、规范和透明的市场准入制度鼓励私营企业发展。2000—2001 年，私营企业在三次产业中，第三产业所占比重居绝对多数，而且仍在增长；第一产业呈下降态势；第二产业略有下降，但绝对数仍在上升（见表 2-5）。从细分行业看，制造业、批发和零售贸易及餐饮业所占比重居绝对多数但开始下降，不过绝对值仍在上升；社会服务业和其他行业则不论所占比重还是绝对值都在上升（见表 2-6）。

表 2-5　三次产业私营企业进入情况

指标	户数及所占比例（万户，%）		从业人数及所占比例（万人，%）		注册资金及所占比例（亿元，%）	
年份	2000	2001	2000	2001	2000	2001
第一产业	3.96（2.25）	3.73（1.84）	55.97（2.33）	52.18（1.92）	273.95（2.06）	332.24（1.82）
第二产业	69.47（39.43）	76.73（37.82）	1280.74（53.22）	1402.96（51.70）	4881.90（36.68）	6544.69（35.94）
第三产业	102.74（58.32）	122.39（60.34）	1069.78（44.45）	1258.73（46.38）	8151.84（61.26）	11335.31（62.24）

注：括号外数据为绝对值，括号内数据为所占比重。
资料来源：中国企业联合会、中国企业家协会：《中国企业发展报告》（2001，2002），企业管理出版社 2001 年版和 2002 年版。所占比重为计算值。

表 2-6　细分行业私营企业进入情况

指标	户数及所占比例（万户，%）		注册资金及所占比例（亿元，%）	
年份	2000	2001	2000	2001
农林牧渔业	3.96（2.25）	3.73（1.84）	273.95（2.06）	332.24（1.82）

续表

指标	户数及所占比例（万户，%）		注册资金及所占比例（亿元，%）	
年份	2000	2001	2000	2001
采掘业	1.73（0.98）	175（0.86）	90.89（0.68）	111.36（0.61）
制造业	62.42（35.43）	68.48（33.76）	3888.08（29.22）	5000.92（27.46）
建筑业	5.32（3.02）	6.50（3.20）	902.93（6.78）	1432.41（7.87）
交通运输、仓储业	2.19（1.24）	2.70（1.33）	184.11（1.38）	254.89（1.40）
批发和零售贸易、餐饮业	72.63（41.22）	82.23（40.54）	5154.82（38.74）	6459.21（35.47）
社会服务业	17.70（10.05）	22.84（11.26）	1124.36（8.45）	1636.52（8.98）
其他行业	10.23（5.81）	14.62（7.21）	1688.55（12.69）	2984.69（16.39）

注：括号外数据为绝对值，括号内数据为所占比重。

资料来源：中国企业联合会、中国企业家协会：《中国企业发展报告》（2001，2002），企业管理出版社2001年版和2002年版。所占比例为计算值。

3. 外商投资企业

1992年以来，政府实行了全方位的对外开放。1992—1994年，开放了原来"禁入"的商业等服务领域，1995年颁布《外商投资产业指导目录》，1996年又做了进一步修订，提高了市场准入的透明度。2000年年初，中国政府总理朱镕基指出，随着中国加入WTO的进程加快，要以更为积极的姿态扩大对外开放，逐步推进商业外贸、金融、保险、证券、电信、旅游和中介服务等领域，放宽对一些行业外商持股比例的限制。2001年，外商投资企业数在三次产业中所占比例为3.39∶74.18∶22.43，实际使用外资金额所占比例为 1.92 ：72.51 ：25.57。其中，投资最多的是制造业。在制造业中，又以高新技术为主的电子及通信设备制造业、化学原料及化学制品制造业、专用设备制造业增长较快，2001年企业数同比增长分别是 30.35%、17.95% 和 15.24%，实际使用外资金额同比增长分别是 54.38%、22.53% 和 46.85%。另外，房地产和旅馆业实际使用外资同比由下降转为上升（见表2-7）。

表2-7　2001年外商投资部分行业情况　　（亿美元）

行业名称		新批项目数量			使用外资金额		
		总数（个）	同比增/减（%）	占全国比重（%）	总数（个）	同比增/减（%）	占全国比重（%）
总量		26140	16.97	100	468.8	15.16	100
第一产业总数		887	8.04	3.39	8.99	32.96	1.92
第二产业	总数	19391	19.28	74.18	339.91	18.56	72.51
	制造业	19106	19.5	73.09	309.07	19.59	65.93
	其中 电子及通信设备制造业	1993	30.35	7.62	70.92	54.38	15.13
	化学原料及化学制品制造业	1163	17.95	4.45	21.99	22.53	4.69
	专用设备制造业	794	15.24	3.04	7.74	46.85	1.65
第三产业	总数	5862	11.25	22.43	119.88	5.44	25.57
	房地产				47.59	9.23	10.15
	旅馆				4.56	5.43	0.97

资料来源：外经贸部2001年外资统计。转引自中国企业联合会、中国企业家协会：《中国企业发展报告》(2002)，企业管理出版社2002年版。

4. 非国有经济在三次产业中的市场进入

以GDP来衡量非国有经济在三次产业中的进入，第一产业占有绝对优势，非国有经济对该产业 GDP 的贡献率基本稳定在 97% 以上的水平。第二产业是三次产业中非国有经济发展最快的产业，非国有经济对该产业 GDP 的贡献率从 1992 年的 49.48% 提高到 2001 年的 74.33%，年均提高 4.63%。其中，工业年均提高 4.93%，建筑业年均提高 2.08%。第三产业非国有经济发展相对较慢，其对该产业 GDP 的贡献率从 1992 年的 30.14% 提高到 2001 年的 42.31%，年均提高 3.84%。其中餐饮业、批发和零售贸易业，以及其他服务业中非国有经济所占比重较高，交通运输仓储业所占比重较低，发展速度也较低，年均仅提高 1.77%，只有邮电通信业至今仍是完全的国有经济（见表 2-8）。目前，国家法规除对必须垄断的少数行业（如武器制造、黄金生产等）明令禁止非国有经济进入和对部分行业有一些前置审批的限制规定外，没有对非国有经济有特殊的限制性规定。在石油和天然气开采业等工业中的所谓垄断行业，❶ 非国有企业数已超过国有企业数，工业增加值比重已超过 65%，资产比重已接近 50%。

表 2-8　三次产业非国有经济对 GDP 的贡献率　　　　（%）

	第一产业	第二产业	其中		第三产业	其中				
			工业	建筑业		交通运输仓储	邮电通信业	批发和零售贸易	餐饮业	其他服务业
1992 年	97.20	49.48	48.50	56.59	30.14	18.80	0.00	58.70	58.70	18.40
2000 年	97.20	72.69	73.05	67.64	41.28	22.01	0.00	77.62	78.95	33.43
2001 年	97.25	74.33	74.80	68.13	42.31	22.01	0.00	79.42	79.86	34.54
年均增长	0.006	4.63	4.93	2.08	3.84	1.77	0.00	3.42	3.48	7.25

资料来源：1999 年以前数据引自中国经济改革研究基金会"中国改革

---

❶　这些垄断性行业包括：石油和天然气开采业、石油加工及炼焦业、煤炭采选业、黑色金属矿采选业、烟草加工业、化学纤维制造业、橡胶制品业、黑色金属冶炼及压延加工业、交通运输设备制造业、电力蒸汽热水生产供应业、煤气的生产和供应业、自来水的生产和供应业等。

与发展报告专家组":《制度的障碍与供给——非国有经济的发展问题研究》,上海远东出版社2001年版,第594~597页。2000年和2001年数据系作者根据国家统计局历年相关《统计年鉴》推算(按当年价格)。

(四)非国有经济市场运作的规范化

非国有经济是市场的产物,其行为具有典型的市场特征。

1. 非国有企业的治理机制

非国有企业基本上是从市场实际和本公司的结构出发来确定自己的治理机制。根据国家经济贸易委员会对2001年非国有企业的抽样调查,在样本企业中,85.9%的企业认为其治理结构是合理或比较合理的,是能够适应市场要求的。

(1)经营者市场选择率

在经营者任命方式问题上,95.1%的企业由市场选择,其中由董事会任命的企业占73.8%,由职代会选举的企业占10.7%。

(2)决策自主程度

在决策模式问题上,57.3%的企业选择集体决策模式,28.2%的企业选择集权模式,9.7%的企业选择分权模式。对于企业各自所选择的决策模式的效率,95%的企业认为是高效的,是充分考虑到市场需求、企业规模和灵活性而做出的最佳选择。96.2%的企业是独立选择自己的决策模式,或者说,96.2%的企业是具有决策自主权的。

(3)激励与业绩的吻合度

在激励机制问题上,79.8%的企业认为目前经营者的收入与其经营绩效基本吻合。在对职工的激励方式上,60%的企业采用贡献与业绩挂钩的方式。

(4)财会制度的健全程度

在实施《企业财务通则》和《企业会计准则》方面,78.5%的企业已经全面实施或开始全面实施,这意味着非国有企业财务会计的规范化已经取得重大进展。

（5）治理机制完善与企业绩效的相关度

治理机制的完善对企业绩效提高的作用是非常明显的。对样本非国有企业治理机制与企业利税水平、资产质量、资本流动速度、技术改进和设备更新、人力和设备使用效率进行的相关性分析表明，它们之间是高度正相关的。由于治理机制的完善，在最近三年中，83%的企业的利税水平得到提高，其中提高幅度在20%以上者占42.5%；84.2%的企业的资产质量有一定提高或大幅提高；79.8%的企业的资本流动速度在加快；77.9%的企业的设备更新和技术水平得到提高；86.5%的企业的人力、设备闲置和浪费大幅减少或有了一定幅度的减少。

2. 非国有企业的生产经营

（1）筹资行为的市场化

非国有经济生产经营所需资金的筹集行为基本上是市场行为。如非国有经济固定资产投资的资金来源大部分为自筹资金，其在全部非国有经济固定资产投资中的比重1992年为69.07%，2001年为52.93%；其次是国内贷款，其比重1992年为14.97%，2001年为15.2%。从发展态势看，自筹资金份额逐步减少，而国内贷款、利用外资和其他方面的资金来源份额在增加（见图2-2）。另外，非国有企业的上市融资步伐在加快。1992年没有非国有企业在股市上融资，截至2001年，上市公司中非国有企业在股市上的融资额已达1820亿元，约占全部融资额的21.87%。

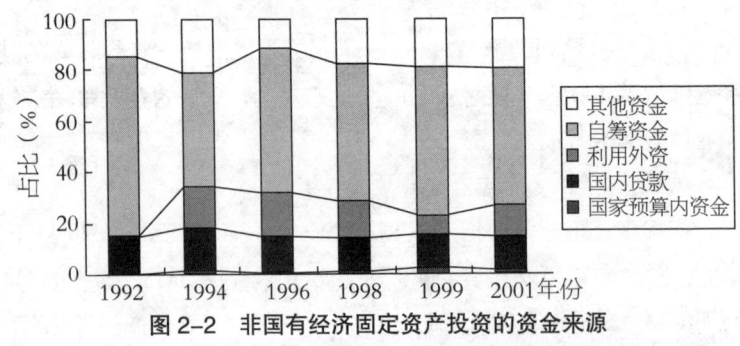

图2-2 非国有经济固定资产投资的资金来源

（2）产品销售与定价行为的市场化

非国有企业生产的产品，其销售和定价均根据市场供求和生产成本来决定根据对非国有企业的抽样调查，销售和定价完全自主决定的企业比例高达98%。

四、国有企业的市场化

国有企业的市场化是指国有企业的资源配置主要由政府的行政控制转变为主要由市场决定，以及部分国有企业改制为非国有企业的过程。其主要表现在四个方面：一是国有资产管理体制的市场适应性改革；二是国有企业产权的多元化；三是国有企业行为的市场化；四是国有企业市场退出机制的形成。市场化的目的是使国有企业成为自主经营、自负盈亏、自担风险、自我约束的独立的法人实体和市场竞争主体。

（一）国有资产管理体制的市场适应性改革

国有企业成为独立的市场主体，其关键在于政企分离，即政府从国有企业生产经营中退出。而要实现政企分离，关键又在于政资分离，即政府作为社会管理者和资产所有者的双重身份必须分开。

1988年，政府设立了国家国有资产管理局，由国资局统一行使国有资产所有权管理职能。在国资局运转的10年中，主要致力于国有资产的基础管理工作，包括清产核资、产权界定、产权登记、资产评估、资产统计与评价，并完善了有关规章制度，为建立市场化的国有资产管理体制探索了一条途径。

但是，国资局并没有被授予国有资产所有者职能，中央政府仍是国有资产所有者的唯一代表，并由多个部门分割行使所有者职能。为了减少政府干预，政府又积极探索对大型企业集团实行授权经营，即政府将企业集团中国家以各种形式直接投资设立的、与集团公司为非产权关系的成员企业的国有资产授权集团公司持有，通过授权对集团的企业进行产权重组，从而确定集团公司与成员企业之间的母子公司产权关系。这些大型企业集团的母公司（即集团公司）就成为国家授权投资的机构，如石化、冶金、航天航空等行业的企业集团，都是实行国有资产授权经营的机构。这种方式较好地解决了企业内部的产权明晰问题。

从地方看，上海和深圳的做法更具超前性，它们构建了一个三层次的国有资产管理体制，即国有资产管理委员会——国有资产营运机构（国有资产经营公司或控股公司）——国有企业。其中，国有资产管理委员会的组成人员来自政府各经济管理部门的主要负责人，主任由市委书记或市长担任。委员会下设国有资产管理办公室，作为委员会的办事机构。这种三层次的国有资产管理体制的特点，是通过成立国有资产营运机构，政府不再以政府行政管理者和国有资产所有者的双重身份进入企业，而是以一个普通投资者即资产所有者的角色参与企业的决策和管理，这就在很大程度上解决了国有企业长期存在的所有者"缺位"和所有者对经营者的约束和激励"不到位"的问题。由此，国有企业在一定程度上成为独立于政府的市场主体。

（二）国有企业产权的多元化

1. 公司制改组是产权多元化的主要实现形式

国有企业产权的多元化主要是通过将国有企业改组为股权多元化的有限责任公司和股份有限公司实现的，而公司制改组是确立国有企业独立市场地位的重要方面。通过公司制改组，包括非国有资本进入国有企业这种改组形式，在一定程度上改变了原国有企业独资或国家股"一股独大"的格局。根据国家经济贸易委员会的抽样调查，2001年，已进行产权多元化改组的国有企业已达到64.18%，国有股份均值为66.52%。考虑到破产、被非国有企业兼并或渗透而已经转变成为非国有企业的原国有企业，以上两个数字估计在75%以上和50%以下。在64.18%已经进行产权多元化改革的企业中，选择职工入股方式进行改组的占 38.75%，选择发起设立方式进行改组的占 31.25%，选择相互参股方式进行改组的占 28.75%。

2. 国有中小企业的改制及产权多元化

2001 年年底，全国国有中小企业已有 81.4% 实施了改制。在已改制的国有中小企业中，实行股份合作制和合资形式的占 51%。通过多种形式的改制改组，国有中小企业总体经济效益好转，摆脱了连续 6 年的净亏损局面。

3. 国有大型企业的改制及产权多元化

国有大型企业的产权多元化改革也取得很大进展。以国有企业集团为例。2000 年，母公司登记注册为国有的企业集团有 1725 个，其中母公司改制为公司制的企业集团有 1265 个，占 73.33%。在这 1265 个企业集团中，母公司改制为非国有独资公司（其他有限责任公司和股份有限公司）的有 507 个，占 40.08%。2001 年，母公司登记注册为国有的企业集团有 1772 个，其中母公司改制为公司制的企业集团有 1269 个，占 71.61%。在这 1269 个企业集团中，母公司改制为非国有独资公司的有 468 个，占 36.88%（见表 2-9）。

表 2-9 大型企业集团的改制情况 （家，%）

年份	总数	国有企业	公司制企业			
			总数	国有独资公司	其他有限责任公司	股份有限公司
2000	1725 (100)	460 (26.67)	1265 (73.33)	758 (59.92)	249 (19.68)	258 (20.40)
2001	1772 (100)	503 (28.39)	1269 (71.61)	801 (63.12)	253 (19.94)	215 (16.94)

注：括号外数据为企业数，括号内数据为所占比例，其中，国有独资公司、其他有限责任公司和股份有限公司所占比例是在公司制企业中的比例。

资料来源：根据国家统计局《中国大企业集团（2000，2001）》计算。

4. 上市公司股权的多元化

相对于非上市公司，上市公司股权的多元化更加明显。国有上市公司的控股股东易主为非国有主体，甚至国有股完全退出的公司不断出现，这些国有上市公司已成为非国有企业。同样，国有股份也不断入主非国有上市公司，其比重超过非国有股份的情况也时有发生。1992年，上市公司仅有53家，全部是国有控股企业。2000年，上市公司总数有1086家，其中没有国家股和国家一般参股的公司有458家，占42.17%；国家股完全退出的公司有50家，占4.60%；国家绝对控股和相对控股的公司有628家，占57.83%。2001年，上市公司总数有1159家（还有1家数据不完整），其中没有国家股和国家一般参股的公司有415家，占35.81%；国家股完全退出的公司有55家，占4.75%；国家绝对控股和相对控股的公司有744家，占64.2%（见表2-10）。国家股占上市公司全部股份的比重由1992年的41.38%降到2000年的8.9%，2001年又回升至46.2%。在上市公司中，非国家股比重总体呈上升趋势。1992年为58.6%，2000年提高到61.1%，但2001年又减少到53.8%。这反映了上市公司中国有主体和非国有主体的相互渗透趋势在增强。

表2-10　上市公司国有控股公司的变化

	2000年		2001年	
	公司数（家）	比重（%）	公司数（家）	比重（%）
上市公司总数	1086	100	1159	100
无国家股的公司	347	31.95	294	25.37
其中：国家股退出的公司	50	4.60	55	4.75
国家一般参股的公司	111	10.22	121	10.44
国家绝对控股的公司	333	30.67	367	31.67
国家相对控股的公司	295	27.16	377	32.53

资料来源：根据《中国上市公司基本分析（2001，2002）》推算。

(三)国有企业运作的市场化

尽管国有企业还有一部分没有改制,已改制的国有企业中还有一部分仍是国家独资,但在市场运作方面,尤其是生产经营方面已呈现高度的市场化。改制国有企业的市场化运作则更加规范。

1. 国有企业的治理机制

根据国家经济贸易委员会的抽样调查,在已改制的国有企业中,92.8%的企业认为其治理结构是合理和比较合理的,是根据市场要求和本企业实际构建的。

(1)经营者市场选择率

在经营者任命方式问题上,已改制的国有企业中经营者由非政府任命或市场选聘(包括董事会任命、职代会选举等)的企业比例达89.8%。未改制企业经营者的市场选聘比例也达76.4%。改制和未改制企业的经营者由市场选聘的比例合计为86.3%(见表2-11)。而1993年,该比例仅为3.4%,1993—2001年年均提高49.82%。

(2)决策自主程度

在决策模式问题上,改制前,71.3%的企业选择集体决策模式,22.1%的企业选择集权模式,6.6%的企业选择分权模式;改制后,选择集体决策模式的企业下降为55.8%,选择集权模式的企业下降为18.6%,选择分权模式的企业上升为24.8%。87.8%的企业认为,与改制前相比,改制后决策的科学性有一定提高或大幅提高。89.4%的企业是独立选择自己的决策模式,或者说,89.4%的企业是具有决策自主权的(见表2-11)。另有10.6%的企业是在政府干预或指导下选择决策模式。而1993年,有决策自主权的企业比例为54.9%,1993—2001年年均提高6.28%。

表 2-11 国有企业中经营者由市场选聘和有决策自主权的企业比例（%）

年份	1993	1994	1995	1997	2000	2001
国有企业经营者由市场选聘的企业比例*	3.4	6.6	28.7	47.9	76.6**	86.3
国有企业中有决策自主权的企业比例	54.9	65.8	76.4	82.4	87.6**	89.4

注：* 国有企业经营者市场选聘包括所有的非政府任免方式。** 2000 年数据根据 1997—2001 年年均值估计。

资料来源：1993—1997 年及 2001 年数据根据中国企业家调查系统测算、国家经济贸易委员会政策研究室抽样调查，以及高明华：《中国企业市场化：含义、测度及国际比较》，载《中国研究》1997 年 10 月号和 12 月号。

（3）激励与业绩的吻合度

在对经营者的激励问题上，已改制的国有企业中，53.5% 的企业采用贡献与业绩挂钩的激励方式，21.7% 的企业采用年薪制。

（4）财会制度的健全程度

在实施《企业财务通则》和《企业会计准则》方面，全部样本国有企业（包括已改制和尚未改制）中有 91.6% 已经全面实施。比非国有企业高出 13.5 个百分点，这意味着国有企业的财务会计制度更加规范。

（5）治理机制完善与企业绩效的相关度

与非国有企业一样，治理机制的完善对企业绩效提高的作用是非常明显的。对已改制样本国有企业治理机制与企业利税水平、资产质量、资本流动速度、技术改进和设备更新、人力和设备使用效率进行的相关性分析表明，它们之间是高度正相关的。由于治理机制的完善，在近三年中，77.3% 的企业利税水平得到提高，其中提高幅度在 20% 以上者占 46.7%；84.7% 的企业资产质量有一定提高或大幅提高；85.7% 的企业资本流动速度在加快；76.2% 的企业设备更新和技术水平得到提高；85.9% 的企业人力、设备闲置和浪费大幅度减少或有了一定幅度的减少。

2. 国有企业的生产经营

1992年6月,国务院通过了《全民所有制工业企业转换经营机制条例》,在该条例中,国有企业被赋予14项重大经营自主权,这使国有企业的经营活动走上了市场化之路。至2001年,80%以上的国有企业基本落实了14项经营自主权。如在改制的1994家企业集团中,93.4%有投资自主权,74.5%有对外担保权,72.5%有自营产品进出口权,53.9%有对外承包与劳务合作权。

国有企业生产经营的市场化具体表现在以下四个方面。

(1) 国家对国有企业亏损的财政补贴已非常低

国家财政收入中对国有企业亏损的补贴与GDP的比率是逐年下降的(见图2-3),从1985年的5.66%下降到2001年的0.31%。不仅如此,亏损补贴的绝对值也是不断下降的,从1985年的507亿元降至2001年的300.04亿元。如按1990年不变价计算,则国家对国有企业亏损补贴的绝对值从1985年的718亿元下降至2001年的164亿元,年均下降8.82%。此外,随着利率市场化进程的加快,国有专业银行转变为国有独资商业银行,盈亏由自己负责,这使政府以低息银行贷款形式向国有企业提供的变相补贴也已基本消失。补贴的减少乃至取消促使国有企业从市场上寻找生机。

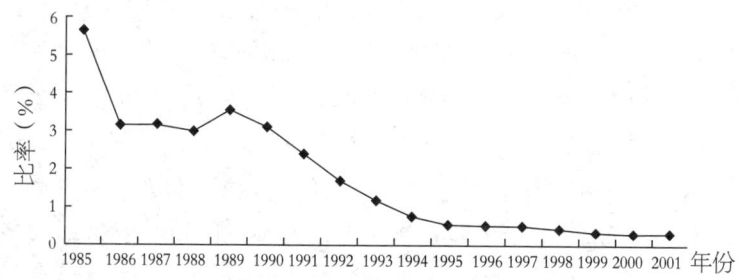

图2-3 政府对国有企业的亏损补贴与GDP的比率

(2) 政府对国有企业资金的无偿划拨近于停止

国有企业生产经营所需的资金投入主要是通过自有资金、银行贷款、发行债券或上市融资获得,政府的无偿划拨近于停止。据统计,国有企业从商业银行获得的贷款占银行全部贷款的比例接近70%,而这种贷款是银企之间市场谈判的结果,政府已不再安排国有商业银行对企业的贷款。从1993年开始,符合《公司法》发行企业债券条件的股份有限公司和有限责任公司,可以公开向社会发行企业债券,这使部分企业增加了一条获得资金的渠道。这种由企业根据本身的具体情况和市场要求做出的发行安排,基本上是市场行为。企业通过股市的股票筹资与GDP的比率,1991年为0.023%,1993年为1.084%,1997年为1.738%,2000年为2.351%,2001年为1.305%,总体呈增长态势(见图2-4)。

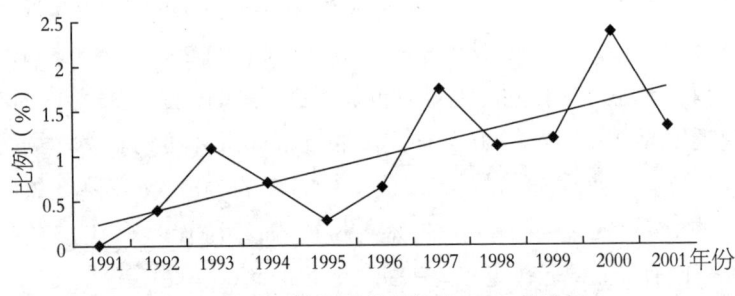

图2-4 企业的股票筹资与占GDP的比例

(3)国有企业产品价格的市场形成机制基本形成

国有企业的产品价格已由企业根据生产经营成本和市场供求自主做出,价格的市场形成机制已基本形成,这表现在国有企业生产经营所需的各种要素及其他商品和服务基本从市场选购,而目前绝大部分竞争性的要素及其他商品和服务项目的价格已经放开,由市场来决定。1978—2001年,生产资料的市场定价比重由零提高到了90.5%,农副产品的市场定价比重由5.6%提高到了97.3%(见表2-12)。在抽样调查中,90.8%的企业认为自己的投入、成本和价格完全自主决定。

表 2-12　生产资料和农副产品市场定价的变化　　　　（%）

年份	1978	1992	1995	1999	2000	2001
生产资料	0	81.3	84.4	90.4	91.6	90.5
农产品	5.6	87.5	83.0	93.3	95.3	97.3

注：①本表所指市场定价包括政府指导价在内，因为政府指导价与市场定价基本接近。②表中数据的计算方法是：以市场定价和政府指导价的产品销售额与产品销售总额之比。
资料来源：历年《中国物价年鉴》及国家发展计划委员会价格司。

（4）绝大部分国有企业的用工和工资决定可由劳资双方自愿谈判解决

据抽样调查，2001年，98%的国有企业的职工是合同制职工，职工跨企业流动的障碍已大幅减小。对于职工的工资决定，53.5%的企业选择了贡献与绩效挂钩的方式。由于职工流动已非常容易，尽管工资标准是由企业规定的，但职工可以不接受这个标准而离开企业，因此，国有企业中的职工工资在很大程度上可以看作雇员与雇主自主谈判决定的。根据抽样调查，对这种看法的认可率为71.6%。另外，2001年年底劳动与社会保障部出台的《工资集体协商试行办法》的实施，强化了工会组织代表职工参与协调企业劳动关系的重要职能，从整体上维护了企业职工的合法权益。国有企业有较为规范的三项保险制度，对国有企业用人和工资决定的市场化起到了制度保障的作用。国有企业养老、医疗和失业保险费交纳率是各类型企业中最高的，也是最严格的。

（四）国有企业的退出

国有企业根据自己的经营状况和市场供求变化的退出，是国有企业市场化的一个重要方面。1993年以来，国家有关文件多次明确，国有经济将主要在军事工业和提供重要公共产品和服务以及自然垄断的领域，占据绝对控制或支配地位；在石油化工、汽车、信息产业、机械装备行业和高新技术等体现综合国力的领域，保证少数重要国有骨干企业占有支配地位；而在一般竞争性领域，国家则逐步退出控股地位，甚至完全退出。这一改革主要包括三个方面。

1. 亏损国有企业的出售、重组和破产

亏损国有企业的出售、重组和破产是深化国有企业改革的重要内容。2001年是国有企业破产最多的年份。全年破产460家，核销呆坏账515亿元，安置职工69万人。2001年政府用于企业兼并破产核销的银行呆坏账准备金为500亿元。2002年，国家共下达企业兼并破产项目382项，终结248项，核呆269亿元。在未来几年内，中国将有3000多家在竞争性领域中处于劣势的国有大中型企业逐步退出。亏损的国有中小企业的出售、重组和破产步伐更快。根据抽样调查，在亏损的国有企业中，被出售、重组和破产的企业占67.5%，其中主要是中小企业。

2. 一般竞争性领域的国有企业的国有股减持与非国有资本进入

对于一般竞争性领域的国有企业，通过国有股减持，鼓励非国有企业、个人和境外投资者参与改组、改制，并被允许控股。2001年，在上市的国有企业中，已有15.4%转为国家一般参股企业或完全放弃所拥有的股份，而国家一般参股企业实质上已是非国有企业。由于中国加入WTO，外资并购国有企业的积极性明显提高。其具体做法有：①收购国有企业全部产权，使该企业成为其子公司；②收购国有企业51%以上的股权，使该企业成为其控股企业；③在合资经营过程中外方增资扩股，稀释中方股权，由参股变成扩股。为了鼓励外资购并国有企业，除了关系国家安全和经济命脉的重要行业或企业必须由国家控股外，中国政府将取消对其他企业的股权比例限制。

3. 国有小型企业向非国有企业的转变

对于国有小型企业，通过股份合作制、拍卖转让等方式，逐步转变为非国有企业。据抽样调查，截至2001年年底，国有小型企业已有近80%完成了改制，其中大部分转为非国有企业。

五、从重点企业看中国企业的市场化

重点企业是国家、部委或各省市区确定的大型企业,其中相当一部分是国有企业。重点企业包括:国家重点企业;中央企业工作委员会管理的企业;各省、自治区、直辖市人民政府及主管部门确定的重点企业;国务院确定的建立现代企业制度原百户试点企业;各省、自治区、直辖市人民政府及主管部门确定的建立现代企业制度原试点企业;国家试点企业集团的母公司(即核心企业)。上述重点企业存在交叉。

考察重点企业的市场化程度,是对上述非国有经济和国有企业市场化程度分析的重要补充。因为一般来说,国家对重点企业的管制要高于对非重点企业的管制,国家对重点企业管制的放松意味着其他企业更大程度的市场化。

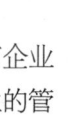

国家统计局企业调查总队对2001年全国4371家重点企业,包括514家国家重点企业、181家中央管理的国有重要骨干企业、93家国务院确定的建立现代企业制度百户试点企业、121家国务院确定的国家试点企业集团母公司以及3000多家省级重点与试点企业建立现代企业制度的情况进行了跟踪统计调查,从中可以看到重点企业的市场化发展状况。

(一)重点企业的改制与产权明晰化和多元化

截至2001年年底,所调查的4371家重点企业中已有3322家企业实行了公司制改造,改制面达到76%。其中国有独资公司866家,其他有限责任公司1098家,股份有限公司1191家,分别占改制企业总数的26.07%、33.05%和35.85%。改制企业中非国有独资公司(即其他有限责任公司和股份有限公司)总计占全部改制重点企业的比例为73.93%。

具体到各类重点企业,514家国家重点企业改制面为77.2%;

181家中央管理的国有重要骨干企业改制面为21%;93家国务院确定的建立现代企业制度百户试点企业改制面为88.2%;121家国务院确定的国家试点企业集团母公司改制面为52.1%;1955家省(市、区)级重点企业改制面为80.2%;2222家省(市区)级确定的建立现代企业制度试点企业改制面为83.2%。

在3322家改制重点企业中,已有3118家企业完成清产核资和界定产权工作,进而建立了明确的企业出资人制度。改制企业出资人到位率达到93.9%,全部重点企业出资人到位率为71.36%。

2001年,332家改制企业注册资本金合计11437亿元。其中,国家投入资本7383亿元,占64.55%;包括集体资本、法人资本、个人资本、外商资本在内的其他各类资本4054亿元,占35.45%。这意味着原来单一封闭的产权结构已被打破,"一股独大"的局面开始有所改变。

可以看到,改制企业已初步实现资产管理的制度化、科学化和规范化,"产权清晰、责权明确"的企业法人制度基本建立起来。

(二)改制重点企业经营者的选择和职权的自主性

在3322家改制重点企业中,1876家总经理由董事会聘任,占56.47%;447家总经理由企业主管部门任命,占13.46%;538家总经理由政府部门提名,董事会聘任,占16.2‰;59家总经理由职代会选举,上级任命,占1.78%;22家总经理由社会公开招聘,占0.66%;39家总经理由上级组织部门任命,占10.2%。其中由公司董事会聘任、职代会选举和公开招聘属于或基本属于市场竞聘,其比例总计为58.91%,在全部重点企业中的比例则为44.77%,这反映了企业经营者选择的市场化程度在不断增大,而由政府机构和企业主管部门直接任命或者参与任命的比例逐步缩小。

调查还显示,绝大多数企业总经理具有自主经营管理权和企业高层管理人员人事任免权。其中3285家总经理能够主持公司的生产经营管理工作,组织实施董事会决议,占改制企业的98.89%;

3292家总经理能够组织实施公司年度经营计划和投资方案,占改制企业的99.1%;3016家总经理能够提请聘任或解聘公司副总经理、财务负责人,占改制企业的90.79%。改制重点企业经营者的自主经营管理权总体到位率为96.26%,全部重点企业经营者的自主经营管理权总体到位率则为73.16%。

很明显,企业所有权与经营权逐渐分离,改制企业经营者已逐渐从政府任命转变为由市场选择,经营者已从单纯的生产组织者和计划执行者转变为企业的自主决策者和自主经营者,企业作为独立市场主体的地位基本得到确立。

(三)改制重点企业治理结构的完善和治理机关职权的落实

由股东会、董事会、监事会和经理层组成的公司治理结构,是现代企业的核心内容。截至2001年年底,3322家改制重点企业中的大部分根据《公司法》权力机构、决策机构、执行机构和监督机构相互独立、相互制衡和相互协调的原则,建立了较完善的企业治理结构。其中,1987家企业成立了股东会,占改制中非国有独资企业数的80.9%;3196家企业成立了董事会,占改制企业的96.21%;2786家企业成立了监事会,占改制企业的83.87%。由于股东会、董事会和监事会的建立是不同步的,我们不妨以其中所占比例最低者,即建立股东会的企业占全部改制重点企业(不含国有独资公司,因为根据《公司法》,国有独资公司不设股东会)的比例作为"三会"完全建立的企业占全部改制重点企业的综合比例,即为80.9%。

从公司治理机关行使职权情况看,1927家企业股东会能够决定公司的经营方针和投资计划;1851家企业股东会能够决定和更换董事,决定有关董事的报酬事项;1951家企业股东会能够审议批准董事会的报告。3153家企业董事会能够决定公司的经营计划和投资方案。2714家企业监事会能够检查公司的财务;2698家企业监事会能够对董事、经理执行公司职务时违反法律、法规或者公司章程的行为进行监督。改制重点企业治理机关职权总体落实率为82.46%。

(四) 改制重点企业的劳动、人事、分配决定的自主程度

调查结果显示，2001年已有3216家企业依照《中华人民共和国劳动法》的规定，企业与职工通过平等协商签订了劳动合同，确定了劳动关系；2696家企业根据生产经营需要依法自主决定招聘职工，已经实现全员竞争上岗制度，形成职工能进能出的机制；3025家企业能够依照《国务院关于建立统一的企业职工基本养老保险制度的决定》等有关规定参加各项社会保险，按时足额缴纳社会保险费；2691家企业按照精干、高效原则设置各类管理岗位，对管理人员实行公开竞聘、择优录用制度，企业内部已经形成能上能下的机制，使企业管理更加透明、科学公正。

2001年，在改制企业中，劳动、资本、技术等生产要素同时参与收益分配。其中，2899家企业实行以岗位工资为主的工资制；1474家企业实行经营者年薪制度；689家企业开始尝试实行经营者持有股权、股票期权分配制度；1745家企业实行科技人员收入分配激励机制；853家企业实行工资集体协商制度；747家企业实行职工持股分配制度。通过不同的激励方式，原来企业各要素动力不足的问题基本得到解决，企业运作效率得到提高。

综合考虑以上诸方面，改制重点企业劳动、人事、分配自主决定的企业比例达到83.73%，其在全部重点企业中的比例为63.63%。

(五) 小结

把上述重点企业的主要分析指标归结成表2-13。由表2-13中数据可以看出，重点企业的市场化程度已达到一个较高的水平。

表 2-13　中国重点企业的主要市场化指标　　　　　　　　（%）

主要市场化指标	重点企业中已改制为公司制企业的比例	非国有独资公司占全部改制重点企业的比例	全部重点企业的出资人到位率	改制重点企业注册资本中非国有资本所占比例	全部重点企业中总经理由市场选择的比例	全部重点企业中总经理自主经营管理权到位率	股东会、董事会和监事会已完全建立的公司占全部改制重点企业的综合比例	改制重点企业治理机关职权总体落实率	全部重点企业劳动、人事、分配的自主决定程度
2001 年	76.00	73.93	71.36	35.45	44.77	73.16	80.90	82.46	63.63

资料来源：根据国家统计局企业调查总队调查数据计算。

六、中国企业市场化发展展望

面对日趋激烈的国际竞争，中国企业，不论是国有企业，还是非国有企业，都必须不断调整自己，使自己能够适应不断变化着的市场，遵循市场规则和规律运作，而不能依赖于政府的保护。24 年改革开放的实践证明，政府保护的正面效应是不明显的，没有保护或保护很少的行业，恰恰是中国竞争力较强的行业，如家电业、纺织业和轻工业。目前，无论从性能还是从质量上讲，中国的优良家电产品已不亚于日本、韩国和欧洲的名牌产品，而且中国在这些行业的厂家已开始走向国际市场。而高度垄断、受行政保护较多的行业，如电信业和金融服务业恰恰是难以承受外来竞争压力的行业。因此，中国企业必须摒弃对政府保护的依赖心态，按市场运行规则，改变企业经营观念和经营制度，把企业融入国际竞争环境中。在这种情况下，中国企业的市场化必然会进一步向纵深发展。

（一）非国有经济

1. 非国有经济政策、法规及经济环境的未来变化

2002 年 11 月召开的中共十六大提出，"必须毫不动摇地鼓

励、支持和引导非公有制经济发展""放宽国内民间资本的市场准入领域,在投融资、税收、土地使用和对外贸易等方面采取措施,实现公平竞争"要"完善保护私人财产的法律制度""改善投资环境,对外商投资实行国民待遇,提高法规和政策透明度""确立劳动、资本、技术和管理等生产要素按贡献参与分配的原则"。这些政策的出台加大了对非国有尤其是非公有制经济的支持力度。

党的十六大以后,一些符合国际惯例、有利于促进非国有经济发展的法规将不断出台和完善。首先,备受关注的新中国第一部民法典(草案)已经提请最高国家立法机关审议,很快便会出台。为了完善保护私人财产的法律制度,民法典(草案)对私人所有权设有专章说明,提出其中有关物权法的基本原则和物权保护等规定,对公民财产以及非公有制企业的财产都是适用的。草案规定,本法所称的私人所有权,包括自然人以及个体经济、私营经济等非公有制经济的主体,对其不动产或者动产享有全面支配的权利。其次,清理和废止歧视个体私营经济发展的政策和法规,修订完善支持鼓励个体私营经济发展的政策和法规,以引导支持个体私营经济进行以品牌、信用为中心的"二次创业",加快资产重组与联合,积极参与国际竞争,不断提高自身素质和发展质量,提高市场的综合竞争能力。最后,《利用外资改组国有企业暂行规定》已于 2002 年 11 月公布,自 2003 年 1 月 1 日起施行。这个规定与此前出台的《关于向外商转让上市公司国有股和法人股有关问题的通知》一并构成了我国利用外资改组国有企业的政策体系,将对调整和优化国有经济布局产生重要影响。

2003 年是中国加入世界贸易组织(WTO)的第二年,根据加入 WTO 议定书和工作组报告书,加入 WTO 第二年,中国将在更广泛的领域对外商开放。例如,全资中资企业获得对外贸易经营权的最低注册资本要求降至 300 万元人民币;外资占少数股份的合资企业获得完全的对外贸易经营权;取消生产供国内销售的产品与生产供出口的产品之间、出口产品与进口产品之间的非歧视待遇,给予外国进口产品国民待遇；进一步放开商务、通信、分销、金融等服务领域，扩大外资比例，有的可以超过50%。这意味着，中国将逐步并最终融入全球化经济体系，中国企业将在更高层次上更加广泛地与各国企业，包括与发达国家的企业展开激烈的竞争。

2. 非国有经济的发展趋势

（1）非国有经济将在更广泛的领域内进入

非国有经济的市场进入是与国有经济的战略性调整相伴随的。国有经济战略性调整的重要方面是从大部分竞争性行业中的退出，而国有经济的退出必然意味着非国有经济的进入。一方面，大量国有中小企业特别是国有小企业直接改制为非国有企业；另一方面，国有大中型企业改制为国有控股企业，实施产权多元化，也要以非国有经济的进入为前提。同时，中国作为WTO成员方，必须遵循WTO的市场准入和国民待遇这两个基本准则。中国将对包括外商投资企业在内的中国企业，在中国的外国企业和其他非国有企业，给予相同的待遇。这就意味着，凡是竞争性行业，就应当不论所有制形式和资本来源，享有平等的进入许可和生产、经营条件。尤其是根据中国的承诺，在包括交通运输、能源、基础电信、生产的其他设施和要素等领域所供应的货物和服务的价格和可获得方面保证非歧视待遇。在这种情况下，曾被国有经济垄断的这些领域，非国有经济就将逐步进入，与国有企业展开平等竞争。

（2）非国有企业产权将更趋明晰化和多元化，生产经营行为将更趋规范化

中国加入WTO已进入第二年，尽管WTO没有对各个成员的企业制度做出任何规定，但加入WTO却迫使中国必须加速企业制度的改革，按照现代企业制度的要求，加速产权多元化的公司制改造。对于非国有企业，即使产权关系明确，也需要按照现代企业制度的要求进行改造，以适应全球化的市场竞争环境面对这种全球化的竞争环境，非国有企业，尤其是家族企业，必须吸纳更多的投资主体，以扩大规模，增强竞争实力。而要保持持久的活力，非国有

企业还必须严格遵循市场规则和相关法规，根据市场竞争的要求健全治理结构以及激励和约束机制，明晰各投资主体的产权和相应的收益，规范生产和经营行为。

（3）外商直接投资，特别是外商独资将迅速增长

加入WTO及国内各项吸引外资政策的出台，势必刺激跨国公司大举进入中国，从而进一步加剧对国内企业的冲击。改革开放24年来，许多国外著名的大企业都在中国建立了合资、合作、独资企业，产品市场占有量不断扩大，对中国的经济发展已经产生重要影响。多年来，国家的高关税、产品返销制、项目审批制等政策措施，曾经有效地保护了国内企业，使一些行业具备了较强的国际竞争能力，特别是培育出了像海尔、宝钢、长虹这样的企业集团。而加入WTO后，关税将会大幅度降低，政府的行政管理手段将会进一步弱化甚至退出，国内企业只能直接通过与国外企业的竞争来求得生存和发展，这对许多企业来说是生与死的选择。目前，外商以独资形式进行的对华投资急剧增加，而过去主要是以同中国企业的合资与合作作为主。2000年，外商在中国的合资和合作项目合同金额为277.65亿美元，2001年却下降到258.37亿美元；而外商独资合同金额则从2000年的343.09亿美元增至2001年的429.99亿美元，增长25.33%。这意味着，即使在国内，中国企业与国外大企业的竞争也会日趋激烈。

可以预见，非国有经济在中国经济发展中的作用将继续增强，其对国民经济增长的贡献率将进一步加大。

（二）国有企业

1. 国有企业政策、法规及经济环境的未来变化

在国有企业市场化改革方面，中共十六大提出，要建立适应市场要求的新的国有资产管理体制。"国家要制定法律法规，建立中央政府和地方政府分别代表国家履行出资人职责，享有所有者权益，权利、义务和责任相统一，管资产和管人、管事相结合的国有

资产管理体制""各级政府要严格执行国有资产管理法律法规,坚持政企分开,实行所有权和经营权分离,使企业自主经营、自负盈亏""要进一步推进国有企业的产权多元化改革除极少数必须由国家独资经营的企业外,积极推行股份制,发展混合所有制经济,实行投资主体多元化,重要的企业由国家控股"。

党的十六大以后,有两个法律将会出台,一是《国有资产管理法》,该法将明确国有资产的唯一出资人地位,以实现真正的政企分离和政资分离。二是新《破产法》。当今世界,一个国家的企业破产制度完善与否,已成为衡量该国市场经济成熟程度的重要标志。我国现行企业破产法经过15年的试行,其中很多内容已经明显不符合中国改革的现实,迫切需要制定一部成熟的破产法。新《破产法(草案)》,经过三次大的修改,在广泛征求各部门和省市的意见基础上业已完成。新破产法对国有企业和非国有企业将同等对待,因为国有企业不可替代的地位已不复存在。随着外资、民间资本的参股介入,国有企业的问题已不再是一个绕不过的话题。

加入WTO以及中国融入全球经济,国有企业与非国有企业一样,将在更高层次上参与竞争,国有企业必须面对更多领域、更多方面的严峻挑战。

2. 国有企业市场化发展趋势

(1)政资及政企将实现较彻底分离

新的国有资产经营体制将于2003年确立,并出台相应的法律。新体制将确立国有资产的唯一代表,长期以来多部门相互争夺资产所有权的问题将得到解决,国有资产出资人将实现明晰化。作为国有资产的出资人,它履行所有者职能,享有所有者权益,而不能以行政管理职能代替之。这意味着,伴随出资人的明晰化,政企分离也将会基本上解决,政府对资源的控制和对产业的垄断将大大削弱,国有企业的对外自主权和对内决策权将大大增加。政资分离后,政府将着力于培育市场体系,为企业创造良好的外部环境,为企业建立现代企业制度提供保障。

（2）国有大中型企业的公司制改制将向纵深发展

建立现代企业制度，是发展社会化大生产和市场经济的必然要求，是国有企业改革的方向。对于国有大中型企业，在未来时期内，除了某些特殊领域（如关系国家安全和国计民生）外，将更多地改制为非国有独资的公司，以在更大程度上实现投资主体的多元化和产权的明晰化，真正摆脱政府的控制，建立科学有效的治理结构及激励和约束机制，规范企业运作，转换企业经营机制，增强企业的适应力和竞争力。

（3）国有企业的行为将实现更彻底的市场化和规范化

目前，国有企业行为的市场化已经达到一定的高度，如要素的获取、价格的确定等方面。但是，在治理机制上还存在一定的非市场成分，尤其是国有大型企业。如企业经营者还有相当一部分是政府任免，经营者的收入分配还参照政府标准。随着政资及政企分离，这种现象将大幅减少。经营者将更多地从逐渐成长起来的职业经理市场上选聘，其收入将由公司董事会自行确定。同时，公司治理机关的相互制衡机制将得到进一步完善，其运作将日趋规范化。

（4）国有中小企业尤其是小型企业将逐步退出国有领域

国有小型企业以及长期亏损的国有中型企业，随着社会保障制度的健全，将通过破产和非国有经济进入，大部分甚至全部退出国有领域，转变为非国有企业，或者改制为国家一般参股企业。国家一般参股企业已经不是国有企业，而是典型的混合所有制企业。尤为重要的是，利用外资改组国有企业，以及向外商转让上市公司国有股和法人股等法规政策的出台，国有企业的退出范围将扩大。通过向外商出售国有产权或吸收外商参股，以促进企业建立现代企业制度、改善公司治理结构，实现企业的可持续发展和增强竞争力。

参考文献：

[1] 国家统计局. 中国大企业集团（2000，2001）[M]. 北京：中国统计出版社，2001，2002.

[2] 中国经济改革研究基金会"中国改革与发展报告"专家组.制度的障碍与供给——非国有经济的发展问题研究[M].上海:上海远东出版社,2001.

[3] 中国经济改革研究基金会"中国改革与发展报告"专家组.透过历史的表象——中国改革20年回顾、反思和展望[M].上海:上海远东出版社,2000.

[4] 中国企业联合会,中国企业家协会.中国企业发展报告(2001,2002)[M].北京:企业管理出版社,2001,2002.

[5] 中国社会科学院工业经济研究所.中国工业发展报告(2002)——WTO规则下的企业和政府行为[M].北京:企业管理出版社,2002.

[6] 陈宗胜,吴浙,谢思全,等.中国经济体制市场化进程研究[M].上海:上海人民出版社,1999.

[7] 高明华.关于建立国有资产运营体系的构想[J].南开学报,1994(3).

[8] 高明华.中国企业市场化:含义、测度及国际比较(上,下)[J].中国研究(日本),1997(10,12).

[9] 高明华.权利配置与企业效率[M].北京:中国经济出版社,1999.

[10] 高明华.公司治理:理论演进与实证分析——兼论中国公司治理改革[M].北京:经济科学出版社,2001.

[11] 李建明,柏东海,张文涛.中国企业加入世贸组织后面临的形势及对策[OL].[2001-09]. http://www.cec-ceda.org.cn/yjbg/index.htm.

[12] 卢中原.民间投资态势分析[R].打印稿,2002.

[13] 齐桂珍.中国所有制改革20年[M].郑州:中州古籍出版社,1998.

[14] 王东江.中国国有企业改革20年[M].郑州:中州古籍出版社,1998.

[15] 邢明发,刘瑛.全国重点企业改制与发展现状[C].//国家统计局统计科学研究所编.研究参考资料.84,2002-09-06.

[16] 银温泉.深化国有资产管理体制改革[N].21世纪经济报道,2002-12-16.

[17] 中国诚信证券评估有限公司,中诚信国际信用评级有限责任公司.中国上市公司基本分析(历年)[M].北京:中国财政经济出版社.

第三章 劳动力流动与工资决定的市场化

欧美国家在反倾销中,对生产要素市场化给予极大关注,尤其重视劳动力流动和工资决定是否实现了市场化。美国在确认市场经济国家的标准中,把劳资双方进行工资谈判的自由程度作为六条法定要求中的第二条,仅次于货币的可兑换程度,可见劳动力流动和工资决定的市场化在市场经济中的重要地位。劳动力作为一种重要的生产要素,其市场化程度对商品成本和价格有直接影响,因此,这种高度关注是完全可以理解的。分析中国劳动力流动和工资决定的市场化情况,对加强中国与各国的重要信息交流对加快生产要素的市场化进程,都是必要的。

一、劳动力流动与工资决定市场化的历史回顾

中国劳动力与工资决定的市场化改革基本上是与整个改革的进程相适应的,大致可以分为以下三个阶段。

(一)起步阶段(1979—1984年)

这个阶段,中国改革的重点主要集中在农村,随着农村承包责任制和乡镇企业的发展,农村劳动力市场化开始起步。由于这一时期城镇还面临着较大的就业压力,国家对农村剩余劳动力向城镇转移做了较多限制,因此,农村劳动力基本上是在村落与村落之间流动、在农业和非农产业之间转移,通过受雇于乡镇企业、发展个体非农经济等形式所获得的收入比重有所增加,收入的市场化程度开始提高。与此同时,为了解决返城知青的就业问题,20世纪80年

代以来，中国开始逐步进行城市劳动制度的改革，在不触动原有就业体制的情况下，通过在国有经济之外发展个体、私营经济来促进劳动力的市场化。1980年8月，在全国劳动就业工作会议上，中共中央、国务院制定了《关于进一步做好城镇劳动就业工作的意见》，提出"劳动部门介绍就业、自愿组织起来就业和自谋职业相结合"的就业方针，开辟了多渠道就业的新格局。1981年，中共中央又做出《关于广开门路、搞活经济、解决城镇就业问题的若干规定》，进一步明确了多渠道解决就业问题的政策，鼓励在城市实行合同工、临时工和固定工相结合的多种就业形式，中国城镇的劳动力市场开始在原有体制的边缘生成并逐步发展。在基本解决了返城知青的就业问题以后，国家开始着手解决农村剩余劳动力的流动问题。1984年，中共中央《关于1984年农村工作的通知》和国务院《关于农民进入集镇落户问题的通知》都明确提出，允许农民自带口粮进入小城镇，至此，在中国持续了近30年的城乡劳动力市场分割的"坚冰"终于开始消融，农村劳动力的流动和转移进入了一个较快增长的时期。总的来看，这个阶段的改革是针对经济和社会生活中出现的具体的、实际的问题来进行的，属于增量改革。

（二）发展阶段（1985—1992年）

这个阶段，中国的改革重点从农村转向城市，劳动力流动和工资决定的市场化改革开始和国有企业的改革相结合，主要是为了配合搞活国有企业、转换国有企业经营机制进行的，尚处于从属的地位。1985年，劳动部下发了《关于请报送企业工资改革实施方案的通知》，标志着中国企业的工资市场化改革开始启动。同年，国务院下发了《关于部分国营大中型企业试行工资总额同上缴利税挂钩办法中若干问题的处理意见的通知》，第一次正式推进"工效挂钩"的办法。随着城市经济改革的迅速推进，国家开始改革企业的用工自主权。在总结前几年改革试点经验的基础上，1986年，国务院颁布了《关于改革劳动制度的四个规定的通知》，在全国推广劳

第三章　劳动力流动与工资决定的市场化

动合同制，建立待业保险制度。同年7月，国务院颁布了《国营企业实行劳动合同制暂行规定》，在新增工人中确立了劳动供求双方的自主权，用工主体开始由国家向企业转换。同年年底，全国人大常委会通过了《中华人民共和国企业破产法（试行）》，以法律的形式进一步明确了企业的自主经营权，通过允许企业破产来打破全民所有制企业职工就业的终身制，开始将原有体制下就业的职工推向市场。1988年，全国七届人大一次会议通过了《中华人民共和国全民所有制工业企业法》，规定全民所有制工业企业是独立的商品生产单位，享有分配权、录用和辞退职工权。1992年7月国务院发布《全民所有制工业企业转换经营机制条例》，规定企业在劳动用工、人事管理、工资奖金分配等方面的自主权，开始实行全员劳动合同制。同年，劳动部下发了《关于扩大试行全员劳动合同制的通知》，缓解了新老用工制度的矛盾。

（三）推进阶段（1993年至今）

这个阶段，中国正式确立了建立社会主义市场经济体制的目标，并把劳动力的市场化改革作为建立社会主义市场经济体制的一个相对独立的重要方面纳入改革的进程中。总的来说，这个阶段的改革呈现出以下三个特点。

1. 综合化

按照市场经济体制的目标要求，从企业用工、工资决定、劳动力市场建设、社会保障制度等各个方面进行系统的、综合性的配套改革。1993年11月，中共十四届三中全会颁布了《关于建立社会主义市场经济体制若干问题的决定》，明确提出了建立劳动力市场体系，促使就业、用工、工资等方面的市场化，并提出要建立与劳动力市场相适应的多层次的社会保障体系。同年12月，劳动部发布《关于建立社会主义市场经济体制时期劳动体制改革总体设想》，提出培育和发展劳动力市场的目标模式是建立竞争公平、运行有序、调控有力、服务完善的现代劳动力市场。1999年，劳动和社会保障部下发了《关于建立劳动力市场工资指导价位的通知》，对工资的管理方式进行改革，使政府对企业工资的分配开始从直接管理向间接调控、从总量调控向水平调控、从行政手段向经济和法律手段转变。2000年6月，中共中央、国务院制定了《关于促进小城镇健康发展的若干意见》，提出对进城农民不得实行歧视性政策，并要积极探索适合小城镇特点的社会保障制度。2001年3月，全国人大审议通过了《中华人民共和国国民经济和社会发展第十个五年计划纲要》，提出要坚持城乡统筹的改革方向，推动城乡劳动力市场逐步实现一体化，形成城乡人口有序流动的机制。

2. 法制化

市场经济本质上就是法制经济。在劳动力市场化改革的各项成果基本成熟的情况下，中国开始加强劳动立法。1994年7月，全国八届人大八次会议通过《中华人民共和国劳动法》。这是中国颁布的第一部适应社会主义市场经济发展要求的劳动法，成为规范新型劳动关系的基本法规，为劳动力市场的运行和完善提供了法律保障。20世纪90年代中后期，劳动制度改革和劳动力市场法规的重点开始转向"再就业"和建立失业保险及社会保障制度。1998年6月，中共中央、国务院下发了《关于切实做好国有企业下岗职工基本生活保障和再就业工作的通知》。2000年12月，劳动和社会保障部颁布了《劳动力市场管理规定》，作为《劳动法》的配套法规用来规范劳动力市场建设，促进劳动力市场的健康发展。各地也加强了这方面的法制建设，全国共有25个省、市、区出台了劳动力市场管理的地方性法规或政府规章。

3. 国际化

中国的改革始终是与开放相伴随的，通过不断借鉴发达市场经济国家的先进经验，并结合我国的实际来推进市场化改革进程。2001年11月，劳动和社会保障部提出的《工资集体协商试行办法》，推行类似美国和其他西方国家中流行的工资决定方法。该《办法》就协商的主体、客体以及程序做了具体规定，为劳动力价格的市场化制定了新的博弈规则，强化了工会组织代表职工参与协调企业劳动关系的重要职能，从整体上维护了企业职工的合法权益，使工资决定的市场化进程进一步加快。

经过20多年的努力，中国按照市场化改革的方向，基本上建立起与市场经济体制相适应的劳动力流动和工资决定市场化的机制和基本框架，劳动力流动和择业的自由度大大提高，各种体制性的壁垒被基本拆除，基础条件日益完善。至2001年，全国劳动力市场建设实现了科学化、规范化和现代化，全国性的信息网络初步建成，共有各类职业介绍机构26793所，就业训练中心3571所，社会培训机构16629所，城镇企业劳动合同签订率达到95%以上，全国已有26个省、市、区开展了工资指导线试点，已有88个城市发布了本地区工资指导价位，1万多户企业开展了工资集体协商试点，约7400户企业进行了经营者年薪试点制。

二、劳动力市场化指标的选择及分析

劳动力市场化程度，可以从劳动力的自主择业程度、工资自主决定程度、劳动力流动的自由度、劳动力用人单位用工自由度以及劳动力工资反映地区经济水平差异的程度五个方面来反映。

（一）劳动力的自主择业程度

劳动力的自主择业程度是指劳动者根据行业间劳动条件、工资水平的差异，以及个人的适应能力，来选择职业的自由程度，它反映了市场机制在推动劳动力跨行业流动中所发挥的作用。以下从城镇和农村两个方面来考察劳动力的自主择业程度。

1. 城镇劳动力自主择业程度

城镇劳动力可以分为城镇各经济单位劳动力和大中专毕业生，以下从这两方面考察城镇劳动力自主择业程度。

（1）城镇各经济单位

企业改革以前，劳动力不能自由选择职业，用人单位也不能辞退劳动者。随着劳动合同制的推行，劳动者和用人单位签订劳动合同，双方可以自主选择。因此，采用劳动合同签约率能够反映城镇各经济单位劳动力的自主择业程度。

城镇企事业单位包括国有经济单位、集体经济单位和其他经济单位。其他经济单位又包括三资、私营和个体等经济单位。为了反映市场化程度的变化，本文采用1992年、2000年、2001年的数据样本进行分析。1992年城镇各经济单位的劳动力自主择业程度见表3-1。

表3-1　1992年城镇各经济单位的劳动合同签约率

单位类别 项目	国有经济单位	集体经济单位	个体、私有和三资等其他经济单位
职工人数（万人）	10889	3621	1120
劳动合同签约率(%)	18.9	11.0	100

资料来源：《中国统计年鉴1993》，中国统计出版社1993年版。

1995年以后，推行了全员劳动合同制，各经济单位都签订了劳动合同，劳动合同签约率接近于100%。可以说，1995年以后城镇各经济单位基本上实现了劳动力自主择业。

（2）城镇大中专毕业生

改革之初，国家对大中专毕业生实行计划分配，毕业生的择业自主权很小。随着教育体制改革的推进，国家原有的计划分配方式转变为政府分配和学校推荐、人才交流会、双方协商择业相结合的方式。

1992年，毕业生由国家教委下达分配计划的大约占50%，其余则由毕业生根据市场情况自主择业。

2000年和2001年，毕业生分配基本实现了双向选择，由教委下达分配计划的不到5%。但也存在委托培养、定向分配和军校分配等特殊情况,不过比例较小。

2. 农村劳动力自主择业程度

改革开放前,中国是典型的二元经济结构。随着改革开放的进行和农业劳动生产率的提高,大量的剩余劳动力开始向非农业转移,❶一部分进入城镇劳动力市场,另一部分转移到农村乡镇企业、农村个体和私营企业中。原本分割的城乡劳动力市场得到了一定程度的统一,城乡的劳动力流动机制也得到了加强。鉴于前者已经在前文中加以分析,这里只讨论未转移到城镇的劳动力的情况。为便于分析,将其分为从事农业的劳动力和从事非农业劳动力两部分。非农业就业人数占乡村劳动力的比重既能反映中国二元经济结构的转换,也能反映农村劳动力择业自主程度的加强(见表3-2)。

表 3-2 非农业就业人数占乡村劳动力的比例　　(万人)

年份	1992	2000	2001
乡村劳动力	43801.6	47962.1	48228.9
非农业就业人数	9764.6 (22.3%)	15164.6 (31.6%)	15777.9 (32.7%)

资料来源:各有关年份的《中国统计年鉴》,中国统计出版社。

(二)工资的自主决定程度

工资是劳动力的价格,工资的决定机制是劳动力市场的核心机制。在市场经济条件下,工资具有配置劳动力资源的作用,是影响劳动力流动的一个重要因素。下文选取城镇劳动工资自主决定程度、农民纯收入中非农业收入所占比重以及工人的谈判能力和工会的作用来反映工资的自主决定程度。

---

❶ 详细原理可参见刘易斯的"两部门经济模型",《无限劳动供给下的经济发展》,1954年。

1. 城镇劳动工资自主决定程度

传统的计划经济体制下，中央政府通过行政手段制定全国统一的工资标准，工资增长也由国家统一规定。这种与努力程度毫无关系的工资分配制度极大地挫伤了劳动者的积极性，降低了劳动生产率。改革开放以来，工资分配制度进行了一系列调整，工资逐渐与企业效率和效益挂钩，开始反映出劳动力的供求状况。

（1）国有企事业单位和国家机关

①国有企业：20世纪90年代以来，企业的市场化改革日益深入，政府与企业的关系逐步理顺，国家作为国有企业的出资人，不对国有企业的经营进行干预，逐步取消了对工资的干预，改为行业指导工资。

②国家机关：1993年《国家公务员暂行条例》规定了以职务和等级为主的职级工资制，根据机关公务员的职称、级别及其任职年限和工作年限确定工资标准。公务员的工资由基础工资、职务工资、工龄津贴和奖金构成。

③事业单位：事业单位的工资管理逐步由财政拨款转向企业化管理。从总体上讲，事业单位职工工资可以划分为基础工资、各种津贴和奖金。

（2）城镇集体经济单位

在工资制度改革以前，城镇集体经济单位工资的自主决定程度与国有企业基本上相同。1995年实行了全员劳动合同，1998年集体企业的股份合作制改造全面推行，职工的股权化收入和劳动性收入占职工收入的绝大部分。集体企业的工资分配机制已经接近了"三资"、个体等非国有企业的工资分配机制。因此，可以认为2001年城镇集体经济单位的工资已经基本实现了自主决定。

（3）非国有经济单位

非国有经济单位包括私营、个体和三资企业等。非国有经济单位的建立基本上是市场化的行为，劳动者的工资由劳动力市场供求状况决定，因此也实现了工资自主决定。

根据中国企业家调查系统和国家经贸委政策研究室的抽样调查，1993年抽样企业中工资奖金由企业自主决定的比例为70.2%，2001年达到了81.35%（见表3-3）。其中国有企业工资自主决定的企业比例为71.6%。

表3-3　工资企业自主决定的比例　　　　（％）

年份	1993	2000	2001
工资企业自主决定的比例	70.2	—	81.35

数据来源：1993年数据取自中国企业家调查系统报告；2001年数据取自国家经贸委政研室对企业的抽样调查。

2. 农民纯收入中非农业收入所占比重

随着农业改革和城市改革的深入，大量农村剩余劳动力从农业转向城市、乡镇企业和其他非农业领域，农民的收入日渐多元化。现将农民收入分为农业收入和非农业收入，以农民纯收入中非农业收入所占比重来反映农民收入的市场化（见表3-4）。

表3-4　农民纯收入中非农业收入所占比重

年份	1992	2000	2001
纯收入（元）	783.99	2253.42	2366.40
农业收入（元）	486.86	1124.34	1165.37
非农业收入（元）	297.13	1129.08	1201.03
非农业收入占纯收入比重（％）	37.9	50.1	50.8

资料来源：各有关年份的《中国统计年鉴》，中国统计出版社。

3. 工人的谈判能力和工会的作用

（1）工人的谈判能力

在计划经济下，劳动力的工资由国家规定。在劳动报酬方面，企业职工几乎没有谈判能力。随着工资市场化程度的提高，劳动力可以在很大程度上根据自身的人力资本条件以及工作努力程度提出工资要求；并且，随着相关法律法规的出台和完善，劳动力在与企业发生劳动争议时，可以借助法律手段争取自身利益。

1992年，有关劳动者的工资协商制度还不成熟，相关的法律法规尚未形成。1994年7月，全国八届人大八次会议通过《中华人民共和国劳动法》。随后，各地还建立起了劳动仲裁机构。近两年来，劳动者在涉及工资和福利的争议时，已经能够运用法律手段维护自身权益。表3-5说明了近两年的劳动争议处理情况，2000—2001年平均年受理劳动争议案件数已经超过14万件，涉及当事人数40多万，其中绝大部分是劳动者申诉的案件，关于劳动报酬和福利的占一半以上。通过表3-5的数据可以反映劳动者在与企业纠纷中谈判能力的增强。

（2）工会的作用

劳动者工会是保障工人劳动权益的一个重要机构。在改革之初，劳动者保护自我权益的意识还比较淡薄，工会只是作为一个工厂的附属管理机构，不能充当工人与企业发生争议时的代表。

近年来，无论是国有企业还是非国有企业，工会在代表职工利益上发挥的作用都在增强。各地建立的劳动争议委员会和劳动仲裁委员会中，工会是职工权益的一个重要谈判代表。2000年，全国范围内劳动争议调解委员会中，工会和职工代表人数接近70万人次，劳动争议仲裁委员会中工会代表达到1.6万人次，取得劳动争议仲裁员资格的工会干部1.4万人次，工会劳动争议仲裁员参与办理劳动争议的案件有2万多件。❶

表3-5　2000年、2001年劳动争议处理情况

年份	2000	2001
受理劳动争议案件数（件）	135206	154621
劳动者申诉案件数（件）	120043	146791
劳动者当事人数（人）	422617	467150

---

❶　资料来源：《中国劳动统计年鉴》，中国统计出版社2001年版。

续表

年份		2000	2001
争议原因	劳动报酬（件）	41671	45172
	保险福利（件）	31350	31158
	劳动保护（件）	13008	18171
	职业培训（件）	834	1254
	变更劳动合同（件）	3829	4254
	解除劳动合同（件）	21149	29038
	终止劳动合同（件）	10816	10298
	其他（件）	12549	15276

资料来源：各有关年份的《中国统计年鉴》，中国统计出版社。

（三）劳动力流动的自由度

劳动力流动的自由度反映劳动力在跨地区流动中是否会遇到体制障碍，可以衡量统一的全国劳动力市场的建立和完善程度。以下选取两个指标来予以说明。

1. 跨省迁入人口数占总人口数比重

由于中国东部沿海地区开放时间早，改革力度大，发展速度大大高于中西部地区，其人均收入比西部地区的人均收入明显要高。所以户籍制度改革以及鼓励人口流动的政策，使近年来大量的中西部人口向东部发达省市迁移。

根据 1990 年第四次人口普查统计得出：1985—1990 年五年间，全国跨省迁移的有 1083.6 万人，平均每年跨省流动人口仅为 216 万人次；根据 2000 年全国第五次普查的人口统计得出，2000 年，跨省迁移人口大约在 6000 万人次，其中仅广东省净流入 1100 万人次左右，上海净流入 360 万人次左右，北京净流入 280 万人次左右。1985—1990 年与 2000 年的迁移人口占总人口比重的比较见表 3-6。

表 3-6　2000 年与 1985—1990 年跨省迁移人口占总人口比重的比较

年份	跨省迁移人口数（万人）	总人口（万人）	跨省迁移人口占总人口比重
1985—1990 年（平均）	216	108000	0.2%
2000	6000	126743	4.8%

资料来源：各有关年份的《中国人口统计年鉴》，中国统计出版社。

由表 3-6 可知，2000 年跨省人口迁移数大约是 1990 年的 28 倍，跨省迁移人口占总人口的比重大约是 24 倍，人口流动性大幅度增加。

2. 地区常住人口与户籍人口数之差占户籍人口比重（按各省加权平均）

分地区常住人口与户籍人口数之差占户籍人口比重也是反映劳动力流动程度的一个重要指标，由表 3-7 可知，该指标由 1992 年的 1.39% 上升为 2001 年的 2.57%，劳动力流动程度增加非常明显。

表 3-7　分地区常住人口与户籍人口数之差占户籍人口比重

年份	1992	2000	2001
分地区常住人口与户籍人口数之差占户籍人口比重（%）	1.39	2.35	2.57

3. 行业间职工人数变动率

在一些市场经济高度发达的国家，劳动力平均一生都要经过多次工作流动。随着中国市场经济观念深入人心以及劳动保障体系的逐步完善，劳动者也越来越频繁地更换工作。下面以行业间职工人数变动率近似地反映劳动者职业更换的增加（见表 3-8）。

表 3-8　行业间职工人数变动率

年份	1992	2000	2001
行业间职工人数变动率（%）	2.14	5.20	4.96

资料来源：《中国统计年鉴》，中国统计出版社 2002 年版。

（四）劳动力用人单位用工自由度

劳动力用人单位用工自由度可以从两个方面来考察：国有、集体单位企业用工自由度和非国有经济单位用工自由度。

1. 国有、集体单位企业用工自由度

在传统的计划经济下，国有、集体单位企业基本没有用工自由，国家以全员就业为目标，这必然造成大量的劳动力无效率和隐性失业。随着国有企业的市场化改革以及1995年实行的企业全员合同制，国有企业取得了一定的用工自主权。特别是20世纪90年代后期实行的股份制改造，国有企业在用工上有了更大的自由，可以依据劳动合同，根据市场状况和企业经营变化聘用和解聘劳动力。当然，国有企业完全自由地解除劳动者劳动合同还受到一定的限制，因此它们广泛地采用下岗的方式来取得事实上的用工自由权。以下以国有企业下岗人数来侧面反映国有、集体企业的用工自由度（见表3-9）。

表3-9 国有、集体企业下岗职工人数

年份	1992	2000	2001
下岗人数（万人）	60.5	515	800

资料来源：《中国劳动统计年鉴》，中国统计出版社2001年版。

2. 非国有经济单位用工自由度

非国有经济单位指"三资"、私营和个体等经济单位，它们基本上是根据劳动力市场的供求状况和企业的自身利益最大化出发来聘用劳动者，是一种完全的市场行为。因此，可以认为非国有经济单位已经基本实现了自主用工。

（五）劳动力工资反映地区经济水平差异的程度，地区间收入水平差异反映出工资自主决定的程度

中国各地区发展速度有很大的差异，各地区劳动力的平均工资

率也存在很大的差异。这种差异是市场机制在全国范围内配置资源的结果。下面以各省份人均 GDP 的标准差 σ_1 和各省份人均 GDP 的变异系数（人均 GDP 标准差与人均 GDP 平均值的比值 σ_1/E_1）来反映各省份的经济增长差异程度；以各省份平均工资率的标准差 σ_2 和各省份平均工资率的变异系数（平均工资率的标准差与平均工资率的平均值的比值 σ_2/E_2）来反映各省份的工资差异程度；以各省份人均 GDP 与各省份平均工资率的相关系数来表示劳动力工资反映地区经济水平差异的程度（见表 3-10）。

表 3-10 劳动力工资反映地区经济水平差异的程度

年份	1992	2000	2001
各省份人均 GDP 的平均值 E_1（元/人）	2392.1	8592.5	9377.1
各省份人均 GDP 的标准差 σ_1（元人）	1674.5	6522.6	7165.6
各省份人均 GDP 的变异系数 σ_1/E_1	0.7000	0.7591	0.7642
各省份平均工资率的平均值 E_2（元）	2746.2	9470.4	11110.3
各省份平均工资率的标准差 σ_2（元）	498.8	2992.6	3685.0
各省份平均工资率的变异系数 σ_2/E_2	0.1816	0.3160	0.3317
各省份人均 GDP 与各省平均工资率的相关系数	0.7369	0.8130	0.7667

资料来源：各有关年份的《中国统计年鉴》，中国统计出版社。

由 1992 年、2000 年、2001 年的数据可知，各省份的经济增长差异和工资水平差异程度已经逐步扩大：人均 GDP 的变异系数由 1992 年的 0.7000 变为 2001 年的 0.7642，平均工资率的变异系数由 1992 年的 0.1816 变为 2001 年的 0.3317，人均 GDP 与各省份平均工资率的相关系数由 0.7369 提高到 2000 年的 0.8130。各地区的经济发展不均衡在扩大，收入水平差异也在扩大，这在一个阶段内，反映了行政统一的工资制度被打破，反映了市场机制配置资源的结果。因为各地区经济发展的初始禀赋本身就存在很大的差异,市场化的竞争必然造成地区间的经济水平差异和收入水平差异扩大。

2001年的各省份人均GDP与各省份平均工资率的相关系数是0.7667,而该指标2000年数据为0.8130,也就是说,2001年该指标下降了。2001年国家实行西部大开发的区域性扶持政策与该项指标的下降不能说没有关系。这也隐含着另一种对劳动力流动和工资市场化形成的判断,即当劳动力市场走向成熟,竞争能充分展开,同种劳动力工资上的差异将缩小。

当然,需要说明的是,以上指标的选取,一方面考虑能够尽可能比较准确地反映劳动力和工资决定的市场化程度,另一方面也考虑到数据的可获得性、可比性和可操作性。

(六)关于中国劳动力市场化程度的几点补充说明

市场化测度的是转型期政府干预减少的程度和市场作用加强的程度,着重考虑制度因素。中国不仅是一个体制转型国家,还是世界上人口最多的发展中国家,生产力水平落后,城乡二元结构特征明显,这些因素都影响资源的配置效率,但又往往无法能够用数量指标准确地衡量出来。为此,我们在判断中国劳动力市场化程度时,不仅要用数量指标去说明问题,也要从定性的角度予以补充,以免低估中国的市场化发展水平。

1. 中国劳动力市场供大于求

劳动力市场是一个不断变化的动态的市场体系,劳动者择业的自由度与劳动力市场供求状况密切相关。当劳动力供给大于需求时,劳动者择业的自由度就会相对下降;当劳动力市场需求大于供给时,劳动者择业的自由度会相对上升。中国人口众多,需要转移的农村剩余劳动力数量相当大,今后相当长的一个时期内,中国的劳动力市场将会供大于求,存在着买方主权或买方垄断的问题,企业通过制定更为严格的用工条件和压低工资水平来限制劳动者择业的自由,从而造成较多的高素质劳动者追逐较少的低工资的劳动岗位,择业空间缩小。但是,这种择业自由度的下降恰恰是通过市场的力量来进行的,是市场发挥作用的结果。显然,中国劳动力的低工资,从总体上看,并不是政府或雇主,为降低成本扩大市场竞争力的主观意志的结果。这一点是反倾销中时常被关注的。

2. 思想观念的影响和信息交流的束缚

劳动力不同于资本、土地等物质性要素,他们具有能动性、自主选择性和社会规定性。劳动力流动不单纯是一个经济问题,观念的、文化的因素也在起作用。中国数千年自然经济条件下形成的传统的小农价值观念和就业意识同样会构成劳动者的效用目标,在选择是否流动时,劳动者也会进行收益—成本分析,不仅要考虑收入水平,而且要考虑对生活方式及观念所造成的影响及适应程度。"安土重迁""小富即安"等思想,就是造成某些地区劳动力流动相对滞后的一个主要因素。此外,中国一些边远地区由于交通落后和通信不便,市场信息不完全,人们对外部的劳动力供求状况、工资水平等情况缺乏了解,存在着潜在的择业风险和不确定性,这些因素也在一定程度上影响了劳动力的自由流动。

3. 与产业技术发展相伴随的岗位技能要求

不同行业和地区劳动力流动的自由度是有所差别的,有些行业和地区的外来人员比例高,有些行业则比较低。但这些差别并不是体制造成的,而是与产业技术发展形成的岗位技能要求有关。外来人员特别是来自农村的流动人员文化水平一般比较低,素质不高,很难适应现代产业发展的技术要求,大多集中在运输、建筑、餐饮、环卫、家政服务及勤杂行业等产业中。而电子信息等高技术产业和银行、保险等技术含量较高的服务行业则外来流动人员一般较少。可以说,外来人员流动能力和学历、文凭、技术水平有明显的正相关关系,素质越高向城市特别是高收入行业转移的能力越强。中国目前正处在一个经济结构战略性调整的时期,各大中城市都在加速发展高技术产业和现代服务业,因此,这种和产业升级相关的技术要求和限制是必要的,这种情况在任何一个国家都存在。

4. 宏观经济运行状况的影响

中国目前在城乡之间、地区之间的确还存在着不同的户籍管理和社会保障制度，这也正是欧美国家否认中国是市场经济国家的一个重要依据。但事实证明，在体制改革的大背景下，这些因素已基本上不再构成分割劳动力市场的主要制度障碍。一个城市或地区对外来人口是否具有吸引力，不再主要取决于户籍制度、社会保障制度，而是取决于有没有合适的工作岗位，有没有可预期的收入水平。改革力度较大的河北省省会城市石家庄市在制定户籍制度改革方案时，预期能有30万人入户石家庄，但从2001年8月到2002年6月，只有10万人入户。可以说，近几年农民工大量回流表明，劳动力特别是农村剩余劳动力的流动，并不是由城市政府出台的有关政策造成的，而是和目前宏观经济运行状况有关。

三、劳动力流动与工资决定市场化的发展趋势

加快劳动力流动与工资决定的市场化进程是中国整个市场化改革的重要内容，加入WTO后，中国政府将按照所做承诺履行国际义务，继续一如既往地推进这方面的改革。今后中国的劳动力市场化将呈现出以下几个方面的发展趋势。

（一）城乡间、地区间的劳动力市场将日益融合为一个统一的全国大市场，劳动力将得到更加有效的配置

建立统一的城乡劳动力市场，不仅是建立市场经济体制的内在要求，也是中国加快工业化和城市化进程，实现经济持续快速健康发展的客观需要。大量剩余劳动力从农村流向城市，从落后地区流向发达地区将有利于抑制城市初级劳动力市场上工资成本的上升，保持中国制造业产品在世界贸易领域里的竞争力，有利于发挥城市的聚集效应，保证消费总量的稳定增长和消费水平的持续升级换代，形成新的经济增长点。从当前发展情况看，经过20多年的改

革开放，中国市场经济体制初步确立，实现城乡劳动力市场整合的条件已经基本具备，与劳动力市场一体化有关的社会保障、住房、户籍等方面的改革大大深入，与提高劳动者就业能力和保护劳动者合法权益的法规措施得到贯彻落实。目前，城乡居民的各种补贴已经大部分取消，覆盖城镇所有单位和各类职工独立于企业之外的社会保障体系已基本建立，有些城市开始为进城民工提供一定的社会保障，《中华人民共和国劳动法》所规定的职工的合法权益得到保护和实现，职业培训、安全卫生等制度日益完善。总的来看，随着中国改革的深入推进，中国实现劳动力自由流动的基础条件将不断加强，一个充满生机的、统一的全国劳动力市场将趋于完善，这将为中国经济发展提供更加持久的活力和不竭的动力。

（二）国家宏观调控下的工资市场化决定机制将占据主导地位，工资将比较准确地反映劳动力供需状况和岗位效能要求

建立国家宏观调控下的工资市场化决定机制，通过劳资双方的谈判决定工资水平，是市场经济条件下维护市场主体合法权益的重要表现，也是在中国劳动力市场长期供大于求的情况下有效防范职工合法权益遭到侵犯的重要保证。目前，发达市场经济国家普遍采用劳动集体谈判决定工资水平，政府通过制定和发布工资指导线指导集体谈判，决定工资增长水平，宏观调控工资增长。在市场经济条件下，政府为保证宏观经济目标的实现，也必须依据社会经济发展水平和城镇居民消费价格指数以及其他经济社会指标来确定工资增长水平，通过制定和发布工资指导线，为企业自主分配和集体谈判决定工资水平提供客观的依据和标准，使市场经济条件下工资微观决策的分散化得到宏观调控，使工资微观决策和宏观决策协调和统一。1999年，中国开始推行劳动力市场工资价位指导政策，并在88个城市试行。从目前的运行情况看，各地关于劳动力市场工资指导价位发布情况基本上反映了当地劳动力市场主要职业及工种工

资水平和岗位技能要求，其中，上海发展最快，到2001年年底，发布职位数达到627个。今后，中国将继续总结经验，推广试点，建立起以中心城市为依托、覆盖面广、多层次发布的劳动力市场工资指导价位制度，这将是中国工资市场化改革的发展趋势。

（三）中国劳动力市场和工资水平将与国际接轨

这种接轨指的是中国劳动力市场和工资水平将与国际劳动力市场和工资水平相互影响，并呈现出同步变动的趋势。虽然劳动力不能在国家间进行直接的自由流动，但通过国际投资和国际贸易，劳动力可以间接流动和配置，从而在某一个产业或行业形成能基本反映全球性的劳动力市场供求状况和工资水平。在经济全球化的时代，国际资本尤其是产业资本为了追求利润最大化，将根据各国劳动力供求及工资水平的相对差异，选择合适的投资地区。加入WTO后，中国将更深入地参与国际分工，投资环境将大为改善，将继续成为国际资本投资的热点地区，具有一定比较优势的劳动力也将根据中国在国际分工体系中的位置得到更有效配置，这就使中国劳动力的供求状况及工资水平基本能够反映出世界各地的相对工资水平和劳动力供求状况，并与国际市场相互联系、相互影响，中国庞大的劳动力大军、相对低廉的工资成本、能够胜任现代产业技术要求的较高的劳动者文化素质，将影响国际贸易的比较优势和国际资本投资方向，影响全球某些产业特别是劳动力密集型产业的劳动力供求状况，加剧国际间的劳动岗位竞争，形成能够反映国际劳动力供求状况的工资水平。另外，随着世界产业结构的调整、国际间产业的不断转移和国家间动态比较优势的不断更替，其他地区的劳动力供求状况、劳动者素质和工资水平对中国也会产生一定的影响，中国的劳动力市场和工资变化将和国际市场日益紧密地结合在一起。

参考文献：

[1] 国家统计局.中国统计年鉴[M].北京：中国统计出版社，1993，2000，2001.

[2] 国家统计局.中国劳动统计年鉴[M].北京：中国统计出版社，1993，2000，2001.

[3] 国家统计局.中国人口统计年鉴[M].北京：中国统计出版社，1993，2000，2001.

[4] 李晓西.宏观经济学.转轨的中国经济[M].北京：首都经济贸易大学出版社，1998.

[5] 陈宗胜，吴浙，谢思全，等.中国经济体制市场化进程[M].上海：上海人民出版社，1999.

[6] "农村剩余劳动力转移与劳动力市场"课题组.28个县（市）农村劳动力跨区域流动的调查研究[J].中国农村经济.1995（4）.

[7] 张灿，谢思全，董利.中国劳动力市场化进程测度[J].经济改革与发展，1998（5）.

第四章 资本交易的市场化

资本市场化是经济主体投融资活动按照市场规则进行运作的过程。在经济转轨国家，资本市场化也是投融资体制改革的过程。资本市场化是相对传统的高度集中的计划经济体制下全社会固定资产投资和其他资金完全按照政府的投资计划和财政预算无偿调拨而言的，是指全社会固定资产投资或企业的扩大再生产资金的获得不再依赖政府的无偿拨款，而是通过对商业信贷、证券、外资的有偿使用来筹集，以排除政府干预可能导致的资本价格扭曲。随着市场化经济体制改革的不断深化，作为一种生产要素，资本的自由流动和有效配置必然要在市场供求的调节下、以价格为导向来进行。

一、中国资本市场化的演变进程

中国资本的市场化改革是与国有企业改革和金融体制的改革相适应的。在24年的改革进程中，随着企业产权体制和金融体制改革的不断深化，企业预算约束得到加强，银行业的效益和风险意识也日益增强，贷款审批和操作程序逐步规范，资本市场建立并日益完善，有偿的商业贷款和证券融资逐渐成为筹集资本的主要渠道。

（一）投融资管理体制改革的不断深入

为推进资本的市场化，中国政府加快职能转变，对传统的投融资体制进行了大幅度的改革，改革的目的就是要通过改变企业资金筹集方式来硬化企业预算约束，彻底打破过去那种企业建设和发展资金单纯依靠政府预算的做法，靠市场来调整投资规模、投资方向和投资形式，以提高资金使用效益，促进经济增长。1984年，中国共产党的十二届三中全会做出了《中共中央关于经济体制改革的决定》，开始推进资本市场化的改革，对财政预算内基本建设投资由财政无偿拨款改为银行有偿贷款，硬化企业的预算约束，发行债券筹集资金，拓宽筹资渠道，投融资体制从以财政投资为主向间接融资为主转变。1988年，国务院颁布了《关于投资管理体制近期改革方案》，1989年又颁布了《关于当前产业政策要点》，资本市场化改革进一步深入发展，成立了国家级投资公司，实行独立核算，成本核算等引入了企业间的资金往来，逐步将重点建设工作中的行政关系改为经济合同关系，资金价格、成本、收益、风险等成为资本交易的参考系数。1992年以后，按照党的十四大提出的建立社会主义市场经济的总体目标要求，资本市场化改革继续深化，不仅明确了竞争性项目、基础性项目和公益项目的投融资主体间的分工，而且明确各种项目资本来源的渠道、方式，竞争性项目以企业为基本投资主体，投融资活动推向市场，由企业通过市场来筹集资金、建设和经营，基础性项目可以吸收企业和外商参与投资，鼓励企业、个人投资兴办社会公益性项目；建立和健全股票市场和债券市场，对国有企业进行股份制改造，发行内部股票和上市，加大直接融资的比重，市场化的资本形成和运营机制开始形成。

（二）证券市场建立并日益完善

资本市场是推进资本市场化运作的主渠道，不仅可以促进国有企业转机建制，而且可以迅速集中社会闲散资金用于经济发展。因此，每个国家包括发达国家都特别重视资本市场特别是证券市场的发展。中国的证券市场经历了许多曲折和困难，但中国始终坚定不移地推动证券市场的发展，可以说，中国的证券市场是在曲折中前进，在前进中不断成熟和完善的。主要表现为，一是建立起较为完整的资本市场体系。1981年，中国政府为了缓解财政压力和建设资金的不足，开始采用发行国债的形式筹集资金，迈出了新中国证券市场发展的第一步。1984年，北京天桥股份公司、上海飞乐音响股份公司开始发行股票，从此股票筹资成为企业直接融资的一种形式。1990年10月和1991年4月，上海和深圳两家证券交易所先后成立，为证券的集中交易提供了渠道和场所，标志着中国资本市场化进入了新的发展时期。1993年，《中共中央关于建立社会主义市场经济体制若干问题的决定》进一步明确了股票市场是建设社会主义市场经济体制的主要内容。股票市场作为市场体系的重要组成部分，加快了中国企业特别是国有企业股份制的改革进程，完善了国有企业的治理结构，使国有企业成为真正的市场主体，发挥了股票价格调节资金流向的作用，促进了资本要素的有效配置。二是加快了国际化进程。中国在通过国内资本市场筹集资金的同时，开始利用发行国际债券和股票来融通资金。1982年1月，中国国际信托投资公司率先在东京以私募方式发行了100亿日元的国际债券，中国银行、财政部和其他信托投资公司先后在法兰克福、香港、伦敦等城市发行国际债券。1992年和1993年，中国先后发行B股、H股和N股股票，标志着中国股票融资开始国际化。三是逐步健全监管体系。为规范日益发展的证券市场，1992年，中国成立了国务院证券委员会和中国证券监督管理委员会，初步确立了全国证券市场的统一监管体制。1998年，根据中央金融工作会议精神，中国撤销了国务院证券委员会，其职能并入中国证券监督管理委员会，以前由中国人民银行行使的对证券公司的监管权力移交给中国证券监督管理委员会，中国证券市场统一监管体制得到进一步加强。1998年12月，中国又颁布了《中华人民共和国证券法》，以法律的形式确立了中国证券监督管理委员会对股票发行和上市、证券交易所、证券公司、证券中介机构、上市公司等机构和业务的统一监管，使中国证券市场的发展走上了法制化的轨道。为适应加入WTO的要求，2001年，中国股票市场的市场化进程进一步加快，正式实施股票发行核准制度和上市公司的退出机制，推进了证券发行机制的市场化改革，证券发行实行主承销商推荐及配套核准制度，使发行上市的行政审批真正转变为市场选择,大大提高了发行过程的透明度,结束了上市公司只进不出的历史,加强了对上市公司的监管,推进了上市公司的规范运作与法人治理结构建设,提高了资本市场化程度和市场机制的运营效率。经过12年的改革和发展,中国已基本形成了以债券和股票为主体的多种证券形式并存,包括证券交易所、市场中介机构和监管机构初步健全的全国性资本市场体系,建立起有关上市公司条件、股票发行和交易、市场监管等一整套的规则和办法,促进了产业结构的调整,推动了国有企业经营机制的转换。

(三)外资在资本市场化中的作用越来越突出

20多年来,中国的对外开放为市场化改革提供了不竭的动力。外资特别是外商直接投资的进入,不仅缓解了中国的资本短缺,带来了先进的生产技术和管理经验,更为重要的是促进了中国资本市场化的形成和发展。从1979年中国颁布《中华人民共和国中外合资经营企业法》,1980年批准第一批3家外商投资企业以来,中国先后建立了4个经济特区,开放了14个沿海开放城市,开辟了沿海经济开放区,开放了沿江、沿边及内陆省会城市,对外商投资企业特别是产品出口企业和先进技术企业给予特殊政策,扩大地方对外商投资的审批权限,吸引外商投资兴业,形成了多层次的开放格局。为进一步引导和规范外商投资企业的发展,中国颁布并修订了《外商投资产业指导目录》,不断拓宽外商的投资领域。1995年5月,外商直接投资的行业准入限制进一步放松,原来属于禁止外资投资的保险业和对外贸易向外资开放,外资银行经营机构的业务范围从外汇业务扩大到人民币业务,地域限制放松,禁止外资投资的行业范围只包括新闻出版、广播电视电影、国内商业、邮电通信等。1999年,中国又进一步扩大对外开放领域,除扩大外商投资于金融、保险、中介服务、外贸等行业的地域范围数量、规模外,放开了对外资投资于国内贸易的限制,外资投资商业企业的地域扩大

第四章 资本交易的市场化

到省会城市，同时承诺将有步骤地开放电信市场，以增值电信业务为试点，并逐步扩大到基础电信领域。在利用外资的方式上，也形成了国际贷款、直接投资、证券融资等多样化的格局，特别是证券融资为中国国有资产的优化组合、提高资本使用效率创造了条件。为更有效地促进外资进入，中国从1979年起就开始了资本项目开放进程。1994年，中国对外汇体制进行了重大改革，构筑起以市场供求为基础的、单一的、有管理的浮动汇率制，实现了人民币在经常项目下的有条件可兑换，建立了统一的外汇市场。经过20多年的发展，中国的外商投资环境得到根本性的改善，成为世界上利用外资最多的发展中国家，外资在经济结构优化升级、国有经济战略性重组等方面发挥了重要的作用。

二、关于中国资本市场化程度的综合分析

分析中国资本的市场化程度，既可以从资本分配即流向入手，也可以从资本获得即来源入手。考虑到中国在建立和完善社会主义市场经济的过程中，资本的市场化主要表现为政府逐渐退出资本唯一供给者的角色，实现资本供给的多元化，我们主要从资本来源的角度进行分析。根据目前中国的统计方式，全社会固定资产投资主要来源于国家预算内资金、国内贷款、外商投资、自筹和其他资金、直接融资五个方面。以下，我们就从这五个方面来分析中国资本市场化的发展情况，并考察证券市场在资本市场化中所发挥的重要作用。

（一）国家预算内资金

国家预算内资金是政府参与投资的主要工具，规模和投资方向仍由政府控制，完全是计划性的。因此，其投资规模占全社会固定资产投资的比重高低可以作为衡量资本市场化的一个重要指标。但是，也要区分这个比重的高低是体制性因素决定还是根据短期形势

的政策性调整决定。若是体制性因素决定此比重高,说明市场化程度不高或下降;若是政策性因素决定此比重变化,则不能由此断言投融资的市场化程度高低。

从表4-1可以看出,1996年中国的国家预算内资金占全社会固定资产投资的比重达到了历史上的最低点,只有2.7%,这标志着中国资本的市场化程度已取得了相当的进步。1997年亚洲金融危机发生以后,中国政府为保持经济持续快速健康增长,采取了扩张性的货币政策和财政政策,加大了建设国债的发行规模,提高了政府投资规模,政府直接控制的预算内投资比重有所提高,2001年达到6.7%。但是,这个比重的增加不能被看作中国资本市场化的倒退,西方发达国家在面对经济衰退时也实施扩张性的财政政策,政府的直接或间接投资也会有所增加,这与体制因素关系不大。

表4-1　国家预算内资金占全社会固定资产投资的比重　　（%）

年份	1992	1993	1994	1995	1996	1997	1998	1999	2000	2001
比重	4.3	3.7	3.0	3.0	2.7	2.8	4.2	6.2	6.4	6.7

资料来源:《中国统计年鉴2002》,中国统计出版社2002年版。

(二)国内贷款

从国家对国有企业开始实行拨改贷以来,国有企业与银行之间原有的无偿划拨关系被彻底打破,它们之间变成了一种有偿的借贷关系。因此,国内银行贷款是资本市场化来源的一个重要渠道和主要标志,国内贷款所占比重可以部分地用来衡量资本市场化的程度。以下,表4-2、表4-3反映了国内的贷款情况。

表4-2　国内贷款占全社会固定资产投资的比重　　（%）

年份	1992	1993	1994	1995	1996	1997	1998	1999	2000	2001
比重	27.4	23.5	22.4	20.5	19.6	18.9	19.7	19.2	20.44	19.1

资料来源:《中国统计年鉴2002》,中国统计出版社2002年版。

表 4-3 中国政策性贷款与商业性贷款增加额的比重　　（亿元，%）

年份	政策性贷款增加额	政策性贷款增加额占政策性贷款增加额和商业性贷款增加额之和的比重	商业性贷款增加额	商业性贷款增加额占政策性贷款增加额和商业性贷款增加额之和的比重
1997	3331.31	36.44	5811.70	63.56
1998	3035.82	23.70	9771.92	76.30
1999	1460.07	23.22	4827.76	76.78
2000	1315.83	11.45	10182.27	88.55
2001	910.66	8.00	10469.00	92.00

注：考虑到统计口径的变化，为体现可比性，本表仅使用 1997 年以来的数据。

资料来源：《中国人民银行年报》和中国人民银行《货币政策报告》。

将表 4-2、表 4-3 结合起来看，可以得出以下结论：一是从 1997 年以来，国家政策性银行贷款，无论是从绝对量看还是从相对量来看，都处于下降趋势，而商业性银行贷款则急剧攀升，比重在 2001 年达到 92%，占据绝对优势地位。这意味着，中国资本的市场化程度已经很高了。二是国内贷款占全社会固定资产投资的比重，1995 年以来大体稳定在 20% 左右，反映出银行与企业之间市场化的资金供求关系已基本稳定下来。三是如果联系国家预算内资金占全社会固定资产投资比重的表 4-1 可以看到，贷款占的比重大大超过了国家预算内资金的比重，反映出经济主体通过市场化融资的比重在提高。

商业贷款在贷款总额中比重的提高，政策性贷款的比重稳定，是中国金融市场化水平提高的一个方面。1995 年，《中华人民共和国商业银行法》明确规定商业银行要实行"自主经营、自担风险、自负盈亏、自求平衡"，健全风险约束机制，以其全部法人财产独立承担民事责任。因此，商业银行的贷款已经基本上改变了传统的按国家计划无偿提供拨款的方式，而是在产权较为清晰的情况下以追求收益和降低风险为目标。1994年,国家先后成立了国家开发银行、中国进出口银行和中国农业发展银行三家政策性银行,并将原有的四大银行的政策性业务转到政策性银行中来,主要目的是配合国家的产业政策,加快发展私人资本不愿介入的公共领域,引导发展基础性产业领域,扶持弱势产业,优化经济发展环境,提高国际竞争力。因此,无论是在贷款方向,还是在贷款规模和利率的确定方面,政策性贷款都不能完全按照市场化运作,受政府的影响比较大,因此,表中所显示的政策性贷款和商业性贷款的比重基本可以反映出中国银行业贷款市场约束程度的大小。

有关统计数据表明,银行贷款的大部分流入国有经济部门或国有经济占主体的部门。有人因此而认为,这是国有商业银行改革尚不彻底,对个体、私营经济存在信贷歧视造成的,表明中国资本的市场化程度仍很低。实际上,贷款走向与放贷双方都有关系。随着银行产权体制和经营体制的改革,国有商业银行对各类所有制企业一视同仁,只是由于中国目前的个体、私营企业规模小,相当多的企业分布在小城镇甚至农村,银行信贷的交易成本较高。而国有企业一般都集中在大中城市,分布在传统产业领域,银行对这些领域的投资效益和发展前景较为熟悉,信息透明度较高,交易成本较低,因此,就出现了国有经济占商业贷款比重较大的现象。但近年来对非国有经济贷款增加已成为一种发展趋势,因此,这个问题将越来越不成为问题。

(三)外商投资

外商投资水平的高低反映了完善的市场环境,而且外商投资是以追求利润最大化为目的,其整个运作方式完全是市场化的。因此,外资在全社会固定资产投资中比例的高低能够在一定程度上反映中国资本的市场化程度。

从10年的平均发展水平看,外资在全社会固定资产投资中的比重达到8.21%,高于实施积极的财政政策以来预算内投资比重所达到的 6.7% 的最高水平（见表 4-4）。尽管 1997 年以后，由于受亚洲金融危机的影响，外资占全社会固定资产投资的比重逐年下降，但其绝对量仍然保持高速增长的势头，2001 年实际利用外资总额仍达到 496.72 亿美元，其中外商直接投资达 468.78 亿美元，在 2001 年的联合国贸易和发展会议《世界投资报告》中位居世界第 8 位，居发展中国家之首。

表 4-4　利用外资占全社会固定资产投资比重　　　（%）

年份	1992	1993	1994	1995	1996	1997	1998	1999	2000	2001
比重	5.8	7.3	9.9	11.2	11.8	10.6	9.1	6.7	5.1	4.6

资料来源：《中国统计年鉴 2002》，中国统计出版社 2002 年版。

通过资本市场融资是资本市场化的最主要的表现形式之一。以下，我们用通过股票市场的境外融资额与引进外资的比重来进一步衡量中国的资本市场化程度（见表 4-5）。

表 4-5　证券市场境外筹资金额及其在引进外资金额中的比重

年份	境外筹资（亿元）	引进外资总额（亿元）	境外筹资在引进外资总额中的比重（%）
1992	44.09	1104.16	3.99
1993	99.06	2289.68	4.33
1994	227.00	3655.82	6.21
1995	64.81	3995.04	1.62
1996	130.74	4548.73	2.87
1997	469.53	5345.86	8.78
1998	63.50	4860.23	1.31
1999	47.17	3338.33	1.41
2000	576.21	3376.17	17.07

注：境外筹资包括在中国香港、美国等地区发行的 H 股和 B 股筹资。
资料来源：中国金融学会：《中国金融年鉴 2001》。

从表 4-5 可以看出，通过证券市场在境外的筹资额在利用外资中的比重有很大提高，说明中国利用外资方式的结构有所改善，外资在重组国有资产、优化产权结构、规范企业治理方面发挥了更大的作用，资本的投入、组合和运作市场化程度进一步提高。

（四）自筹和其他资金

企业扩大再生产自筹资金既包括自有资金的积累，也包括股票融资。自有资金的积累虽然不是通过市场融资得来的，但其本身也存在机会成本，也必然要按照利率、股息等市场价格因素来配置，不可能是无偿的，因此可以视为是市场化的。

从 10 年间的变化情况看（见表 4-6），这部分资金基本上呈缓慢增长趋势，到 2001 年达到 69.6%，是 1978 年改革开放以来的最高水平。这表明，中国的资本市场化程度在提高，中国企业资金解决方式在改善。

表 4-6　自筹和其他资金占全社会固定资产投资的比重（%）

年份	1992	1993	1994	1995	1996	1997	1998	1999	2000	2001
比重	62.5	65.5	64.7	65.3	66.0	67.7	67.4	67.8	68.59	69.6

资料来源：《中国统计年鉴 2002》，中国统计出版社 2002 年版。

（五）直接融资

从世界各国的发展情况看，企业融资的渠道是多元化的，不仅包括以银行信贷为主的间接融资方式，而且包括证券市场融资的直接融资方式。债券市场和股票市场的出现标志着按照市场准则运作的金融交易活动的诞生，并显示出巨大的市场活力，其发展水平已成为衡量一个国家资本市场化的重要标准。中国在改革进程中加快了证券市场的发展步伐。1990 年，中国刚建立股票市场时，只有 10 家企业上市，到 2001 年，全国上市公司已达 1160 家，市价总值达到 4.35 万亿元，流通市值 1.45 万亿元。资本市场的快速发展，不仅为中国经济增长提供了强大的资金支持，而且也极大地推动了中国的资本市场化进程。我们可以从以下几个方面来看证券市场的发展。

1. 证券化率

证券化率就是股票市值和国内生产总值之比，它是来衡量直接融资与经济发展之间的关系的，是资本市场化的一个重要指标。由于中国的国有股和法人股不能流通，所以我们可以从市价总值和流通市值与国内生产总值这两个指标的大小来看资本的市场化程度。

从表 4-7 可以看出，无论是市价总值与 GDP 的比率还是流通市值与 GDP 的比率，都在逐年上升，尤其是 1996 年以后，上升速度更快。2000 年市价总值与 GDP 的比率达到了 53.79%，远远超过了韩国、印度、巴西、新西兰的水平。

表 4-7　　股票市值与 GDP 的比率　　　　（亿元，%）

年份	GDP	市价总值	市价总值与 GDP 的比率	流通市值	流通市值与 GDP 的比率
1992	26638.1	1048.13	3.93	—	
1993	34634.4	3531.01	10.20	—	
1994	46759.4	3690.62	7.89	964.82	2.06
1995	58478.1	3474.00	5.94	937.94	1.60
1996	67884.6	9842.37	14.00	2867.03	4.22
1997	74722.4	17529.23	23.44	5204.43	6.96
1998	79552.8	19505.64	24.52	5745.59	7.22
1999	82054.0	26471.17	31.82	8213.97	9.87
2000	89404.0	48090.94	53.79	16087.52	17.99
2001	95933.3	43522.2	45.36	14463	15.07

资料来源：《中国统计年鉴 2002》，中国统计出版社 2002 年版。

2. 直接融资和间接融资的比例

股票市场的迅速发展也可以从股票筹资额和银行贷款增加额的比率变化中得以体现。这一比率实际上是反映了整个资本市场的融资结构和证券市场的融资情况，同时也间接反映了在资本市场化的条件下，不同的融资形式可能对企业产权结构、经营绩效、经营者行为的约束等方面产生的影响。

通过表4-8的有关数据可以发现，无论是境内筹资额与贷款增加额的比率还是境内筹资额与国家银行贷款增加额的比率，都在稳步增加，说明直接融资比例在提高，股票筹资在资本形成中的作用越来越大，资本的自由流动和有效配置得到提高，"用脚投票"的机制逐渐加强，资本市场日趋活跃。

表4-8 境内股票筹资和银行贷款增加额的比率　　（亿元，%）

年份	境内筹资额	贷款增加额	境内筹资额与贷款增加额的比率	国家银行贷款增加额	境内筹资额与国家银行贷款增加额的比率
1993	276.41	6335.40	4.36	4845.61	5.70
1994	99.78	7216.62	1.38	5161.00	1.93
1995	85.51	9339.82	0.92	6915.45	1.24
1996	294.34	10683.33	2.76	7937.75	3.71
1997	856.06	10712.47	7.99	8149.96	10.50
1998	778.02	11490.94	6.77	9100.39	8.55
1999	896.83	10846.36	8.27	8742.71	10.26
2000	1498.52	13346.61	11.23	10074.02	14.88

资料来源：中国金融学会：《中国金融年鉴2001》。

3. 股票融资的贡献率

企业融资是为了扩大再生产。考察全社会固定资产投资中有多少是通过股票来筹资的,不仅能够反映企业产权结构的变化,也能够衡量出整个资金的使用效果。为了更准确地反映股票筹资对企业的贡献度和使用效果,我们可以从两个方面来考察:股票融资在全社会固定资产投资中的比例和股票筹资在更新改造投资中所占的比例。

从表4-9可以看出,股票的境内外筹资在投资中的比重都在提高,尤其是在更新改造投资中的比重最为突出,在2000年达到41.42%,这说明股票筹资对于更新企业装备、提高技术水平、实现产业和产品结构的升级换代发挥着越来越大的作用。

表4-9　境内外股票筹资和固定资产投资额的比率　　　（亿元,%）

年份	境内外筹资额	固定资产投资额	境内外筹资额与固定资产投资额的比率	更新改造投资额	境内外筹资额与更新改造投资额的比率
1992	94.09	8080.1	1.16	1461.10	6.43
1993	375.47	13072.3	2.87	2195.85	17.10
1994	326.78	17042.1	1.92	2918.61	11.20
1995	150.32	20019.3	0.75	3299.35	4.56
1996	425.08	22913.5	1.86	3615.00	11.76
1997	1293.82	24941.1	5.19	3921.94	32.99
1998	841.52	28406.2	2.96	4516.75	18.63
1999	944.56	29876.0	3.16	4419.00	21.37
2000	2103.08	32917.7	6.39	5077.40	41.42
2001	1252.34	37213.5	3.36	5923.76	21.14

资料来源:《中国统计年鉴2002》,中国统计出版社2002年版;中国金融学会:《中国金融年鉴2001》。

4. 债券贡献度

除股票市场的迅速发展外,债券发行规模的扩张,特别是国债和政策性金融债的扩张，也是推动中国资本市场化发展、改变传统融资方式的重要力量。1986年，中国开始发行企业债和金融债，1995年，又开辟了政策性金融债，从而形成了国债和政策性金融债共同主导债券市场的局面，债券发行规模迅速攀升，债券余额与GDP的比率也不断上升。我们可以从表4-10中看出这一趋势。

表4-10 债券余额与GDP的比例　　　　（亿元，%）

年份	国债和政策性金融债余额	政策性金融债余额	GDP	国债和政策性金融债余额与GDP之比
1996	6761.13	2399.70	67884.6	9.96
1997	8995.78	3486.90	74462.6	12.08
1998	12886.83	5121.13	78345.2	16.45
1999	16989.48	6447.48	82067.5	20.70
2000	21057.28	7383.28	89442.2	23.54
2001	24152.48	8534.48	95933.3	25.18

资料来源：《中国统计年鉴2002》，中国统计出版社2002年版；中国金融学会：《中国金融年鉴2001》。

虽然表4-10中没有包括企业债券和其他债券，但仍可以看出其对GDP的贡献度逐年提高，而且速度较快，每年以2.5个百分点的速度增长。到2001年，达到了25.18%，接近1993年东亚7个新兴工业化国家和地区30.25%的均值，水平已经很高。

通过以上分析，我们可以看出，在中国国有企业改革和金融体制改革的大背景下，企业的资本筹集方式已经发生了重大变化，原有的依靠政府财政预算的比重已经大幅度缩减，而银行贷款、证券融资、企业自筹等的比重已经大幅度提高并占据绝对优势，可以说，中国的经济基本上是在一个资本市场化程度比较高的环境下运行，政府通过对资本要素价格的补贴来提高产品在国际市场上的价格竞争力的做法已基本上不存在了。

三、中国资本市场化的发展趋势

建立完善的市场经济体制是中国经济体制改革的最终目标，随着经济体制市场化改革进程的不断推进，中国资本交易的市场化程度也将继续提高。特别是 2001 年加入世界贸易组织后，中国经济体制改革的市场化进程加快，资本交易的市场化进程也将加速发展。

（一）资本市场体系将更加完善

目前，资本市场筹措资金的数量与银行贷款数量之间的比例大约是 1：4，这表明，一方面直接融资的比重还相对较低，仍有很大潜力；另一方面会使银行承担过大的风险。随着科学技术和高技术企业的发展，高风险的产业比例将会提高，这就要求改变传统的以间接融资为主的筹资方式，采用资本市场融资的方式，建立起投资者和融资者共同承担风险的机制，可以说新经济的发展、科技的发展也呼唤着直接融资比例的扩大。为适应这种要求，中国的创业板市场将会在立法、规则、技术、市场准备等方面成熟的情况下建立，为科技含量高、成长性好的中小企业提供直接融资渠道，为风险资本提供退出渠道，并通过扶持高科技企业成长，为带动经济发展，优化产业结构，提高国民经济整体竞争力发挥重要作用。债券市场也将会得到重大发展，企业通过债券融资的比例也将会继续提高，从而形成股票市场和债券市场共存的、多层次的证券市场体系，证券市场发展的空间进一步扩大，这也会降低银行承担的过大的风险。同时，资本市场的立法法规将进一步得到健全，将形成以《证券法》为核心的比较完善的证券法规体系，为证券市场的规范发展、依法治市提供坚实的法律基础，证券市场的监管将进一步加强，并在规范中得到发展。

（二）国有资本的流动和配置也将进一步市场化

按照中共十六大报告提出的目标要求，国有资产管理体制改革将有突破性的进展，国有资产管理委员会的成立，将会极大地推进国有企业的改革进程，打破国有资产的"五龙治水"、条块分割的局面，国有资产不再固化于某个产业或某个地区，而是能够在产业进行自由的流动、配置和使用，效率将会得到较大提高。随着国有企业市场化改革的推进和国有经济的战略性重组，国有上市公司的法人股、国有股也将会进入市场流通，这不仅会进一步加强国家解决历史欠账问题的能力，扩大社会保障覆盖的范围，而且会促进国有经济结构的调整，推动国有经济向基础性产业、公益性产业集中，提高国有经济在国民经济发展中的主导作用，同时也可以进一步完善国有企业的股权多元化，建立起完善的法人治理结构，使国有企业更加适应市场经济的要求，实现国有资产的有效流动和保值增值。邮电、通信、电力、石油化工、交通运输等行业打破垄断、引入市场竞争机制的工作正在推进之中，民间资本将在这些领域发挥更大的作用。

（三）市场化资金来源比重将上升

1998 年以来，为了克服亚洲金融危机的影响，中国积极扩大内需，采取了积极的财政政策和货币政策，政府投资比重在全社会固定资产投资中的比重有一定的提高。目前，随着中国经济增长已恢复上升，针对亚洲金融危机和世界经济衰退的扩张性财政政策在持续近 5 年后有可能逐步淡出，2003 年中国建设国债的计划发行规模（1400 亿元）比 2002 年减少 100 亿元，这是财政政策从扩张性政策向中性政策转化的重要信号。随着扩张性财政政策的逐步淡出，全社会固定资产投资中预算内投资资金所占比重将趋于下降。随着国有企业的数量进一步减少，国有经济在全社会固定资产投资中所占比重也将进一步下降。而商业银行贷款、证券融资、利用外

第四章 资本交易的市场化

资等市场化投资资金来源所占比重将恢复上升,因此,从总体上来看,中国的资金市场化程度将会得到大幅度提高。

(四)外商投资的规模将进一步扩大

外资在中国资本的市场化进程中发挥了重要的作用,但是中国利用外资的形式比较单一,主要以直接投资为主,对外贷款由于考虑到国家还债能力和宏观经济的稳定,受到国家较严格的控制,而股票融资则由于受人民币资本项目不可兑换的影响,存在着A股和B股之间的区分,使外资不能更好地参与中国经济结构调整和国有经济的重组。加入WTO后,中国经济将日益融入世界经济中,经济体制改革将进一步得到深化,人民币资本项目下的可兑换将获得重大进展,外资参与中国经济发展的渠道、空间将进一步拓展。按照中国加入WTO在证券业方面的承诺,外国证券机构可以直接从事B股交易,因此,中国的资本市场和国际资本市场将日益融合在一起,国际资本流动将对中国经济发展产生更加重要的影响,同时对中国的宏观经济调控提出更高的要求。

(五)直接融资与间接融资相结合、市场有效约束的融资体系将会形成

在兑现"入世"承诺的过程中,中国政府职能将进一步转化,政府行政体制将逐步转变为公共行政体制,投资管理体制将逐步转变为政府通过宏观调控政策间接引导的市场化投资管理体制。同时,金融体制改革是当前经济体制改革的重点,目前国有商业银行和保险公司的股份制改造工程已经启动,这将会进一步提高非国有经济融资的比重,为非国有经济的发展创造更加良好的条件。银行业间的竞争也将深入发展,进一步强化商业银行的风险约束机制。金融监管机制的市场化工作正在积极推进,利率市场化也在稳步进行,中国融资成本、资本使用价格将更加体现市场的供求关系。中国金融市场,特别是资本市场将日趋规范化,而投融资体制市场

化改革的深化，将使银行贷款等投资资金的市场化程度获得实质性提高。

参考文献：

[1] 国家统计局. 中国统计年鉴2002[M]. 北京：中国统计出版社，2002.

[2] 国家统计局. 新中国五十年（1949—1999）[M]. 北京：中国统计出版社.

[3] 中国金融年鉴编辑部. 中国金融年鉴2001[M].

[4] 朱之鑫. 国际统计年鉴2002[M]. 北京：中国统计出版社，2002.

[5] 马洪. 中国市场发展报告2002[M]. 北京：中国发展出版社，2002.

[6] 李晓西. 宏观经济学：转轨的中国经济[M]. 北京：首都经济贸易大学出版社，1999.

[7] 郭树清. 走向市场经济的投融资体制[M]. 北京：改革出版社，1998.

[8] 陈宗胜，吴浙，谢思全，等. 中国经济体制市场化进程研究[M]. 上海：上海人民出版社，1999.

[9] 金德环，许谨良. 2001中国金融发展报告[M]. 上海：上海财经大学出版社，2001.

[10] 李扬，何德旭. 经济转型中的中国金融市场[M]. 北京：经济科学出版社，2001.

[11] 谢平，易诚. 改革银行体制，完善资本市场[N]. 中国经济时报，2001-03-20（006）.

第五章 土地交易的市场化

土地是重要的生产要素和资产,土地管理是国家管理职能中重要的内容之一。在市场经济条件下,土地市场是整个市场体系的重要组成部分。改革开放以来,中国土地市场发生了重大变化。其交易的市场化越来越受到国内外的关注。本章将对中国土地市场的供需状况、土地利用方式、土地市场运行规则、中介服务市场、土地管理方式等与土地交易市场化相关的诸方面,进行深入的分析。

一、土地交易市场化的进程回顾

(一) 中国的土地市场管理体制建设

中国的土地市场化始于20世纪80年代末的土地使用制度改革。从上海的土地批租、深圳的土地使用权拍卖第一槌到随后《中华人民共和国宪法》就土地出租、转让的修改,标志着土地供应无偿、无限期流动制度的结束,土地开始作为商品走向市场。1986年《土地管理法》的出台,规定了行政划拨和有偿出让两种形式并行的土地使用模式,提出了建立土地市场的初步构想。从1987年开始的十几年供地革命,出现了三次高潮——第一次是从"七五"末到"八五"期间,第二次是"九五"期间,第三次是进入"十五"以后,尤其是2001年。

1987年11月,国务院批准确定在深圳、上海、天津、广州、厦门、福州进行土地使用改革试点。深圳特区在全国各城市中,最早认识到土地的价值。1987年12月1日,深圳市首次公开拍卖一幅8588平方米地块50年的使用权，44家在深圳有法人资格的企业展开激烈角逐，一家房地产公司最终以525万元竞得。土地使用权在中国第一次作为资产进入市场，并且首开国有土地使用权招标拍卖的先河。接着，1988年4月，全国人大对《宪法》进行了修改，在删除土地不得出租规定的同时，增加了"土地使用权可以依照法律的规定转让"的规定。按照修改后的《宪法》，1990年5月国务院发布了《城镇国有土地使用权出让和转让暂行条例》，明确规定土地使用权可以采用协议、招标和拍卖三种方式。从无偿到有偿，从无期限到有期限，从无流动到有流动，中国土地使用制度改革掀起了第一个高潮。"九五"期间，土地使用制度改革继续深化。从1996年提出耕地动态平衡的原则，到1997年提出加强土地管理的治本之策（中央1997年11号文件）；冻结建设占用耕地，全面修订《土地管理法》，修编土地利用总体规划，确立土地用途管制制度。土地使用制度这些重大变革，为土地市场的建立健全提供了前提条件。《宪法》的修改、《暂行条例》的制定和颁布实施，在法律法规层面恢复了中国国有土地资产商品属性的同时，也标志着土地管理开始步入了商品化的轨道。在广泛征求社会各界意见的基础上，1998年8月29日召开的九届人大常务委员会第四次会议颁布了重新修订后的《土地管理法》。按照修订后的《土地管理法》，国务院于当年12月27日颁布了《土地管理法实施条例》。随着土地市场的建立，进入1997年以后，全国多数城市和地区的土地都采取了有偿出让的方式。

第五章 土地交易的市场化

随着市场经济体制的建立，以市场配置土地资源由市场确定地价的原则逐步确立。广东、江苏、浙江等市场经济发育程度较高的地区，对土地市场建设展开了积极的摸索，如杭州的土地收购储备制度、广东的有形市场建设等。广东、浙江等省还确定了经营性用地一律招标拍卖的制度，招标、拍卖在当地已经成为土地使用制度改革的一种潮流，土地市场建设轮廓逐渐显现。这些做法得到了国土资源部的充分支持。1998年国土资源部转发《广东省城镇国有土地使用权公开招标拍卖管理办法》，1999年国土资源部下发《关于进一步推行招标、拍卖出让国有土地使用权的通知》。地方的大胆推动和国土资源部的积极引导，形成了土地市场建设的第二次高潮。

2000年1月6日，国土资源部颁布了《国土资源部关于建立土地有形市场促进土地使用权规范交易的通知》，建立健全了土地交易管理制度，规范了有形市场运作。国土资源部在该通知中强调，在整顿和规范土地市场秩序中，要着重建立健全以下几项基本制度：一是建设用地供应总量控制制度。根据土地利用总体规划和当地各项建设的实际需要，对建设用地总供应量实行严格控制。二是城市建设用地集中供应制度。城市政府要统一控制新增建设用地供应，同一城市范围内的新增建设用地由市土地行政主管部门统一征用，统一提供，市辖区及各类园、区的新增建设用地也必须纳入市政府统一的供应渠道。三是土地使用权公开交易制度。计划出让的土地必须在指定场所或通过有关媒体向社会公布。按规定应招标拍卖的，必须公开招标拍卖。协议出让的，必须公布协议结果。四是基准地价定期更新和公布制度。基准地价原则上每三年更新一次，并根据市场变化，适时进行调整。五是土地登记可查询制度。除涉及国家保密要求外，土地登记结果要接受社会公开查询，做到查询资料全面，查证及时，鉴证准确。六是集体决策制度。对涉及建设用地审批、土地资产处置、地价确定等土地资产管理的重大事项，一律实行内部会审，实行集体决策。

2001年，国务院发出15号文件《关于加强土地资产管理的通知》，有针对性地从严格控制建设用地供应总量、严格实行国有土地有偿使用制度、大力推行招标拍卖、加强土地使用权转让管理、加强地价管理和规范土地审批的行政行为等六个方面，提出了具体的要求，并根据从源头和制度上加强土地资产管理，在土地资产管理制度上制定了一系列新的举措。土地有形市场、土地基准地价、信息公开制度等，也开始在全国许多县（市）建立起来。国务院15号文件，引发了土地使用制度改革的第三次高潮。它进一步完善了土地市场机制，大大发挥了市场配置土地资源的基础性作用，同时对规范土地审批行为，整顿市场经济秩序都起到了重要作用。

土地市场规范运行的基本制度是规范土地市场秩序的重要内容，在这些土地政策和法规的指引下，中国国土资源使用权从审批向拍卖快速转变，土地市场得到进一步规范。至2001年，一系列地方性法规和规范性文件的出台，初步建立完善了建设用地供应总量控制、城市土地集中供应、土地使用权公开交易、基准地价定期更新与公布、土地登记公开查询和集体决策制度。

（二）中国外商投资企业用地政策的演变

外商投资企业用地是中国最早实行有偿使用的。1979年颁布的《中外合资经营企业法》即明确中方合营者可用场地使用权投资，并且"如果场地使用权未作为中国合营者投资的一部分，合营企业应向中国政府缴纳场地使用费"；《中外合资经营企业法实施条例》（1983）进一步明确合营企业使用的场地要通过与土地主管部门签订场地使用合同方式取得，合同要明确用途、期限和场地使用费。其后颁布的《中外合作经营企业法》《外资企业法实施条例》及其实施细则均有类似的规定。随着中国土地使用制度改革的深化，上述法律明确外商投资企业除可通过缴纳场地使用费方式取得场地使用权外，还可以依照中国其他法规的规定取得土地使用权。1998年，新《土地管理法》第85条规定："中外合资经营企业、中外合作经营企业、外资企业使用土地的，适用本法；法律另有规定的，从其规定。"1999年55号令、56号令公布后，很多外商投资企业以出让方式取得了土地使用权。1999年8月国办发〔1999〕73号文件明确以出让方式取得土地使用权的外商投资企业，不再缴纳场地使用费。按照上述法规，外商投资企业用地全面实行有偿使用。其中，在1990年国务院55号令、56号令颁布前，外商投

第五章 土地交易的市场化

资企业用地主要通过签订场地使用合同、缴纳场地使用费方式有偿取得；55号令、56号令颁布之后，外商投资企业还可以通过出让等方式取得土地使用权。1999年11月出台的《国土资源部关于加强土地资产管理促进国有企业改革和发展的若干意见》（国土资发〔1990〕433号）明确规定：国有企业与外资进行合资、合作，凡符合《划拨用地目录》的，经批准可以划拨方式用地。2001年发布的《划拨用地目录》（国土资源部第9号部长令）进一步明确规定：不再区分使用者身份，凡符合本目录的建设项目用地，经批准，均可以划拨方式提供。外商投资企业与其他土地使用者已经享受相同的土地利用政策。

二、土地交易市场化程度的判断

中国的土地市场从出现到普遍建立历经多年的探索和培育，是伴随着土地使用制度改革和土地资源配置的市场化产生、发育和发展起来的。至2001年，各地的市场制度和市场运作的主体框架已初步形成，为土地市场的进一步发展奠定了良好的基础。以1987年深圳出让第一块国有土地使用权为开始的土地使用制度改革是中国土地市场形成和逐步完善的催化剂，伴随土地有偿使用制度的确立和完善，经过十几年的历程，中国土地市场从无到有建立起来，并逐步形成了政府供地制度和宏观调控制度，初步形成了土地产权制度和交易管理制度，衍生了市场服务体系和中介服务组织，初步形成了运行良好、调控有效的土地市场体系。由于起始阶段不同，经济发展水平不一，各地的土地市场在表现形式、制度规范、完善程度、发育水平上存在较大的区域差异性。然而，在市场的基本制度和运作规律等方面却有着相当大的一致性。如果要对中国土地市场的现状作一个客观判断的话，与其他要素市场相比，可以说，中国土地市场仍处于发育的初级阶段。

（一）土地使用制度改革不断深化，土地市场体系初步建立

1. 土地市场建设有所突破

以出让为主的国有土地使用权有偿使用方式进一步完善，租赁、作价入股（出资）等成为法定的有偿使用方式；招标拍卖出让逐步推开，协议出让进一步规范，土地的市场化配置范围不断扩大；土地有形市场建设进展较快，规范土地使用权交易有了新途径；政府加强和改善了对土地市场的宏观调控，集中统一管理职能逐步落实，土地收购储备制度初步建立；地价政策作用得到了较大发挥，取消了土地估价结果确认，减少和下放了国有企业改革土地资产处置审批事项；建立了较为完善的土地市场进入规则、市场交易规则和市场竞争规则，使土地市场的运行逐步纳入法制化的轨道；强化了土地市场的手段，在更大的范围内争取土地市场供应与需求的平衡；注意发挥出让价格、出租租金对土地市场价格的影响，防止了市场价格的大起大落。

伴随着国务院15号文件为加强土地资产管理、推进土地市场建设提供的新的历史机遇，2001年以来，土地市场发展迅猛。一是整顿和规范土地市场秩序取得成绩，土地市场秩序初步好转。二是土地市场规范运行的基本制度逐步建立健全起来。三是土地市场配置进程加快。建设用地供应总量得到有效控制，土地利用总体规划、土地利用年度计划得到认真执行，闲置地进一步得到消化；土地有形市场建设取得新进展，部分地区工作有突破；地价管理制度得到加强，地价调控政策的作用进一步得到发挥；土地招标拍卖的范围、数量和比例明显增大，协议批租进一步规范。据《2001年中国国土资源公报》：2001年，1142个市县建立了信息发布制度，1515个市县建立了土地登记信息可查询制度，1216个市县制定了协议出让最低标准，1087个市县建立了土地有形市场，1604个市县建立了土地资产管理重大事项集体决策制度，1002个市县建立了

土地收购储备制度。

2. 法制建设不断加强，土地资产管理政策法规日趋完善

1997以来，围绕修订和实施新《土地管理法》，在实行建设用地供应总量控制制度、完善土地有偿使用方式、加强土地使用权转让管理、规范土地使用权交易、处置和盘活国有企业存量土地、消化闲置土地等方面出台了法规政策，土地资产管理法规体系框架初步建立。控制新增建设用地供应总量，是土地市场健康发展的重要前提，也是房地产业健康发展的重要保证。新《土地管理法》通过"按规划用地、用途管制、批次转用、占补平衡、上缴新增建设用地土地有偿使用费"等政策，确立了新增建设用地总量制度。同时，土地收购储备制度在各地的兴起，成为土地总量控制的一个新内容，有力地增加了政府调控土地市场的能力。

3. 有偿供地的范围、方式已经制度化

土地有偿使用制度是中国土地市场建设的基本制度，这一制度建设经历了三个阶段。第一个阶段是国务院55号令发布，确立了国有土地使用权出让制度，规定了出让土地各种权益。第二个阶段是《城市房地产管理法》的实施，明确了出让供地的范围。《城市房地产管理法》将出让制度上升为法律，并明确规定了政府供应土地中出让和划拨的范围。第三个阶段是新《土地管理法》的实施开拓了土地有偿使用方式的空间。《土地管理法实施条例》明确了国有土地有偿使用方式为出让、租赁、作价出资或者入股。土地有偿使用制度的建立和完善，奠定了土地市场的基础，市场机制开始在土地资源配置中发挥作用。

1993年，全国以划拨方式获得土地使用权的宗数占47.41%，面积占84.11%；土地使用权有偿出让宗数占11.97%，面积占53.74%；以租赁方式获得土地使用权的宗数占24.95%，面积占0.98%；以招标、拍卖方式获得土地使用权的宗数占1.05%；以招标、拍卖方式获得土地使用权的宗数占国有土地使用权有偿出让宗数的8.78%。

2000年，全国以划拨方式获得土地使用权的宗数占38.07%，面积占33.33%；土地使用权有偿出让宗数占28.23%，面积占20.12%；以租赁方式获得土地使用权的宗数占20.48%，面积占43.61%；以招标、拍卖方式获得土地使用权的宗数占4.56%；以招标、拍卖方式获得土地使用权的宗数占国有土地使用权有偿出让宗数的16.17%（见表5-1）。

表5-1　1993—2000年全国国有土地供应及收益情况

年份	划拨		出让地块						租赁		
	宗数	面积（公顷）	合计（宗）	协议（宗）	招标（宗）	拍卖（宗）	面积（公顷）	收入（万元）	宗数	面积（公顷）	租金（万元）
1993	166690	89750	42076	38380	1299	2397	57338	4052925	87712	1041	17132
1994	225727	91413	97405	84880	2543	9991	49432	3592849	144085	1390	17813
1998			130417	117266	2026	11125	62058	4995607			
1999	168771	54163	99017	83692	2682	12643	45391	5143295	64509	28843	26639
2000	160284	80569	118846	99632	3357	15857	48633	5955848	86208	105438	41316

资料来源：根据《中国土地年鉴1994—1995》《中国国土资源年鉴》（1999—2001）整理。

4. 市场交易管理逐步规范化

1992年出台的《划拨土地使用权管理暂行办法》，对划拨土地使用权交易进行了初步规范。在随后的几年里，随着国有企业改革的发展需要，针对划拨土地使用权出台了有关的政策规定，促进了国有企业改革和划拨土地使用权的规范入市，仅1999年全国省以上土地管理部门处置的土地资产就近1000亿元。20世纪90年代中后期，中央出台一系列的法律、法规，包括《房地产管理法》《土地增值税暂行条例》《国务院关于发展房地产业若干问题的通知》，以及1999年出台的《加强土地转让管理严禁炒卖土地的通知》等。这些法律文件对维护土地市场交易秩序，防止国有资产流失起到了积极作用。

（二）土地招标拍卖工作全面展开

2001年，各地狠抓市场配置土地资源作用的发挥，招标拍卖出让土地的宗数、面积和价款均比往年有较大幅度的提高（见表5-2）。2001年，全国已有30个省份开展了土地招标拍卖出让工作，累计开展的市县数达1435个，招标拍卖出让土地23847宗，面积609公顷，价款492亿元（不含协议出让收益），分别比2000年增长52%、138%和42%。其中部分省、市的工作取得了突破性进展。1999年，全国年土地招标拍卖价款超过10亿元的仅有浙江、云南两省；2000年，有浙江、广东、北京、江苏四个省、市；2001年，浙江、江苏、广东、北京、上海、辽宁、河北、江西、福建九个省、市的土地招标拍卖价款均超过了10亿元。除了浙江、江苏、广东三省的土地招标拍卖工作一直走在全国最前列外，辽宁、河北、江西三省取得的成效尤为突出。2001年，辽宁省招标拍卖出让土地面积366公顷、价款23.8亿元，分别比上年增长了8.67倍和12.3倍，是增长最快的省份；河北省土地招标拍卖价款22亿元，招标拍卖面积占出让土地总面积的9.3%；江西省招标拍卖出让土地1286宗，价款18.3亿元，全省80%的县开展了土地招标拍卖。深圳市政府是目前全国土地招标拍卖中做得比较多的，其拍卖的土地占该市存量的30%。根据深圳市房地产年鉴，1987—1999年，深圳市利用拍卖和招标两个方式一共卖出了80多块地，出让面积基本上都在1万平方米左右。仅1987年至1992年，深圳特区招标出让的土地就占土地供给总量的25.2%。

表 5-2 1993—2001年中国土地拍卖与出让数量比较 （公顷）

年份	1993	2000	2001
城镇土地拍卖面积	3266	6489	10848
出让土地面积	57338	48633	90394

资料来源：①"城镇土地拍卖面积"根据《中国国土资源年鉴》和《中国土地年鉴》有关数据推算。②"出让土地面积"取自《中国国土资源年鉴》和《中国土地年鉴》。

招标拍卖工作不再限于东南部经济发达地区，在不发达的中西部地区也同样实行了土地的招标拍卖制度。在重庆市，96%的区（市、县）开展了土地招标拍卖工作，其比重从2000年的25%增加到2001年的41%，垫江县、长寿县、永川市土地招标拍卖已达80%，潼南县达到了100%。2001年，四川省泸州市通过招标拍卖出让土地8宗计104亩，成交金额3600多万元。新疆生产建设兵团农八师从1994—2001年已经成功组织了15次土地公开招标拍卖会。青海、甘肃、陕西等中西部省份的土地使用权招标拍卖工作在2001年也取得了突飞猛进的进展。内蒙古阿拉善左旗1998—2001年，全旗拍卖国有土地使用权20宗，土地收益7000万元，占财政总收入的25%。据统计，至2001年，全国90%的省份开展了国有土地使用权招标拍卖活动（见表5-3）。

表5-3　2001年全国部分省份国有土地招标拍卖汇总

地区	宗数	面积（公顷）	价款（亿元）
浙江	2715	1465.34	159.445
江苏	600	885	72.0
广东	313	449.86	53.7996
北京	11	18.21	38.8202
上海	61	218.8332	25.4
辽宁	161	366.2	23.8136
河北	1278	285.39	22.007
江西	1286	260.573	18.26596
福建	329	307.1217	15.1293
安徽	183	114.15	9.4311
山东	582	320.1	6.4123

续表

地区	宗数	面积（公顷）	价款（亿元）
重庆	3328	676.5101	6.08859
湖北	1600	65.62	4.7954
河南	650	87.75	4.634245
云南	5749	191.13	4.5667
陕西	500	100	4.2
四川	543	357.67	3.6232
内蒙古	466	109.64	3.24
广西	1033	28.0294	3.18124
贵州	419	28.261	2.3401
山西	490	37.22	2.3077
湖南	1043	70.77	2.3
青海	11	40.634	1.96079
天津	3	23.68	1.026
海南	8	21.3579	0.8122
吉林	25	5.69	0.725
新疆	161	21.1837	0.6269
黑龙江	10	21.16	0.465665
甘肃	286	30.033	0.4337
宁夏	3	1.9258	0.02425
西藏	0	0	0
合计	23847	6609.04	491.876

资料来源：《国土资源通讯》，2002年第6期。

（三）土地招标拍卖制度建设取得明显进展

以招标拍卖挂牌方式出让国有土地使用权，把竞争机制引入土地配置领域，不但体现了市场对稀缺的土地资源配置的基础性作用，而且可以实现土地资产最大的使用价值和价值。同时，引入招标拍卖挂牌方式，可以有效遏制土地隐形市场的存在，有利于实现政府按照规划统一供地，以供应引导需求，强化政府对土地市场的宏观调控能力，有利于土地市场的健康发展。

2001年，各地加快了土地招标拍卖制度建设进程。上海、湖南、四川、黑龙江、福建、湖北、辽宁、山东、海南、云南、内蒙古、新疆等省份相继发文推行土地招标拍卖制度，要求经营性用地和有两个以上意向用地者的土地出让，必须采用招标拍卖方式。在土地招标拍卖实践中，江苏、广东等地对土地招标拍卖方式进行了创新，创立并实践了挂牌出让土地使用权和协议出让公示等形式，丰富了土地招标拍卖制度内涵。同时，为形成规范的招标拍卖挂牌出让国有土地使用权制度，国土资源部在总结各地土地招标拍卖和挂牌出让实践的基础上，着手研究起草了《招标拍卖挂牌出让国有土地使用权规定》。

2001年国有土地使用权招标拍卖工作的第一个特点，是招标拍卖已经成为各地国土资源管理部门乃至政府的日常工作。国务院15号文件明确提出，要大力推行国有土地使用权招标拍卖。这表明，土地使用权的招标拍卖已经作为各级国土资源管理部门和政府的一项经常性工作。浙江省杭州市是全国土地资产管理先进典型，每个月都要定期推出一批土地进行招标拍卖。青海省西宁市国土资源局于2001年8月成立了西宁市土地市场办公室，主要负责全市土地储备、整理、招标拍卖等土地市场的日常服务和管理工作。黑龙江省牡丹江市在拍卖工作中，形成了年年都拍卖、次次都成功的良好局面，2001年进行了4次国有土地使用权招标拍卖，成交额达

3234万元。第二个特点是国有土地使用权招标拍卖与土地市场管理等其他各项工作紧密结合起来，共同构建了土地市场。安徽省铜陵市每次拍卖出让的地块确定后，土地储备发展中心首先请规划部门提供招标拍卖宗地的红线图及相关的规划指标，然后交由具有土地评估资质的中介机构进行评估，提交出让底价。集中统一供地、地价管理、招标拍卖服务及管理这三个不同方面的工作在此紧密结合。不仅如此，消化闲置土地、整顿规范土地市场秩序等在招标拍卖工作中起到了极其重要的配合作用。海口市从依法收回的闲置土地中拿出13宗土地用于招标拍卖，把消化闲置土地和招标拍卖紧密结合起来。

整顿规范土地市场秩序，加强土地市场规范运行的各项基本制度建设，各级政府土地资产意识不断增强，为推行土地招标拍卖创造了良好的环境，这是土地招标拍卖取得突出成效的根本原因。按照《国务院关于整顿和规范市场经济秩序的决定》（国务院11号文件）和15号文件的要求，国土资源部下发了《关于整顿和规范土地市场秩序的通知》（部174号文件），明确了土地市场整顿清理的6个重点和要建立健全的6项基本制度。各地按照国务院和国土资源部的要求，进行了清理整顿，建立健全了建设用地供应总量控制、城市建设用地集中统一供应、土地使用权公开交易、土地收购储备等各项制度。全国上下形成了齐抓土地资产管理、土地市场建设和土地招标拍卖的良好氛围，这些为土地招标拍卖的推进起到了重要的保障作用。浙江省将招标拍卖与收购储备制度相结合，实行土地收购—储备—招标拍卖出让一体化，增强了政府对土地市场的调控能力；广东省将土地招标拍卖与建立土地有形市场相结合，构筑政府"土地市场阳光工程"，建立了全面的土地市场网络体系；江苏省将土地招标拍卖与土地批租专项治理相结合，在专项治理中，加强土地市场制度建设，保证了土地招标拍卖工作的制度化和国有土地资产不流失。

土地招标拍卖政策界限的进一步明确，协议出让的进一步规范，直接推进了土地招标拍卖的深入开展。15号文件明确要求，要大力推进国有土地使用权招标拍卖工作，并进一步明确商业性房地产开发用地和同一地块有两个以上意向用地者的，都必须由市、县人民政府土地行政主管部门依法以招标拍卖方式提供。并要求严格限制协议用地范围，规范协议出让行为，使一些按惯例应协议出让的土地，采用了招标拍卖的方式，从而有力地推进了土地招标拍卖工作。

（四）中介服务正在市场化

中介机构与政府部门脱钩工作基本完成，促进了中介服务机构独立、客观、公正从业。中介组织是要素市场的伴生组织，是政府与市场主体互相连接的媒介。土地市场中介组织特别是土地估价机构迅速发展，全国从事土地估价业务的机构约1500家，具有土地估价师资格的专业人员12000人。土地市场的中介组织主要有评估咨询、代理、行业协会等，在土地市场发育的早期，根据市场的需求，土地主管部门组织培育了一批中介组织，如土地评估机构，随着我国市场经济的发展，要求中介组织成为独立的市场参与主体。因此，土地中介机构与主管部门进行了脱钩，今后政府的主要任务是培育和促进中介组织的发展。

三、土地交易市场化未来发展趋势

（一）"十五"期间土地市场建设的目标

"十五"期间土地资产管理的主要目标是：全面提高建设用地集约利用水平，增加有效供给能力；全面深化土地使用制度改革，建立统一公平、规范有序的土地市场；全面开展基础业务建设，提高建设用地和市场管理的科技含量；全面转变政府管理土地资产的职能，提高依法行政水平。

国家《土地资产管理"十五"计划纲要》已经明确了中国土地市场建设的主要预期目标：落实建设用地总量控制和土地集中统一管理制度，建设用地供应和使用必须符合土地利用总体规划和年度计划；严格实施土地有偿使用制度，规范政府供地行为，增加政府供地行为的透明度，经营性房地产用地供应一律实行招标拍卖挂牌出让，规范协议出让行为，推行土地租赁制，建立土地价格的市场形成机制；增强政府调控土地市场的能力，凡是有条件的市县要建立土地收购储备制度；完善土地使用权交易规则，加大市场监管力度，土地市场秩序得到基本规范；完善政府社会化服务功能，凡是有条件的市县要建立土地有形市场，全面推行建设用地信息发布制度。

（二）政府有偿供地的范围将不断扩大，供地方式将更加规范

随着社会主义市场经济体制的全面建立，政府供地的市场化程度将越来越高。政府有偿供地的范围将不断扩大，划拨供地的范围将逐步减小。有偿使用的对象将进一步细化，同一大类土地中将按具体功能用途进一步细分出有偿及划拨供地的类型。供地方式规范化制度也将全面建立，政府出让的经营性用地将主要采取招标、拍卖方式。对于协议出让土地，也将通过"市场评估、集体决策、平等谈判、结果公布"的程序予以规范化。

（三）市场公平程度将不断提高，竞争将更加平等

一些对特殊主体的土地优惠政策将逐步取消，政府供地的优惠政策不再针对某类主体，而是针对某类用途。不同市场主体取得土地的方式、成本、机会将趋于一致。不同有偿方式取得土地的投入产出关系基本达到均衡。国有和集体建设用地的权利将趋向平等，集体土地使用权将以某种有偿方式进入土地市场。

（四）政府调控市场的层次将不断分明，手段将更加市场化

中央和省级政府将侧重于增量土地的总量调控，随着中央政府对新增建设用地总量的控制日益严格，新增建设用地的数量将减少，使用成本将提高，存量土地，特别是存量划拨土地对地方政府的价值将进一步凸显，因而调控存量建设用地总量将成为地方政府的内在要求，市县政府对存量土地的调控将更加关注。横向看调控方法趋于多样化和市场化。政府供地价格对土地市场的调控作用将更加明显，土地价格是影响土地市场中划拨土地入市量、出让土地转让量和土地需求的价格杠杆，通过调节地价水平稳定土地市场，调节供需平衡。经济手段将成为今后政府调控市场的主要手段。土地收购储备将作为总量控制的有效手段和制度而被政府广泛实施，土地债券、换地法律文书等也逐步成为调控土地市场的主要政策和金融工具。

（五）土地交易将不断规范，要素流动将更加充分

遵循市场规律，建立和完善土地交易规则不仅成为政府的要求，也成为土地市场主体的要求。一是土地的产权形态将更加明晰，中国土地产权系统将通过各种方式予以调整和完善，政府对土地产权的保护力度也将进一步加大，土地产权交易所产生的资源配置效率将趋向更优。二是对一些特殊交易的管制将趋紧，划拨土地转让要预报，按计划入市交易。三是政府优先购买权将进入操作阶段，对明显低于市场价格的土地交易，政府优先行使购买权。四是对违法交易的惩罚力度将加大。土地使用权交易行为将更加规范。国家将严格出让土地使用权转让、出租、抵押管理。加强划拨土地使用权入市管理，未经有批准权的人民政府依法批准和收购的，不得进入土地市场。国家将重点制定土地使用权公开交易（招标、拍卖、转让等）、集体建设用地流转、土地收购储备、闲置土地处

置、国有土地使用权租赁、划拨土地使用权管理、国有土地收回、土地价格管理等相关法规、政策。

（六）政府服务市场的内容将不断增多，管理将更加透明

政府将在土地交易场所、土地交易信息收集发布等方面提供更多、更便捷的服务。信息共享制度将逐步完善，土地交易的信息成本将有所降低。政府将对社会发布土地供给总量信息、已供给土地宗地信息、已供给土地综合信息、土地使用权市场交易信息、市场预测信息、政府供地限制与禁止目录、基准地价等信息。政府行政效率将不断提高并趋向透明化，行为更加规范。国家将建立出让土地价格确定、土地资产处置、建设用地供应等重大事项的集体决策制度，制衡行政权力。严格依法行政，减少政府对市场的干预。改革审批制度，减少审批事项，规范审批行为，简化审批程序，提高办事效率，方便交易者办理与土地市场有关的一系列手续。根据市场发育程度，积极建立土地有形市场，完善服务功能，引导土地使用权进入土地有形市场公开交易。推行建设用地信息发布制度、基准地价公布制度、地价可查询制度。

（七）中介组织将不断壮大，功能将更加齐全和规范

随着市场竞争的激烈，土地市场中的中介机构将进行广泛的整合、重组和分化，一些中介机构的品牌和规模优势逐步形成，一些实力小的中介机构要么被兼并，要么被迫退出土地市场。根据市场要求，一些新的服务领域将产生，如市场咨询、交易代理、投资策划、产权登记等。中介服务行为将更加规范。国家将发展地价评估、招标拍卖代理、土地交易代理、咨询等中介服务机构。实现行业自律，推进产业化发展。加强对违规行为的处罚力度，促进中介机构独立、客观、公正从业。

土地流动从划拨、协议出让到公开招标、拍卖的转变，透明

化程度越来越高,是我国土地流动形式进步的集中表现,是大势所趋。土地市场建设在经过艰辛的实践摸索和全面推进后,规范土地市场运作,使之符合中国加入WTO后完善市场经济体制的需要,已成为今后土地使用制度改革的主攻方向。已取得的成绩为中国土地市场长远的发展奠定了坚实的基础,积累了腾飞跃进的巨大力量。在21世纪,中国土地市场将进入一个全面规范化发展的时期,成为一个较为成熟的要素市场。中国市场经济体制的逐步成熟与完善,也将为土地市场的发展提供广阔的空间和机遇。

参考文献:

[1] 国家统计局. 中国统计年鉴2002[M]. 北京:中国统计出版社,2002.

[2] 国家统计局. 新中国五十年(1949—1999年)[M]. 北京:中国统计出版社,2000.

[3] 中国金融年鉴编辑部. 中国金融年鉴2001[R].

[4] 李晓西. 宏观经济学:转轨的中国经济[M]. 北京:首都经济贸易大学出版社,1999.

[5] 陈宗胜等. 中国经济体制市场化进程研究》[M]. 上海:上海人民出版社,1999.

[6] 胡存智,宫玉泉. 新世纪中国土地市场建设大趋势[J]. 中国土地科学,2001,15(1).

[7] 甘藏春,崔岩. 土地管理体制改革势在必行——论我国现行土地管理体制的缺陷[J]. 中国土地科学,1998,12(2).

[8] 王民忠. 新世纪的一张答卷——关于中国土地市场发展大趋势的综述[J]. 中国土地,2001(12).

[9] 仇心和. 土地使用制度改革背景下的"土地招标、拍卖"问题[J]. 福建政法管理干部学院学报,2000(4).

[10] 刘田. 2001:供地革命——对新世纪元年的回望与评析[J]. 中国土地,2002(1).

[11] 骆永正，兰小机．遵循经济规律，促进土地市场发育[J]．中国有色金属学报，1998（S2）．

[12] 中国土地年鉴（1994—1995年）[M]．北京：人民出版社．

[13] 中国国土资源年鉴（1999—2001年）[M]．北京：中国大地出版社．

[14] 国土资源部．土地利用通讯（2001—2002年）．

[15] 来源于www.landchina.com的有关信息．

第六章 国内贸易的市场化

一、国内贸易市场化推进的历程

1978年以后，伴随着经济改革和市场化进程，中国的国内贸易摆脱了传统高度集中的计划经济体制，实现了体制的转轨：国内贸易主体已由传统的政府垄断，发展成为以规范化公司以及个体业主并存的多元化竞争格局；商品价格已由国家定价转变为市场定价；国内贸易的管理体制发生了根本性变化；从商品、服务、住房到教育、医疗、保险等，市场的范围和空间不断拓展；市场交易规则在逐步健全，国内贸易逐步走向法制化、规范化。可以说，中国国内贸易市场经济体制已经初步建成，并日趋完善。

（一）贸易主体的变化

改革开放之初，中国的国内贸易主体主要是国有企业和合作社企业两个部分。其中国有企业从事的贸易活动是国内贸易的主要部分。伴随着经济体制改革的进程，国家于1979年开始放宽对集市贸易的限制，1985年取消了农副产品统购派购制度，1991年实行了经营、价格、分配、用工"四放开"，1995年后推行物资流通领域的代理制，等等。一方面，在传统公有制企业之外，产生了大量的个体经营业主，其中有些已经成长为按照《公司法》组成的、在国内贸易中居于重要地位的企业；另一方面，传统的国有企业也按照现代企业制度的要求进行了规范的公司制改造。随着国内开放程度的提高，国外的流通企业也介入国内贸易中。目前，已经形成了多种贸易主体在法律规定范围内平等竞争的格局。

（二）价格形成机制的变化

改革开放前，中国绝大多数商品价格由政府决定。1978年，社会商品零售总额中政府定价比重为97%，工业生产资料销售收入总额中政府控制部分所占份额为100%，农副产品收购总额中政府控制部分所占份额为92.6%。经过20余年的市场化改革，这个比例有了很大变化，基本形成以市场调节为主的价格机制。按照《国家计委和国务院有关部门定价目录》（2001），政府定价由1992年定价目录颁布时管理的141种（类）减少为2001年13种（类），它们是：重要的中央储备物资、国家专营的产品、部分化肥、部分重要药品、教材、天然气、中央直属及跨省水利工程供水、电力、军品、重要交通运输、邮政基本业务、电信基本业务、专业服务等。另外，国家行政机关收费、成品油价格和城市基准地价公布价格也开始进一步改革，逐步完善了价格形成机制。

（三）政府管理体制的变化

国内贸易中，政府管理体制的变化主要表现在两个方面。

一是政府部门适应国内市场经济的发展，撤并原有管理部门，逐步从行政管理为主向法制化管理、依法行政过渡。表6-1显示了改革开放以来中国国内贸易管理部门的变化情况。

表6-1　中国国内贸易管理部门的变化情况

时间	部门变化情况
1978—1993年	商业部、粮食部、物资部
1993—1998年	国内贸易部（物资部和商业部合并而成）、国家粮食局（由粮食部改革而成，隶属于国家发展计划委员会，负责全国粮食流通宏观调控具体业务、行业指导和中央储备粮行政管理的行政机构。）

续表

时间	部门变化情况
1998—2001年	国家粮食局、国家国内贸易局（撤销国内贸易部，新组建的国家国内贸易局隶属于国家经济贸易委员会。）
2001—	国家粮食局、贸易市场局（撤销国家国内贸易局，在国家经贸委设立贸易市场局，其主要职责是：研究和指导流通体制改革，培育发展和完善市场体系，拟定规范流通秩序和市场规则的法规、政策，监测分析市场运行和重要商品的供求状况并组织调控等。）

二是对国内贸易从行政管理到法制化管理的过渡，尤其是在价格管理上更加强调法制。表6-2显示了自改革开放以来，中国政府颁布实施的有关价格管理的重要文件。

表6-2　中国制定和实施的有关价格的法律法规和政策一览

序号	年份	名称	发布单位
1	1982	《物价管理暂行条例》	国务院
2	1987	《中华人民共和国价格管理条例》	国务院
3	1990	《中共中央、国务院关于坚决制止乱收费、乱罚款和各种摊派的决定》	国务院
4	1994	《物价检查人员廉洁自律的若干规定》	国家计委
5	1994	《城市房地产交易价格管理暂行办法》	国家计委
6	1995	《城市国有土地使用权价格管理办法》	国家计委
7	1996	《关于加快价格法律体系建设的若干意见》	国家计委
8	1997	《中华人民共和国价格法》	全国人大
9	1998	《关于制止低价倾销工业品的不正当价格行为的决定》	国家计委
10	1998	《城市供水价格管理办法》	国家计委、建设部

续表

序号	年份	名称	发布单位
11	1999	《价格违法行为行政处罚规定》	国家计委
12	2000	《关于治理向乡镇企业乱收费、乱罚款、乱集资和各种摊派等问题的通知》	国家计委
13	2000	《关于商品和服务实行明码标价的规定》	国家计委
14	2000	《关于改革医疗服务价格管理的意见》	国家计委、卫生部
15	2000	《国家计委关于规范餐饮连锁企业价格管理的通知》	国家计委
16	2001	《国家计委关于整顿涉农价格和收费的通知》	国家计委
17	2001	《国家计委和国务院有关部门定价目录》	国家计委
18	2001	《政府价格决策听证暂行办法》	国家计委
19	2001	《价格违法行为举报决定》	国家计委
20	2001	《禁止价格欺诈行为的规定》	国家计委
21	2001	《政府制定价格行为规则》（试行）	国家计委
22	2001	《国家计委、财政部关于全面整顿住房建设收费取消部分收费项目的通知》	国家计委
23	2001	《国家计委、国家粮食局关于2001年夏粮收购价格有关问题的通知》	国家计委、粮食局
24	2002	《财政部、国家计委关于将部分行政事业性收费转为经营服务性收费（价格）的通知》	财政部、国家计委
25	2002	《政府制定价格行为规则》（试行）	国家计委
26	2002	《国家计委、建设部关于印发经济适用住房价格管理办法的通知》	国家计委、建设部
27	2002	《政府价格决策听证办法》	国家计委
28	2002	《重要商品和服务价格成本监审暂行办法》	国家计委

贸易管理机构的变化以及有关价格法律法规的制定，意味着在

国内贸易中,行政管理范围的收缩和逐渐消失,政府的管理已经纳入法制化的轨道。

(四)国内贸易中市场范围的扩展

在传统的计划经济体制中,进入市场交易的只有部分商品和服务,生产资料不被认为是商品,许多领域中的商品和服务作为福利而实行实物分配和供给制。随着改革的进行和深入,传统的分配体制被打破了,过去许多具有福利性质而被分配的商品也进入了市场,成为市场交易的对象。其中,最主要的有住房、卫生保健、教育等。

1. 住房的商品化

新中国成立之初,中国实行统一建房、统一分配、低租金使用的住房建设、管理和使用制度,即低租金福利制度。1980年,在《全国基本建设工作会议汇报提纲》中提出,要实行住房商品化政策。1986年成立国务院房改领导小组,1988年颁发了《国务院关于在全国城镇分期分批地推行住房制度改革实施方案的通知》,住房商品化的目标再次被确定。1998年,国家发展计划委员会指出,要重点发展城镇居民住宅服务业,通过加快住房制度改革步伐,推进住房商品化,加大经济适用住房开发和安居工程实施的力度,建立健全住宅开发经营体系。至2001年,传统的福利分房机制已经开始走向消亡,房价和房租的市场价格形成机制已经初步确立。

2. 医疗保健服务的市场化

1978年,改革之初的医疗保健服务体系具有浓厚的福利性质。1988年,《关于扩大医疗卫生服务有关问题的意见》的实施,对医疗卫生服务价格进行了初步改革。1997年,《中共中央、国务院关于卫生改革与发展的决定》按照医疗保险制度改革、卫生体制改革、药品生产流通体制改革"三改并举"的原则来推进医药体制改革。至1999年,医疗体制改革全面铺开,改革之后,使患者看病的自由度有所增加。2001年,国务院办公厅转发了国务院体改办等

部门《关于城镇医药卫生体制改革指导意见》的通知，明确了医药卫生体制改革的方向。同时出台了13个配套政策文件，包括城镇医疗机构分类管理、医院药品收支两条线管理、医疗机构有关税收政策、卫生事业补助政策等。随着这些配套文件的颁布，中国医疗体制改革进入了实际操作阶段。

3. 教育收费面的扩大

改革开放以后，教育支出在居民的总消费支出中所占比重呈扩大之势。根据《中华人民共和国教育法》（1995）的有关规定，中国实行对义务教育阶段收取杂费和非义务教育阶段收取学费的政策。1996年，国家教育委员会、国家计划委员会和财政部制定了《义务教育学校收费管理暂行办法》《普通高级中学收费管理暂行办法》《中等职业学校收费管理暂行办法》及《高等学校收费管理暂行办法》。在高等教育中，自1994年起，把国家包培养、包分配的体制转变为"自费上学、自主择业"；1997年，只列入单一的国家任务计划，告别了多年来的国家任务和调节性（委培、自费）两种计划；到2000年，已基本完成高等教育改革中招生和毕业就业制度的转轨，高等教育中的公费生也将成为历史。

二、国内贸易市场化的标志和程度分析

考察中国国内贸易的市场化进程，必须结合中国的实际来确定考察指标。由于在传统的计划经济下，国内市场被分割成若干个部分，而且有些内容被纳入福利的范畴。因此，在考察国内贸易市场化时，必须从不同侧面来选择指标，从不同的角度来进行描述。

（一）自主贸易主体

贸易主体（包括企业、农户、个体业主以及消费者个人）自主性、独立性的增强，对于政府的依赖性、依附性减弱，就表明市场化程度的加深。

把考察贸易主体作为中国国内贸易市场化程度的首要标准，是因为在传统的计划经济下，国内贸易主体主要是国有流通企业和合作社企业。这些企业具有强烈的行政性和高度的垄断性，企业没有任何自主权和独立性；按照行政系统来划分企业的经营范围，组织商品流通；实行统购统销、统购包销的具有"官商"性质的购销方式；贸易主体没有价格决策权，商品定价权掌握在政府手中。所以，判定中国国内贸易市场化，就必须分析中国国内贸易主体的经营行为，看它是否是自主经营和自负盈亏，考察其对于政府的依赖性、依附性是否已经减弱甚至消失。

随着经济体制改革的深化，国内贸易主体逐步摆脱了政府控制。主要表现在：①传统的国有流通企业和合作社企业，已经依照《中华人民共和国公司法》的规定，被改造成有限责任公司和股份有限公司，它们在法律许可的范围内，完全自主地组织流通，决定价格，从事贸易活动。②从事国内贸易活动的还有大量个体业主，他们完全根据市场进行经营。一般来说，其平均寿命比较短，转变经营品种的速度也非常快。个体业主对其债务负有"无限责任"。③通过个体业主积累而成长为现代公司制贸易企业。如果说，传统国有流通企业和合作社企业需要改制才能成为自主贸易主体的话，那么，这些新成长的企业，一开始就是依法组成的自主贸易主体。④伴随改革而出现的新现象，就是国外资本进入了中国国内贸易领域，形成与国内企业平等竞争的贸易主体，如在零售业方面世界著名的企业已经进入，如美国的沃尔玛、法国的家乐福、日本的伊藤和大荣、马来西亚的百盛、德国的麦德龙等。

表 6-3 所显示的是 2001 年按登记注册类型分限额以上批发零售、餐饮业基本情况。其中，在批发业中，国有企业数量占总数的 57.7%；在零售业中，国有企业数量占总数的 37.3%；在餐饮业中，国有企业数量占总数的 18.7%。值得注意的是，这里的国有企业已经依照《中华人民共和国公司法》的规定，进行了公司制改造。

第六章　国内贸易的市场化

表6-3　2001年按登记注册类型分限额以上*批发、零售、餐饮业基本情况

类型	批发业			零售业			餐饮业		
	法人企业(个)	产业活动单位数(个)	从业人数(人)	法人企业(个)	产业活动单位数(个)	从业人数(人)	法人企业(个)	产业活动单位数(个)	从业人数(人)
总计	15258	25227	1982927	10285	21872	2063028	4132	6386	779370
内资企业	15058	24971	1963164	10075	21486	1963366	3518	5104	582823
国有企业	7736	12509	1124343	3839	3439	707606	772	1294	182412
集体企业	1859	2806	274613	2041	3439	218322	570	768	69224
股份合作企业	363	589	28830	449	698	62627	243	338	33048
联营企业	206	252	19449	139	179	17028	38	63	6845
有限责任公司	2671	5134	270770	1691	5263	377403	489	817	97652
股份有限公司	949	2302	197366	742	2975	427033	127	265	35294
私营企业	1262	1367	47116	1161	1560	149972	1272	1534	156607
其他企业	12	12	677	13	181	3375	7	25	1741
港、澳、台商投资企业	84	112	7212	100	134	44054	373	765	104206
外商投资企业	116	144	12551	110	252	55608	241	517	92341

注：*本表中，批发业限额以上是指：年末从业人员20人及以上、年销售额2000万元及以上；零售业限额以上是指：年末从业人员60人及以

上、年销售额 500 万元及以上；餐饮业限额以上是指：年末从业人员 40 人及以上、年销售额 200 万元及以上。

资料来源：根据《中国统计年鉴 2002》数据整理。

（二）价格

在市场经济中，价格居于重要地位。价格是资源稀缺程度的反映，它作为一种激励因素，促使生产者生产社会需要的东西。价格还是经济活动参与者相互沟通信息的重要方式，由于市场经济中经济活动主体决策的分散性，使价格成为协调每个决策主体行为的自动信号。因此，判定国内贸易的市场化程度，不能离开价格，尤其是价格的形成机制。

在国内贸易中，市场化最明显的标志就是，通过改革，从主要是由政府定价转变为主要是由市场形成价格，由市场供求双方决定。在这里，不仅是产品价格（包括消费资料和生产资料）市场化，更重要的是要素价格的市场化。劳动、资本、土地等的价格（这些生产要素的价格分别表现为工资、利息、地价和租金等）作为生产过程的投入物，直接影响着产品的价格，它们的市场化，表明中国的市场经济又向纵深迈出了重要的一步。

为此，考察国内贸易的市场化，就要看有多大比重的产品价格是由市场决定的，至于要素价格的测度则在其他相关章节中论述。具体而言，我们选择的指标主要是：工业品市场定价在销售总额中所占比重、农产品市场定价在交易总额中的比重。

在中国的国内贸易中，商品价格有三种形式：区别不同商品分别实行政府定价、政府指导价和市场调节价。政府定价是指由县级以上（含县级）各级人民政府物价部门、业务主管部门按照国家规定的权限制定的商品价格和收费标准，主要有关系国计民生的重要生产资料和人民生活必需品。政府指导价是指由县级以上（含县级）各级人民政府物价部门、业务主管部门按照国家规定权限通过规定基准价和浮动幅度、差率、利润率、最高限价和最低保护价等，指导企业制定的商品价格和收费标准。市场调节价是指生产者、经营者制定的商品价格和收费标准,包括放开的小商品价格,在集市上出售的商品价格等。政府指导价价格形成的基础是市场价格。

根据对于三种价格形式的统计,市场调节价占有绝对优势地位,表6-4显示了1999年、2000年、2001年三个年份中,社会消费品零售总额中三种价格形式比重的变化。

表6-4 1999—2001年社会消费品零售总额中三种价格形式比重汇总

年份	政府定价比重(%)			政府指导价比重(%)			市场调节价比重(%)
	合计	中央	省以下	合计	中央	省以下	
1999	3.7	1.5	2.2	1.5	0.5	1.0	94.8
2000	3.2	1.4	1.8	1.0	0.5	0.5	95.8
2001	2.7	1.2	1.5	1.3	0.7	0.6	96.0

资料来源:根据《国家计委办公厅关于1999年三种价格形式比重测算结果的通知》(2000年12月1日,计办价格〔2000〕940号)、《国家计委办公厅关于2000年三种价格形式比重测算结果的通知》(2001年10月18日,计办价格〔2001〕1208号)、《国家计委办公厅关于2001年三种价格形式比重测算结果的通知》(2002年12月3日,计办价格〔2002〕1598号)整理。

表6-5显示了1999年、2000年、2001年三个年份中,农副产品收购总额中三种价格形式比重的变化。

表6-5 1999—2001年农副产品收购总额中三种价格形式比重汇总

年份	政府定价比重(%)			政府指导价比重(%)			市场调节价比重(%)
	合计	中央	省以下	合计	中央	省以下	
1999	6.7	1.9	4.8	2.9	0.5	2.4	90.4
2000	4.7	4.7	1.8	2.8	0.8	2.0	92.5
2001	2.7	1.1	1.6	3.4	0.1	3.3	93.9

资料来源:根据《国家计委办公厅关于1999年三种价格形式比重测

算结果的通知》(2000年12月1日,计办价格〔2000〕940号)、《国家计委办公厅关于2000年三种价格形式比重测算结果的通知》(2001年10月18日,计办价格〔2001〕1208号)、《国家计委办公厅关于2001年三种价格形式比重测算结果的通知》(2002年12月3日,计办价格〔2002〕1598号)整理。

表6-6显示了1999年、2000年、2001年三个年份中,生产资料销售总额中三种价格形式比重的变化。

表6-6 1999—2001年生产资料销售总额中三种价格形式比重汇总

年份	政府定价比重(%)			政府指导价比重(%)			市场调节价比重(%)
	合计	中央	省以下	合计	中央	省以下	
1999	9.6	6.4	3.2	4.8	3.7	0.9	85.6
2000	8.4	5.7	2.7	4.2	3.5	0.7	87.4
2001	9.5	6.8	2.7	2.9	2.0	0.9	87.6

资料来源:根据《国家计委办公厅关于1999年三种价格形式比重测算结果的通知》(2000年12月1日,计办价格〔2000〕940号)、《国家计委办公厅关于2000年三种价格形式比重测算结果的通知》(2001年10月18日,计办价格〔2001〕1208号)、《国家计委办公厅关于2001年三种价格形式比重测算结果的通知》(2002年12月3日,计办价格〔2002〕1598号)整理。

从表6-4、表6-5、表6-6中可以看出,2000年与1999年相比,在社会消费品零售总额、农副产品收购总额和生产资料销售总额中,政府定价和政府指导价比重都有一定程度降低,市场调节价比重则相应提高。2001年与2000年相比,政府定价和政府指导价比重进一步降低,市场调节价比重相应提高。

具体而言,在社会消费品零售总额中,2001年政府定价比重合计为2.7%,比2000年下降0.5个百分点。发生这种变化的原因是,国家放开了国产农膜原料、足金饰品等价格,大幅降低部分药品价格;各地减少价格行政审批项目,相继放开了部分地方管理的价格。政府指导价比重合计为 1.3%，比 2000 年提高 0.3 个百分点。这主要因为部分社会消费品价格由政府定价转为政府指导价。市场调节价比重为 96.0%，比 2000 年提高 0.2 个百分点。

在农副产品收购总额中，政府定价比重合计为 2.7%，比 2000 年下降 2.0 个百分点，这主要是粮食主销区放开了粮食价格，相应减少了政府定价的比重。政府指导价比重合计为 3.4%，比 2000 年提高 0.6 个百分点。其中，中央政府指导价比重为 0.1%，比 2000 年下降 0.7 个百分点；省及省以下政府指导价比重为 3.3%，比 2000 年上升 1.3 个百分点。这是因为国家将原属中央实行政府定价的蚕茧、糖料价格下放给地方实行政府指导价，使中央政府指导价比重降低，而地方政府指导价比重相应提高。市场调节价比重为 93.9%，比 2000 年提高 1.4 个百分点。

在生产资料销售总额中，政府定价比重合计为 9.5%，比 2000 年提高 1.1 个百分点。其中，中央政府定价比重为 6.8%，比 2000 年上升了 1.1 个百分点。主要是因为城乡电网同价后，电量消费增长较多，电力销售额相对上升使政府定价比重提高。省及省以下政府定价比重为 2.7%，与 2000 年基本持平。政府指导价比重合计为 2.9%，比 2000 年下降 1.3 个百分点。其中，中央政府指导价比重为 2.0%，比 2000 年下降 1.5 个百分点，省及省以下政府指导价比重为 0.9%，比 2000 年上升 0.2 个百分点。主要是发电用煤、天然橡胶等价格放开，影响政府指导价比重的降低。市场调节价比重为 87.6%，比 2000 年提高 0.2 个百分点。

值得注意的是，2000 年度农副产品收购总额中，市场调节价已经达到 100% 的省、市有北京市、天津市和青海省；2001 年市场调节价达到 100% 的省、市有北京市、天津市、河北省、海南省和青海省。

截至 2001 年年底，政府定价的内容已经从 1992 年的 141 种（类）减少为 13 种（类），如表 6-7 所示。

表 6-7 国家计委和国务院有关部门定价目录

编号	品名	定价部门	定价内容 *
1	重要的中央储备物资	国家计委会同有关部门	储备粮食、食用植物油(料)、棉花的收购价格和销售价格,储备食糖竞卖底价,储备石油的出厂价格和出库价格,储备化肥入库和出库价格,储备厂丝收购价格和销售价格〔定价范围为承担中央储备任务的企业收储的中央储备粮食,中央储备食用植物油(料),中央储备棉花、食糖、厂丝,国家储备用原油、成品油,中央救灾储备化肥等〕
2	国家专营的烟叶、食盐和民爆器材	国家计委会同有关部门	烟叶收购价格,食盐出厂价格、批发价格,民爆器材出厂基准价格及浮动幅度(烟叶中准级收购价格由国家计委会同国家烟草专卖局制定,其他具体品种等级收购价格由国家烟草专卖局会同国家计委制定。食盐定价范围包括食盐定点生产企业和批发企业;民爆器材定价范围包括民爆行业所有生产企业)
3	部分化肥	国家计委	出厂基准价格及浮动幅度,港口结算价格(定价范围为合成氨年生产能力30万吨以上的大型氮肥企业生产的尿素、硝酸铵出厂基准价格及浮动幅度;有经营资格的企业按照中央进口配额进口的化肥港口结算价格)
4	部分重要药品	国家计委	麻醉药品、一类精神药品、国家统一收购的预防免疫药品和避孕器具的出厂价格(口岸价格),其他药品的零售价格(定价范围为列入国家基本医疗保险药品目录的药品及其他生产经营具有垄断性的少量特殊药品)

续表

编号	品名	定价部门	定价内容 *
5	教材	国家计委	印张单价及浮动幅度（定价范围为中小学和大中专教材。国家计委制定印张中基准价及浮动幅度，各省级价格主管部门制定中小学课本印张单价和零售价格）
6	天然气	国家计委	出厂价格（定价范围为陆上油气田天然气）
7	中央直属及跨省水利工程供水	国家计委	出库（渠首）价格（定价范围包括中央直属及跨省水库、干渠及河道）
8	电力	国家计委	未实行竞价的上网电价（定价范围为未实行竞价上网、由省及省以上电网统一调度的独立发电企业的电量。电力体制改革后，上网电价在市场竞争中形成，政府不再审批） 销售电价（定价范围为省及省以上电网销售电量。电力体制改革后，政府主要监管高压输电价格和低压配电价格）
9	军品	国家计委	出厂价格〔定价范围为武装力量用装备及配套产品，军粮（军供价格和补贴结算价格），供军队用成品油〕
10	重要交通运输	国家计委及有关部门	管道运输及杂项收费，港口收费，民航运输价格及折扣幅度（含机场收费），铁路客货运输价格及杂项作业收费标准〔定价范围为国家铁路、国家控股合资（合作）铁路；沿海长江干线主要港口及所有对外开放港口；民用机场、军民合用机场收费，国内航线及国际航线国内段航空运输价格；国内管道运输杂项收费包括与管道运输相关的装车费、储油费、中转代办费〕

续表

编号	品名		定价部门	定价内容*
11	邮政基本业务		国家计委	资费（邮政基本业务资费范围包括信函、明信片、印刷品、包裹、报刊发行、邮政汇兑、特快专递、机要邮件的服务价格）
12	电信基本业务		信息产业部	资费（电信基本业务资费范围包括固定网络长途及本地电话、移动电话业务等服务价格。信息产业部在制定通信和信息服务资费政策、改革方案以及通信业务收费标准时，应事先征求国家计委意见）
13	重要专业服务	金融结算和交易服务	国家计委	基准价格及浮动幅度（定价范围包括各商业银行和非银行金融机构结算手续费，全国性证券交易机构的交易手续费、席位费，中国外汇交易中心席位费等。不包括利率、汇率）
		工程勘察设计服务	国家计委会同有关部门	基准价格及浮动幅度（定价范围为工程勘察设计单位承担的投资建设项目的勘察、设计及相关技术服务）
		部分中介服务	国家计委	收费标准（中介服务区别不同情况分别实行政府定价、政府指导价和市场调节价。检验、鉴定、公证、仲裁等垄断、强制性的服务实行政府定价；评估、代理、认证、招投标等竞争不充分的服务实行政府指导价）

注：*"定价内容"栏所列的基准价格及浮动幅度、收费标准及浮动幅度是指政府指导价，其他均指政府定价。

资料来源：国家发展计划委员会主办《中华人民共和国物价公报》，2001年第8期。

由此来看，在国内贸易中，政府定价的商品和服务只占很小一部分，绝大多数商品和服务价格都由市场确定，市场调节价占绝对优势。这标志着政府在做好必要的政府定价工作的同时,把工作重点更多地放到加强价格法制建设,做好制定价格政策,规范价格行为,维护公平竞争的市场秩序上。

(三)城镇居民住房的商品化率

把城镇居民住房的商品化率作为考察国内贸易市场化的指标单列出来,是因为,在计划经济下,城镇居民的住房是作为一种福利以实物形式分配的。至于农村居民住房除了一部分是土地改革时期(20世纪40年代末50年代初)分配而得外,基本上是以市场调节的,因此不列入考察范畴。随着房改和住房商品化进程的加快,居民用于买房支出还会大幅增加。因此,考察城镇居民住房的商品化率,对于判定国内贸易市场化具有重要意义。

为此,我们选择的指标是:城镇住房的商品化率、城镇居民住房消费支出占城镇居民消费总支出的比重等。作为国内贸易市场化的一个重要标志是城镇居民住房的商品化率提高。这可以从以下两个方面表现出来。

一是城镇住宅销售中,个人购买商品住宅所占的比重明显增加。1992年房屋销售中的住宅销售为3812万平方米,其中个人购买商品住宅为1456万平方米,占38.2%;2001年房屋销售中的住宅销售为19938万平方米,其中个人购买商品住宅为18250万平方米,占91.5%。1992—2001年的变化情况如图6-1所示。

二是城镇居民住房消费支出占城镇居民消费总支出的比重不断增加。这意味着,伴随着住房体制的改革,城镇居民必须将其收入中的更大一部分用于支付住房消费。1990年,城镇居民人均年消费性支出为1278.89元,其中住房消费为60.86元,占4.79%;1995年消费支出为3537.57元,其中住房消费为250.18元,占7.07%;2000年消费支出为4998.00元,其中住房消费为500.49元,占10.01%;2001年消费支出为5309.01元,其中住房消费为547.96元,占10.32%。1990年、1995年、2000年、2001年各年的变化情

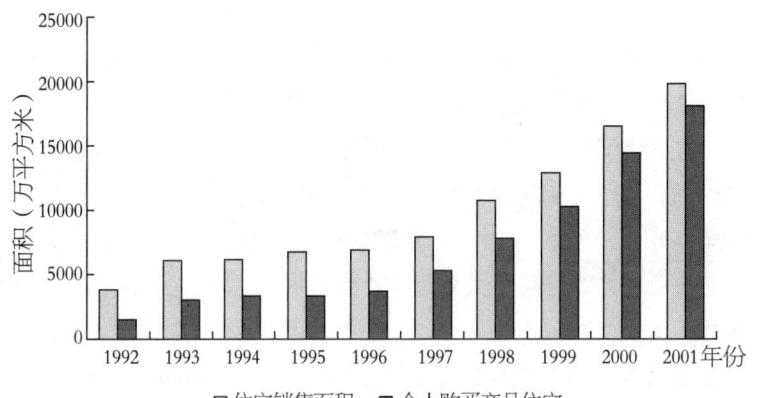

图 6-1　1992—2001 年中国城镇居民个人购买商品住宅情况

资料来源：根据《中国统计年鉴 2002》数据整理。

况如图 6-2 所示。

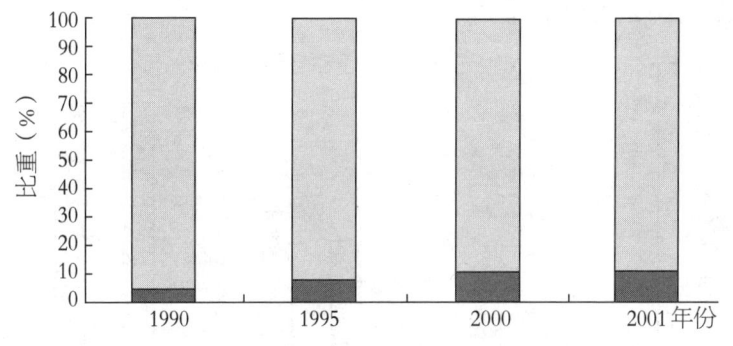

图 6-2　1990 年、1995 年、2000 年、2001 年各年中国人均
消费支出中住房支出的比重

资料来源：根据《中国统计年鉴 2002》数据整理。

（四）私人消费范围的扩展

除城镇居民住房的商品化外，过去许多曾经作为福利的领域（如医疗卫生保健、非义务教育等）也在逐步推向市场，私人消费的边界在不断扩展。这类消费与劳动者职业变动（劳动力流动性）和劳动市场的发育密切相关。因为只有当劳动者不再依附于某一固定工作单位时，才能把过去那些属于福利性质的东西推向市场。

在这类消费中，有些产品具有准公共产品（quasi-public goods）的性质，当消费者达到拥挤点（point of congestion）后，就会出现竞争。此外，还有一些消费领域如医疗卫生保健等，所体现的不仅仅是市场关系，它还涉及健康和社会文明。这样，在考察私人消费边界扩展从而判定市场化时，还要考虑市场以外的因素。在此，我们主要选取城镇居民医疗卫生保健和教育支出的增加这个指标。

作为国内贸易市场化的一个重要方面，城镇居民医疗保健支出在总支出中所占比重也在逐年增加。1993年，城镇居民家庭消费支出中，医疗保健支出占2.61%，以后持续上升，至2000年上升到6.36%，2001年上升到6.47%。图6-3显示了1993—2001年医疗卫生保健支出增加的幅度。

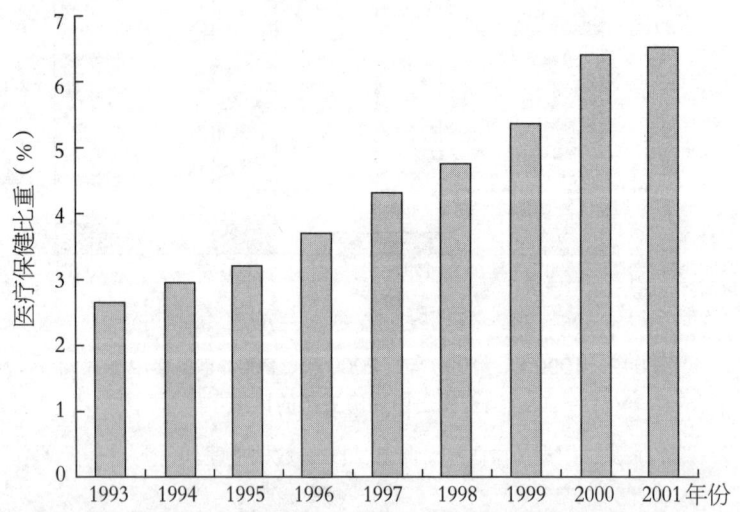

图6-3 1993—2001年医疗卫生保健支出占城镇居民总支出的比重

资料来源：根据《中国统计年鉴2002》、《中国物价及城镇居民家庭收支调查统计年鉴》（1994、1996—2001）数据整理。

与此同时，中国教育中杂费和学费在整个教育经费中所占的比重也在不断提高。1991年，学费和杂费在总教育经费中所占比重为4.42%，1992年为5.06%，至2000年上升到15.45%。图6-4显示了1991—2000年学费和杂费比重变化的情况。

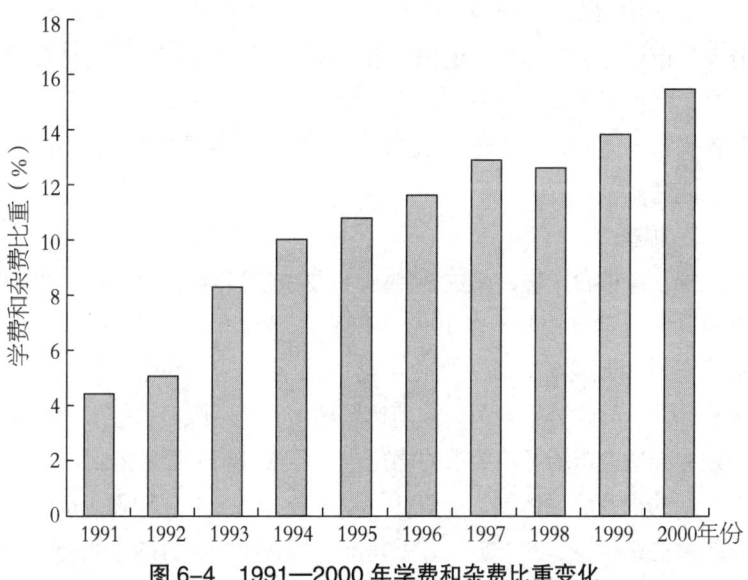

图6-4　1991—2000年学费和杂费比重变化

资料来源：根据《中国统计年鉴2002》、《中国教育事业统计年鉴》（2000）数据整理。

（五）一些重要商品和服务的市场化改革

在国内贸易中，市场化不仅表现在传统的批发业、零售业和餐饮业上，还表现在一些重要商品和服务上。这些重要商品和服务，由于其特殊性，政府在传统计划体制下控制程度高，因此，对于这些商品和服务管理体制的改革，在测度国内贸易市场化时具有重要意义。

1. 粮食

粮食在国民经济中居于重要地位。自1978年改革开放尤其是

1992年以来，中国粮食流通体制改革朝着市场化方向迈出了较大的步伐，无论是粮食价格改革，还是粮食市场体系的培育和建设，都有很大的进展。通过加快粮食流通体制改革，积极稳妥地放开粮食价格和经营，逐步实现了粮食商品化和经营市场化。

至2001年，中国政府通过进一步深化粮食流通体制改革，充分发挥市场机制对粮食购销和价格形成的作用，完善粮食价格形成机制，保护了粮食生产能力，建立起较为完善的国家粮食储备体系和粮食市场体系，逐步建立了适应市场经济发展要求和中国国情的粮食流通体制。

2. 棉花

棉花像粮食一样，是关系到国计民生的特殊商品，长期以来国家对其实行计划控制。自1992年确立市场经济改革的目标以来棉花的贸易体制发生了深刻变化。至2001年，通过深化改革，打破垄断经营，鼓励公平竞争，规范市场秩序，提高政府调控效率，逐步建立起适应市场经济要求的棉花企业经营机制和管理体制。

新的棉花流通体制，被概括为"一放、二分、三加强，走产业化经营的路子"。"一放"，就是放开棉花收购，打破垄断经营；"二分"，就是实行社会与企业分开、储备与经营分开，使经营棉花的企业真正成为自主经营、自负盈亏、自我发展、自我约束的经济实体；"三加强"，就是加强国家宏观调控、加强棉花市场管理和加强棉花质量监督；"走产业化经营的路子"，就是大力推进棉花产业化经营，鼓励棉纺企业到棉区建立原料生产基地，通过多种形式与棉农建立利益共同体。

3. 化肥

化肥是重要的农业生产资料。为了适应市场化改革的需要，1992年以来中国政府采取了一系列支持化肥生产、改革化肥流通体制的政策措施。随着化肥流通体制改革的深入，在计划经济体制下形成的主要依靠计划配置资源的传统经营格局已被打破，一个适应市场经济体制要求的新的农资流通体系架构正在逐步形成。

至2001年，农民用肥基本是随用随买。国内部分化肥主要实行政府指导价，由政府规定出厂基准价格及浮动幅度、港口结算价格。定价范围是：合成氨年生产能力30万吨以上的大型氮肥企业生产的尿素、硝酸铵出厂基准价格及浮动幅度；有经营资格的企业按照中央进口配额进口的化肥港口结算价格。

4. 原油和成品油

原油和成品油是关系国计民生的战略性物资和特殊商品。1992年以后，为贯彻落实《全民所有制工业企业转换经营机制条例》，把企业推向市场，促进市场体系的发育完善，中国政府在价格改革方面，出台了通过修订和重新颁布生产资料和交通运输价格管理目录的重大措施，放开一大批生产资料价格，进一步缩小国家管理价格的范围，取消了原油、成品油等计划外生产资料全国统一最高出厂或销售限价。这些措施有利于市场经济运行机制的形成，有利于把企业推向市场，推动企业经营机制的转换。

1993年，随着上海石油交易所的组建，石油产业又向市场经济迈出了重要的一步。交易所采用计算机管理、集中交易、公开竞价、统一结算的办法，组织现货和期货交易，上市交易的品种有原油、汽油、柴油及其他石油产品，其中原油和柴油已成为期货上市品种。1998年，中国石油天然气集团公司和中国石油化工集团公司正式宣告成立，同时，改革原油、成品油价格形成机制，实现国内陆上原油、成品油价格与国际市场接轨。至2001年，除了国家储备用原油、成品油外，其他部分已经基本放开，由经营者根据市场情况自主定价。

5. 烟草

烟草作为特殊商品，很多国家都实行严格的专卖制度。中国依照《烟草专卖条例》（1983）、《中华人民共和国烟草专卖法》（1991）对烟草实行专卖管理。烟草专卖的主要范围是：卷烟、雪茄烟、烟丝、复烤烟叶、烟叶、卷烟纸、滤嘴棒、烟用丝束、烟草专用机械等产品的产供销、内外贸业务。

随着市场经济体制的确立，中国于 1992 年也开始对烟草行业进行体制改革，主要从批发环节入手，改革流通体制；从计税价与实际价分离入手，改革价格体制；从劳动、人事、分配入手，改革企业内部机制；从投资参股、组建企业集团入手，发展横向联合。在保证国家财税收入不受影响并有所增长的情况下，把出厂价、调拨价放开，并逐步做到企业自定出厂价、调拨价、批发价、零售价，随行就市，体现优胜劣汰，从而真正把企业推向市场。同时，在管理体制上进一步协调调拨、批发企业与卷烟生产企业的关系，向"产销一体化"过渡。实行生产厂家、卷烟调拨站合二为一，提出建立卷烟批发市场，逐步取代全国一年两次的卷烟订货会制度。此外，还进行了股份制试点。

1993 年，中国首家在境外的合资烟厂在俄罗斯建成投产。同时，上海卷烟市场又在浦东开业。这是在烟草专卖体制下，烟草行业建立、健全和完善以市场为导向、规范交易、公平竞争流通体制的一项重要改革措施。

至 2001 年，烟草行业已经开始向现代企业制度过渡：对跨地区的烟草公司和大部分大型骨干卷烟工业企业，依法改组为国有独资公司，或成为总公司的全资子公司，或由总公司按照中央政府授权其经营的国有资产进行投资控股；烟草行业大部分企业依法改组为有限责任公司，由总公司委托其下属的全资子公司、控股子公司或企业集团进行控股，根据需要和国家烟草局的规定吸收其他方面的投资；除生产经营卷烟、烟叶的企业外，对具备条件的少数其他企业如烟机、滤材等生产企业依法改组为定向募集或股票公开上市的股份有限公司。

6. 铁路

1992 年以后，根据市场经济体制目标的要求，对于中国的铁路运输业进行了体制改革：将铁路工业、基建两大系统逐步放开搞活，运输系统除运输组织和指挥实行高度集中外，经营上适应市场经济的需要放开搞活。首先是落实企业自主权，转换企业经营机制，扩大铁路局决策权，逐步减少指令性计划的项目和范围。其次，深化投资体制改革，建立健全铁路投资新机制。在国家批准建立铁路建设基金，实行新路新价的基础上，大力发展合资铁路。形成以国家、地方、企业为投资主体，以集资、贷款、发行债券等多种融资手段为筹资形式的铁路建设投资新机制。最后，发展多种经营，形成铁路多元化经营结构。铁道部着眼于机关转变职能，把铁道部能够下放的权力尽可能放下去，企业获得了更多的经营自主权，减少了运输指令性计划，扩大了管内运输的企业管理权限，增加了铁路工业企业市场调节的范围，如机车车辆工业的指令性计划指标已由原来的9大类压缩为3大类。同时扩大了企业产品劳务定价权，扩大了铁路工业产品指导性和市场调节价格的比重。

1998年，铁道部打破了传统的由客车加挂行李车、运量较少、独家办理行包业务的模式，变为个体、集体和国有企业均可租赁、包租行包专列的模式。即铁路负责开行专列，按合同收取固定包租费，组织货源和行包业务由包租单位承担，赚取总运费与包租费的差价，风险自负。

至2001年，已经实行铁路局资产经营责任制，各个铁路局获得了12项经营权，即管内运输经营权、运输生产计划权、财务收支计划权、大修支出自主权、设备更新改造自主权、机车客车购置权、资产处置权、经营投资权、工资分配权、劳动用工权、机构设置权、物资采购权。同时，进一步确定了中国铁路改革的目标：进一步开放铁路市场，为推进中外合资企业发展，中方将让出一部分市场，承诺对合资企业生产的一些重要产品给以启动订单。对于干线铁路，在中方控股或占主导地位的前提下，允许外商投资建设和经营；在国家宏观调控下积极争取对外融资，包括利用各种形式的国际金融组织和外国政府的贷款，在境外发行债券，选择优质资产在境外上市，以争取利用更多的外资；扩大对外交流与合作，引进先进技术，购买先进设备，学习借鉴国外的管理经验；加强国际联运，扩大外运业务，进一步开拓国际运输市场。

7. 电信

由于受计划经济的影响，邮政和电信业一直是被政府所垄断。1992年以后，随着市场经济体制的建立和发展，电信业的资金、设备、人才的来源以及业务发展等都更加依赖于市场的调节。从1994年开始的电信改革，除先后成立了联通、网通、吉通、铁通等公司参与电信市场的竞争之外，对原来政企合一的邮电部进行逐步拆分。先是政企分开，后是邮政和电信业务分营，接着把寻呼划给联通，随后又把移动业务从中国电信剥离。

至2001年，电信领域已形成中国电信、中国网通、中国移动、中国联通、中国卫星和铁通公司等6家基础电信企业和4000多家增值电信、无线寻呼企业相互竞争的市场格局。

同时，按照《中华人民共和国价格法》（1997）的规定，就电信资费调整召开了价格听证会。这表明，电信价格也开始纳入法制化的轨道。

8. 民航

1980年，中国民航走上了企业化道路。1992年以后，随着市场经济体制的逐步确立，中国的民用航空体制进行了相应的改革。为了加速民用航空业的发展，提高经营管理水平，在以国家投资建设为主的原则下，有条件地允许外商投资民用航空业。鼓励外商投资建设和经营民航基础设施，采取多种有效途径，引进先进的管理经验。1997年中国民航总局宣布推行一种票价、多种折扣的多级票价体系，以满足不同的消费者对乘坐飞机的需求。随着国际交流的扩大，与国际惯例日趋接轨，需要实行国内外旅客同等票价政策。价格并轨，给民航价格适度放开创造了条件。1999年，在中国绥芬河建立了私人机场，这是第一座产权、经营权完全自有的民营机场。至2001年，机票"禁折令"也开始有所松动，中国民航向市场经济又迈出了重要一步。

自1992年中国确立以市场经济作为改革的目标以来，国内贸易的各个方面都朝着市场化的方向推进。

三、国内贸易市场化的走势

中国经济的市场化具有不可逆转之势,它必然从发展中的市场经济走向成熟的市场经济。作为整体市场经济的重要组成部分,中国的国内贸易市场化进程也随着经济的发展、改革的深化和对外开放程度的加深而不断向前推进。

(一)贸易主体的进一步市场化

1. 国有国内贸易主体进一步改制

国有国内贸易主体将进一步依照《中华人民共和国公司法》进行改制使其成为完全独立的自主经营、自负盈亏的经济实体,依照法律进行经营、破产和债务清偿,从而在国内贸易中形成各类主体(依法成立的公司和个体业主等)平等竞争的格局。

2. 国内贸易的国际化将得到进一步强化

这主要表现为国内贸易主体走向国际市场和国外贸易主体走进中国这两种趋势。随着经济的进一步开放和中国经济融入整个国际经济中,将会有更多的国际公司到中国进行投资,从事国内的流通贸易活动;与此同时,中国的流通贸易主体也会更多地走出国门,在国外从事流通贸易活动。

3. 内贸和外贸的一体化

伴随着中国经济体制改革的进一步深化,内贸和外贸分割的格局将会被打破,将会出现国内贸易和中国对外贸易的融合,而且随着市场开放程度的不断提高,每个经济主体都将得到其在各个市场(包括国内市场和国外市场)行销商品的权利。

(二)价格的进一步市场化

1. 产品市场上商品和服务的进一步市场化

在竞争领域里,由市场供求关系共同决定价格;在自然垄断产品、重要的关系到国计民生的产品,将进一步按照《中华人民共和国价格法》的规定和要求,通过价格听证会确定价格,最终使价格决策民主化、公开化。

2. 要素价格的进一步市场化

随着劳动市场、资本市场、土地市场等要素市场的逐步完善和成熟,国内市场中的要素价格也会进一步市场化,它们与产品市场的价格相辅相成,形成一个反映中国市场经济发展的完善的市场价格体系。

3. 国内外市场价格的接轨

这意味着国内外市场价格形成和价格运行规则的统一。随着对外开放程度的加深和中国对外经济贸易关系的发展,可贸易商品的价格必然要与国际市场价格持平,中国将会建立起一个有适度管理的自由贸易体制框架。

(三)政府管理的进一步法制化

1. 政府管理的进一步法制化、规范化、有序化

通过进一步完善有关法律,依法调节国内贸易中所产生的各种法律关系,包括贸易主体(依法组织、依法运行、依法破产)、价格以及整个国内贸易的运行过程,使整个国内贸易都在法制的框架内运行。

2. 发展市场中介组织

可以肯定的是,随着市场经济的进一步成熟,政府对国内贸易的管理在许多方面将转移到市场中介组织中。市场中介组织,如从事经纪业务的经营性企业、为社会提供专业性服务或监管经济活动的中介组织(律师事务所、会计师事务所、审计事务所等)将发挥更加重要的作用。

3. 政府职能从管理到服务的转变

在国内贸易中,政府将彻底转变职能,实现从管理到服务的转变。政府对国内贸易的管理职能将主要表现在:确立一个良好的贸

易秩序和维护公平竞争的市场环境，反对垄断，反对不正当竞争，为整个市场经济的有序运作提供制度保障。

（四）政府控制商品的进一步市场化

随着整体市场经济的建设，对于政府控制的商品和服务将会进一步深化改革。这些商品中的一部分如粮食、棉花原油和成品油等，将会把作为国家战略物资的部分和作为商品经营的部分分离开来，按照现代企业制度的要求，进一步改革经营性企业的体制，使其真正纳入市场经济运行的体系中；另一部分如电信、铁路、民航等行业，则按照市场经济规律的要求进一步深化改革，使其成为真正的市场经济主体。

总之，中国国内贸易的市场化，将在遵从国际惯例、遵循市场经济规律和运行规则、在不损害中国国家利益的前提下，不断向前推进。

参考文献：

[1] 国家统计局. 中国统计年鉴 2002 [M]. 北京：中国统计出版社，2002.

[2] 国家统计局. 中国物价及城镇居民家庭收支调查统计年鉴 [M]. 北京：中国统计出版社，1994，1996—2001.

[3] 国家发展计划委员会. 中华人民共和国物价公报 [R].2001（8），2003（1）.

[4] 王梦奎. 中国经济转轨 20 年 [M]. 北京：外文出版社，1999.

[5] 张卓元，黄范章，利广安. 20 年经济改革回顾与展望 [M]. 北京：中国计划出版社，1998.

[6] 李晓西，等. 中国市场经济发展报告 [J]. 战略与管理.2002（6）.

[7] 万典武. 当代中国商业简史 [M]. 北京：中国商业出版社，1998.

[8] 成致平. 中国物价五十年 [M]. 北京：中国物价出版社，1998.

[9] 阎克庆. 中国商品流通 20 年 [M]. 郑州：中州古籍出版社，1998.

[10] 陈文玲.入世：我国市场竞争将发生十大变化[C]// 走进新世纪的中国商业.香港经济导报社，2002.

[11] 刘学敏.中国价格管理研究——微观规制和宏观调控[M].北京：经济管理出版社，2001.

[12] 吕福新.中国经济过渡的典型分析——特殊商品的市场化和政府规制[M].北京：中国人民大学出版社，1998.

第七章　对外贸易的市场化

自改革开放以来，中国的对外贸易一直朝着市场化方向迈进。欧美国家在反倾销中特别关注政府是否保证贸易活动的自由，企业是否有权根据出口市场的需求情况决定其出口产品的数量，出口产品的价格和销售条件是否由企业自行决定，外汇汇率换算是否根据市场汇率进行等。这些方面，中国已经取得了巨大的进展。

一、中国对外贸易市场化进程的简要回顾

（一）中国对外贸易市场化的进程

1978年以来，中国对外贸易逐步由政府完全控制转为主要依靠市场进行调节，由政府直接控制贸易主体和贸易活动转变为企业自主贸易。中国对外贸易市场化进程与整个经济的市场化进程是一致的，并不断取得进展。

1978年以前，中国实行高度集中的对外贸易体制：单一的、强制性的指令性计划体制；统收统支和统负盈亏的财务体制；以专业外贸公司为主的垄断经营体制；国内外市场相分离的贸易定价体制；按国家计划严格管理的外汇结汇、售汇制度。

从1978年开始，中国实行了包括对外贸易体制在内的经济体制改革。1983年，外贸行业开始推行承包责任制，冻结了国家财政对出口的补贴，将出口创汇任务连同出口补贴承包给各省、市、自治区，再落实到企业。同时，在轻工、服装工艺品三个行业中进行自负盈亏试点。1984年，根据"政企分开""实行外贸代理

制""工贸结合、技贸结合和进出口结合"的原则,政府下放了部分外贸经营权。1988年,国务院颁布了《关于加快和深化对外贸易体制改革若干问题的规定》,全面推行对外贸易承包经营责任制,各外贸专业总公司、部分工贸总公司的地方分支机构与总公司脱钩,同时与地方财政挂钩,把承包指标落实到外贸经营企业和出口生产企业,盈亏由各承包单位自负,出口收汇实行差别留成。1991年,政府全面取消了国家财政的直接补贴,通过外汇留成额度支持出口。1978—1991年的对外贸易体制改革,虽然是在计划经济体制的框架下进行的,但却为新时期外贸体制的改革和对外贸易市场化奠定了良好基础。

1992年,中国确立了市场经济体制的改革目标。与此同时,对外贸易体制也加快了市场化的步伐。1994年,中国开始进行以外汇体制改革为核心的新一轮外贸体制改革,旨在建立适应国际通行规则的外贸运行机制。其目标是"统一政策、平等竞争、自负盈亏、工贸结合、推行代理制"。1996年,对外贸易经济合作部发布《关于设立中外合资对外贸易公司试点暂行办法》,并在上海和深圳试办中外合资外贸公司。这标志着在外贸经营领域中引入跨国公司参与竞争。1997年,实行了外贸经营权由审批制向依法登记制的转变。通过一系列的改革,一方面,根据市场经济的原则,使经营进出口业务的企业自主经营,同时取消外汇调剂市场,使外贸企业完全走向自负盈亏;另一方面,政府在对外贸易领域从行政管理向法制化管理过渡,先后颁布并实施了《中华人民共和国对外贸易法》(1994)、《中华人民共和国货物进出口管理条例》(2001)、《中华人民共和国反倾销条例》(2001)、《中华人民共和国反补贴条例》(2001)等法律和法规,外贸进出口管理工作步入了法制化轨道。1992年后尤其是近年的改革,加快了自主降税的步伐,降低了关税总水平,外贸经营权由审批制向依法登记制过渡,市场准入逐步放宽。通过改进和完善出口退税制度,逐步建立起以市场供求为基础的、单一的、有管理的浮动汇率制度。建立和完善了符合国际贸易通行规则、适应市场经济发展要求的外贸经营管理制度；同时，大幅度降低关税水平，逐步减少非关税措施，大幅度缩小进出口配额和许可证管理的范围和产品种类；外贸中介服务体系开始形成。截至2001年，中国已经初步建立了透明公正、法制健全、政策统一、运行有序的外贸管理体制。

（二）中国对外贸易市场化的特点

1. 对外贸易市场化的渐进性

与中国经济的渐进式改革相对应，中国对外贸易的市场化也是渐进的。这主要表现在，不是通过"一揽子"的改革措施和手段，彻底打破计划经济下由政府外贸部门独家垄断经营的对外贸易模式，而是一方面在传统国有外贸体制外，使非国有企业逐步涉入进出口业务，形成多元化竞争的格局，另一方面逐步缩小政府对外贸经营的控制范围，使企业的权利逐步扩大。对外贸体制的渐进性改革，使中国的对外贸易体制逐步地、平稳地、有序地向市场化推进。

2. 从以"放"为主到以"立"为主

"放"就是放松外贸管制，下放外贸经营权利；"立"就是确立体现市场经济原则、符合国际贸易惯例的新贸易体制。中国过去实行的贸易体制以贸易管制和贸易政府垄断为特征，所以，对外贸易体制的改革就是从放松管制、打破垄断入手，实行贸易体制的行政性分权。但是，单纯的"放"并不能自发形成新的贸易体制，因此，中国对外贸易体制改革的第二步就是"立"，按照市场经济的要求，用法制的手段，促成新的贸易体制。

3. 从被动适应到主动参与

中国外贸体制改革起先表现为被动地适应外部世界的变化，一些国家通过多边和双边贸易谈判，要求中国改革贸易制度和贸易政策。随着改革的深入和市场经济目标的确立，中国开始主动以市场经济的标准来改革贸易体制，按照国际惯例主动地参与经济的全球化过程。因为中国也意识到，在经济全球化下，各国可以拥有更加广阔的发展空间，可以突破单个国家在市场规模和资源禀赋方面的限制，在全球范围内进行资源的优化配置，从而带来更高的效益。只有主动地参与经济全球化，才能利用其所提供的机会和好处，而只有建立市场经济体制，更加主动地开放市场，才能适应经济全球化。外贸部门是国民经济各领域中，与国外市场经济体制接轨时间最早、范围最广的一个部门。

二、中国对外贸易市场化的判断与评价

（一）进出口贸易的自由化

1. 关税税率和关税标准差不断降低

关税税率的高低，在一定程度上反映了一国市场经济发育的程度。关税属于间接税，它可以被转嫁到生产者或消费者身上，体现了政府控制对外贸易的意图。较高的关税会抬高进口商品的价格，从而降低商品竞争力，阻碍贸易规模的扩大；反之，较低的关税则表明政府对国内产业保护程度的降低，是对经济自由化的认可。

中国政府对关税税率进行了多次调整。1992年年初，降低了225种进口商品关税，关税平均税率（算术平均税率，下同）下降到43.2%；1993年，降低了3371种进口商品关税，关税水平下降到36.4%；1995年，降低了4997种进口商品关税，调整商品占进口税税则总数的76%，关税总水平下降到23%；1997年，又大范围地降低关税水平，平均关税水平下降了6个百分点，达到17%。到2001年，中国关税总水平已经下降到15.3%（见表7-1）。

表7-1　中国关税税率调整一览　　　　（%）

年份	1992	1993	1995	1997	2001
算术平均关税率	43.2	36.4	23.0	17.0	15.3

同时，用关税标准差来说明中国关税水平的实质性下降。关税标准差反映的是关税税率的分布情况。关税的标准差越小，反映平均关税水平越具有代表性；而标准差越大，说明税率等级越分散，关税的政策性越强，可能保护程度就会越高。从1992年到2001年，中国平均税率标准差从32.1%下降到8.73%，这说明了中国关税的保护程度有了很大程度的降低。

通过关税税率的改革，中国关税税目设置以及关税水平更加符合世界贸易组织要求。

2. 进出口商品的数量限制措施不断减少

中国进出口商品的数量限制一般包括配额管理、许可证管理、国营贸易等措施。在中国加入WTO双边协议中减少数量限制是一个重要组成部分。1992年以来，中国逐步放宽对进出口商品的数量限制，逐步减少实行进出口配额许可证管理商品的范围，相应地扩大了企业经营的进出口商品的范围。

首先，较大幅度地减少了实行出口配额许可证管理商品的种类，在配额分配中实行招标，引入竞争机制。配额是一种重要的非关税壁垒，它是对进口或出口商品实行的数量限制。1992年，中国实行出口主动配额管理的商品共227种，出口发证金额约412亿美元，占当年全国出口总金额的48%。随着外贸体制改革的不断深化，1997年减少到114种，出口发证金额约327亿美元，占当年全国出口总金额的18%。1998年，出口配额许可证管理商品减少到91种，出口发证金额为272亿美元，占当年全国出口总额的15%。1999年进一步减少到73种，据海关统计出口金额为165.5亿美元，占当年全国外贸出口总额1949亿美元的8.5%。2000年，出口配额许可证管理商品减少到68种，据海关统计出口金额为222亿美元，占当年全国外贸出口总额1909亿美元的8.9%。2001年，出口配额许可证管理商品减少到66种，据海关统计出口金额为204亿美元，占当年全国外贸出口总额2661亿美元的7.7%（如表7-2所示）。到2002年，出口许可证管理商品减少到53种。

第七章　对外贸易的市场化

表 7-2 中国出口配额许可证管理商品变化情况

年份	种类	发证金额（亿美元）	占当年出口（%）
1992	227	412.0	48.0
2000	68	222.0	8.9
2001	66	204.0	7.7

资料来源：《2001年中国对外经济贸易白皮书》、2001年《海关统计》第12期。

其次，不断放宽进口数量限制。自1992年以来，中国不断减少进口配额许可证管理商品品种。1995年，实行进口配额许可证管理商品品种由53种减少为36种，税目由742个减少到354个，进口发证金额为211亿美元，占当年全国进口总额的24%。2001年减至33种，据海关统计进口金额为198亿美元，占当年全国外贸进口总额的8%（如表7-3所示）。2002年减至12种，170个8位商品编码。从2002年1月1日起，中国取消了对原油、钢材、农药、石棉、胶合板、烟草、二醋酸纤维丝束、氰化钠、聚酯切片、腈纶、涤纶及部分机电产品的进口数量限制，改为实行自动进口许可管理。

表 7-3 中国进口配额许可证管理商品变化情况

年份	种类	发证金额（亿美元）	占当年出口（%）
1995	36	211	24
2001	33	198	8

资料来源：《2000年中国对外经济贸易白皮书》、2001年《海关统计》第12期。

最后，指定经营产品数量不断减少。根据国际惯例，中国对指定经营产品的进出口实行国营贸易管理措施。按照加入世界贸易组织承诺，中国改变了以前核定公司终身制的做法，根据企业的经营业绩和经营能力，通过动态调整，择优选择，使合法经营、业绩佳、能力强的企业参与大宗商品的进口经营工作。2002年，中国对粮食、棉花、植物油、食糖、原油、成品油、化肥和烟草等8种商品改为实行国营贸易管理，同时允许非国营贸易企业开展一定数量的进口业务，从而使上述商品的实际经营企业数增多；钢材、羊毛、天然橡胶、腈纶和胶合板等5种商品实行指定经营管理。上述改革措施，有力推动了进出口经营体制改革的进程，调动了企业的积极性。

3. 外贸依存度不断提高

外贸依存度反映的是一国经济对他国经济或对世界经济相互依赖的程度，它包括外部经济变动对一国经济产生影响和一国经济变动对外部经济产生影响两个方面。本章所说的外贸依存度是指进出口总额与GDP的比率。虽然外贸依存度主要反映的是经济增长的情况，不直接反映市场化程度，但由于转轨国家外贸依存度提高与对外贸易管制的放松，企业有更大的权利从事进出口业务等有较大关系，因此，这里对外贸依存度及其相关变量也进行分析比较。

1978年以来，中国外贸进出口额快速增长，外贸进出口增长率一直高于国内生产总值的增长率（见表7-4）。

表7-4 中国外贸进出口增长率与GDP增长率的比较 （%）

年份	1978	1992	1999	2000	2001
外贸进出口增长率	39.4	22.0	11.3	31.5	7.5
GDP增长率	12.0	14.2	7.1	8.0	7.3

资料来源：《中国统计年鉴2002》、相关年份《中华人民共和国统计公报》。

2001年，中国外贸进出口总额达到5097亿美元（人民币42193.3亿元），成为世界上第6大贸易国（见表7-5、图7-1）。

表 7-5　1978—2001 年中国外贸进出口贸易总额　　（亿元人民币）

年份	进出口总额	出口总额	进口总额
1978	355.0	167.6	187.4
1992	9119.6	4676.3	4443.3
2000	39274.2	20635.2	18639.0
2001	42193.3	22029.1	20164.2

资料来源：《中国统计年鉴 2002》，中国统计出版社 2002 年版。

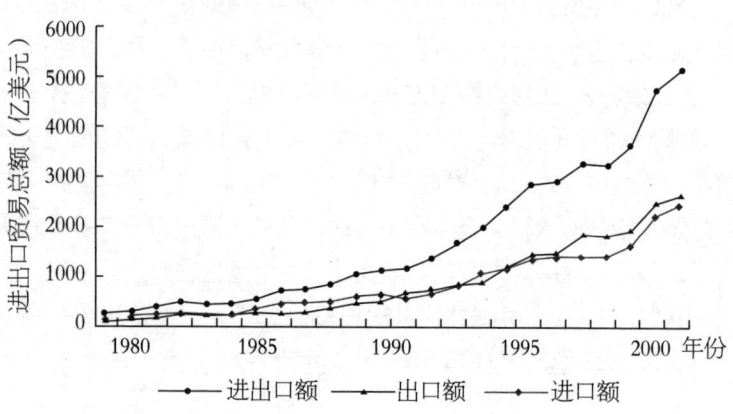

图 7-1　中国进出口变化趋势

中国外贸依存度一直处于上升的趋势，2001 年达到了 44%，其中出口依存度为 23%，进口依存度为 21%（见表 7-6）。

表 7-6　中国经济对外贸的依存度　　（%）

年份	进出口	出口	进口
1978	9.8	4.6	5.2
1992	35.3	18.1	17.2

续表

年份	进出口	出口	进口
2000	42.2	23.1	19.1
2001	44.0	23.0	21.0

资料来源：《中国当代经济改革战略与实施》；International Financial Statistics Yearbook2000，IMF。

（二）外贸经营主体的多元化

贸易主体的多元化是对外贸易市场化的重要标志之一，它表明了政府对外贸准入控制的放松。通过经济体制改革和贸易体制改革，赋予了大批生产企业进出口经营权，打破了少数外贸专业公司垄断经营的格局。从事对外贸易的企业不再仅仅局限于国有企业，尤其是1992年确立市场经济改革目标以后，对外贸易中非国有的贸易主体比重呈迅速上升之势。

2001年，国有企业、外商投资企业、集体企业及其他企业出口分别为1132.34亿美元、1332.36亿美元、142.23亿美元和54.62亿美元（见表7-7）。

表7-7　1991—2001年中国出口商品经营主体构成　　（亿美元）

年份	总值	国有企业	外商投资企业	集体企业	其他
1992	849.40		173.60		
1995	1487.80	902.50	468.91	22.81	3.58
2000	2492.12	1164.49	1194.41	105.68	27.53
2001	2661.55	1132.34	1332.36	142.23	54.62

资料来源：《2001年中国对外经济贸易白皮书》；《海关统计》，2001年第12期。

国有企业在出口中所占比例下降程度很快,而外商投资企业出口所占份额增加较快,这一特征充分显示了外商投资企业在中国对外贸易中的发展情况(见表7-8)。1994年国有企业的进出口额占到了总进出口额的70.2%,其他企业共占29.8%,至2001年,国有企业的出口额只占42.6%❶,出口总量的分散反映了市场竞争机制在外贸领域的基本形成。集体、私人企业作为外贸新的增长点日显突出。2002年1—10月,集体和私营等其他企业出口增长64.1%,成为中国扩大出口的有力增长点。随着市场准入的放宽,外商投资企业、私营企业进入外贸领域的数量越来越多,呈现出多种外贸经营主体共同发展的趋势。

表7-8　不同企业占进出口总额的比重　　　　(%)

年份	国有企业	外商投资企业	其他
1994	70.2	28.7	19.2
1996	50.0	47.3	2.7
2000	45.4	49.9	4.7
2001	42.6	50.8	6.6

资源来源:根据1999年、2001年《海关统计》计算,"其他"中含"集体经济"。

(三)外贸管理手段不断适应市场化要求

外贸管理手段主要有关税、进出口配额和许可证等非关税措施、贸易规制、出口退税、外汇管理及汇率政策等。1992年以来,中国的外贸管理手段根据市场经济的要求进行了调整和完善,加大力度逐年降低了关税税率,缩小了配额和许可证商品管理范围。此

---

❶　需要指出的是,国有企业的性质已与1992年时的国有企业有很大不同,绝大多数已完成股份制改造。

外,积极调整和完善其他管理措施,使各种手段更加适应市场化的要求。

1. 根据国际通行惯例完善贸易规制

(1) 技术性贸易壁垒

技术性贸易壁垒(Technical Barriers to Trade,TBT),是指一国或区域组织以维护其基本安全、保障人类及动植物的生命及健康和安全、保护环境、防止欺诈行为、保证产品质量等为由而采取的一些强制性或自愿性的技术性措施。这些措施对其他国家或区域组织的商品、服务和投资进入该国或该区域市场将造成影响。

技术性贸易壁垒主要涉及技术法规、技术标准、质量认证(合格评定)、检验程序和检验手续、计量单位制、包装、标志标签、条码等,具有合理性、灵活性、隐蔽性、复杂性和广泛性的特点。目前世界各国都制定了名目繁多的技术规章、标准以及合格评定程序,这些对规范市场秩序十分重要,但若随意设置就可能成为贸易的障碍。1979年"东京回合"通过了《技术性贸易壁垒协议》;"乌拉圭回合"对该协议做了进一步修改、补充和完善,同时签署了《卫生措施和植物卫生措施协议》(SPS协议),旨在使技术规章、标准以及检验和认证程序等不至于对贸易产生不必要的障碍。基于这种考虑,技术性贸易壁垒也可作为外贸市场化的一项指标。

中国正按照WTO相关协议建设技术贸易壁垒咨询点,推动权威认证机构相互认可;积极调整不符合国际标准和世贸组织有关原则的国内技术法规、技术标准和政策措施;引导和鼓励企业根据国际市场需求和发展趋势调整本企业的技术标准,主动与国际接轨。同时,中国政府根据WTO相关协议完善对进口商品的技术管理法规,制定与贸易和投资相关的环保标准,制定进口商品安全质量许可制度目录和卫生注册管理制度及标签审核制度。

(2) 海关估价

关税征收是建立在对货物的估价基础上的。如果海关对产品完税价格做出不合理估价,将削弱甚至抵消税率削减的成果。加入

WTO以后,中国政府实施了乌拉圭回合《关于实施1994年GATT第七条的协议》的有关规定。对完税价格的审定,基本上是以货物所有人或其代理人向海关申报的正式发票所载的货物的实际成交价格为依据的。进口货物的完税价格采用以进口货物的成交价格为基础的到岸价格,对成交价格无法确定的进口货物,由海关参照相同货物或者相似货物的成交价格或者计算价格确定海关完税价格;出口货物的完税价格为出口货物售与境外的离岸价格扣除出口关税。同时中国海关有关法规规定了申诉程序。纳税义务人同海关发生纳税争议时,可向海关申请复议。对复议不服,可向法院起诉。这与国际上通行海关估价规则是一致的。

(3)原产地规则

原产地规则是各国或地区为了确定商品原产国和地区而采取的法律、规章和普遍适用的行政命令。目的是确定该产品能否在进出口贸易中享受应有的待遇。由于国际上对于原产地没有统一的规则,各国可以根据本国规则的灵活性来实现不同的目的。中国政府于1992年公布了出口贸易原产地的相关法规:《中华人民共和国出口货物原产地规则》《中华人民共和国出口货物原产地规则实施办法》和《中华人民共和国含进口成分出口货物原产地标准主要制造、加工工序清单》,1995年外经贸部又公布了《关于签发中华人民共和国出口货物原产地证明书的规定》,并于1996年1月1日起正式实施。以上相关法规的公布和实施共同构成中国出口货物原产地制度的基本法律体系。这些法规规定:如果一种产品在几个国家加工和制造,原产地就是对产品进行实质性加工的最后一个国家。"实质性加工"是指产品加工后,在海关进出口税则中八位数税号一级的税则归类已经有了变化,或者加工增值部分所占新产品总值(包括所有与成本相关的费用)的比例已超过30%。这种规定与大多数国家的原产地原则是一致的,符合国际惯例。

2. 根据国际通行规则实行出口退税制度

出口退税是那些国内税收主要依靠间接税的国家鼓励出口的一

种通行做法。中国于1985年4月经国务院批准后正式实施出口退还间接税的制度，采用了这一国际通行做法。1994年税制改革后，正式引进了出口货物零税率，并制定了有关管理法规，对出口货物增值税和消费税的退还或免征做了具体规定。经过多年实践，中国出口货物退（免）税制度逐步走上法制化、规范化的轨道。

在出口货物退（免）税政策方面，中国根据客观环境的变化，适时调整出口货物退（免）增值税的税率。1994年，中国确定了出口货物退（免）增值税征、退税率一致的政策，使出口货物以不含税的价格进入国际市场。之后，为适应国际经济形势、国内财政负担以及税收征管水平的变化，又对出口货物退（免）增值税的税率做出部分调整。为保证及时、足额退税，同时有效防范和打击骗退税，完善和规范了出口货物退（免）税年度清算管理办法，自1998年以后，中国实行出口货物退（免）税分类管理办法。对有进出口经营权的生产企业，目前全面实行"免抵退"税管理办法。

3. 实现了人民币经常项目可兑换的外汇管理政策

外汇管理是指对外汇的收支、买卖、借贷、转移以及国际间结算、外汇汇率和外汇市场所实施的一种限制性的政策措施。外汇管理又分为经常项目的外汇管理和资本项目的外汇管理。与外贸有关的经常项目外汇管理主要包括：经常项目可兑换、经常项目外汇收入管理和进出口核销制。两国间的货物和服务不可避免地引起货币在两国间的结算，所以外汇管理制度对外贸影响很大。国际贸易中的各种对外支付、对外投资的外汇来源、外国投资收益的回汇都会受到外汇管理制度的制约，评价对外贸易市场化必须涉及外汇管理政策。

1997年，中国以立法形式，明确了中国实行人民币经常项目可兑换，其中国家对经常性国际支付和转移不予限制。目前中国外汇管理体制属于部分外汇管制，即对经常项目的外汇交易不实行外汇管制，但对资本项目的外汇交易进行一定的限制。

中国对外经常项目下的外汇收入实行银行结汇制。1997年10月起，逐步允许中资企业开立外汇账户，保留一定限额的外汇收

第七章 对外贸易的市场化

入。外商投资企业经常项目范围的外汇收入,可以开立外汇结算账户,由国家外汇管理局及其分局,对外商投资企业的外汇结算账户核定可保留外汇的最高金额,最高金额之内的外汇可以保留,也可以卖给外汇指定银行或外汇调剂中心,超过最高金额的部分则必须卖给外汇指定银行或外汇调剂中心。

中国实行进出口外汇核销制度。出口收汇核销指货物出口后,对相应的收汇进行核销。进口付汇核销指进口货款付出后,对相应的到货进行核销。实行这两项制度的目的是监督企业出口货物后必须及时、足额地收回货款,付出货款后必须及时、足额地收到货物,从而防止套汇和逃汇等非法活动。

4. 人民币汇率实行以市场供求为基础的有管理的浮动汇率制

汇率是本国货币的对外价格。价格是否真实,取决于是否消除了价格扭曲的现象。在完全的市场经济条件下,汇率应该由市场机制自发调节,从而发挥价格市场信号的作用。但由于汇率涉及国内经济政策和金融安全方面的问题,许多国家的中央政府对汇率都有一定程度的控制。市场化的进程就是要在完善一国金融体制的基础上,减少政府对汇率的干预,实现汇率的自由浮动。

1994年外汇制度改革之前,中国基本上实行的是固定汇率制度,其中还曾有过双轨制汇率时期。1993年12月28日,中国人民银行发布了《关于进一步改革外汇管理体制的公告》,从1994年1月1日起,人民币汇率实行并轨,取消官方汇率,以1993年年底外汇调剂市场汇率1美元合8.72元人民币作为全国统一的人民币市场汇率,并实行以市场供求为基础的,有管理的浮动汇率制。外汇指定银行可按规定自行确定挂牌汇率,对客户买卖外汇。各银行挂牌的美元买卖价不得超过基准汇率上下0.15%,港元、日元外汇买卖汇率不超过基准汇率的1%。三种货币以外的其他外币汇率,则按美元基准汇率,参照国际市场外汇行市套算中间汇率,买卖汇率不得超过中间汇率的0.5%。银行间的外汇交易统由中国外汇交易中心进行,人民币汇率由国内外汇市场上的外汇供求决定,中国人民银行根据宏观经济政策目标进行市场干预,调节供求。汇率并轨以来,外汇市场运行正常、稳定,标志着人民币汇率形成已初步实现市场化。

(四)外贸管理的法制化日趋完善

适应加入世贸组织新形势,中国不断健全对外贸易法律体系。1999年以来,中国政府开展了大规模的法律法规清理、修改和制定工作,并颁布了一系列新的法律法规。中国相继制定和颁布了《中华人民共和国进出口货物管理条例》《技术进出口管理条例》《反倾销条例》《反补贴条例》和《保障措施条例》等五个《对外贸易法》的配套法规,初步形成了以《对外贸易法》为一级法,《货物进出口管理条例》为二级法,配套的部门规章为三级法的货物进出口管理的法律法规体系。其中于2002年1月1日起执行的《中华人民共和国进出口货物管理条例》是《对外贸易法》的核心配套法规,它将货物进出口分为禁止进出口、限制进出口、自由进出口、关税配额管理、国营贸易和指定经营、进出口监测和临时措施、对外贸易促进等几部分;明确了进出口配额、许可证的发放原则和申领程序;规定国务院、外经贸主管部门主管全国的货物进出口贸易工作,国务院有关部门按照国务院规定的职责,负责货物进出口管理的有关工作。

(五)服务贸易限制不断放宽

从世界范围看,服务贸易是最近30年才发展起来的贸易领域,但发展的速度很快。服务贸易广阔的发展前景,预示着世界产业结构演变趋势。在服务贸易中,发达国家一直居于主导地位。但对于众多处于相对劣势的发展中国家来说,通过服务贸易,同样能够获得较大的利益。对外开放服务业,不仅能够引进竞争机制,给国内服务业带来竞争压力,而且能够促使其改善服务质量,提高服务效率,促进国民经济体系的健全和发展。20多年来,中国不断放宽服务贸易领域限制，扩大利用外资的服务业领域。金融业开放方面，早在1982年，中国就在13个城市开始金融领域吸收外商投资的试点工作，到1995年试点城市扩大到24个。目前，中国已经取消外国金融机构在中国设立营业性分支机构的地域限制。到2001年11月底，外商在华设立的营业性外资金融机构已达190家。中国实行对外开放20多年来，服务业吸收外资合同金额占中国吸收外资总量的18.96%，实际吸收外资占15.1%。2001年，中国服务贸易领域新设立外商投资企业5212家，占同期全国新设立外商投资企业的19.94%；实际使用外资金额114.1亿美元，占全国实际使用外资金额的24.35%，服务业已成为中国吸收外资的重要行业。

总之，1978年尤其是1992年以来，中国通过不断降低关税，削减进出口数量限制，推动了外贸领域的市场准入不断放宽；经营主体基本实现了自由经营外贸，外商投资企业民营企业在外贸领域中发挥越来越大的作用。通过取消出口补贴、实现人民币经常项目下的可兑换，外贸价格基本实现通过市场来形成。同时，中国按照国际通行规则和建立市场经济目标的要求，推进外贸管理的市场化和法制化，制定和完善外贸法律法规，政府对外贸的行政管理手段被市场手段替代，外贸管理体制逐渐从高度集中的、以行政管理为主的国家垄断外贸体制，向市场经济条件下的外贸体制转变。国际上一些学者对中国外贸市场化进程持更加积极的态度。美国布鲁金斯协会研究员尼古拉斯拉迪认为，到2001年年底中国平均名义关税税率已降低了3/4，从20世纪80年代早期的56%到2001年的平均仅15%，这大约是印度的一半。中国以更快的速度降低非关税壁垒，到2001年，有进口配额和许可证限制的进口商品占全部进口商品的比例仅5%，而10年前几乎占50%。国际组织及学者对中国外贸市场化进程的这些评价是中肯而客观的。

我们也看到，尽管中国外贸市场化有了很大进展，但与建立中国市场经济体制的目标，与国际通行规则相比，还存在一定差距。譬如，贸易限制还可以进一步放宽，如关税税率的进一步降低，进出口数量限制的进一步放宽。外贸经营主体的登记制还需要不断完善，以便让各类企业更容易从事外贸经营。外贸管理的市场化和法制化手段需要进一步完善，如人民币尚未成为完全可自由兑换的货币。服务贸易的市场准入审慎要求还高于国际标准。政策制定和执行的透明度还有待提高，如关税配额的分配发放以及进口数量限制等贸易管理措施缺乏透明度。政策的一致性还需要加强，如关税配额及加工贸易的管理问题，非国营贸易的经营许可问题，出口限制的管理方式问题，需要保持与世贸组织规则的一致性。

三、中国对外贸易市场化趋势

今后几年是中国政府履行承诺的关键时期，也是中国市场化进程最重要的时期。中国将以加入世贸组织为契机，加快中国外贸领域的市场化进程，提高外贸市场化程度。

（一）中国对外贸易经营主体的多元化趋势

国际上的通行做法是，企业在依法注册后既可获得在国内市场的销售权，又可获得进出口权。按照承诺放开外贸经营权，培植多元外贸经营主体既是中国履行对外承诺的需要，也是中国建立市场经济的必然选择。中国将继续推动进出口经营权向实行完全的登记制过渡。经过三年过渡期实现改革目标，即对从事各类商品和技术（国家限定公司经营的除外）的自营进出口贸易的企业，除法律法规关于设立企业的条件外，没有其他的资格条件限制。目前由国有独资外贸公司占主导地位的外贸经营体制，将逐步向包括国有、合资、外资、股份制、集体、私营等多种所有制形式的经营体制过渡，进出口贸易与批发、零售等分销活动之间的联系将更加紧密。

（二）中国进出口商品和服务贸易的自由化趋势

中国将进一步降低进口关税税率。中国自主降低关税计划是到2005年将平均关税税率降到10%。2003年,中国将进一步降低进口关税,关税算术平均总水平将由12%降至11%。其中农产品平均税率由18.1%降低到16.8%,降幅为7.2%;工业品平均税率由11.4%降低到10.3%,降幅9.6%。其中汽车关税2006年7月1日降至25%,零部件关税2006年7月1日降至10%。

根据加入世贸组织协定,中国对原油、成品油、化肥、粮食、棉花、食糖、植物油和烟草8种关系国计民生的大宗产品实行指定经营管理。同时,参照中国目前实际进口情况,对非指定经营的比例作了规定(非指定经营指加工贸易等非一般贸易方式的进口不需要由指定公司经营)。指定经营管理商品的经营企业数量将逐年增加,并在自2002年起的三年过渡期结束后放开,国营贸易不再作为中国控制进出口的主要措施。

根据WTO规则中取消数量限制的原则,中国将经过5年的过渡期,逐步减少直至取消进口商品的配额、许可证和特定招标数量限制,同时中国还承诺了24类产品的基期配额和过渡期内每年的配额增长率。2003年,将取消发动机、照相机等31种商品的进口配额管理;取消船舶等19种商品特定进口管理措施;提高成品油、天然橡胶、汽车轮胎等商品的进口配额增长率到15%。到2004年,将取消对成品油、汽车轮胎、天然橡胶的进口数量限制。到2005年,将取消所有机电产品的进口数量限制。与此同时,粮食(小麦、大米、玉米)、棉花、植物油、食糖、羊毛5种农产品和化肥共6种商品,由绝对配额管理改为关税配额管理。

加入WTO后,中国对服务贸易开放做出以下承诺:外国服务提供者可以自由选择中方合资伙伴,包括行业外的伙伴;对外资进入中国主要敏感服务行业不能有数量限制;在审批过程中,只要外方符合行业的审慎原则,即应给予批准;不能以防止重复建设或以需要试点为由拒绝批准外资进入服务业。中国允许外商进入银行、保险、分销、电信、运输、法律咨询和会计等服务行业。电信服务方面中国将按照WTO《基础电信协议》取消各类服务地理限制的过渡期分别为寻呼和增值电信3年,移动通信5年,国内在线服务6年。但在外商股权、管理控制权、国际通信入口局方面,仍受国家限制。银行服务方面,中国将按照《金融服务协议》,承诺在5年内逐步取消外资经营外汇和人民币业务的客户和地理限制。中国将在加入WTO后5年内分阶段取消对外国保险公司经营业务范围和地理范围的限制。人寿保险公司的外资股权比例不得超过50%。证券方面,允许外商参股证券基金管理公司,但必须由中方控股,业务范围限于A股的承销、B股、H股及境内外政府、公司债券的承销,自营买卖和代理买卖,不允许从事A股交易。分销包括贸易、批发、零售、维修、运输、仓储和其他辅助服务。除少数商品外,中国将在3年内分阶段取消对外商投资企业的股权、经营品种、数量的地理限制。5年后除盐和烟草外,外商可以经营几乎所有的工业品。加入世贸组织后,中国将对增值电信和寻呼在加入后2年允许外资比例达到50%;对外资银行的国民待遇,除地域限制和客户限制外,不作限制;对因特网和卫星服务,按增值电信和基础电信分别承诺因特网和卫星服务。

2003年,在零售分销服务方面,允许在指定城市设立规定数量的合资企业,允许外资拥有多数股权,允许合资企业从事书报杂志的零售;在金融服务方面,逐步开放人民币业务,除已承诺开放的上海、深圳、天津、大连、广州、珠海、南京和武汉外,继续开放济南、福州、成都和重庆,允许外资金融机构向中国企业提供本币服务;允许外国非寿险公司设立外资独资子公司,取消企业形式限制。

(三)中国对外贸易政策的统一性、规范性和透明性

1994年经全国人大通过的《中华人民共和国对外贸易法》已经确立了实行统一的外贸政策的原则,中国将修订《中华人民共和国对外贸易法》,在整个中国关税领土内统一实施贸易政策。中国将进一步增强贸易政策的规范性,逐步统一内外资贸易权政策;制

定符合世贸规则的国营贸易制度，建立规范的国营贸易产品定价机制及企业资格认定制度，推进国营贸易企业制度改革；制定非国营贸易企业从事国营贸易产品的比例、数量和资格条件的相关规定；完善以出口信贷和出口信用保险为重点的外经贸支持体系；改革进口许可程序及进口配额的发放、产品的指定经营制度，简化出口手续，推行自营生产企业进出口登记制和外贸流通企业进出口经营核准制，加快建立符合多边贸易体制规范和中国国情的外经贸新体制。中国将承诺履行世贸组织透明度的规定，通过完善相关制度，确保透明度原则的实施。

（四）对外贸易管理手段的法制化和市场化

世贸组织规则是以市场经济为基础的，而市场经济通常又是法制经济。加入世贸组织后，中国将不断加强对外经济法制建设提高依法管理对外经济的水平。继续做好对外经济法律的清理、修改和制定工作，尽快建立健全服务贸易领域和知识产权领域的立法；加强对外经济管理执法的监督检查工作，消除和纠正实践中存在的有法不依、执法不严的现象，维护法律的尊严，避免和减少行政纠纷和贸易争端。同时中国将进一步完善符合市场经济的外贸管理手段，健全出口退税制度，完善金融和出口保险等贸易服务体系；推进人民币结售汇体制的改革，扩大经常项目可自由兑换的幅度，完善人民币汇率形成机制，提高运用市场手段管理外贸的水平和能力。

参考文献：

[1] IMF. International Financial Statistics Yearbook 2001 [R].

[2] 2001年中国对外贸易白皮书 [M]. 北京：中国金融出版社.

[3] 中国对外经济贸易年鉴编辑委员会. 中国对外经济贸易年鉴 [M].2001.

[4] 历年《海关统计》.

[5] 尼古拉斯·拉迪. 整个中国进入全球经济[M]. 北京：布鲁金斯协会出版社，2001.

[6] 世界银行. 中国：对外贸易与外资[M]. 北京：中国财政经济出版社，1989.

[7] 国际货币基金组织. 汇率变化及其对亚太经合组织地区贸易和投资影响[M]. 北京：中国金融出版社，1992.

[8] 吴敬琏. 转轨中国[M]. 成都：四川人民出版社，2002.

[9] 世界贸易组织秘书处. 乌拉圭回合协议导读[M]. 北京：法律出版社，1999.

[10] 石广生. 中国加入世界贸易组织知识读本[M]. 北京：人民出版社，2001.

[11] 尹翔硕. 中国对外贸易改革的进程和效果[M]. 太原：山西经济出版社，1998.

[12] 黄静波. 中国对外贸易改革的总体评价和展望"[J]. 经济评论，2000（2）.

[13] 尹集庆. 中国对外贸易改革20年[M]. 郑州：中州古籍出版社，1998.

[14] 王玉茹，马志光，郭树宝. 中国对外贸易市场化研究[J]. 浙江社会科学，1999（3）.

[15] 张曙光，赵农. 市场化及其测度——兼评"中国经济体制市场化进程研究"[J]. 经济研究 2000（10）.

[16] 王允贵. WTO与中国贸易发展战略[M]. 北京：经济管理出版社，2002.

[17] 李善同，王直，翟凡，等. WTO：中国与世界[M]. 北京：中国发展出版社，2000.

[18] 杨仕辉. 外国对华出口商品反倾销比较研究[J]. 统计研究，2000（1）.

[19] World Bank. China Foreign Trade Reform[R]. 1994.

[20] World Bank. China Engaged: Integration with the Global Economy[R]. 1997.

第八章 中介组织规模及行为的市场化

本章所讲的中介组织，是指那些介于政府与企业之间、商品生产与经营之间、个人与单位之间，为市场主体提供信息咨询、培训、经纪、法律等各种服务，并且为各类市场主体从事协调、评价、评估、检验、仲裁等活动的机构或组织。在中国，中介组织大多属于民间机构，少量的具有一定的官方色彩。但无论何者，都要通过专门的资格认定依法设定，都要按照市场经济的原则和规则行事，并对其行为后果承担相应的法律责任和经济责任，同时接受政府等有关部门的管理和监督。

近年来中国中介组织迅速发展，已成为市场经济运行机制的重要组成部分。多种专业的中介机构应运而生，中介组织体系不断完善，这是市场经济快速发展的客观需要和必然结果，是市场经济主体运作的基础条件，是降低交易成本的有效手段，也是市场经济发展程度不断深化的重要体现。有人因为中国中介组织在形成过程中政府作用比较大，很多职能是逐步由政府职能转换或授权而来的，因此，存在一些问题。事实上，中国绝大多数中介组织在隶属关系上不属于政府，即使少数中介组织有政府管理的主管关系，这类中介组织也都是在市场规则和法律的框架内运行的。

一、中国中介组织的发展历程

中介组织在中国有很悠久的历史，但从市场经济角度讲的中介组织在中国的发展主要是近20多年的事情。要理解中介组织这些年来的发展历程，需要从中国政府机构几次大的改革和政府职能转换过程中找线索,因为中介组织的一部分职能是从政府职能中转换过来的。

1978年以前,由于实行的是计划经济体制,政府的管理无处不在,职能无所不包,几乎没有中介组织正式生存和发展的空间。因此,也就不存在市场经济意义上的中介组织。20世纪80年代以来,中国对政府机构进行了四次大的改革,与此相应,中介组织的发展大体经历了四个阶段。

第一阶段:1982—1988年,为恢复起步阶段。1982年,中国政府进行了改革开放后的第一次政府机构改革。当时改革的主要目标是,提高各机关的工作质量,做到合理分工、职责分明、机构精干、提高效率,保证现代化建设的顺利进行。这期间,中国改革开放的政策正式确立,商品经济得到承认,于是以经纪人为代表的中介组织逐步出现在经济活动中,相继出现了人才交流中心、批发市场、职业介绍所、律师事务所、会计师事务所、公证处等。但这一阶段,中国的中介组织基本上是政府机构的附属部门,其承担的职能也主要是由政府部门授权和授意的,很难做到独立行使职能。

第二阶段:1988—1992年,为探索阶段。1988年,中国开始进行第二次政府机构改革,提出了改革的近期目标和长远目标。近期目标是,理顺关系、转变职能、精干机构、精简人员、提高行政效率,克服官僚主义,增强机构活力;长远目标是,建立一个符合现代化管理要求,具有中国特色的、功能齐全、结构合理、运转协调、灵活高效的行政管理体系。这一阶段,虽然进行了市场取向的改革,但由于还没有正式提出建立市场经济的目标模式,中介组织在市场经济发展中的作用问题没有根本解决。因此,一个重要的工作就是探索中介组织的作用、方式究竟是什么样的。尽管人们对中介组织在中国经济发展中的地位和作用认识是不一致的,不少人仍然不自觉地把中介组织作为政府机构的附属物。但由于市场经济发展的客观需要,这一阶段中介组织还是得到了较快发展,只是政府对中介组织的干预和控制仍然过多、过强。

第三阶段：1992—1998年，为快速发展阶段。1993年，中国进行了第三次政府机构改革。明确提出了：政府的行政管理职能主要是统筹规划、掌握政策、信息引导、组织协调、提供服务和检查监督；综合运用经济手段、法律手段和必要的行政手段，调节企业行为，加强政府培育和发展市场的职能；根据市场经济的要求和社会发展的需要，理顺中央和地方关系，界定各级政府及各部门的职责，合理分工，避免交叉；完善行政运行机制，明确政府工作程序和办事规则；等等。这阶段，由于明确提出了要建立社会主义市场经济体制，为中介组织的发展从根本上扫清了障碍，特别是经济快速发展的客观现实也迫切需要更多的、更加符合市场竞争规则要求的中介组织。因此，这一阶段，中介组织实现了历史性跨越式发展。无论是从数量还是从质量上都取得了长足进步，特别是中介组织从制度上基本完成了由旧体制下政府机构的附属部门向享受民事权利、独立承担民事责任法人实体的转变。中介组织在市场经济发展中不可替代的作用逐步被认可。

第四阶段：1998年至今，为规范完善阶段。1998年，中国进行了第四次政府机构改革。改革的目标是，建立办事高效、运转协调、行为规范的行政管理体系，完善国家公务员制度，建设高素质的专业化行政管理干部队伍，逐步建立适应社会主义经济体制的有中国特色的行政管理体制。从中不难看出，政府机构和职能是逐步朝"小政府、大社会"的方向发展和演变的。尤其需要指出的是，在1998年的政府机构改革中明确提出了"发展社会中介组织"的改革原则将机构改革、政府职能转变与社会中介组织的发展紧密联系起来，这无论从何种角度看，都是一个不小的进步。正是在这一阶段，中国将所有的会计、审计事务所彻底从各级政府的附属机构中分离出去，完全成为独立的中介组织；取消了国有律师事务所，采取合伙制和公司制进行规范；将一大批享受政府补贴的中介组织完全推向市场；撤销了一批国家局，如机械工业局、煤炭工业局、国内贸易局等，将其中的大部分职能移交给相关的中介组织，如有关商会或协会等。也正是在这样的背景下，中介组织逐渐由单一部门扩展到多个领域、由完全依附政府到独立行使职能。如今绝大多数中介组织已完全属于民间的独立机构，只有少数具有一定的官方色彩。中介组织基本实现了不直接从事市场客体（商品、劳务等）的交易活动，而是以第三者身份为市场主体提供各种服务。如在市场进入、市场竞争、市场交易秩序、市场行为等方面，提供验证、公证、评估、协调、仲裁等中介服务代理、咨询服务、提供交易场所等专业服务，成为介于市场主体之间、市场主体与政府机关之间的专门机构。

总之，中介组织的发展完全是与中国经济体制改革和经济发展步伐相一致的。而且是中国对外开放较早的领域，有些领域如会计业是服务业中最早开放的领域，就其开放程度而言，已超过一些周边国家和地区，甚至超过了一些经济发达国家和地区。

二、中国中介组织的作用和职能

（一）中国中介组织的分类

中介组织的划分标准是多种多样的，按照中介组织发挥作用的形式、提供服务产品的特点，可以划分为以下五种类型。

1. 自律性行业组织

主要是由企业单位自下而上组织起来的各种行业协会、同业公会、商会等自律性组织，目的是通过制定行业发展准则，规范内部企业间的竞争，维护行业整体利益。主要职能是维护工商企业正常的合法权益；向会员企业提供经济信息、市场预测、技术指导、投资导向、法律咨询、人员培训等方面的服务；沟通国际联络渠道，协调对外经济交流和贸易活动；代表会员企业的利益，向政府反映意愿和建议；协调厂商关系，调解商务、贸易和法律等方面的市场行为，实行集体自律，约束成员的市场行为，反对不正当竞争。

2. 法律、财务服务机构

主要是指会计师事务所、律师事务所资产和资信评估鉴定机构、公证和仲裁机构等组织，这类中介组织的特点是按照国家法律、有关行政主管部门规定和专业技术要求，提供特定的服务，维护市场经济的有效运转和社会稳定。主要职能是，评价和审查企业的行为，监督其按照公平、公正的原则进行公开竞争，规范市场行为，反对欺诈，并调解市场纠纷。

3. 信息、咨询服务机构

主要是指信息中心、研究及咨询机构、投资项目评估机构、报价系统等组织为企业提供多方面的信息、咨询等服务。这类中介组织的主要特点是所提供的信息、服务具有增值性，在一定程度上是经济发展的一种要素，能够提高经济效益和资源的配置效率。

4. 市场交易中介组织

主要是指各种经纪商、典当行、拍卖行、职业介绍所、人才交流中心等组织。它们的作用是直接为市场交易活动的顺利开展提供方便和服务，降低市场交易费用。

5. 市场监督鉴证机构

主要是从事计量检查、商品检验、质量检查、从业资质认证等监督市场活动的组织。这类中介组织的特点是代表政府行使着提供一定公共产品的功能，其主要职能是：反对弄虚作假欺骗消费者，保证市场公正交易、公平竞争，稳定经济运行秩序。

（二）中国中介组织的作用

从大的方面来看，可以将中国中介组织的职能分为服务、沟通、监督三项。近年来，随着经济的发展，中介组织发挥的作用越来越显著，这三个方面的作用也越来越突出，主要表现为：

一是服务的范围不断扩大，水平逐步提高。随着社会分工的深入发展，中介组织的作用和服务范围也会不断扩展，由起初主要提供单一的服务，发展到如今提供法律、会计、信息、咨询、结算、培训、经纪,等等。

二是沟通各类市场主体之间的桥梁和纽带作用得到充分发挥。中介组织沟通的领域越来越宽,渠道也日益多样化。正是由于中介组织的不断完善,使企业之间、政府与企业之间、个人与单位、国外企业与国内企业之间的联系变得更加便利和通畅。

三是监督职能日益加强。近年来,随着中介组织作用逐步被认可,其"经济警察"的职能日益得到加强。特别是在监督企业行为、调节市场纠纷、稳定市场秩序等方面已发挥着不可替代的作用。其中,监督职能较强的中介组织主要包括:消费者协会、商品检验中心、质量检验所、计量检查所等。这些职能过去大多在政府部门,随着市场经济的发展和政府职能的转变,逐步由中介组织承担。因此,这类中介组织与政府的关系相对要更密切一些。

公正性是中介组织必须具备的素质。近年来,无论是中国政府,还是中介组织本身,为了使中介组织的公正性得到较好的体现,制定了一系列的规则,尤其是中介组织内部,在自我约束、自我调节、坚持客观性、公正、公平、公开等方面都取得了明显进展。

(三)中介组织与政府的关系

在中国,中介组织所起的作用是多种多样的,最突出的就是桥梁和纽带作用。要起到这种作用就不能不与政府发生关系。这种关系就是"法律规范、行业自律、政府监督"。所谓法律规范就是,无论是政府或是中介组织都必须在法律的框架下行事,任何一方都不能要求对方做违反法律的事情。所谓行业自律,就是对属于行业内部的正常业务,政府无权干预,完全由行业内部自行决定和解决。所谓政府监督,就是政府监督中介组织是否有违规行为。

政府的主要职能是制定并维护一个良好的市场游戏规则,为中介组织创造宽松的社会环境和执业环境;中介组织的主要职能,一是运用其专业知识为社会提供公益性服务,二是为自身所代表的特定的利益群体服务，承担着联系政府与企业之间桥梁和纽带的作用，并通过这些服务使自身也获得发展。中介组织的职能实现是在实行社团自治的前提下独立进行的，不受政府的影响；政府也不能对中介组织直接下达行政性指令。政府和中介组织是两个不同的权利主体，它们在权力和职能上有本质的、明确的区分。

总的来看，在中国的经济条件下，政府与中介组织既是彼此独立的，又是相互依存的。所谓彼此独立，就是政府和中介组织有明确的权利边界和职能范围，不存在错位、越位和缺位现象。所谓相互依存，就是指政府为中介组织的有效运作提供了法律框架和相关规定，而中介组织则有效地沟通了政府和企业、社会之间的关系，为政府转变职能奠定了一定的基础。

三、中国中介组织的市场化程度

（一）中国中介组织市场化程度指标说明

统计一个国家中介组织的总数量和系统构成十分困难。原因有三：一是在现代社会中介组织的概念相当宽泛，譬如中介组织与民间组织、社团组织就较难区分。二是中介组织的形式差异较大。就其类别而言，政治、经济、社会、文化、科技、教育等方方面面都存在大量的中介组织。三是当今中国由于社会、经济面貌改变的速度较快，与之相适应的中介组织产生和变化的速度也非常快，很难将其做一固定、模式化的指标说明和分析。因此，本章将尽可能地明确和界定中介组织的范围，并以举例和定性的方式来说明中介组织的市场化程度。

从从业人员的情况看，在中介组织中工作的人员基本都是自由职业人员，具有一定专业知识技能，并能为社会提供合法服务性的劳动，从而获取劳动报酬。也就是说，他们是独立的，不隶属于政府及与政府相关的部门。

1. 会计中介

市场经济国家都非常重视会计中介的作用。这是由会计中介所承担的职能所决定的。中国也是一样,一直把会计工作作为加强经济管理的重要手段,逐步确立了与市场经济相适应并符合国际惯例的新会计模式,建立起了国家统一的会计制度。

中国自1980年恢复注册会计师职业、重建注册会计师职业服务市场以来,取得了较大的成绩。如1991年始举行注册会计师执业资格全国统一考试;1994年正式实施《中华人民共和国注册会计师法》;注册会计师队伍不断壮大,到2001年年底中国注册会计师协会拥有注册会计师会员13万人,其中执业会员5万多人,非执业会员7万多人,会计师事务所4300多家。注册会计师行业提供的服务种类已有财务报表审计(包括工商年检)、验资、资产评估、税务代理、人力资源培训、管理咨询、外汇年检、企业并购重组,等等。

1999年中国对《中华人民共和国会计法》进行了再次修订,突出强调了单位负责人对会计工作和会计资料的真实性、完整性的责任,强化了单位内部监督、社会监督、和国家监督三位一体的会计监督制度,加大了会计违法行为的处罚力度,中国的这些会计改革被很多国际同行认为是转型经济国家和发展中国家会计改革成功的典范。

会计市场的对外开放是与中国会计改革和发展同步进行的。从20世纪80年代开始,中国就逐步开放会计市场,开放的主要形式包括:允许外国会计师事务所在中国设立代表处、成员所和申请临时执业,允许外国公民和港澳台居民参加注册会计师全国统一考试,考试合格者可以申请成为中国注册会计师协会会员。有多家国际会计公司在华设立了成员所,共有近20个国家和地区境外考生参加了中国注册会计师资格考试,世界著名的毕马威、安永华明、普华永道、德勤、安达信等世界五大会计师事务所都已在中国开展了业务。

2. 法律中介

法律服务中介是从20世纪70年代开始恢复的。1979年，为配合《刑事诉讼法》的实施，恢复和重建了律师制度。1980年，恢复重建了公证制度。经过20多年的发展，中国的法律中介服务业已经初具规模。到2002年上半年，全国法律中介服务机构数量达到4.8万多家，从业人员25万多人。其中，律师事务所9000多家，律师12万多人；公证处3200多家，公证员近2万人；基层法律服务所3.5万家，基层法律服务工作者12万名；专利代理机构500多家，专利代理人4000多名。在制度建设方面，初步建立了专业资格准入制度和考核制度、培训制度、工作程序制度、执业纪律制度和惩戒制度等，并正在积极探索执业责任保险制度和执业风险基金制度。1986年开始，律师业实行了严格的全国统一资格考试制度；之后，公证、专利代理、商标代理、企业法律顾问等陆续实行全国统一的资格考试。

法律中介服务机构的组织形式出现了多元化的格局。逐步打破了单一"国办"的局面，正在向合伙制、合作制等组织形式过渡。无论是哪种形式，在管理服务上都是一样的。行业自律组织得到了发展。一些行业协会，如律师协会、公证员协会、专利代理人协会已经成立，并承担了部分行业管理职能。

律师业务领域不断拓宽，从恢复初期单纯的刑事辩护，发展到涉外经济、金融、房地产、证券、高科技等市场经济的各个领域，涉及政治、经济和社会生活的方方面面。国际间合作不断扩大，到目前为止，50多个外国律师事务所和20个中国香港地区律师事务所在中国内地建立了办事处。同时，我国已批准十几家国内律师事务所在美国、俄罗斯、加拿大、德国、荷兰、澳大利亚、日本、新加坡等国家设立分支机构。中国的律师业在为中国客户提供各项服务的同时，也为众多国外、境外客户提供各种法律服务。据不完全统计，数万家"三资"企业在中国创办过程中，约有80%以上得到过中国律师提供的服务。境外企业，包括世界500强中的知名跨国公司都纷纷聘请中国律师作为代理人或提供相关法律服务。

法律中介服务弥补了社会公众法律知识的不足，加快了法律信息的传播，宣传了法律，在调节市场主体之间的经济关系、保障经济生活主体的合法权益、维护市场公正交易、维护国家法律实施、预防和平息纠纷、维护社会秩序等方面，发挥了重要作用。

3. 商会、行业协会中介

商会和行业协会中介具有一定的特殊性，二者是跨于社会中介和市场中介之间的中介机构。从本质上说，它们既是企业的行业自律性管理组织，也是中介机构的自律性行业管理组织，对维护市场秩序、保证中介机构的素质、规范中介机构的运行、控制中介机构的数量、监督中介机构从业人员的行为都有重要的意义和作用。目前中国的行业协会和商会在统计上，被包括在民间组织里。截至2002年上半年，中国登记的各级各类民间组织共有23万多个，其中社会团体13.4万个，民办非企业单位10万多个，这些也可以算作是中介组织的机构，几乎涵盖了社会、经济、文化、科技、教育、法律等各个领域。

与其他中介组织相比，中国的商会和行业协会，与政府的关系要更密切一些，这首先是因为商会和行业协会目前的职能，大多数都是由政府职能转变而来的。其次是因为商会和行业协会本身也具有一定的行业管理权力，甚至承担少量的政府授权的职能。最后是因为商会和行业协会本身的利益倾向也是比较明显的，这也是与其他中介组织的区别之处。尽管如此，从本质上讲，商会和行业协会也应该算作是中介组织。

经过20多年的逐步发展，一些纯民间性质或半官方性质的行业协会和商会，作用发挥得比较好，比如半官方性质的工商联向政府和企业提供双向服务，既分担政府职能，又反映企业的意见和建议，是连接微观和宏观管理的中观媒介；民间性质的产业性组织如中国食品工业协会、中国包装技术协会、中国有色金属加工工业协会等，开展了技术咨询、交流、培训和开发工作，为这些部门的企业提供优质服务。

中国商会和行业协会的作用随着政府职能的转变逐步得到加强，尤其是为政府和成员单位提供了大量双重服务，发挥了沟通企业与政府、生产与消费的双重桥梁纽带作用。具体主要表现在：一是参与制定行业发展战略规划和年度计划，对行业改革与发展的重要问题向政府提出建议，为政府决策提供依据。二是协调行业内部关系，制定行规行约，推动行业自律、平等竞争。三是组织商品交易活动，指导流通市场有序发展，推行新型营销方式和新兴商业服务行业的发展。四是承担国家对流通企业标准和行业标准的制定和修改。在报政府部门批准后组织实施。五是开展行业检查、行业评比活动。六是承担行业的科研管理、质量管理、质量认证、质量监督，参与行业生产、经营许可证的发放，参与企业资质审查。七是负责流通企业统计和市场信息的收集、分析发布，组建行业信息网络。八是组织国际合作与交流，协助会员单位开拓国际市场。引进国外先进技术、经营管理方法、营销策略和资金、项目等。由此，使商会和行业协会初步形成了在市场经济体制下独立开展工作的新机制。

4. 保险中介

保险中介在世界上已有上百年的历史，但中国的保险中介是改革开放以后才发展起来的。虽然保险中介起步较晚，但发展速度很快。主要表现在：

一是保险中介制度逐步完善，法律法规体系相应建立，监管机构逐步形成。1983年国务院颁布了《中华人民共和国财产保险合同条例》，1985年出台了《保险企业管理暂行条例》，1995年中华人民共和国全国人民代表大会颁布了《保险法》，之后《保险管理暂行规定》《保险代理人管理规定（试行）》《保险经纪人管理规定（试行）》和《保险兼业代理管理暂行办法》等法律法规相继出台，从而使保险中介有法可依。

二是保险中介制度框架初步形成。目前全国已有保险代理机构近 10 万家。全国财产险保费收入的 40% 以上来自代理人，而寿险全部保费收入的 80% 是由代理人收到的。经纪人考试制度已经建立，从 1999 年开始，北京、上海、广州等一批保险经纪公司获准成立。2001 年 3 月，中国第一家保险公估公司成立，从此将为保险主体提供一个可以信赖的独立评估公司体系。2001 年年初，中国保监会一揽子批准筹建 41 家保险中介组织，使保险中介组织达到 56 家，再加上已有的 6 万多家保险兼业代理机构，可以说中国的保险中介组织市场的主体框架已经初步形成。

（二）中国中介组织与中国经济市场化的协调程度

总的来说，中介组织的发展程度是与中国市场化改革和对外开放的进程相协调的。主要表现在以下三个方面。

1. 中介组织是市场经济的产物

从近 20 多年经济发展的实践看，中介组织从无到有、从小到大，这一过程本身就说明了中介组织与中国经济市场化进程是完全协调的。市场经济需要中介组织，中介组织的产生，又为市场经济的发展提供了更好的服务。

2. 中介组织在市场经济体制的框架下得到规范

从制度选择方面讲，这些年中国的中介组织之所以日益规范完善，最重要的是中国逐步建立了社会主义市场经济体制。有关中介组织发展、完善的所有制度和规范都是在社会主义市场经济体制的框架下制定的。所以，从制度上保证了中介组织与市场经济的协调性。

3. 中介组织在对外开放中发展壮大

从对外开放方面讲，中国的中介组织是对外开放较早的领域，中国在发展、规范中介组织的过程中非常注重吸收和借鉴国外的经验。近年来，越来越多的国外中介组织纷纷进入中国，而且，先期进入中国的一些中介组织已经取得了不俗的业绩。

（三）中国中介组织当前存在的主要问题

由于中介组织在中国的发展速度过于迅速，相应政府的管理规范没有跟上而且随着政府职能的转换，过去许多由政府部门承担的工作逐渐转移到了中介组织，使一些中介组织在起初还不能完全适应角色转换的需要。因此，目前中国的中介组织还存在一些问题。主要表现在以下四个方面。

1. 中介组织的约束机制还不够健全

一些中介组织内部管理规范和内控机制不健全，一些人员和机构自律性不强，出具虚假审计、评估报告的情况时有发生。少数中介组织独立性不强，仍具有一定官办色彩，有些虽然与政府机构已经正式脱钩，但在执业观念、方式上还不能完全适应中国市场经济发展的需要。

2. 执业人员分散，中介组织规模较小，服务质量还有待提高

中国中介组织恢复、建立时间普遍较短，人员少，资产规模有限，少则几万元、十几万元，多则不过百万元、千万元，与国外几亿元、上百亿元资产，而且运行了几十年、上百年的中介组织相比，还有较大差距。经营范围也有限，一般只限于本地区，跨地区尤其是跨国经营的较少。

3. 资格多重、业务交叉、市场不够统一

据不完全统计，中国目前已有正式的中介执业资格多达数十种，有注册会计师、注册资产评估师、注册税务师、注册房地产评估师、注册土地估价师、工程造价师、价格评估师、律师、公证员、专利代理人、商标代理人、法律服务工作者、企业法律顾问、证券律师、企业登记代理人、土地登记代理人，等等。这些众多的资格管理分属不同的政府部门和行业协会，这就容易导致资格认定标准和资质审查程序不一，鉴证标准和行业规范内容各异等问题。

4. 中介组织人员的专业素质还有待提高

一些执业人员知识面较窄，知识结构单一，不能为客户提供良好的服务。特别是少数执业人员缺乏应有的职业道德。

四、中国中介组织的未来趋势

中国中介组织发展的经验表明,市场经济越发展,市场经济主体之间的联系就越广泛,市场交易行为就越活跃,也就越需要更加完备的市场中介组织。随着中国市场经济体制的不断完善,可以肯定地说,中介组织所扮演的角色会越来越重要。因此,中国中介组织发展的前景是非常光明的。这主要表现在以下四个方面。

(一)民间化趋势

所谓中介组织的民间化,在中国目前也可以说主要是"非政府化"。因为,中介组织最大的意义就在于它的"中介性"。对政府而言,它不是附属部门,而是独立的,是社会各经济人利益的代表;而对企业而言,它是服务者,是社会利益的维护者。目前,中国政府正在按照是否有利于市场经济发展作为发展中介组织的出发点和落脚点,大力清除影响中介组织民间化的政策性和体制性障碍。可以预见,民间化趋势是中国近期中介组织发展的重要特点。

(二)市场化趋势

中国的中介组织本身就是市场经济发展的产物。因此,只要中国发展市场经济的方向不改变,中国中介组织发展的市场化趋势也就不可能改变。而且,从大的方面讲,中国的中介组织也基本上是按照市场经济规则运行的,只是还不够完善。至于目前极少数受政府影响较深的中介组织,要么尽快按照市场经济的要求,转变经营机制,与市场经济发展的步伐相适应;要么墨守陈规,在市场经济的发展大潮中被逐步淘汰。

(三) 自律化趋势

加强自律是今后中国中介组织面临的最重要的任务。近年来，在国际、国内接连出现一系列的"中介丑闻"后，自律的问题就显得更加突出。加强自律的重点主要在两个方面：一是中介组织本身要加强自律，如实施事务、财务公开，全面彻底接受公众监督和质询；对越权、违规行为进行及时纠正并对相关责任人进行有效惩处等方面都需大力加强。二是在中介组织行业内部加强自律。如在实施市场准入和资质认定、对行业内会员进行资格审查和中介行为的监察评估、对违规机构的惩处等方面，也需大力加强。

(四) 规范化趋势

从发展市场经济的视角看，中国的中介组织与西方发达国家相比起步比较晚，许多做法还处在探索之中，规范化程度不够。从某种意义上讲，规范化程度不够是影响中国中介组织职能发挥的最大障碍。因此，大力加强规范化工作，不仅是今后中国发展中介组织的重点，而且是中国中介组织更好地服务于市场经济需要的根本所在。着眼点主要在三个方面：一是要从制度建设上加强规范。据了解，中国政府有关部门正在积极制定进一步规范中介组织的法律法规和各种规章。二是要大力提高执业人员素质。实事求是地讲，在这方面中国与发达国家的差距还比较大。三是要加快与国际惯例接轨。在大力引进国外中介组织到中国来开展业务活动的同时，积极创造条件，走出国门，在更大范围和更高层次上参与国际中介组织的竞争，为中国市场经济的发展做出更大的贡献。

参考文献：

[1] 世界银行.1997年世界发展报告——变革世界中的政府 [M].北京：中国财政经济出版社，1997.

[2] 李勇. 经济鉴证类社会中介服务行业发展理论研究 [M]. 北京：中国财政经济出版社，2001.

[3] 刘靖华. 政府创新 [M]. 北京：中国社会科学出版社，2002.

[4] 周青. 市场经济下政府经济职能 [M]. 厦门：厦门大学出版社，2001.

[5] 王俊豪. 政府管制经济学导论 [M]. 北京：商务印书馆，2001.

第八章 中介组织规模及行为的市场化

第九章 货币与金融的市场化

中国金融体制改革是以市场化为基本线索而展开的。1979年以来的改革进程使中国金融体制逐步具有了市场化特征,尤其是1998年和1999年在银行商业化改革、金融市场的拓展、中国人民银行机构改革以及准备金、公开市场操作、再贷款、再贴现等市场化调控手段的运用方面取得的突破性进展,使中国的金融体制初步形成市场化框架。

一、中国金融改革的基本回顾

20多年来中国金融改革和发展过程,实际上是中国金融走向市场化的过程。在这个过程中,中国的金融改革深化程度有了很大的发展,初步形成了适应市场经济体系发展的金融体制框架。

(一)中央银行制度的形成和发展

在1984年以前,中国人民银行既行使中央银行职能,又对企业单位和居民个人办理存、贷款等业务。1983年9月,国务院决定中国人民银行专门行使中央银行职能,同时决定成立中国工商银行,办理有关商业银行业务。1993年12月,《国务院关于金融体制改革的决定》进一步明确中国人民银行的主要职能是制定和实施货币政策,保持货币币值的稳定;对金融机构实行严格的监管,维护金融体系安全、有效的运行。

1995年3月18日,通过了《中华人民共和国中国人民银行法》,至此,中国人民银行作为中央银行以法律的形式被确定下来。这部中央银行法赋予中国人民银行两大职能：一是在国务院领导下制定并执行货币政策，稳定货币币值，促进经济发展；二是对金融机构实施监督管理。中央银行法明确规定，中国人民银行在国务院领导下有权独立地执行货币政策，不受其他政府部门、地方政府、社会团体和个人干扰，也就是说赋予了中央银行相对独立与集中性的金融领导权。同时，还规定中国人民银行不得对政府财政透支。这个规定应当看作是中国建立具有真正意义上的中央银行制度的重要一步。

1997年以来，中国人民银行发布了《中国人民银行货币政策委员会条例》《票据管理办法》和《支付结算办法》等涉及货币政策制定和风险监管方面的规章，显示了中国中央银行制度的市场化特征的日趋完善。1998年11月，中国人民银行撤销了31个省级分行，组建了9个跨省分行，同时与所办的证券公司、融资中心和各种经济实体彻底脱钩。至此，中国的中央银行制度得到了进一步的完善。

（二）专业银行的商业化进程

20世纪80年代初的专业银行体制的建立仅仅是在理顺中国的银行机构体制方面迈出了第一步。为了促进专业银行的商业化经营，中国于1980年开始对这些银行实行经济核算。1983年，银行系统开始实行"全额利润留成制度"，把各项指标考核与利润留成挂钩。接着，中国又开始探索专业银行向商业银行转轨的途径，允许专业银行向综合化经营的方向发展。这种业务的相互交叉和竞争，为专业银行深化改革和商业化经营奠定了良好的基础。随着专业银行之间的业务交叉，"专业银行"的称谓也逐渐消亡，由"国有（独资）商业银行"所取代。

与此同时，中国从1986年起陆续建立了一批新型商业银行，如四家全国性商业银行，即交通银行、中信实业银行、中国光大银行、华夏银行，以及一些区域性商业银行，如深圳发展银行、广东发展银行、招商银行、上海浦东发展银行、福建兴业银行、海南发展银行（已关闭）、烟台住房储蓄银行和蚌埠住房储蓄银行等，借以推动中国银行体系的市场化建设。在此期间，中国的许多中心城市还逐步建立了城市信用社。金融机构的改革在农村也在向纵深推进。从1996年9月开始，全国5万多个农村信用社和2400多个县联社逐步与中国农业银行顺利脱钩，农村信用社的业务管理和金融监管分别由县联社和中国人民银行承担。1995年还成立了中国民生银行，各市的城市信用社也于1996年分别合并组成了城市合作银行，并在1998年更名为城市商业银行。

1994年，在先后成立了国家开发银行、中国进出口银行和中国农业发展银行三家政策性银行后，专业银行的政策性业务逐步划转到政策性银行，经营机制进一步向市场化靠拢。1995年，中国颁布的《商业银行法》又明确规定了商业银行实行"自主经营、自担风险、自负盈亏、自求平衡"，并且以其全部法人财产独立承担民事责任。四大国有专业银行逐步完成了改组成国有独资商业银行的过程，专业银行商业化也进入了实质性的实施阶段。1998年，国有商业银行改革又进一步深化：改革和完善国有商业银行资本金补充机制以及呆账、坏账准备金提取和核销制度；扩大贷款质量5级分类法的改革试点；全面实行资产负债比例和风险管理；加强中央财政对国有商业银行的支持，通过发行2700亿元特种国债筹措资金，以增加国有商业银行的资本金；对国有商业银行的某些贷款实际用于财政支出的部分予以补救或改变；将现行金融会计制度中不符合金融业谨慎原则的内容加以修正。

1999年，中国先后组建了中国信达资产管理公司、中国东方资产管理公司、中国华融资产管理公司和中国长城资产管理公司，分别购买或托管中国建设银行、中国银行、中国工商银行和中国农业银行的不良贷款。这些均具有独立法人资格的国有独资金融企业，其主要任务是负责接收、管理、处置对口银行划转的不良贷款，最大限度地保全资产，减少损失。

（三）对外开放程度的逐步扩大

回顾金融业开放历程，可以看出中国金融业渐进式开放的政策轨迹：在机构类型上，从允许设立代表处扩展到经营性机构；在地域上，从经济特区扩展到沿海开放城市再到内陆中心城市；在业务经营上，从外币业务逐渐扩展到试点经营人民币业务；在部门上，从银行业到保险业再到证券业。

在1979—1982年，以日本东京银行北京代表处设立为开端，陆续有31家外资金融机构在华设立代表处。在1982—1985年，中国开始批准外资金融机构在经济特区设立营业性分支机构的试点，允许它们从事各项外汇金融业务。1985年，中国政府颁布了《经济特区外资银行、中外合资银行管理条例》，确立了外资金融机构在中国经济特区设立营业性分支机构的法律地位，标志着中国金融业开放向规范化方向发展。1990年9月，国务院批准上海成为中国除经济特区外率先引进营业性外资金融机构的沿海开放城市。此后，中国引进外资金融机构的数量和规模不断增长，质量不断提高，地域不断扩展。

从1992年起，在上海进行开放保险市场的试点，陆续批准了美国友邦保险公司、日本东京海上保险公司、瑞士丰泰保险公司等四家保险公司在上海开设营业性分公司。1998年，国务院又同意批准英国和澳大利亚的两家保险公司来华开展业务。在资本市场方面，1995年，中国建立了第一家中外合资投资银行——中国建设银行与美国摩根·斯坦利合资的中国国际金融有限公司，开始探索规范地开放中国资本市场的途径。至2000年年底，已取得外资股业务资格的证券经营机构有40家，外资证券类机构在华代表处达61家。

1996年年底，中国人民银行颁布了《上海浦东外资金融机构经营人民币业务试点暂行管理办法》，并开始审批符合条件的外资金融机构在上海浦东经营人民币业务。1997年，中国人民银行批准了九家外资银行在浦东试办人民币业务。1998年10月，中国又决定增加八家外资银行在上海浦东经营人民币业务试点。随后又批准深圳为第二个允许外资银行试点经营人民币业务的地区。至2000年3月，获准经营人民币业务的外资银行已达32家。

（四）外汇管理体制改革

新中国成立以来，中国外汇管理体制的变革可主要划分为三个阶段：1949—1978年的外汇统收统支制度阶段、1979—1993年外汇留成制度阶段以及1994年以来的银行结售汇阶段。在不同的外汇管理体制下，外汇收支的管理方式表现出不同的特点。

1949—1979年的外汇统收统支制度阶段。在这个阶段中，中国实行统收统支的外汇管理制度。企事业单位和社会团体收入的外汇，必须按照官方汇率缴售给国家；支出的外汇，则需要经有关部门批准后按照官方汇率向国家购买。这是与集中的计划经济体制相适应的严格的外汇管理制度。

1979—1994年的外汇留成制度。在1979—1993年，中国外汇管理体制的改革与外贸管理体制改革和国家利用外资政策完善同步推进，逐步摒弃了高度集中、统收统支的外汇管理体制，实行外汇留成与上缴制度，并在此基础上培育和发展外汇调剂市场，形成并不断完善了官方汇率与市场汇率并存的双重汇率制度。在外汇分配领域引入市场机制，逐步建立健全了计划管理与市场调节相结合的外汇管理模式。

1994年以来的外汇结售汇制度。1994年1月1日，中国对外汇管理体制进行了重大改革，其主要内容有：实行银行结售汇制度，取消外汇上缴和留成，取消用汇的指定性计划和审批，对境内机构经常项目下的外汇收支实行银行结汇和售汇制度；实行以市场供求为基础的、单一的、有管理的浮动汇率；建立统一的、规范的银行间外汇交易市场。1996年下半年将外商投资企业外汇买卖纳入银行结售汇体系，提高个人因私用汇供汇标准，取消尚存的非贸易非经营汇兑限制,并于同年12月1日正式接受国际货币基金协定第八条款,取消所有经常项目汇兑限制,实现了人民币经常项目完全可兑换。至此,中国在市场汇率基础上,正式确立了"人民币经常项目可兑换,资本项目外汇实行管制"的现行外汇管理框架,符合国际惯例的银行结售汇体系运行良好。

二、中国金融发展现状分析

(一)金融组织体系不断健全和完善

目前,中国已初步建立以各类商业银行、证券公司和保险公司为主体的比较健全和完善的金融组织体系。到2001年年底,全部金融机构(含证券、保险公司)总资产已达21.8万亿元,其中存款货币银行总资产14.1万亿元,所占比例为64.7%。

1. 银行组织体系进一步健全

1997年以来,国有独资商业银行加快改革步伐,逐步完善管理体制和经营机制,强化统一法人制度,撤并分支机构,精简人员。为更好地支持广大中小企业,促进银行业适度竞争,中国还陆续增设和重组了10家全国性股份制商业银行。在整顿规范的基础上,将2200多家城市信用社组建成109家城市商业银行。农村信用社与农业银行脱钩,深化了农村信用社改革,组建了3家农村商业银行,3万多家农村信用社及其县市联社已成为农村金融服务的主力军,支持农村经济发展所发挥的作用日益突出。

引进了外资金融机构,促进了中国金融业的改革和发展。到2001年年底,中国境内外资金融营业性机构162家,其中外资银行6家、合资银行7家、外资银行分行131家、财务公司5家、投资银行1家以及外资企业集团财务公司1家。外资金融机构总资产451.8亿美元。外资金融机构已成为中国金融体系的重要组成部分。

10多年来,中国银行业努力改进金融服务,大力支持经济改革、开放和发展,贷款总量持续增长,结构明显改善,周转速度进一步加快,质量逐步提高。到2001年年底,中国银行境内本外币各项贷款余额11.2万亿元,比1990年增加10.2万亿元,年均增长19.4%。从发展趋势上看,非国有银行的作用力量在不断提高,2001年1.26万亿元的新增贷款中,其中四大国有独资商业银行占49%,非国有银行占51%。

2. 证券类金融机构在规范中发展

近些年来,中国证券类金融机构快速发展,管理逐步规范。到2001年年底,中国共有证券公司109家,证券投资基金51家,基金的发行总规模804.23亿元,基金资产总值804亿元。中国资本市场发展潜力巨大,证券类金融机构发展空间广阔。今后要进一步完善和发挥证券类金融机构的功能,大力发展以证券投资基金为主体的机构投资者,增加新的基金品种,扩大业务范围。

3. 保险机构体系不断完善

20世纪90年代以来,保险业改革步伐进一步加快。完成了财产险、人寿险和再保险业务的分离,各类保险机构进一步健全。到2001年年底,中国已有国有独资保险公司5家、股份制保险公司15家、中外合资保险公司19家和外国保险分公司13家;同时成立了一批保险经纪、保险代理和保险公估等保险中介机构。随着社会保障体制的变革,保险需求的范围和规模将不断扩大,商业保险的作用将逐步增强,各类保险机构将进一步加快发展。

(二)建立了多层次的金融市场体系

随着社会主义市场经济体制和新的金融体系的建立,中国的金融市场在不断探索中发展。目前,一个初具规模、分工明确的金融市场体系已经基本形成,成为社会主义市场经济体系的重要组成部分。

1. 建立了较完善的货币市场

中国的货币市场主要包括同业拆借市场、银行间债券市场和票据市场。1996年1月建立全国统一的同业拆借市场，并第一次形成了全国统一的同业拆借市场利率（CHIBOR）。自1996年6月起，中国人民银行取消了同业拆借利率上限，全面放开拆借利率。统一拆借市场的形成，结束了市场分割、多头拆借的局面，规范了各金融机构的拆借行为，提高了银行之间融通资金的效率，推进了利率市场化，并为中央银行加强宏观调控提供了条件。这几年，同业拆借市场交易量逐年扩大，到2001年年底，已累计成交3.4万亿元。同业拆借市场已成为金融机构管理头寸的主要场所。

1997年6月，中国建立了银行间债券市场，允许商业银行等金融机构进行国债和政策性金融债的回购和现券买卖。目前银行间债券市场已成为发展最快、规模最大的资金市场，并成为中央银行公开市场操作的重要平台。到2001年年底，债券回购累计交易量达6.1万亿元，现券交易累计交易量为1597.6亿元。

中国的票据市场以商业票据为主，近年来这一市场在规范中稳步发展。票据市场正逐步成为企业短期融资和银行提高流动性管理、规避风险的重要途径，同时也为中央银行实施货币政策提供了一个传导机制。2000年年底全国商业汇票的贴现余额为1236.3亿元，较1999年增长了154.2%；中央银行再贴现余额1258.27亿元，较1990年增长了151.5%

2. 资本市场在规范中发展

1990年10月和1991年4月，上海证券交易所和深圳证券交易所先后成立。经过12年的改革和发展，中国已经形成了以债券和股票为主体的多种证券形式并存，包括证券交易所、市场中介机构和监管机构初步健全的全国性资本市场体系，有关交易规则和监管办法也正在日益完善。到2001年年底，中国境内上市公司已达1160家，市价总值4.35万亿元，流通市值1.45万亿元，市价总值与GDP的比为45.4%。1991年以来，A、B、H股累计筹资7700亿元。证券市场在改革投融资体制，促进产业结构调整，推动企业转换经营机制，完善企业法人治理结构等方面发挥了非常重要的作用。

股票市场的迅速发展也可以从股票市场筹资规模的扩张以及股票筹资额和银行贷款增加额的比率变化中得以体现。1993年境内股票筹资额为276.41亿元，占银行贷款增加额的比率为4.36%，而2001年境内股票筹资额达到1182.15亿元，与银行贷款增加额的比例上升到9.15%。

除了股票市场的迅速发展以外，债券发行规模的扩张，特别是国债和政策性金融债的扩张，也是推动中国金融资产规模扩张、改变金融资产结构的重要力量。在开始发行企业债和金融债的1986年，国债余额占各种债券余额的比重为73%，1994年以后，国债发行的绝对规模迅速攀升，国债发行额与GDP的比率也不断上升，1995年新开辟了政策性金融债，形成了国债和政策性金融债共同主导债券市场的局面。到2001年年底，国债余额、政策性金融债券余额和企业债余额分别为15618亿元、8534.48亿元和1008.63亿元，国债和政策性金融债券余额占债券总余额的96%。

3. 保险市场的深度和广度不断扩大

中国保险市场快速发展，保险业务品种日益丰富，保险业务范围逐步扩大，保费收入较快增长。1989年末全国保费收入142.4亿元，2001年为2109.4亿元，年均增长25.2%。2001年，中国保险机构共对19.3万亿元财产进行了保险。全年保费收入与GDP的比率（保险深度）为2.2%，同比增加0.4个百分点；人均保费收入（保险密度）168.8元，同比增加41.1元；保险公司支付赔款和给付598.3亿元，同比增加70.9亿元。商业保险已成为中国社会保障体系的一个重要组成部分。保险市场的发展在保障经济、稳定社会、造福人民等方面发挥了重要作用。

4. 外汇市场的发展

1994年4月，中国在上海建立了全国统一的银行间外汇市场，将原来分散的外汇交易集中统一起来，为成功进行外汇管理体制改革，形成单一的、有管理的人民币汇率体制奠定了重要的市场基

础。8年多来,银行间外汇市场的效率不断提高,成交规模不断扩大。目前,银行间外汇市场开办了美元、日元、港币、欧元对人民币的交易。到2001年年底,已累计成交各币种折合美元4397.7亿美元,其中,2001年各币种外汇交易折合750亿美元。

(三)宏观金融间接调控方式的逐步建立

1984年中国人民银行开始专门行使中央银行职能,在以后的10年里,中国的货币政策主要采取直接调控方式,即通过控制贷款规模来控制货币。进入20世纪90年代以后,这一传统做法遇到了严峻的挑战,主要表现在:一是随着金融机构多元化的发展,国家银行贷款规模控制覆盖的范围逐步缩小;二是对外贸易发展迅速,特别是1993年以来外汇占款大量增加,货币供应渠道发生变化,国家银行贷款规模对货币供应量的贡献率下降。

在直接调控显现出越来越大局限性的情况下,中国的货币政策逐步向间接调控转变。从1994年开始,中国人民银行逐步缩小了信贷规模的控制范围,同年4月正式启动外汇公开市场操作,又于1996年4月正式启动人民币公开市场业务。1996年,正式把货币供应量作为货币政策中介目标,并按月对社会公布货币供应量目标。1997年3月开始,中国人民银行总行向国有商业银行总行开办再贴现业务,这意味着中央银行开始把再贴现作为基础货币投入的主要渠道,并把再贴现率作为重要的工具来使用。从1998年1月1日开始,取消了信贷规模管理方式,开始实行资产负债比例管理;同年,中央银行对存款准备金制度进了改革,合并了存款准备金和备付金,下调了存款准备金比率;同年5月,恢复了公开市场操作。由此,以取消贷款规模限额控制和扩大公开市场业务操作为主要标志,中国货币政策调控基本实现了由直接调控向间接调控的转变。几年来的实践表明,中央银行利用利率政策、公开市场操作等货币政策工具,调控货币供应量、稳定人民币币值,取得成功,积累了经验。中央银行对金融形势的监控和对金融机构、金融市场的监管也已经形成了一套较为完善的程序和办法。

(四)现行外汇管理体制的基本框架

目前,中国初步确立了在市场汇率基础上的,以"人民币经常项目可兑换、资本项目外汇管制"为特征的外汇管理体制。当然,这里讲"资本项目外汇管制",实际上并不是全部的资本项目,现在正处于放宽的过程之中。

1. 人民币经常项目可兑换现状

实行可兑换后,对于经常项目的外汇管理重点是对交易的真实性进行审核,主要是采取事后监管、间接管理的模式。目前,人民币经常项目可兑换主要体现为以下几个方面:①经常项目外汇收入实行银行结汇制度。境内机构经常项下外汇收入,须及时调回境内按市场汇率卖给银行。所有外商投资企业和符合一定条件的部分中资企业可以开立外汇结算账户,在核定的金额内保留经常项目外汇收入。②取消经常项目外汇支付限制。境内机构经常项目用汇,可以按照市场汇率凭相应的有效凭证用人民币向外汇指定银行购汇或从其外汇账户上对外支付。③实行进出口收付汇核销制度。④通过进出口报关单联网核查系统进行贸易售付汇的真实性审核。

2. 资本项目外汇管制现状

实际上,1979年以来中国已经开始了资本项目开放进程。1978年中国开始对外开放,启动了人民币资本项目可兑换进程。该年第一家外商投资企业成立;1979年,国内企业开始进行跨国投资,第一家外资银行代表处成立;1982年,国内企业首次在境外发行日元债券;1991年,第一只人民币特种股票(B股)面世;1993年,国内企业首次到境外发行股票(H股);现在已允许合格境外机构投资者(QFII)进入国内证券市场。

随着人民币可兑换程度的提高,中国已初步形成了与国际资本市场有进有出、双向交流的资本流动格局。一是资本项下交易规模迅速扩大。1992年,中国国际收支口径的资本项目交易发生额仅为

607亿美元，到2001年增至1642.9亿美元，增加了2.7倍参见表9—1。二是资本流入已达到相当规模。到2001年年底，已累计批准外商投资项目38.95万个，累计实际利用外商直接投资3935.12亿美元。到2002年6月末，中国外债余额为1701亿美元；境外发行股票筹资182亿美元，发行B股筹资46.3亿美元。三是对外资本输出日益增多。截至2001年年底，我境内金融机构国外资产余额1178.3亿美元，加上中央银行持有的2121.7亿美元的外汇储备资产，我境外金融资产达到3300多亿美元。到2001年年底，全国经外汇管理局备案的境外投资企业共3653家，协议投资总额151.47亿美元，协议中方投资总额78.25亿美元。❶四是利用外资的渠道日益多元化。

表9—1　1992—2001年中国国际收支金融账户中的资本流出入（亿美元）

年份	1992	1993	1994	1995	1996	1997	1998	1999	2000	2001
流入	302	508	618	677	710	926	893	918	920	995
流出	305	274	291	290	310	716	956	865	900	647

资料来源：国家外汇管理局2001年年报。

目前，中国资本项目可兑换中主要限制是四个方面：一是证券投资方面，外国投资者只可以在境内购买B股和中国境外上市的证券，而不得在境内购买A股和其他人民币债券；除非经批准，境内任何机构和个人不可以在境外买卖和发行股票、债券、货币市场工具及衍生工具。二是信贷往来方面，除外商投资企业外，境内其他机构对外借款或担保首先要取得借款主体资格，然后要有借款指标，并由外汇局审批金融条件；除境内金融机构可以遵照外汇资产负债比例管理规定对外放贷外，境内工商企业不可以对外放贷；除

---

❶　资本流出入的数据来自《中国人民银行统计季报》和《2001年中国外汇管理局年报》。

银行和财政部外,境内机构偿还外债本息均需得到外汇局的核准。三是直接投资(包括不动产投资)方面,对外商在华直接投资主要是产业政策上的指导,限制不多,外汇方面主要是真实性审核;对外直接投资要经有关部门审批,并经外汇管理部门外汇来源、投资风险审核和汇出资金核准,并缴纳汇回利润保证金。四是个人资本流动方面,禁止居民与非居民个人之间相互借贷,禁止向外移民的居民个人的资本转移。

（五）金融法制化建设

经过多年努力,中国的金融法律框架基本形成。

银行及其相关法规已经逐步完善。1995年,《中华人民共和国中国人民银行法》《中华人民共和国商业银行法》《中华人民共和国票据法》和《中华人民共和国保险法》相继颁布实施,奠定了中国金融法律体系的框架。此后又出台了《担保法》《关于惩治破坏金融秩序犯罪的决定》,最近又完善了《合同法》。从法律上确定和巩固了中国在金融体制改革和金融业发展过程中已积累的有益经验,从而标志着中国金融事业已经步入法制化、规范化的轨道。

全国统一的证券市场法规制度体系初步形成。证券法规从无到有,逐步形成了全国统一的法规。在《中华人民共和国公司法》《股票发行与交易管理暂行条例》《股份有限公司境内上市外资股的规定》《证券交易所管理暂行办法》《企业债券管理条例》《中华人民共和国国库券条例》《中华人民共和国国债级自营商管理办法(试行)》《可转换公司债券管理暂行办法》《禁止证券欺诈行为暂行办法》和《证券投资基金管理暂行办法》等一系列法律、法规、规章相继颁布之后,1998年12月,又颁布了《中华人民共和国证券法》。投资基金法等其他有关法律、法规也在逐步拟定,证券市场发展正走向法制化建设轨道。

三、中国金融市场化程度判断

金融市场化是一个动态的、多层面的深化过程，它不仅是指一国的金融结构的变化，即各种金融工具和金融机构相对规模的变化，同时也应包括一国金融市场机制的建立与健全，即一国金融市场的价格机制、竞争机制以及金融资源配置与使用的效率机制等方面的建立与健全。一般来说，衡量金融市场化程度可以考虑以下五个指标：①金融存量指标。主要包括经济货币化和金融化两个指标。金融市场化程度的提高会导致金融资产品种范围扩大，期限种类也会增多，与经济总量的相对规模增加。②金融流量指标。指金融资产流量主要依赖国内储蓄，而不是财政和国外储蓄。③金融机构指标。金融体系规模扩大，机构增加，专业化程度提高。④利率指标。利率更准确反映投资替代消费的机会。⑤汇率指标。汇率的变动更多地反映市场意愿，资本自由流动的程度提高。

（一）金融发展中的经济货币化

经济货币化进程是指经济活动过程中一国以货币为媒介交易份额逐渐提高的过程。经济货币化比率是衡量一国经济商品化程度的重要指标之一，一国的金融深化首先表现为经济货币化。如果以麦金农（McKinnon）的货币化指标 M_2/GDP 作为判别中国经济货币化进程的标准，那么，自1978年经济体制改革以来，中国经济货币化速度是十分迅猛的，显示中国的金融深化进程很快。从表9-2来看，1978—2001年这20多年间，除1985年、1988年、1994年这三年外，中国的 M_2/GDP 比率一直稳步上升，从1978年的37%上升到2001年的165%。

表 9-2　中国经济的货币化程度

年份	GDP（亿元）	M_2（亿元）	M_2/GDP
1979	39918.1	1606.8	40%
1985	8964.4	5198.9	58%
1992	26638.1	25402.2	95%
1993	34634.4	34879.8	101%
1994	46759.4	46923.5	100%
1995	58478.1	60750.5	104%
1996	67884.6	76094.9	112%
1997	74462.6	90995.3	122%
1998	78345.2	104498.5	133%
1999	82067.4	119897.9	146%
2000	89403.5	134610.3	151%
2001	95933.0	158301.9	165%

资料来源：《中国人民银行统计季报》各期。

同世界其他国家相比，中国的这一比率是非常高的，例如，1998年在美国这一比值为62%，韩国为57%，英国为107%，日本为121%。当然，我们不能据此得出中国的金融深化程度已与美国等发达国家基本相当或超过发达国家的结论。在中国这一比值较高，主要是由于新货币化部门吸收了大量超额货币，而这些部门在计划经济体制下大部分交易是不用现金的，这一现象本身就证明了中国金融市场化的发展，所以 M_2/GDP 比值的不断上升是中国金融市场化程度测量的重要宏观指标。

（二）金融发展中的经济金融化

随着经济发展到一定阶段，需要把不断扩展和迅速增长的全部金融资产（包括广义货币和非货币金融资产）与经济总量联系起来，用全部金融资产替代广义货币，用"金融化"指标代替"货币化"指标来衡量金融深化的程度。这样有助于我们客观地评价中国的金融深化进程。

从资产流动性的角度，可以将金融资产区分为货币、债券和股票三大类金融资产。❶ 在此，我们用包括 M_2 和有价证券（企业债券余额、金融债券余额、国债余额、股票市值等）在内的金融资产总量与 GDP 之比来反映经济金融化程度。1992 年年底中国金融资产总量与当年 GDP 的比为 108.9%，到 2001 年年底该比重已上升到 236.6%（见表 9-3）。

表 9-3 中国金融资产总量　　　　（亿元，%）

年份	GDP 绝对额	金融资产总量	M_2		有价债券		股票市值		金融资产与 GDP 的比率
			总量	比重	总量	比重	总量	比重	
1992	26638.1	29009.8	25402.7	87.57	2558.99	8.82	1048.1	3.6	108.9
1993	34634.4	41170.0	34879.8	84.72	2759.20	6.70	3531.0	8.6	118.9
1994	46759.4	53969.1	46923.5	86.95	3355.00	6.22	3690.6	6.8	115.4
1995	58478.1	68524.2	60749.5	88.65	4300.70	6.28	3474.0	5.1	117.2
1996	67884.6	92051.3	76094.9	82.67	6114.05	6.64	9842.4	10.7	135.6

---

❶ 保费收入也是金融资产的一种，各发达国家规模较大，但中国目前数量尚少，保费收入与国内生产总值的比率较低。除此之外，尚有数量可观的其他金融资产，比如民间借贷、民间集资和股份合作制中的股份等。目前，这些资产运作有待规范，也缺乏统计资料。获取完整的金融资产数据存在着统计上的困难，虽然通过资金流量核算（金融交易部分）可以获得相对完整的金融资产的流量，但关键性的存量数据却难以统计。本文不将这些资产纳入讨论范围，但不影响结论。

续表

年份	GDP绝对额	金融资产总量	M_2		有价债券		股票市值		金融资产与GDP的比率
			总量	比重	总量	比重	总量	比重	
1997	74772.4	118183.2	90995.3	77.00	9658.70	8.17	17529.2	14.8	158.7
1998	79552.8	137567.9	104498.5	75.96	13563.76	9.86	19505.6	14.2	175.6
1999	82054	164235.5	119897.9	73.00	17866.41	10.88	26471.2	16.1	200.5
2000	89404	204620.1	134610.3	65.79	21918.9	10.71	48090.9	23.5	228.9
2001	95933	226985.2	158301.9	69.74	25161.11	11.18	43522.2	19.18	236.6

注：有价债券包括国债、金融债、企业债和国家投资债券。

资料来源：《中国证券期货统计年鉴（2001）》《中国统计年鉴（2001）》《中国人民银行统计季报》各期。

随着非货币性金融资产规模的扩张，中国金融资产的结构也相应发生了变化。表9-3反映了货币、债券和股票发展的趋势和结构的变迁。1992—2001年，广义货币M_2在金融资产总量中的比重由87.57%下降到69.74%，债券余额的比重由8.82%上升到11.18%，股票市价总值的比重从3.6%上升到19.18%。货币、债券和股票相对数量的变化，反映了银行中介机构相对地位的下降和资本市场相对地位的提高。

选取有代表性的发展中国家和发达国家，并同样用广义货币、有价证券和股票市值作为金融资产，在2000年，中国的金融化比重为229%，远低于同期美国（364%）、英国（356%）、日本（312%）等金融市场发达的国家，也低于新加坡（319%）这样的新兴国际金融中心。从数据上看，中国的金融深化程度处于发展中国家的中等偏上水平，与美国、日本、英国等发达国家还存在较大差距（见表9-4）。

表 9-4 金融化比重:若干国家 2000 年数据的比较 （%）

国家	M_2/GDP	金融资产/GDP
中国	151	228.9
新加坡	108.58	319.88
马来西亚	97.62	317.18
印度	52.35	113.26
韩国	71.78	169.68
巴西	28.23	117.22
墨西哥	21.63	169.68
阿根廷	31.52	106.73
美国	60.09	364.13
日本	120.02	311.66
英国	91.35	355.57
加拿大	61.6	272.17
澳大利亚	65.27	206.15

资料来源:①各国的货币数据来自 IMF:《国际金融统计》中各国货币概览的数据,2001 年。②国内有价债券的数据来自《BIS Quarterly Review》,2002 年 3 月。③股票市值来自《世界银行发展报告 2000/2001:与贫困作斗争》,第 304-305 页。

(三) 银行业的竞争格局

通过资产比率、存款比率、贷款比率 3 个指标,可以考察各银行机构在垄断竞争格局中的地位。1995—2001 年,金融机构中垄断格局在弱化,竞争因素在增强。主要表现在以下三个方面。

一是从资产份额看,股份制商业银行和城市商业银行的资产份额比例在增大；国有独资商业银行的资产份额在下降；外资银行的资产虽略有下降（见表9-5），但考虑到入世后外资银行的种种限制将取消，因此，外资银行资产份额的大幅增长将是必然的。

表9-5 中国银行业资产份额 （%）

年份	1993	1995	1999	2000	2001
国有独资商业银行	69.07	69.08	64.32	62.56	60.53
股份制商业银行	5.77	7.55	11.86	10.19	12.27
城市商业银行	—	1.01	3.67	4.20	4.87
外资银行	—	2.47	2.14	2.06	2.30

注：①表中的国有独资商业银行包括工商银行、农业银行、中国银行、建设银行四大银行；股份制商业银行包括交通银行、中信银行、光大银行、华夏银行、广发银行、深发银行、招商银行、浦发银行、兴业银行、民生银行十家银行。下同。② 1993年还没有成立城市商业银行，故无数据。下表同。③ 1993年人民币兑美元汇率尚不统一，所以外资银行1993年所占比例未填。下表同。

资料来源：①中国人民银行调查统计司主编：《中国金融统计1952—1996》，中国财政经济出版社。中国人民银行统计司编：《中国金融统计1997—1999》，中国金融出版社。《中国金融年鉴》（光盘版，1983—1998），《中国金融年鉴1999》《中国金融年鉴2000》。《中国人民银行统计季报》有关各期。②城市商业银行1995年存款数据来源于《新中国金融五十年》第四章第三节。③外资银行的存款总量采取内外币并表数据，并以年度人民币汇率中间价计价。

二是从存款份额看，国有商业银行所占比例从1993年的69%下降到2001年的61%，下降了8个百分点；股份制商业银行所占比例则上升了6个百分点。城市商业银行所占比例则从1995年不到1%上升了3个百分点；外资银行所占比例基本持平（见表9-6）。

三是从贷款市场份额分析，国有商业银行从1993年的73%下降到2001年的58%，下降了14个百分点；同期股份制商业银行所

表 9-6　中国银行业存款份额所占比例　　　　（%）

年份	1993	1995	1999	2000	2001
国有独资商业银行	69.07	61.04	63.73	62.15	60.93
股份制商业银行	5.34	6.46	7.83	9.70	11.53
城市商业银行	—	0.94	4.03	4.26	4.72
外资银行	—	0.48	0.40	0.43	0.44

资料来源：同表 9-5。

占比例上升近 7 个百分点；城市商业银行也是上升态势；外资银行所占比例略有下降（见表 9-7）。

表 9-7　中国银行业贷款市场份额所占比例　　　　（%）

年份	1993	1995	1999	2000	2001
国有独资商业银行	73.48	61.19	61.30	58.61	57.57
股份制商业银行	3.54	4.57	6.24	8.47	10.20
城市商业银行	—	0.40	2.88	3.49	4.03
外资银行	—	2.09	1.90	1.55	1.37

资料来源：同表 9-5。

需要指出的是，国有独资商业银行在银行市场上份额较大，这既有历史的原因，也有合理有效性的一面。现代经济是规模经济，随着信息技术的快速发展，为银行提供了规模经营的技术条件。20世纪 90 年代，国际上出现了银行合并浪潮，其主要目的是通过扩大规模增强竞争力。从部分主要国家银行业集中度（前三家大银行在银行业资产中所占比重）的情况看，中国银行集中度并不是特别高，见表 9-8。即使使用中国四大国有独资商业银行计算，目前中国银行的集中度为 60% 左右，与欧洲国家相比处于中等水平。并且，中国银行的集中度还处于不断下降的趋势。

表 9-8　各国银行集中度对比　　　　　　　（%）

国别	银行集中度
丹麦	74
希腊	79
澳大利亚	60
英国	50
加拿大	57
芬兰	85
瑞典	71
挪威	77
中国	60

数据来源：Datastream。

（四）利率市场化程度

1996 年以来，中国利率市场化改革取得了重要进展，利率市场化初见成效，如表 9-9 所示。目前，中国已经放开银行间同业拆借市场利率、银行间债券市场债券回购和现券交易利率；放开了贴现和转贴现利率；放开了国债和政策性银行金融债券发行利率。在贷款利率方面我们逐步扩大了金融机构贷款利率浮动权，简化了贷款利率种类，并放开了外币贷款利率。此外，也放开了部分存款利率，如对保险公司大额定期存款实行了协议利率，大额外币存款利率由金融机构与客户协商确定。目前，公开市场业务操作已经成为央行调控基础货币的主要政策工具，公开市场利率已经成为货币市场的基准利率。从实践看，迄今为止，中国渐进的利率市场化改革是成功的。下一步利率市场化改革的重点,将是占社会融资份额绝大比例的存贷款利率的改革。存贷款利率改革的思路是:先外币、后本币,先贷款、后存款,先长期、后短期。现在,部分贷款利率在扩大浮动幅度,为将来全面放开做准备。存款利率放开是利率市场化中的重要一步,存款利率将会先放开大额长期存款利率,后放开小额和活期存款利率。

表9-9 中国利率市场化进程

时间	利率市场化措施
1996年6月	放开银行间同业拆借市场利率
1997年6月	放开银行间债券市场债券回购和现券交易利率
1998年3月	改革再贴现利率及贴现利率的生成机制
1998年9月	放开了政策性银行发行金融债券的利率
1999年9月	成功实现国债在银行间债券市场利率招标发行
1999年10月	对保险公司3000万元以上、5年期以上的大额定期存款,实行保险公司与商业银行双方协商利率的办法
1998年10月	扩大了金融机构对小企业的贷款利率的最高上浮幅度,由10%扩大到20%;扩大了农村信用社的贷款利率的最高上浮幅度,由40%扩大到50%
1999年4月	允许县以下金融机构贷款利率最高可上浮30%
1999年9月	将对小企业贷款利率的最高可上浮30%的规定扩大到所有中型企业
2000年9月	进一步放开了外币贷款利率;对300万美元以上的大额外币存款利率由金融机构与客户协商确定,并报中央银行备案

由于多方面的原因,中国利率市场化改革仍面临着一些需要解决的问题,主要表现在:一是由于主客观原因,如转轨中由于企业改革、改组成本很大,制约了贷款利率上调等,使银行资金存贷

款（尤其是存款）利率调整的灵活度不够，还不能完全根据经济形势和金融市场变化而灵活变动；二是金融机构自主确定利率水平和计结息规则的权限较小，难以适应今后金融机构成本管理、金融创新和市场竞争的需要；三是缺乏有效的市场基准利率，现有的同业拆借利率、债券回购利率和国债利率还难以承担市场基准利率的角色，尚未形成关联程度高、灵敏的市场利率体系；四是市场缺乏防范利率风险的机制和手段，近几年来，随着利率市场化程度的加快，利率风险累计增加，但金融机构缺乏有效的风险防范手段，市场尚不能提供适合的风险对冲工具。这些问题是在近几年需要逐步解决的。

（五）汇率市场化程度

1994年人民币汇率并轨，实行以市场供求为基础的、单一的、有管理的浮动汇率制度。1994年的外汇管理体制改革建立了现行人民币汇率制度的基本框架，初步奠定了市场对外汇资源配置的主导性地位。从外汇管理看，主要有以下制度参数影响人民币汇率形成：银行结售汇制度、银行结售汇周转头寸管理、央行外汇公开市场操作、银行间市场撮合交易制度、银行间市场汇率浮动区间管理。

银行结售汇周转头寸管理。1995年起，随着国内外汇供求形势好转，中国开始对银行结售汇周转头寸由上限单向管理改为实行上下限双向管理。如果低于下限，银行必须要到银行间市场补足，超过上限则必须到银行间市场抛出，在上下限之间则可以自行选择买还是卖抑或是不入市交易。

银行间市场撮合交易制度。银行需提前一天向中国外汇交易中心报告第二天拟在银行间市场卖出或买入外汇的量，且当天只能做一个方向的交易。在第二天上午的实际交易中，银行报价包括交易价格和交易量，并根据"价格优先、时间优先"的原则自动撮合成交。外汇指定银行当天只能进行买入或卖出的单向交易，不可以买卖双向同时进行。

银行间市场汇率浮动区间管理。银行间外汇市场开办了美元、日元、港币对人民币的交易。浮动区间分别为 0.3%、1% 和 1%。中央银行只对美元对人民币的交易进行干预。如果银行报出的价格超过规定的上限或者下限，则为非法价格，计算机不予接受。

自 1994 年并轨，特别是亚洲金融危机以来，人民币汇率长期保持了稳中趋升的走势，由并轨初期的 8.70 元人民币升至目前的 8.28 元人民币兑换 1 美元。根据国际货币基金组织的数据测算，1994—2000 年，人民币名义有效汇率升值 20%，实际有效汇率升值 26%。方方面面都说明，汇率并轨以来，人民币已逐渐成为世界强势货币。人民币汇率的基本稳定，对促进中国经济发展和亚洲金融稳定发挥了重要作用。但是，人民币汇率形成机制的市场化程度还有待于提高。

（六）资本自由流动程度

中国的资本项目管制正处在逐步放松的过程之中。自 1979 年改革开放以来，中国资本账户也开始了有限度、有选择的对外开放。从交易项目看，中国允许外国投资者在境内购买 B 股，以及中国在境外上市的 H 股、B 股等外币股票和境外发行的外币债券，但限制其在境内购买 A 股、债券和货币市场工具，同时限制居民到境外购买、出售和发行资本和货币市场工具；对外商投资企业筹借长短期外债没有审批要求，对外商在华直接投资主要是产业政策上的指导，汇兑上限制的不多。

国际清算银行（BIS）副总裁 Andre Icard 先生指出："虽然中国依然实施外汇管制，但中国对国际资本流动已经相当的开放，在吸引外国直接投资方面，中国的开放程度甚至超过了一些 OECD 国家。尤其是最近在鼓励资本'走出去'方面。"❶ 在资本项目

---

❶ 在中国外汇管理局与国际清算银行于 2002 年 10 月在北京联合举办的"全球视角的资本项目开放"国际研讨会上的讲话。

方面,中国也实现了部分可兑换。国际货币基金组织确定的43项资本项目交易,中国已完全可兑换的项目有4项,占9.3%;基本可兑换的项目有8项,占18.6%;有严格限制的项目有16项,占37.2%;完全禁止的项目只有15项,占34.9%,其中主要是禁止外资购买用人民币标价的证券资产,目的是防范国际短期资本特别是投机性资本流动对中国经济金融的冲击。整体上看,中国资本项目的开放程度已达到较高水平。

总之,从管理力度和对政策的掌握尺度上看,中国资本项目汇兑管制"明紧实松",即名义上对资本项目仍保持较为严格的管理,实际上大部分子项目已有相当的可兑换。事实上,无论对跨境流动还是对汇兑,采取的都不是绝对禁止的管理方式,即除个别限制项目外,大都根据不同主体和不同交易设定不同条件,由主管部门对其进行行政审批,符合条件的就可获准,因此可称实现了相当程度的有条件可兑换。

四、中国金融市场化趋势

(一)稳步推进利率市场化改革

中国已加入世界贸易组织,金融对外开放程度进一步提高,金融竞争更加激烈,中国经济金融的发展也将进一步与国际经济接轨,对现行利率管理体制提出新的挑战。如果不积极稳妥地推进利率市场化改革,将不利于中国金融企业提高经营管理水平和竞争力,不利于民族金融业的长远发展。

中国利率市场化改革的目标是:在继续实行稳健货币政策的前提下,根据中国金融业发展的需要,按照利率市场化改革方案确定的目标、原则和步骤,继续积极稳妥有序地推进利率市场化改革。要初步实现贷款利率的市场化,形成中央银行确定基础贷款利率,金融机构据此自主确定贷款利率水平的机制,并实行更为灵活的计结息制度；实现大额长期存款利率的市场化恢复对个人、单位的大额定期存单业务；实现境内小额外币存款利率的市场化，完全由金融机构根据自身经营需要和国际金融市场利率自主确定；初步实现以农村信用社为代表的农村金融市场利率市场化，全面放开农村信用社贷款利率，并给予其较为宽松的存款利率浮动区间；建立金融服务收费制度，实行利息与收费分离。在一定时期内基本实现利率市场化目标，全面放开利率管制，建立起灵敏有效的市场利率体系，中央银行通过调控基准利率引导市场利率走势，促进经济健康持续发展。

（二）推动国有独资商业银行的股份制改革

国有独资商业银行是中国金融组织体系的主体。今后几年，中国将继续完善金融组织体系，增强服务功能，但重点是深化国有独资商业银行改革。我们希望，争取用5年左右或更长一些时间，把四家国有独资商业银行改革为在国际金融市场上具有一定竞争能力的现代化大型商业银行。为实现这一目标，从今年开始，要按照建立现代企业制度的要求，分步对国有独资商业银行进行综合改革。

第一步，按照国有独资公司的形式更新经营管理制度。主要任务是：精简机构和人员，建立内控制度、谨慎会计制度和经营业绩考核制度，改革工资分配和人事制度，提高贷款的质量和经营效益。第二步，在做好上述工作的基础上，将有条件的国有独资商业银行改组为国家控股的股份制商业银行。国内企业、居民和外国资本都可以参股，完善商业银行法人治理结构，从根本上解决商业银行经营机制问题。第三步，将符合条件的国家控股的股份制商业银行公开上市。

与此同时，要继续规范和发展股份制商业银行，支持其按市场原则进行联合重组，允许外国资本入股。设立独立董事，明确董事会、监事会的职责，完善银行治理。加快农村金融体制改革步伐，将大部分农村信用社办成由社员入股，社员民主管理，主要为社员服务的合作金融组织。发挥各自功能,更好地支持信托、财务和金融租赁公司的发展。继续依据"法制、监管、自律、规范"的方针,在规范的基础上加快证券业的发展。大力发展保险业,增强对经济发展的保障能力。

(三)进一步完善汇率形成机制

目前,由于在外汇市场参与主体、交易规则以及中央银行在外汇头寸方面的要求等因素的作用下,人民币对美元汇率长期近乎不动,基本处于盯住状态。在资本项目管制条件下,能够维持国内货币政策的独立性和汇率稳定。但在资本项目开放后,便只能在汇率稳定或国内货币政策独立性中二者选一。从中期看,随着中国经济结构的逐步理顺,市场机制逐渐发育,中国经济对货币政策独立性的需求将逐渐增强;随着"入世"以后,进一步扩大市场准入,加快改革开放步伐,中国将循序渐进地、有选择地逐步放松资本管制。因此,进出口贸易的不确定性,跨国资本流动性的增加,以及对货币政策独立性的需求增大,都要求汇率政策具有一定的弹性,以应付内外部冲击。增加人民币汇率弹性,有助于降低公众对汇率失调的心理预期,提高中国人民银行干预外汇市场的有效性;增加投资风险,有利于阻止短期投机性资本的流入,并刺激市场参与者规避汇率风险的动机,促进外汇市场进一步完善功能。

当前汇率运行除中国人民银行的汇率政策取向原因外,还受制于人民币汇率形成机制。因此,完善有管理的浮动汇率制,除了改进中国人民银行汇率调控手段外,将在以下方面采取措施推进汇率形成机制的改革:①改进中国人民银行市场调控方式,主要是要改变中国人民银行过于频繁干预外汇市场的模式,确定中国人民银行需要盯住的合理的人民币汇率目标波动区域,建立一套标准的干预模式,给市场一个比较明确的干预信号,减少干预成本;②增加市场交易主体,让更多的企业和金融机构直接或间接参与外汇的买卖,有助于避免大的机构集中性的交易垄断市场价格水平,防止汇率的大起大落；③增加外汇市场交易品种，目前中国外汇市场交易币种仅有美元、日元和港币，工具单一，与国际规范的外汇市场还相差较远，为更好地发挥外汇市场的服务作用，应逐步建立银行间外汇拆借市场、外币与外币之间交易、外币期货和外币期权等；④改革目前银行间市场撮合交易的外汇买卖方式，发展商业银行做市商制度，使商业银行从目前的交易中介变为做市商，活跃外汇市场，并使汇率真正反映市场参与者的预期，强化汇率的价格信号作用。

（四）稳步推进人民币可兑换进程

从目前情况来看，中国基本上不具备立即推进人民币资本项目可兑换的条件，同时也存在巨额风险。但实现人民币资本项目可兑换已不可逆转，同时加入WTO将使实施资本项目管制的效用降低。因此，未来几年中国的政策是专注于优化国内经济，完善市场经济体系，并确定资本项目开放顺序。

根据中国的实际情况，可按以下顺序逐步推进人民币资本项目可兑换进程：①由强制结汇向意愿结汇过渡，比如可考虑改即时结汇为灵活的"限期结汇"，限期内来结的外汇在银行开立专户存储，经常核销。②直接投资管理松动，先放资本流入，后松资本流出。③信贷管理方面，放松国有金融机构与非居民之间的信贷交易，严格非金融机构进入国际金融市场。④资本市场上，先开债市，再放股市，即A、B股合并，但非居民须申报购股数量。⑤货币市场上限制居民与非居民之间的本外币交易，引导非居民购买国债。⑥外汇市场扩大交易主体，由指定银行扩展到大企业，再到非居民，但限制交易品种。衍生品市场最后放开。

参考文献：

[1] 中国人民银行.中国人民银行年报 [R].北京：中国人民银行，2001.
[2] 中国外汇管理年报 [R].2001.

[3] IMF. 国际金融统计 [J]. 有关各期.

[4] 2001年中国证券期货统计年鉴 [M].

[5] 中国人民银行统计季报 [J]. 有关各期.

[6] 戴相龙. 领导干部金融知识读本 [M]. 北京：中国金融出版社，2001.

[7] 尼古拉斯·拉迪. 中国未完成的经济改革 [M]. 北京：中国发展出版社，1999.

[8] 吴晓灵，等. 新一轮改革中的中国金融 [M]. 天津：天津人民出版社，1998.

[9] 戴根有. 走向货币政策间接调控 [M]. 北京：中国金融出版社，1999.

[10] 中国人民银行货币政策分析小组. 中国货币政策执行报告（2001）[R].

[11] 李晓西. 中国银行业风险与防范 [M]. 广州：广东经济出版社，1999.

[12] 龚浩成，戴国强. 2000年中国金融发展报告 [M]. 上海：上海财经大学出版社，2000.

[13] 金德环，许谨良. 2001年中国金融发展报告 [M]. 上海：上海财经大学出版社，2001.

[14] 曹凤岐. 中国金融改革、发展与国际化 [M]. 北京：经济科学出版社，1999.

[15] 焦瑾璞. 中国银行业竞争力比较 [M]. 北京：中国金融出版社，2002.

第十章 中国市场经济法律体系的建立与完善

市场经济是依法规范的竞争经济,市场主体的组织和行为、市场交易行为和秩序、与市场密切相关的劳动、社会保障等规范,都是以市场活动为核心的法律规范。中国在建立市场经济的过程中,不断建立和完善市场经济的法律体系,不仅为市场经济的培育和发展提供了重要的法制条件,而且为公私财产权的保护和公平的市场竞争秩序的建立提供了较为有效和全面的制度保障。

一、中国市场经济法律体系的建立与完善

1992 年中国在明确宣布走社会主义市场经济的道路后,市场经济立法的步伐明显加快。特别是八届、九届全国人大有计划的市场经济立法活动,一系列有关市场经济的法律顺利出台,从而初步建立起与市场经济相适应的法律体系。

(一) 宪法的修订

中国现行宪法颁布于 1982 年 12 月 4 日,作为国家的根本大法和建立市场经济法律体系的基础和依据,宪法首先对经济体制改革的现实做出了积极的反映,表现在 1988 年、1993 年和 1999 年连续三次对宪法的修正。1988 年宪法修正案规定:"允许私营经济在法律规定的范围内存在和发展。私营经济是社会主义公有制经济的补充。国家保护私营经济的合法的权利和利益,对私营经济实行引

导、监督和管理。"同时还规定"土地的使用权可以依照法律的规定转让"。1993年的宪法修正案,将"国家实行社会主义市场经济""国家加强经济立法"明确写入了宪法,并将国营经济改为国有经济。1999年的宪法修正案把"实行依法治国,建设社会主义法治国家"的法制目标写入宪法。上述三次宪法的修改使得有关的规范和内容进一步适应客观实际,为社会的全面发展与进步提供了有力的法律保障,从而更好地发挥其根本法的作用。

(二)市场主体法律制度的制定

市场主体主要是企业,企业立法占有关市场主体立法的绝大部分。50多年来,中国都以所有制为标准来划分企业。企业工商登记,首先要标明其所有制性质,分为全民、集体、私营和个体四种。这四种划分标准不科学,例如私营和个体就非常难区分。另外,不同所有制的企业地位不平等,从全民、集体、私营、个体企业享受的权利和承担的责任来看,又不是处于平等的地位。这种划分,显然已不适应市场经济的要求。为此,中国分别于1993年、1997年、1999年颁布了《公司法》(1999年修订)、《合伙企业法》《个人独资企业法》三部法律。这三部关于市场主体的法律,不是以所有制为标准来划分企业,而是按出资者的形态和出资者责任来划分的,如此一来,健全了中国有关市场主体的立法,使以往按照所有制来区分企业形式的做法得到改变。

《公司法》为国有企业的改革确立了法律的形式,规定了有限责任公司和股份有限公司的设立条件、组织机构、公司股份与债券的发行与转让、解散与清算、外国公司分支机构以及违反公司法的法律责任等内容。公司法通过调整公司的内外关系,保障公司、股东、债权人的合法权益,适应了市场经济的需求,并与国际接轨,改变了滥设公司的状况,为国有企业转换经营机制提供了法律依据。1993年《公司法》的颁布与实施,具有十分重要的意义:第一,股东财产和公司财产的分离。公司法第四条规定,公司股东作为出资者按投入公司的资产享有所有者的资产收益、重大决策和选择管理者等权利。公司享有由股东投资形成的全部法人财产权。这意味着，包括国有出资人在内的公司的股东在出资后仅享有股东权，公司则对出资人出资形成的财产享有包括所有权在内的全部法人财产权。因此，公司可依法对其拥有的财产占有、使用、受益和处分，实现了公司财产和股东财产的分离。第二，股东承担有限责任。依照公司法第三条的规定，有限责任公司，股东以其出资额为限对公司承担责任；股份有限公司，其全部资本划分为等额股份，股东以其所持股份为限对公司承担责任。第三，公司具有独立的人格。依公司法第三条规定，有限责任公司和股份有限责任公司是企业法人。又依公司法第五条规定，公司以其全部法人财产，依法自主经营、自负盈亏。换言之，公司具有权利能力和行为能力，能以自己的名义独立享有权利、承担义务，能独立承担民事责任。

合伙企业是企业组织形式的一种，它是由各合伙人订立合伙协议，共同出资、共同经营、共享收益、共担风险，并对合伙企业债务承担无限连带责任的营利性组织。合伙企业虽然是多个投资主体举办的企业，但它不同于公司，其本质特征是出资人（合伙人）对合伙企业的债务承担无限连带责任。合伙企业对其债务，应先以其全部财产进行清偿。合伙企业财产不足清偿到期债务的，各合伙人应当承担连带无限责任。《合伙企业法》规定了合伙企业的设立、合伙财产、合伙事务的执行、入伙与退伙、解散与清算、法律责任等问题。其宗旨在于调整合伙关系，保护债权人利益，促进合伙经济发展。中国的私营企业中，有相当一部分是合伙企业；企业联营中，也有一批联营组织属于合伙性质。但是，《民法通则》对合伙仅做了原则规定，不能满足合伙企业的发展需要。因此，合伙企业法对保障多种经济的发展十分必要。

个人独资企业是依照《个人独资企业法》在中国境内设立，由一个自然人投资，财产为投资人个人所有，投资人以其个人财产对企业债务承担无限责任的经济实体。个人独资企业的设立实行准则主义，其设立本身不需要经过审批。个人独资企业有两大特点：一是出资人控制严，个人独资企业投资人对本企业的财产依法享有所有权，且其有关权利可以依法进行转让和继承；个人独资企业投资人可以自行管理企业事务，也可以委托或者聘用其他具有民事行为能力的人负责企业的事务管理。二是个人独资企业的投资人对企业债务承担无限责任，以其家庭共有财产作为个人出资的，应当依法以家庭共有财产对企业债务承担无限责任。

上述三部法律的颁布实施，标志着中国过去以所有制划分企业的标准正在过渡到以企业资本构成和投资者责任形式为标准，中国开始按照社会主义市场经济的要求，构建与社会主义市场经济体制相适应的市场经济主体结构。原国有企业将根据公司法的规定逐步改建为有限责任公司或股份有限公司，从而在企业的组织形式上，以公司制企业为主，包括合伙企业、个人独资企业等形式。这样，有利于实现市场主体之间真正的平等，有利于保障交易安全和公平竞争秩序，因而符合市场经济运行的需要。

（三）规范市场主体行为的法律制度的制定

中国已经颁布的这类法律制度，包括《合同法》《票据法》《保险法》《证券法》《担保法》等。

1999年10月1日生效的新《合同法》对规范市场经济行为具有重要意义：①实现了合同法的统一；②对合同的订立作了详细的规定；③承认了法人越权订立的经济合同仍然对其产生约束力；④采纳了英美法系的隐名代理制度；⑤确立了合同履行抗辩制度和债的保全制度，保障交易的安全；⑥完善了违约责任制度；⑦建立了总则和分则并立的合同法体系，增强了合同法的适用性和现实性；⑧为增强合同法的可操作性，在立法技术上，为求简练，合同法大量使用了参照条款，以便操作；⑨对合同的解释方法进行了明确规定。

《担保法》于1995年6月30日通过,是调整借贷、买卖、货物运输、加工承揽等经济活动中,债权人以担保方式保障其债权实现的法律规范。参照大陆法系的立法经验,中国担保法规定五种担保方式:保证、抵押、质押(包括动产质押和权利质押)、留置和定金,适应了经济发展和融通资金的需要。

《票据法》于1995年5月10日通过,是调整公民、法人因票据而产生的各种社会关系的法律规范。它规定汇票、本票和支票三种票据制度,确定票据上的权利义务,具有强制性、技术性、国际统一性的特征。由于票据发挥着支付、信用、结算、融资等极其重要的功能,因而它是支持和发展市场经济的重要法律之一,中国根据两个票据的国际公约及各国通行的做法制定的票据法,为日益发展的商品交易提供了灵活安全的支付手段和保障。

《保险法》于1995年6月30日通过,2002年10月修订,是调整公民、法人因保险而产生的各种社会关系的法律规范。保险是国民经济的一个重要组成部分,在防灾补损、保障社会生产、安定人民生活等方面都起着重要作用。保险法通过对保险通则、保险合同、财产保险、人身保险、保险企业设立与管理的规范,建立起以企业、个人共同的力量,以互助互济之精神,完善对交易的各种风险、人身危险、意外事故的保险制度,使得企业和个人的危险受到适当而可靠的社会保障。

《证券法》于1998年12月29日通过,是调整因证券的发行、交易和管理而产生的各种社会关系的法律规范,旨在建立和发展统一的证券市场,创造公开、公平、公正的证券发行、交易环境,保护投资者合法权益,维护社会经济秩序和社会公共利益。证券法规定了证券的发行、证券交易、信息公开禁止内幕交易、上市公司收购以及证券交易所、证券公司、证券商、证券业协会、证券的行政管理等内容。目前,中国已发行股票、企业债券,并设立了两个证券交易所,证券市场蓬勃发展。证券交易特别是股票交易涉及很多投资者利益,关系到社会经济稳定。健全的证券法和依照证券法严格管理，可以起到防止恶性投机和坚决打击内部交易的作用，确保证券市场健康发展。

（四）规范市场秩序的法律制度的制定

在规范市场秩序的法律制度方面，中国先后制定了《标准化法》《反不正当竞争法》《消费者权益保护法》《产品质量法》《广告法》《食品卫生法》《药品管理法》《拍卖法》等，分别对市场的公平竞争、产品质量的监督管理、消费者权益的保护、广告行为、拍卖规则等作了相应的规定。特别是消费者权益保护法和反不正当竞争法，为建立社会主义市场经济秩序提供了重要和及时的法律保障。《消费者权益保护法》规定了消费者权利，消费者受损害后的救济措施，生产经营者在保护消费者合法权益方面的义务等内容，保护了广大的消费者权益免遭侵害。《反不正当竞争法》规定了假冒、限购排挤、商业贿赂、虚假广告、侵犯商业秘密、降价排挤、搭售、不正当奖售、诋毁商誉、通谋投标等不正当竞争行为，对在经营活动中，经营者违反诚实信用原则和公认的商业道德，损害或可能损害他人合法权益的上述不正当竞争行为予以制裁。反不正当竞争法的实施，保护了正当竞争的生产经营活动和消费者的权益，保障了社会主义市场经济的健康发展。《产品质量法》通过规定生产者、销售者对产品质量应负的强制性义务，以保障产品使用者的权益，维护市场经济秩序。

在规范金融市场秩序方面，先后制定了《中国人民银行法》《商业银行法》《外资金融机构管理条例》《外资保险公司管理条例》《金融机构撤销条例》等法律法规。这些法律法规的颁布实施，对理顺金融关系、完善金融体制，废除传统的结算方式，实现货币支付的票据化等都有着重大的现实意义。

在规范涉外管理秩序方面，颁布了《海关法》《进出口商品检验法》等法律，与此同时，国务院又制定了一批配套的涉外经济法律法规。

在知识产权保护方面，先后制定和修订了《商标法》《著作权法》《专利法》《知识产权海关保护条例》《计算机软件保护条例》《实施国际著作权条约的规定》《植物新品种保护条例》等法律法规。此外，1993年9月我国颁布的《反不正当竞争法》开始明文保护商业秘密，1997年修订后的《刑法》还列有专章，规定了对严重侵犯商标权、侵犯版权、侵害商业秘密及假冒他人专利者进行刑事制裁。目前，中国已经建立了一个比较完备的知识产权法律保护体系。

在资源和环境保护方面，先后颁布实施了《矿产资源法》《煤炭法》《森林法》《草原法》《渔业法》《电力法》《环境保护法》《大气污染防治法》《噪声污染防治法》《固体废物污染环境防治法》《海洋环境保护法》《水污染防治法》等法律，与此同时，国务院及其环境保护主管部门颁布了相应配套的有关环境保护的行政法规和规章，环境保护法律体系已经完备起来。

在规范行政机关依法行政方面，中国行政程序立法有很大的进步。1996年通过了《行政处罚法》，确立了处罚权限和处罚机关依法设定原则，处罚遵循公正、公开原则，一事不再罚原则和保障权利原则，并对处罚的听证程序作了较为具体的规定。《国家赔偿法》《行政诉讼法》《行政复议法》，给予受行政机关违法行政行为约束或因此造成损害的行政相对人以法律程序和实体的救济。

（五）宏观调控的法律制度的制定

在市场经济宏观调控方面，为了建立健全宏观经济调控体系，转变政府职能，中国制定了《预算法》《审计法》《会计法》《对外贸易法》《税收征收管理法》《个人所得税法》《价格法》等。预算法，是规定预算的编制、审议、通过和执行的法律，其目的在于使预算的编制、审议、通过程序规范化，强化对预算决算执行的监督，保障预算收支平衡。中国在20世纪90年代初成功地进行了税制改革，它涉及中国原有的流转税制、所得税制、资源和财产税制、目的行为税制的方方面面、大大小小38个税种。经过这次改革，使中国的税收制度走上了规范化、法制化的道路，而且使增值税这种具有公平、中性、透明、普遍特点的税种成为中国流转税的主体税种，使流转税和所得税成为中国整个税收制度体系的主体。同时，也充实和增设了辅助税种，从而统一了企业的税负，加强了税收征管，以强化税收宏观调控功能，调节各经济主体利益，推动市场经济发展，保障社会公平。价格法规定经营者自由定价的基本原则、价格主管机关的职责、价格的总水平控制等内容，以规范价格行为，发挥价格合理配置资源的作用，稳定市场价格水平，实现有效地调节价格的功能。尤其值得一提的是《价格法》规定的价格听政制度，价格听证制度是现代行政程序法的重要制度，确立了一个由政府、调定价申请人以及消费者三方共同参与论证、相互制约的价格形成机制，从而将政府制定价格的行政行为纳入法定的轨道和规范的程序，为决策结果更加民主、科学和公正创造了条件。

中国于1985年就制定了《会计法》（1993年、1999年两次修订），1992年11月财政部发布了《企业财务通则》和《企业会计准则》以及13项行业会计制度和10项行业财务制度，结束了中国40多年来在计划经济基础上建立起来的会计模式，确立了与市场经济相适应并符合国际惯例的新会计模式。2000年6月由国务院发布了《企业财务会计报告条例》，2000年12月财政部发布了《企业会计制度》，至此，基本上形成了会计法—企业会计准则—行业会计核算制度—企业会计核算制度的会计制度体系，建立起国家统一的会计制度。中国在制定和完善会计准则和会计制度过程中，始终注重借鉴国际会计准则。到目前为止，中国已制定公布了企业会计基本准则和16项具体准则，涉及关联方披露、会计政策变更、固定资产和现金流量表等项目。通过这些改革，中国会计准则建设在较短的时间里迈出了重大步伐，并在许多方面与国际会计准则取得一致或协调。会计改革作为我国财政改革的重要组成部分，在国内外产生了深远影响并得到了国际上广泛认可。在联合国政府与专家组会议上,国际会计准则委员会和世界银行的代表均认为,中国是转型经济国家和发展中国家会计改革最为成功的典范。今后,中国会计制度改革的步伐还将会随着国内市场经济体制的完善以及国际会计标准的发展而加快。❶

(六)劳动及社会保障的法律制度的制定

在规范劳动和社会保障立法方面,先后制定了《劳动法》和《工会法》。劳动法是新中国成立后中国颁布的第一部劳动法。其宗旨是保护劳动者的合法权益,调整劳动关系,建立和维护适应社会主义市场经济的劳动制度,促进经济发展和社会进步;劳动法对促进就业,劳动合同和集体合同,工作时间和休息时间工资,劳动安全卫生,女职工和未成年工特殊保护,社会保险和福利,劳动争议监督检查,法律责任等做出了明确规定。与此同时,国务院及劳动和社会保障部为了推进国有企业改革,又颁布了大量的有关劳动和社会保障的行政法规或规章。国外市场经济发展的经验表明,市场经济的正常运行,除有赖于上述市场主体行为规则和有关维护市场秩序的法律规范外,还必须以社会安定为前提。而社会安定,必须有完善的劳动与社会立法作保障。

(七)司法审查法律制度的建立和完善

在建立司法审查机构和司法审查程序方面,中国在人民法院中建立了行政审判庭,1989年颁布了《行政诉讼法》。《行政诉讼法》建立了中国比较系统、完整的司法审查制度,它包含着许多重要的实体性规范条款以及应当从实体法的角度加以理解的表现为程序形式的条款。这类条款可以归纳为以下两个方面:一是有关人民法院对行政机关行使权力进行监督、制约的条款(司法审查的范围

---

❶ "新制度:我国会计标准国际化的重要标志",载《中国财经报》,2001年6月7日。

与程序条款); 二是有关行政机关义务的条款。这些条款从整体上确定了行政机关在诉讼中与作为普通公民的对方当事人平等的法律地位, 使行政机关的活动受到一定限制。在权利的救济方面,《行政诉讼法》规定, 公民、法人或者其他组织认为行政机关和行政机关工作人员的具体行政行为侵犯其合法权益, 有权依照《行政诉讼法》向人民法院提起诉讼。人民法院依法对行政案件独立行使审判权, 不受行政机关、社会团体和个人的干涉。❶

中国按照 WTO 法律制定或者修订的法律法规已陆续对相关的司法审查做出了规定, 如新修订的专利法、商标法等知识产权法分别取消了行政机关的终局裁决权, 均赋予当事人提起行政诉讼的权利; 新制定的反倾销、反补贴、货物进出口、技术进出口以及其他有关商品贸易和服务贸易的行政法规, 均对相应的司法审查做出了规定。2002 年 8 月通过并于 10 月 1 日起施行的最高人民法院《关于审理国际贸易行政案件若干问题的规定》则进一步扩大了司法审查的范围, 规定自然人、法人或者其他组织认为中华人民共和国具有国家行政职权的机关和组织及其工作人员有关国际贸易的具体行政行为侵犯其合法权益的, 可以依照行政诉讼法以及其他有关法律、法规的规定, 向人民法院提起行政诉讼。2002 年 11 月 21 日颁布并将于 2003 年 1 月 1 日起施行的最高人民法院《关于审理反倾销行政案件应用法律若干问题的规定》和《关于审理反补贴行政案件应用法律若干问题的规定》, 是最高人民法院为了适应中国加入世贸组织以后行政审判工作的新形势, 继《关于审理国际贸易行政案件若干问题的规定》之后, 出台的有关人民法院审理与世贸组织规则相关的反倾销、反补贴行政案件的重要司法解释, 对于人民法院承担世贸规则和中国加入世贸组织法律文件规定的司法审查职责, 保护参与反倾销、反补贴调查程序的组织和个人的合法权益, 依法监督和维护反倾销、反补贴行政主管机关依法行政, 将产生重

---

❶ 《中华人民共和国行政诉讼法》第 2 条、第 3 条。

大而深远的影响。

中国在权利的保护方面,在制度安排上是非常周密的,国外这方面的保护一般尚处于对"权"的保护上,而我们的司法审查不仅仅限于对"权"的保护,可以说在对"利"的保护已经超出国外的水平,在审理行政机关不作为的问题上更是比外国做得好。应当说,在审查具体行政行为的问题上,中国的行政诉讼不仅达到了WTO的要求,而且在某些方面的规定和实践效果上已超过了WTO的要求。❶

总的来说,从中国司法实践的情况来看,加入世贸组织后,新型行政案件大量增加,商标、专利、反倾销、反补贴、海关估价等与世贸规则相关的国际贸易行政案件均已进入司法审查的范围,行政审判几乎涉及所有行政管理领域的具体行政行为。中国已经建立一套比较健全的司法审查制度,中国的司法审查正在实现与国际接轨,正在朝着适应入世新形势的方向发展。"入世"后国内执法重点将有所转移,无论从WTO的要求还是从中国自身法治的需要来看,对行政行为的司法审查都将会进一步加强,中国司法审查制度将会得到前所未有的发展。此外,对行政行为的审查,全国人大通过的《立法法》确立了相关的基本制度,国务院制定的法规规章备案条例,进一步完善了这一方面的制度。各省级人民政府还建立了相应的规范性文件备案审查制度,这些制度都符合WTO要求,对保证我国的法律法规规章和规范性文件和世贸组织的相一致,意义重大。

综上所述,改革开放以来,中国都一直在朝着建立社会主义市场经济体制的目标而不断进行制度创新,推动了市场经济法律体系的逐渐形成。中国市场经济法律体系的轮廓已基本形成,与世贸组织规则接轨的法律体系正在完善。

---

❶ 参见曹建明主编:《WTO与中国的司法审判》,法律出版社2001年版。

二、法律对产权和公平贸易的保护

中国有关市场经济方面的法律,连同以前制定的有关经济法律,初步构成社会主义市场经济法律体系框架,为社会主义市场经济的培育和发展提供了重要的法制条件。通过这些法律,确立了市场经济主体组织形式,建立起对市场主体合法权利的确认、尊重和保护的法律制度,为市场经济主体提供了良好的公平贸易环境,促进了市场经济的发展。

(一)产权制度的初步形成

财产所有权是一切市场交易的基础。中国社会主义市场经济发展过程中,不仅公有财产得到了法律保护,而且私有财产正在迅速增长且一步步得到了法律的确认和保护。私有财产权的保护成为判断中国市场经济的重要标尺。因此,下面的论述侧重对私有产权的保护。

1. 私有产权的立法保护

首先,中国宪法确认了私有产权,并为私有产权的实现提供了根本保障。中国1999年宪法明确规定,在法律规定范围内的个体经济、私营经济等非公有制经济,是社会主义市场经济的重要组成部分。国家保护个体经济、私营经济的合法权益。国家保护公民的合法的收入、储蓄、房屋和其他合法财产的所有权,保护公民的私有财产的继承权。在中国境内的外国企业和其他外国经济组织以及中外合资经营的企业,其合法权益受中华人民共和国法律的保护。

其次,中国民法根据宪法关于保护私有产权的原则,建立了对各个民事主体依法享有的所有权实行平等保护的制度。1986年通过的《中华人民共和国民法通则》规定,"公民、法人的合法的民事权益受法律保护,任何组织和个人不得侵犯。个体工商户、农村承包经营户的合法权益受法律保护。公民的合法财产受法律保护禁止任何组织或者个人侵占、哄抢、破坏或者非法查封、扣押、冻结、没收"。

在知识产权领域，中国已经完成了对《专利法》《专利法实施细则》《商标法》《商标法实施条例》《著作权法》《计算机软件保护条例》等法律法规的修改，制定了《集成电路布图设计保护条例》。这些法律法规的修改和制定，不仅使中国的知识产权保护在立法方面可望完全符合《与贸易有关的知识产权协议》的要求，更为重要的是对中国知识产权提供了强有力的保护。同样，《中外合作经营企业法》《外资企业法》《中外合资经营企业法》《个人独资企业法》《合伙企业法》等法律都规定国家依法保护各相关主体的合法权益。此外，《民法通则》及其他法律还规定了所有人在其所有权受到侵害以后，保护其所有权的方法，即请求确认所有权；请求返还原物；请求排除妨害；请求停止侵害；请求恢复原状赔偿损失。

在保护个人、企业的财产权不受侵犯的同时，对私有财产的征收从法律上做出了明确限制。如《中外合资经营企业法》和《外资企业法》规定，国家对合营企业（外资企业）不实行国有化和征收；在特殊情况下，根据社会公共利益的需要，对合营企业（外资企业）可以依照法律程序实行征收，并给予相应的补偿。

最后，中国1997年《刑法》第五章规定了"侵犯财产罪"，第三章第七节规定了"侵犯知识产权罪"。侵犯财产罪一章规定了抢劫罪、盗窃罪、诈骗罪、抢夺罪、聚众哄抢罪、侵占罪等罪名，侵犯知识产权罪一节规定了假冒注册商标罪、销售假冒注册商标的商品罪、假冒专利罪、侵犯著作权罪、侵犯商业秘密罪等罪名，并对这些犯罪行为予以刑罚处罚。从而为产权提供了刑法上的保护。

2. 私有产权的行政执法保护

行政执法方面，中国先后制定了《行政处罚法》《行政复议法》等行政管理方面的法律。这些法律的制定,为各级行政机关及其工作人员依法行政,提供了坚实的法律依据,也从另一方面为行政相对人的权利提供了保护。

仅从以下工商管理部门对违法合同的查处和对违反知识产权案件的查处,可以看出中国执法机构 2001 年一年中对市场主体产权的保护情况(见表 10-1)。

表 10-1　全国查处公平交易案件立案查处主要分类

	项目	国有企业	集体企业	联营企业	股份合作企业	公司	外资企业	个体工商户	私营企业
违反法规类型	违反反不正当竞争法规	2850	2415	116	507	4919	191	11108	1532
	违反消费者权益保护法规	438	874	30	70	464	11	10233	535
	违反商标法规	502	1821	120	484	3839	143	8245	2003
	违反产品质量法规	855	2237	75	285	2097	40	19678	1403
	违反投机倒把行政处罚法规	1195	2505	71	289	3140	96	30384	2014
	违反广告法规	1441	1983	55	317	4425	125	12683	1177
	违反进口商品管理有关法规	66	143		10	74	6	310	24
	违反企业登记管理法规	7737	21055	525	1728	19182	548	16670	4991
	违反其他法规	5499	10952	271	1108	9090	263	157917	8025

续表

项目		国有企业	集体企业	联营企业	股份合作企业	公司	外资企业	个体工商户	私营企业
违法行为类型	制售假冒伪劣商品	2005	4895	206	850	5525	124	5786	4211
	走私贩私	67	145	14	64	808	45	1904	221
	利用合同骗买骗卖	50	100	3	12	138	3	600	81
	倒买倒卖	322	733	13	48	440	7	7953	414
	侵犯知识产权	151	366	10	105	808	15	2538	508
	制黄贩黄	7	12			1	2	148	5
	非法传销	5	8		2	109	4	212	33
	弄虚作假	478	773	76	202	2159	65	3866	661
	其他	17478	36915	842	8528	38041	1153	203115	15580

资料来源：国家工商行政管理年鉴编辑部提供。

从表 10-1 中可以看到，工商管理部门在配合司法部门查处违法合同方面，做了大量工作，已经成为司法解决违法合同的重要补充方面。由于工商管理部门查处的效率较高、速度较快，因此在经济生活中，其查处案件总数已大大高于司法立案和办案的数量。

在知识产权的边境保护方面，中国于 1995 年 7 月 5 日通过的《海关保护知识产权条例》和 2001 年全国人大常委会修订实施的《海关法》中将知识产权边境保护作为海关的重要职责予以明确规定。据统计，自《知识产权海关保护条例》实施以来，海关总署共核准国内外知识产权权利人的知识产权备案 2780 件，全国海关共查处进出口侵权货物案件 1373 起，案值约 3.4 亿元人民币，有效地保护了知识产权权利人的合法权益和正常的进出口贸易秩序。❶

---

❶ 《知识产权保护：中国海关做得最好》，载《法制日报》2002 年 12 月 4 日。

3. 私有产权的司法保护

在私有财产的司法保护方面，中国已经制定了《民事诉讼法》《刑事诉讼法》和《行政诉讼法》三大诉讼法，确立了依法独立行使职权、法律面前人人平等、司法公正、司法公开等原则，为私有产权的保护奠定了坚实的司法基础。如1989年颁布的《行政诉讼法》规定，公民、法人或者其他组织认为行政机关和行政机关工作人员的具体行政行为侵犯其合法权益，有权依照《行政诉讼法》向人民法院提起诉讼。人民法院依法对行政案件独立行使审判权，不受行政机关、社会团体和个人的干涉。1994年颁布的《国家赔偿法》规定，国家机关和国家机关工作人员违法行使职权侵犯公民、法人和其他组织的合法权益造成损害的，受害人有依照本法取得国家赔偿的权利。2001年人民法院依法处理国家赔偿案件6753件，促进依法行政和公正司法。

再以知识产权的保护为例，2001年我国各级人民法院共审结各类知识产权案件5041件，比上一年增加近10%。在审理的案件中，有许多重大、疑难、社会影响大和有涉外影响的知识产权案件，得到了处理。总之，在产权保护方面，我国已逐步建立了有关产权确认和保护的法律体系，为公私财产权的保护提供了较为有效和全面的法律制度保障。

（二）企业设立、运营及退出机制的建立

1. 市场准入

近年来，发达国家越来越关注各国的市场准入制度和政策。它们要求允许内外资本平等竞争，要求审批和甄别条款具体和透明，要求对限制准入规定中给外资企业提出上诉和复议的程序，要求取消对外资企业产品出口的数量限制、当地原材料采购、贸易平衡和外汇平衡等。以上这些要求在中国基本上已得到了回应和满足。非国有企业在市场准入方面，已基本享有与国有企业同等待遇。在此，我们以外资企业和私营企业为例做一说明。

（1）外资企业的市场准入

第一，在货物贸易领域，根据承诺，我国于2002年1月1日大幅下调了进口关税税率。同日取消了粮食、羊毛、棉花、腈纶、涤纶、聚酯切片、化肥、部分轮胎等产品的配额许可证管理。另外，已修改和废止一批与WTO规则不符的法律、法规。

第二，在服务贸易领域，中国政府根据承诺，在一些重要的服务贸易部门颁布了新的审批外资进入中国的法规，包括《外国律师事务所驻华代表机构管理条例》《外商投资电信企业管理规定》《中华人民共和国外资金融机构管理条例》《外资保险公司管理条例》《中华人民共和国国际海运条例》《中外合作音像制品分销企业管理办法》《国务院关于修改〈旅行社管理条例〉的决定》等。这样外商在我国可以从事的服务贸易范围涉及电信、金融、保险、商业零售批发、对外贸易、投资公司、法律、会计、咨询和广告等广泛领域，根据中国"入世"谈判中的市场开放承诺，准许服务业投资范围还将继续扩大。

第三，在投资领域，我国立法机构已对《中外合资经营企业法》《中外合作经营企业法》和《外资企业法》等三个关于外商直接投资的基本法律及实施细则进行了修订，废除了与WTO《与贸易有关的投资措施协定》不一致的规定，如当地成分（含量）要求、贸易平衡要求、替代进口要求、出口实绩和国内销售比例等要求。通过税制改革也已统一了内外资企业的流转税制；取消了对外商投资企业的高收费；废除了对外籍人员的一些双重收费标准。新的《外商投资产业指导目录》和汽车产业政策已经公布。

第四，在透明度方面，2002年1月，中国政府WTO咨询点正式开始向各界提供咨询服务，内容涵盖我国所有有关或影响货物贸易、服务贸易和与贸易有关的知识产权或外汇管制的法律、法规和其他措施的信息。为了保证咨询工作的准确性和权威性，成立了中国政府WTO通报咨询局咨询专家组。

第十章 中国市场经济法律体系的建立与完善

（2）私营企业的市场准入

在私营企业的市场准入方面，最为突出的表现是我国31个省份先后制定了支持私营个体经济发展的行政法规或规章。这些行政法规或规章最重要的内容之一，是拓宽个体私营经济投资领域。如北京市在1998年和2001年分别颁布了鼓励本市个体、私营经济发展的意见和条例，规定"各级人民政府有关部门不得在法律、法规规定之外，设置针对私营企业和个体工商户登记注册的前置审批事项""实行公平的市场准入原则，各级政府及其主管部门不得以企业所有制性质为由而人为设置投资的限制条件。鼓励个体、私营企业投资当前国家重点发展的产业、产品、技术项目，尤其是高新技术产业、第三产业、现代农业、城市基础设施等；鼓励外地具有较强实力的个体、私营企业到本市投资兴办企业"。作为开放前沿的广东省于1999年出台了《广东省发展个体私营经济的决定》，提出要"放宽经济范围"，鼓励具备条件的私营生产性企业从事外经贸业务，允许并支持个体和私营企业在基础设施领域投资在教育等文化产业投资。浙江省是私营经济最发达的省份，也是在市场准入方面最开放的省份。2000年，在省政府转发省工商局《关于进一步发挥工商行政管理职能支持企业改革和发展的若干意见》中指出："放宽企业经营范围的限制。凡国家没有禁止或限制性规定的，允许企业根据自身条件，自主选择经营范围。"甚至在高原省份西藏自治区，区政府在1999年也出台了《关于大力发展非公有制经济的决定》，提出："进一步放宽市场准入条件，简化审批手续""除法律、法规明令禁止不得经营的行业和商品外，个体工商户、私营企业均可经营，经营方式不限"。各省份在支持非国有经济发展，扩大市场准入方面的法规和政策，正在向世界贸易组织规则靠拢，正在使中国对外商、对非国有企业的投资环境变得更加公正和透明。

表10-2可以部分反映非国有企业广泛进入各行业的情况。

表 10-2　全国外商投资企业和私营企业统计（按行业分类：2000 年）

行业	外商投资企业		私营企业	
	企业数	注册资本（万美元）	企业数（户）	注册资本（万元）
农林牧渔业	5066	630150	39638	2739517
采掘业	1131	197999	17335	908883
制造业	142754	28902956	624230	38880763
电力、煤气及水的生产和供应业	1301	1965815	—	—
建筑业	5610	1203282	53160	9029331
地质勘查业、水利管理业	134	152478	—	—
交通运输、仓储及邮电通信业	3352	1726689	21868	1841089
批发和零售贸易、餐饮业	12275	1627737	726250	51548206
金融、保险业	72	188636	—	—
房地产业	12732	7430253	—	—
社会服务业	15331	3347107	176984	11243612
卫生、体育和社会福利业	455	149745	—	—
教育、文化艺术及广播电影电视业	611	104908	—	—
科学研究和综合技术服务业	1189	167154	—	—
其他行业	1195	600066	102304	16885466

资料来源：根据《中国工商行政管理年鉴 2001》第 510～511 页整理。

2. 企业的设立

中国《公司法》《合伙企业法》《个人独资企业法》分别规定了公司制企业、合伙企业和个人独资企业的设立条件与设立程序。《公司法》规定，股份有限公司的设立，仍然适用"审批主义"；有限责任公司的设立，原则上适用"登记准则主义"，对符合条件的有限责任公司规定可以直接登记，除非其他法律、法规有相反的规定。1997年颁布的《中华人民共和国合伙企业法》规定，申请合伙企业设立登记，应当向企业登记机关提交登记申请书、合伙协议书、合伙人身份证明等文件。法律、行政法规规定须报经有关部门审批的，应当在申请设立登记时提交批准文件。❶1999年颁布的我国《个人独资企业法》，对个人独资企业的设立采登记制的设立方式，凡具备法定条件的任何自然人都可获准设立个人独资企业。可以说，在企业的设立方面，中国逐渐从审批制向登记制过渡，与市场经济国家的做法逐渐趋同。

3. 企业的运营

企业在经营活动中，将完全依照相关法律，自主经营，自主决策。对于内资企业，一般已不再要求其报送生产经营计划。对于中外合资企业、中外合作企业，按照我国法律规定，依照经批准的合资企业合同和章程、合作企业合同和章程进行经营管理活动；外资企业则依照批准的外资企业章程进行经营管理活动。在此经营范围内，不受干预。❷例如，2001年7月修订的《中华人民共和国中外合资经营企业法实施条例》删去关于中外合资经营企业主管部门的规定；适应市场经济的发展要求，删去该条例中关于外国投资者寻求合作对象途径的规定、关于中外合资经营企业基本建设计划和

---

❶ 《中华人民共和国合伙企业法》第15条。

❷ 《中华人民共和国中外合作经营企业法实施细则》第3条，《中华人民共和国中外合资经营企业法实施条例》第5条，《中华人民共和国外资企业法》第11条。

基本建设资金的规定、关于物资供应的规定、关于产品销售渠道的规定；根据外汇、金融管理体制改革后的新情况，对该条例中关于外汇牌价的规定、关于开户和外汇收支管理的规定、关于贷款的规定、关于资金汇出的规定，作了修改。同时，删去该条例中对中外合资经营企业出口实绩要求、限制内销和外汇资金收支安排的规定，删去了关于中外合资经营企业生产经营计划及其备案要求的规定，删去关于中外合资经营企业应先在中国采购的规定，删去要求中外合资经营企业保持外汇收支平衡的规定。对该条例中与WTO规则及我国对外承诺不一致的条款作了修改，主要是：删去该条例中对外国合营者出资的机器设备、工业产权等实行国产替代和要求出口实绩的规定；按照我国对外承诺，规定允许设立中外合资经营企业的行业，按照国家指导外商投资方向的规定及外商投资产业指导目录执行。

4. 企业的退出

中国法律对企业的退出做了明确的规定。如《公司法》规定，公司因不能清偿到期债务，被依法宣告破产的，由人民法院依照有关法律的规定，组织股东、有关机关及有关专业人员成立清算组，对公司进行破产清算。

目前，规范我国企业破产的法律主要有1986年颁布的《企业破产法（试行）》、1991年颁布的《民事诉讼法》中的第19章"企业法人破产还债程序"、1992年颁布的《最高人民法院关于适用〈中华人民共和国民事诉讼法〉若干问题的意见》中的第16章"企业法人破产还债程序"2002年颁布的最高人民法院《关于审理企业破产案件若干问题的规定》。《企业破产法（试行）》适用于全民所有制企业。❶《最高人民法院关于适用〈中华人民共和国民事诉讼法〉若干问题的意见》中的第16章《企业法人破产还债程序》则适用于具有法人资格的集体企业、联营企业、私人企业以及

---

❶ 《中华人民共和国企业破产法（试行）》第2条。

设在中国领域内的中外合资经营企业、中外合作经营企业和外资企业等。❶《企业破产法（试行）》和《民事诉讼法》规定，企业法人因严重亏损，无力清偿到期债务，债权人可以向人民法院申请宣告债务人破产还债，债务人也可以向人民法院申请宣告破产还债。❷

目前，破产概念及其重要性已为中国的领导层和大众广为接受，经验和操作能力已经有了大幅度的积累和提高，这使国有企业的破产一旦向法院申请就能迅速得到处理。更为重要的是，社会和金融方面的稳定一直得以维持。

总之，中国基本上建立了较为完善的企业设立、运营和退出的法律机制，企业的设立、运营和退出将完全依照相关法律的规定进行。全国人大对《企业破产法》的修订已经进入尾声，新的破产法吸收了发达国家破产法的一些立法技术，如破产重组制度，破产管理人制度等，这将为企业的退出建立更为良好的法律支持。

（三）公平的市场竞争秩序的建立和维护

公平竞争是市场经济发展的动力，维护公平竞争的市场秩序是市场经济健康发展的必要保障。在确立市场规则、维护市场秩序方面，我国已制定了反不正当竞争法、消费者权益保护法、城市房地产管理法、广告法、拍卖法、担保法、票据法、保险法、仲裁法、合同法等法律。这些法律体现了市场经济公平、公正、公开、效率的原则，有利于形成全国统一、开放的市场体系。近年来，中国市场秩序存在的问题主要是两大方面：一是不正当竞争行为扰乱市场经济秩序。如商业欺诈、强制交易、仿冒侵权、以次充好、走私贩私等。二是分割和封锁市场，如地区壁垒。近两年中，中国各级公平交易执法机构的主要工作有四方面：一是严厉打击制售假冒伪劣

---

❶ 《最高人民法院关于适用〈中华人民共和国民事诉讼法〉若干问题的意见》第 240 条。

❷ 《中华人民共和国民事诉讼法》第 199 条。

商品的违法行为;二是打击商标侵权和虚假广告违法行为;三是制止强制交易、行政垄断等;四是打击走私贩私。

从2001年的公平交易执法工作看,工作量很大,取得不少成果。2001年全国工商行政管理机关共查处各类经济违法违章案件1386791件,比2000年增长42.74%。其中立案查处的案件为682026件,查处率为49.18%。表10-3显示了2001年重点违法违章经济案件查处情况,图10-1是1995—2001年全国查处不正当竞争案件情况。可以看出,工商行政管理部门查处不正当竞争案件的力度不断加强。

表10-3　2001年全国查处公平交易案件基本情况

违反法规类型	项目	案件总数（件）	案值（万元）	立案查处案件数（件）	立案查处比率（%）
	违反反不正当竞争法规	35371	355893	26614	75.24
	违反消费者权益保护法规	30598	1763	15187	49.63
	违反商标法规	24528	128754	20091	81.91
	违反产品质量法规	48763	97115	32287	66.21
	违反投机倒把行政处罚法规	76284	385190	62845	82.38
	违反广告法规	37775	21558	27885	73.82
	违反进口商品管理有关法规	875	4092	606	69.26
	违反企业登记管理法规	128093	559464	88783	69.31
	违反其他法规	985524	559464	415528	42.16

续表

项目		案件总数（件）	案值（万元）	立案查处案件数（件）	立案查处比率（%）
违法行为类型	制售假冒伪劣商品	153443	281425	97160	63.32
	走私贩私	8120	148238	5888	72.51
	利用合同骗买骗卖	1780	8902	1619	90.96
	倒买倒卖	26387	82157	22584	85.59
	侵犯知识产权	6783	27891	5853	86.29
	制黄贩黄	443	383	247	55.76
	非法传销	1568	24886	1103	70.34
	弄虚作假	13788	59470	10382	75.30
	其他	1156495	1531179	547540	47.34

资料来源：国家工商行政管理年鉴编辑部提供。

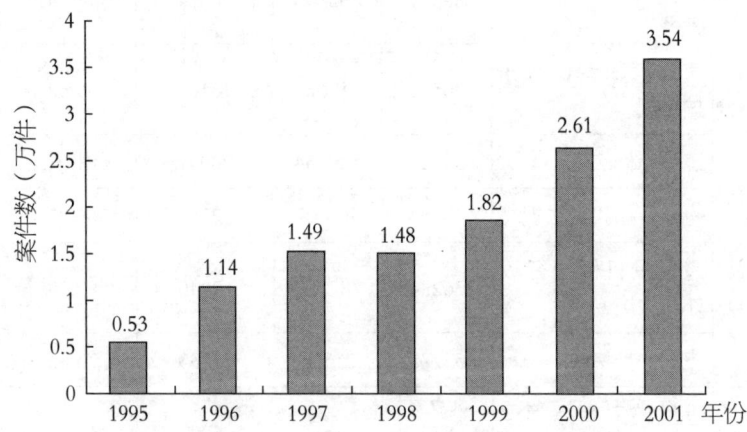

图10-1 1995—2001年全国查处不正当竞争案件情况

资料来源：国家工商行政管理年鉴编辑部提供。

在维护市场秩序方面，除上述行政执法外，人民法院还依法审理了大量破坏市场经济秩序的犯罪案件。在此以2001年为例做一说明。在整顿和规范市场经济秩序工作中,人民法院依法严惩制售伪劣商品、走私、金融诈骗、偷税抗税、骗取出口退税、骗汇以及制贩假币等犯罪。依法打击传销犯罪活动。2001年共审结严重破坏市场经济秩序犯罪案件14953件,判处犯罪分子19972人,为国家挽回经济损失22.3亿元。依法审理涉及企业改制、购销、借贷、农业和农村经济发展、金融以及海事海商纠纷等案件,全年共审结这几类案件1276601件,有利于市场经济活动健康有序进行和市场信用的建立。坚决打击危害金融安全的犯罪,全年共审结此类案件6650件,判处犯罪分子8906人。引起广泛关注的卢弈群等人伪造货币5.6亿元案、曹予飞等人集资诈骗3.2亿元案,主犯被依法严惩,震慑了犯罪。坚决打击涉及食品、药品、棉花、农资、医疗器械等生产、销售伪劣商品犯罪。全年共审结此类案件764件,判处犯罪分子921人。同时,人民法院还重视审理劳动争议案件,全年共审结案件100440件,比上年上升33%,保护劳动者的合法权益,保障有效劳动合同得以履行。❶

根据修改后的专利法、著作权法和商标法,最高人民法院及时制定相关司法解释,为审理集成电路布图设计、植物新品种等新类型案件提供了具体依据。2001年共审结知识产权案件5041件,保护了智力成果,推动了科技进步和创新。表10-4是2001年全国法院审结案件统计。

表10-4 2001年全国法院审结案件统计 (件)

全国法院	最高人民法院	地方各级人民法院和专门人民法院						
		合计	刑事案件		民事案件		行政案件	
			案件数	构成	案件数	构成	案件数	构成
5930707	3047	5927660	729958	12.31%	5076694	85.64%	121008	2.05%

资料来源:根据《最高人民法院工作报告》(2002年3月11日)整理。

---

❶ 《最高人民法院工作报告》(2002年3月11日)。

参考文献：

[1] 肖扬. 最高人民法院工作报告 [R]. 2002-03-11.

[2] 中国工商行政管理年鉴编辑部. 中国工商行政管理年鉴 [M]. 北京：工商出版社，2001.

[3] 国家工商行政管理总局. 个体私营经济地方性法规、规范性文件汇编 [M]. 北京：工商出版社，2002.

[4] 王家福. 社会主义市场经济法律制度建设问题 [M]. 北京：新华出版社，1999.

[5] 王家福. 关于依法治国 建设社会主义法治国家的理论和实践问题 [M]. 北京：新华出版社，1999.

[6] 江平. 市场经济法律制度体系 [J]. 国家行政学院学报，2001（5）.

[7] 李曙光、肖建华. 中国市场经济法律：进展与评价 [J]. 政法论坛，2000（5）.

[8] 曹建明. WTO与中国的司法审判 [M]. 北京：法律出版社，2001.

[9] 董念清. 新编经济法教程 [M]. 北京：中共中央党校出版社，2002.

[10] 刘剑文、杨汉平. 私有财产法律保护 [M]. 北京：法律出版社，2000.

第十一章　中国市场经济发展程度测度

前面 10 章从政府、企业、生产要素、贸易环境、金融、法律等多个方面，对中国市场经济发展的历程、现状进行了全面、具体的分析。本章将在前面十章定性定量分析的基础上，对"总论"中提出的中国市场经济发展程度的测量结果进行更为详尽的说明和解释，并与国内外相关成果进行比较。

一、中国市场经济发展程度测度的过程

测度过程，反映了我们的思路和方法，反映了认识的深化和矛盾的解决，因此，介绍我们在测定过程中遇到的困难以及克服困难的努力，有助于读者对测定结果可靠性的理解和认同。

我们对市场经济发展程度的测度是双向协调进行的。一条路径是从具体到抽象，即从具体的测度指标选择开始，然后归类分析，最后进行总体测度；另一条路径则是从抽象到具体，即从国内外实践尤其是欧美国家反倾销中涉及的市场经济标准入手，先得到市场经济五大因素，然后从每一因素中分解出几个子因素，从子因素中又分解出测度指标。以下分别介绍双向协调的两个方面。

（一）从具体到抽象

首先，从现实出发，从能够反映中国市场化进程的测度指标的选择出发，在广泛比较分析各种类、各领域的测度指标基础上，在研究国内市场化进程所有成果和国外自由度指数成果的基础上，经过与统计专家的反复商讨，确定了 60 个测度指标，分为 10 个因

素，进行了统计整理和测算。

最初的 10 个因素和 60 个指标见表 11-1。

表 11-1　中国市场经济程度测度初始指标

序号	指标名称	序号	指标名称	序号	指标名称
	一、政府规模与干预		2. 工资形成的自由度	41	最近五年通货膨胀率的标准差
1	1. 政府支出	22	规模以上非国有工商企业单数占规模以上全部企业单数的比重		2. 银行业竞争度
1	政府消费占 GDP 的比重	23	国有企业工资自主决定程度（问卷）	42	国有独资商业银行贷款占国有独资商业银行与政策性银行贷款之和的比重
2	政府投资占 GDP 的比重		五、资本、土地交易自由度	43	股份制银行资产占全部商业银行资产的比重
3	政府人员占全社会从业人员的比重		1. 资本流动自由度	44	股份制银行存款占全部商业银行存款的比重
	2. 政府收入	24	资本项下非管制的项目占项目总数的比例	45	股份制银行贷款占全部商业银行贷款的比重
4	政府税、债和各种费占 GDP 的比重	25	人民币对美元汇率按日计算的标准差系数（标准差/平均值）		3. 金融市场化

282

续表

序号	指标名称	序号	指标名称	序号	指标名称
5	个人所得税平均税率及最高边际税率	26	在全社会固定资产投资中外国资本（直接与间接）投资的比重	46	有价证券占全部金融资金来源的比重
6	企业所得税平均税率	27	外方注册资金占外商投资企业总注册资金的比重	47	各种金融机构一年期利率全距系数（最大值与最小值之差额与平均值的比率）
	3.政府转移支付与补贴		2.土地交易自由度	48	三资、乡镇、个体、私营企业短期贷款占金融机构全部短期贷款的比重
7	政府转移支付占GDP的比重	28	城镇土地使用权拍卖的面积占城镇土地使用权出让和转让总面积的比例		九、中介组织规模及自由度
8	政府补贴占GDP的比重		六、国内贸易自由度	49	中介组织单位数占基本单位总数的比重
	二、非国有经济规模	29	国家控制和专营工业品销售额占工业品销售总额的比重	50	非政府中介组织单位数占全部中介组织单位数的比重
9	工业中非国有经济所有者权益占全部工业所有者权益的比重	30	工业品市场定价商品的销售额占工业品销售总额的比重	51	中介组织不受政府干预的业务比重

第十一章　中国市场经济发展程度测度

283

续表

序号	指标名称	序号	指标名称	序号	指标名称
10	非国有经济固定资产投资占全社会固定资产投资的比重	31	国家收购的农副产品额占农副产品交易额的比重		十、法律对公平贸易和产权的保护
11	城镇非国有单位从业人员占城镇从业人员的比重	32	农产品市场定价商品的销售额占农产品销售总额的比重		1. 市场准入
12	非国有经济创造的增加值占GDP的比重	33	第三产业中非国有经济创造的增加值的比重	52	私营企业准入行业占行业总数的比重(细分行业)
13	非国有经济税收占全社会税收的比重	34	第三产业中国有企业自主营业收入额占国有企业营业收入总额的比重	53	外资企业准入行业占行业总数的比重(细分行业)
14	非国有经济进出口总额占全部进出口总额的比重	35	城镇住房商品化率	54	有外贸经营权的工商企业占规模以上工商企业总数的比例
	三、国有企业的市场化	36	城镇住房消费支出占城镇居民消费总支出的比重		2. 贸易环境
15	大中型国有企业已进行(含完成)产权改革的企业数占全部大中型国有企业数的比重(问卷)		七、对外贸易自由度	55	工商行政管理部门在企业年检中的合同履约率

284

续表

序号	指标名称	序号	指标名称	序号	指标名称
16	上市的国有控股企业中非国有股比重		1. 关税税率结构	56	海关测算的商品进口走私额占进口总额与测算的走私额之和的比重
17	国有股份制企业总经理实际由董事会任命的比例（问卷）	37	平均关税税率	57	违反不正当竞争法规的案件立案查处率
18	国有企业出售、重组、破产数占国有企业数的比重	38	关税税率的标准差		3. 产权保护
	四、劳动力流动与工资决定的自由度		2. 非关税壁垒	58	对非国有企业产权保护（问卷）
	1. 劳动力流动的自由度	39	配额许可证涉及的进口金额占进口额的比重	59	工商管理部门对违法合同的查处率
19	企业新进人员数与企业人员数比重（问卷）		八、货币与金融市场化	60	知识产权案件法院结案率
20	跨省迁入者人数占总人口数比重		1. 通货膨胀率		
21	分地区城镇常住人口与户籍人口数之差占户籍人口比重（按省加权平均）	40	最近五年通货膨胀率的平均值		

在国家统计局核算司直接指导和参与下，其中 51 个指标的数据已填上。尚有 9 个需要问卷调查。但这只是我们进行市场化进程测度的第一阶段。由于我们在进行反倾销案件研究中，越来越多地接触到欧美国家家对市场经济提出的若干法定规则，因此，引发了我们换一个角度进行市场化进程测度的尝试。

（二）从抽象到具体

这主要体现在，我们从五大因素到 11 个子因素，然后到 33 个指标的确定这一思维过程中。从因素到子因素，再到具体的指标的思维过程，比较接近于从抽象到具体的思维逻辑。

对市场经济五大因素的提炼与归纳，是在研究工作的后期阶段才开始的，是在研究分析欧美国家在市场经济问题上的文件基础上开始的。五大因素的提炼和分析，在本书"总论"中已有详尽的论述。这里只想强调指出，市场经济标准五大因素是在对现代市场经济理论和现实认识和理解的基础上，在充分吸收欧美和加拿大反倾销要求而提出的市场经济标准基础上，在对国内外市场经济发展的实际情况进行概括的基础上，从公平贸易角度提出来的。由政府作用各种问题，我们概括出"政府行为规范化"；由企业权利与行为问题，我们概括出"经济主体自由化"；由投入要素的成本与价格问题，我们概括出"生产要素市场化"；由贸易环境问题，我们概括出"贸易环境公平化"；由欧美国家特别关注反倾销的被调查国利率和汇率等问题，我们归纳出"金融参数合理化"。

每一因素应包含的子因素，是在五大因素的框架内推导与分析出来的：

——在"政府行为规范化"因素下我们设了"政府的财政负担"和"政府对经济的干预"两个子因素。"政府的财政负担"衡量占有和支配资源的程度。政府控制的资源越多，给市场体系造成的不良影响越大，市场机制的扭曲程度越大。"政府对经济的干预"衡量政府参与私人部门商业活动的程度。政府干预经济的程度越高，公众从事自己经济活动的自由就越少。

——在"经济主体自由化"因素下设了"非国有经济的贡献"和"企业运营"两个子因素。"非国有经济的贡献"衡量非国有经济主体在经济活动中的地位相对于国有经济主体而言，非国有经济主体的行为更符合市场经济的原则，因此非国有经济主体在经济活动中的分量越大，全部经济主体的自由化程度越高。"企业运营"衡量包括国有经济主体在内的所有经济主体自主安排经营活动的程度。企业的自主权越高，企业配置资源的权利越大，越符合市场经济规则。

——在"生产要素市场化"因素下设"劳动与工资"和"资本与土地"两个子因素。"劳动与工资"衡量劳动力自由流动和工资由市场决定的程度，"资本与土地"衡量资本和土地由市场配置的程度。劳动力、资本和土地是三大基本生产要素，这三种要素的市场化程度从更深的层次上反映了经济整体的市场化程度。

——在"贸易环境公平化"因素下设"贸易产品定价自由度""对外贸易自由度"和"法律对公平贸易的保护"三个子因素。"贸易产品定价自由度"衡量商品和服务的价格由市场决定的程度。由市场供求决定价格的机制是市场经济的核心，市场形成价格是市场经济的基本条件。"对外贸易自由度"衡量对外贸易的开放程度。市场经济是开放的经济，对外贸易自由度越高，说明国内外市场越统一。"法律对公平贸易的保护"衡量一个国家市场经济法律健全的程度，保护程度越高，说明市场经济体制越有效率。

——在"金融参数合理化"因素下设了"银行与货币"和"利率和汇率"两个子因素。"银行与货币"衡量货币流通对市场化的影响。银行体系越健全，货币流通越畅通，越有利于市场经济的发展；通货膨胀率越高，对市场主体的损害越大，越不利于市场经济的发展。"利率与汇率"衡量利率和汇率受管制的程度。利率和汇率是主要的金融参数利率和汇率受管制程度越低，金融的市场化程度越高。

我们把以上两种研究的进程加以综合，即完成了双向协调。通过多次反复，从具体到抽象，再从抽象到具体我们一步步确定了因素、子因素和测度指标，又在因素、子因素的范围内选择测度指标。双向协调，从测度指标→子因素→因素，同时，又从因素→子因素→指标，在这个互动的过程中，使每一要素都得到完善。譬如，最初我们只考虑了10个类指标，可以说是10大因素；但现在只相当于10个子因素，原计划在10个类指标基础上进行总体市场化测度。但在总结出五大因素后，就从二阶计算变为了三阶计算。相对而言，原来类指标中有的成了大因素，重要性提高了；有的成了子因素，分量有所减弱。比如，法律部分，原来是10因素之一，现在则成为贸易环境公平化这一因素中的一个子因素，计算中的权重肯定有所下降。

当然，从具体到抽象过程中，也存在着抽象到具体；从抽象到具体，也存在着具体到抽象。比如：我们起初是想定义市场化，再来测度。我们认为，从质的角度看市场化有三种不同情况：一种是制度改革，从计划经济转向市场经济；二是市场经济的完善，从不成熟走向成熟；三是新的国际条件下的制度创新：比如政府市场化的提出。这三种都是市场化过程的内容。我们测度的重点，是制度改革这种市场化程度，但也会涉及后两种。这种思路，对选择指标也是起了一定作用的，但与五大因素的作用比，则小得多。

二、测度指标的选择、定义及评分

（一）测度指标的选择

与上述测度过程相应，测度指标选择也经历了两个阶段。在具体到抽象这个阶段，选择测度指标首先考虑代表性、独立性和可得性。所谓代表性，就是测度指标能反映市场化进程的本质特征或主要特征；所谓独立性，即测度指标相对独立而不与其他指标兼容或重复；所谓可得性有两层含义，一是指标最好能数量化；二是数据有相对完整性，比如能获取1992年、2000年和2001年三个年度相关数据。

测度指标选择的第二阶段，与第一阶段有区别也有共同点，是从一定框架出发来选择，这与从"抽象到具体"阶段是一致的。这个阶段，我们在选择指标时考虑三点：一是能够归类在市场经济五大因素范围内，即有范围的代表性；二是完整性要求，力求在11个子因素下都有2个以上的指标；三是指标的相对独立性和可得性，仍然是必要的。

当然，在选择测度指标时还有三个问题是经常遇到的。一是如何直接借鉴国际研究机构的指标；二是如何防止主观性；三是指标的正相关或负相关问题。在33个测度指标选择中，我们充分借鉴美国传统基金会和加拿大弗雷泽研究所关于经济自由度的测度指标，如"企业所得税平均税率""平均关税税率""最近五年通货膨胀率的平均值""政府消费占GDP的比重""政府投资占GDP的比重"等。只要在国内能得到，我们力求与国际所选用指标一致起来。在防止主观性上，我们也做了努力。主要体现在我们力求采用可统计指标，尽量不采用问卷调查或打分的指标。在现有测度指标中，问卷调查指标只有3个。定性指标的定量化，如法律、地区壁垒等，困难很大，当然，定性指标定量化，不可能完全排除，这也是认识深化和富有挑战性的工作。还要指出，我们在测度指标选择中没有对正相关或负相关有特别要求。所选指标中，一些指标是正相关的，通俗地讲，就是指标值越高反映市场化程度就越高。一些指标是负相关的，即指标值越高表明此方面市场化程度就越低。

根据以上思路，我们选择了以下33个测度指标。现将33个测度指标与子因素、五大因素整合为表11-2，供参考。

表 11-2　中国市场经济程度测度因素及指标

序号	指标名称	序号	指标名称	序号	指标名称
	一、政府行为规范化	12	经营者由市场选聘的企业比例	23	平均关税税率
	1.政府的财政负担	13	拥有决策自主权的企业比例	24	从国际贸易中获得的税额与进出口额的比率
1	政府消费与GDP的比率		三、生产要素市场化		9.法律对公平贸易的保护
2	企业所得税(含费)平均税率		5.劳动与工资	25	违反不正当竞争法规的案件立案查处率
	2.政府对经济的干预	14	分地区常住人口数与户籍人口数之差占户籍人口的比重	26	知识产权案件中立案查处率
3	政府投资与GDP的比率	15	行业间职工人数变动率		五、金融参数合理化
4	政府转移支付和政府补贴与GDP的比率	16	工资由雇主和雇员自愿谈判决定的企业比例		10.银行与货币
5	政府人员占城镇从业人员的比重		6.资本与土地	27	非国有银行资产占全部银行资产的比重
	二、经济主体自由化	17	资本形成总额中外资、自筹和其他资金所占比重	28	非国有金融机构存款占全部金融机构存款的比重

续表

序号	指标名称	序号	指标名称	序号	指标名称
	3. 非国有经济的贡献	18	外方注册资金占外商投资企业总注册资金的比重	29	三资乡镇个体私营企业短期贷款占金融机构全部短期贷款的比重
6	非国有经济固定资产投资占全社会固定资产投资的比重	19	城镇土地使用权的拍卖面积占土地使用权出让面积的比例	30	最近五年通货膨胀率的平均值
7	城镇非国有单位从业人员占城镇从业人员的比重		四、贸易环境公平化		11. 利率和汇率
8	非国有经济创造的增加值占GDP的比重		7. 贸易产品定价自由度	31	各种金融机构一年期贷款利率全距系数
9	非国有经济税收占全社会税收的比重	20	社会消费品零售总额中市场定价的比重	32	资本项下非管制的项目占项目总数的比例
10	非国有经济进出口总额占全部进出口总额的比重	21	农副产品收购总额中市场定价的比重	33	人民币对美元汇率与新加坡无本金交割远期汇率月平均差偏离度
	4. 企业运营	22	生产资料销售总额中市场定价的比重		
11	财政对国有企业的亏损补贴与GDP的比率		8. 对外贸易自由度		

第十一章 中国市场经济发展程度测度

这里，我们把正相关和负相关的指标做一说明，以便大家对后面提出的测度指标的分值有所理解。

正相关的指标。正相关有两种情况，一种是完全正相关，另一种是不完全的正相关。完全正相关的指标有 16 个：非国有经济固定资产投资占全社会固定资产投资的比重、城镇非国有单位从业人员占城镇从业人员的比重、非国有经济创造的增加值占 GDP 的比重、非国有经济税收占全社会税收的比重、非国有经济进出口总额占全部进出口总额的比重、国有企业经营者由市场选聘的比例、国有企业中有决策自主权的比例、工资由雇主和雇员自愿谈判的企业比例、资本形成总额中外资、自筹和其他资金所占比重、城镇土地使用权的拍卖面积占土地使用权出让面积的比例、社会消费品零售总额中市场定价的比重、农副产品收购总额中市场定价的比重、生产资料销售总额中市场定价的比重、非国有银行资产占全部银行资产的比重、非国有金融机构存款占全部金融机构存款的比重、资本项下非管制的项目占项目总数的比例。

不完全正相关的指标有 6 个。这些市场化测度指标，并不是最优市场化条件，也不意味着指标值为 0 时就是最优市场化条件，但该指标在一定的区间内指标值越高，市场化程度也越高。这些指标包括：分地区常住人口数与户籍人口数之差占户籍人口的比重、行业间职工人数变动率、外方注册资金占外商投资企业总注册资金的比重、违反不正当竞争法规的案件立案查处率、知识产权案件中立案查处率、三资乡镇个体私营企业短期贷款占金融机构全部短期贷款的比重。这些指标的得分确定，基本思路是先要比较 1992 年（中国市场经济体制确立初期）和 2001 年的变化区间，进而确定在理想的条件下，能反映中国市场化最优的一个临界点或最差的一个临界点，作为评价的依据。值得注意的是，各种金融机构一年期贷款利率全距系数在考虑中国金融市场化还不充分的情况下，我们认为在金融市场化转型的进程中系数较高，说明在这一特定的时期利率受资金供求影响越大，市场化程度越高。当然，随着中国金融市场化的成熟,这一指标的评价将会失去意义。

负相关指标。负相关指标有 11 个:政府消费占 GDP 的比率、企业所得税平均税率、政府投资与 GDP 的比率、政府转移支付和政府补贴与 GDP 的比率、政府人员占城镇从业人员的比重、财政对国有企业的亏损补贴与 GDP 的比率、平均关税税率、从国际贸易中获得的税额与进出口额的比率、最近五年通货膨胀率的平均值、各种金融机构一年期贷款利率全距系数、人民币对美元汇率与新加坡无本金交割远期汇率月平均差偏离度。这些测度指标的值越低,市场化程度越高,其市场化程度最低临界指标值根据指标本身的性质和市场经济常态下可能允许的范围确定。其中有些指标值越接近 0,市场化程度越高。

(二)测度指标的来源与定义

为了更准确地理解各测度指标的意义,现将 33 个测度指标的含义和资料来源说明如下,这一部分是由国家统计局核算司的专家在集体讨论基础上撰写的,具有权威性和可靠性。

1. 政府消费占 GDP 的比重

政府单位是指在一国境内通过政治程序建立的、在一特定区域内对其他机构单位拥有立法、司法和行政权的法律实体及其附属单位,包括中央政府、地方政府、由政府控制并主要由政府资助的非市场非营利机构等。政府消费是政府单位为全社会提供公共服务的消费支出和免费或以较低价格向住户提供的用于消费的货物和服务的净支出。政府消费占 GDP 的比重反映一定时期内政府消费对国民经济的影响程度。

资料来源:《中国统计年鉴》。

2. 企业所得税平均税率

这里企业所得税平均税率指企业所得税(含费)平均税率。按照传统定义,企业所得税平均税率为企业所得税占企业初次分配收入的比重。考虑到目前我国企业每年仍要缴纳除所得税外的诸多费，如排污费、城市水资源费、教育费附加、矿产资源补偿费、铀产品出售收入和探矿权采矿权使用费及价款收入等专项收入、预算外行政性收费。因此，为了准确反映企业的实际负担，这里我们将企业所得税平均税率定义为企业缴纳的所得税和各种费占企业初次分配收入的比重。

资料来源：企业所得税和企业初次分配收入数据来自《资金流量表》，企业各种费数据来自《中国统计年鉴》，但2001年企业初次分配收入数据因《2001年资金流量表》实物交易部分尚未编制企业所得税平均税率有关资料，故进行推算。

3. 政府投资占GDP的比重

政府投资指国家机关、政党机关和社会团体、科学研究和综合技术服务业单位、教育文化艺术广播电影电视业单位、卫生体育和社会福利业等单位在一定时期内通过购买或建造活动完成的固定资产投资。政府投资占GDP的比重反映一定时期内政府投资对国民经济的影响程度。

资料来源：《中国资金流量表》。

4. 政府转移支付和政府补贴占GDP的比重

政府转移支付是指中央政府对地方政府的财政转移支付，转移支付的基本形式有两种，一种是无条件拨款（一般补助），另一种是有条件拨款（专项拨款）。无条件拨款主要由中央对地方的税收返还、体制补助和结算补助等形式构成。有条件拨款大致可分为三类，一是对地方经济发展和事业发展的项目补助；二是对特殊情况的补助，如自然灾害补助等；三是保留性专项拨款。政府补贴主要由对价格补贴和对国有企业补贴组成，前者包括对城镇居民的粮棉油价格补贴、肉食品价格补贴和其他价格补贴，后者包括对国有企业的亏损补贴、工资补贴、进出口贸易补贴和社保补贴等。

资料来源：《中国财政年鉴》和《中国统计年鉴》。

5. 政府人员占城镇从业人员的比重

城镇从业人员指设区的市所辖的区、不设区的市所辖的街道以及所辖镇的居委会、县辖镇的居委会范围内的16及16周岁以上的从事一定社会劳动并取得劳动报酬或经营收入的人员的年末人数。政府从业人员具体指在国家机关、政党机关和社会团体、科学研究和综合技术服务业单位、教育文化艺术广播电影电视业单位、卫生体育和社会福利业单位劳动并取得工资或其他形式劳动报酬的人员的年末人数。这里的政府人员和城镇人员中都不包括现役军人。政府人员占城镇从业人员的比重反映政府人员规模的大小。

资料来源：《中国统计年鉴》。

6. 非国有经济固定资产投资占全社会固定资产投资的比重

全社会固定资产投资是指固定资产投资额以货币表现的建造和购置固定资产活动的工作量，它是反映固定资产投资规模、速度、比例关系和使用方向的综合性指标。全社会固定资产投资按登记注册类型可分为国有集体、个体联营股份制、外商、港澳台商、其他等。非国有经济固定资产投资占全社会固定资产投资的比重可从一个侧面反映我国投资的市场化程度。

资料来源：《中国统计年鉴》。

7. 城镇非国有单位从业人员占城镇从业人员比重

城镇从业人员是指城镇中从事一定社会劳动并取得劳动报酬或经营收入的人员，包括在岗职工、再就业的离退休人员、私营业主、个体户主、私营和个体就业人员、其他就业人员（包括宗教职业者、现役军人等）。城镇非国有单位从业人员占城镇从业人员比重反映了城镇就业人口中非国有单位从业人员的相对规模。

资料来源：《中国统计年鉴》。

8. 非国有经济创造的增加值占 GDP 比重

从现行统计制度看，分所有制（国有经济、集体经济和其他经济）GDP 主要依靠各行业核算资料推算。受社会生产力水平的限制，各行业在不同时期的发展水平不同，统计基础和资料来源状况有较大差异，再加上计算分所有制的 GDP 的重要依据即经济类型划分标准尚不完善（此标准于 1980 年第一次制定并初步实施，虽然经过后来的修改、补充和完善，1992 年形成国家分类标准，但在各专业统计中的应用仍不充分），因此，在实际测算时，各行业之间、行业内部不同年度之间采用的方法也不完全一致，有的行业采用了必要的推算和估算。一旦得到分所有制的 GDP 估计值，我们就可以很容易地计算出非国有经济（包括集体经济和其他非公有制经济）创造的增加值占 GDP 的比重。

9. 非国有经济税收占全社会税收的比重

全社会税收是指国家财政参与社会产品分配所取得的税收收入，包括增值税、营业税、消费税、土地增值税、城市维护建设税、资源税、城市土地使用税、印花税、个人所得税、企业所得税、关税、农牧业税和耕地占用税等。全社会税收按纳税主体的经济类型可分为国有经济税收和非国有经济税收，非国有经济税收占全社会税收的比重反映了非国有经济对全社会税收的贡献。

资料来源：《中国财政年鉴》和《税收统计月报》。

10. 非国有经济进出口总额占全部进出口总额比重

全部海关进出口总额是指实际进出我国国境的货物总金额，包括对外贸易实际进出口货物，来料加工装配进出口货物，国家间、联合国及国际组织无偿援助物资和赠送品，华侨、港澳台同胞和外籍华人捐赠品，租赁期满归承租人所有的租赁货物，进料加工进出口货物，边境地方贸易及边境地区小额贸易进出口货物（边民互市贸易除外），中外合资企业、中外合作经营企业、外商独资经营企业进出口货物和公用物品，到、离岸价格在规定限额以上的进出口货样和广告品（无商业价值、无使用价值和免费提供出口的除外），从保税仓库提取在中国境内销售的进口货物，以及其他进出口货物。我国规定出口货物按离岸价格统计，进口货物按到岸价格统计。全部进出口总额按企业性质可分为国有企业、外商投资企业、集体企业和其他企业，非国有经济进出口总额占全部进出口总额比重，即外商投资企业、集体企业和其他企业的进出口总额占全部进出口总额比重，反映了进出口总额中非国有经济的贡献。

资料来源：《中国海关统计年鉴》。

11. 财政对国有企业的亏损补贴占 GDP 比重

财政对国有企业的亏损补贴占 GDP 比重反映国有企业与其他各类型企业平等竞争和自负盈亏的情况。

资料来源：《中国统计年鉴》。

12. 经营者由市场选聘的企业比例

经营者由市场选聘的企业比例反映企业经营者由政府任命向市场选择的转变情况。该指标以样本企业中选择"非政府任命方式"的企业比例来表示。

资料来源：国家经济贸易委员会政策研究室对典型省份的抽样调查。

13. 拥有决策自主权的企业比例

拥有决策自主权的企业比例反映政府减少或放弃对企业决策的行政干预和企业决策的自主性情况。该指标以样本企业中选择"拥有决策自主权"的企业比例来表示。

以上两个指标可以很好地说明企业独立市场主体地位的确立与否。尤其对于国有企业改革来说，政府作为社会管理者必须从企业中退出，而实现这一退出以确立国有企业的独立市场地位，政府就必须放弃对企业经营者的任免和决策的干预。同时，政府作为企业国有资产的所有者又必须关注资产的保值增值，而要实现国有资产的保值、增值，企业就必须以市场方式选聘经营者，并赋予其决策自主权。因为只有以市场方式选聘的经营者才熟悉市场运作规律，了解市场供求；而经营者作为现场决策者，只有具有决策自主权，才能保证其决策的科学性。

资料来源：国家经济贸易委员会政策研究室对典型省份的抽样调查。

14. 分地区常住人口与户籍人口数之差占户籍人口比重

常住人口是指在某一时点（通常为年末）在某一地理区域（乡、镇、街道）内居住半年以上，或虽居住不满半年，但已离开常住户口登记地半年以上的人口，它还包括原来住在本地区，但目前在国外短期工作或者学习的人口。户籍人口是指在年末在某一地理区域（乡、镇、街道）内在当地公安部门落户登记的人口。常

住人口与户籍人口之差反映由外地区流动到本地区的人口规模,常住人口与户籍人口之差占户籍人口的比重反映人口流动性程度的大小。

15. 行业间职工人数变动率

在发达市场经济国家,劳动者平均一生都要经过多次工作变动。随着中国市场经济观念深入人心以及劳动保障体系的逐步完善,劳动者也越来越频繁地更换工作。行业间职工人数变动率可以近似地反映劳动力流动的自由度。该指标以各行业本年度与上年度相比职工人数变动的绝对值的总和与本年度各行业职工总数的比例来表示。

资料来源:《中国统计年鉴》。

16. 工资由雇主和雇员自愿谈判的企业比例

工资由雇主和雇员自愿谈判决定的企业比例反映政府不再硬性规定雇员工资,而由供需双方协商决定的情况。工资作为劳动的报酬,一方面要反映市场上劳动的供求,另一方面要体现劳动的技术含量,而这两方面只有通过雇员和雇主自愿的协商谈判才能有效解决。该指标以样本企业中选择"雇员认可企业决定的工资标准"的企业比例来表示。

资料来源:国家经济贸易委员会政策研究室对典型省份的抽样调查。

17. 资本形成总额中外资、自筹和其他资金所占比重

资本形成是固定资本形成总额与存货增加之和。其中固定资本形成包括国家预算内资金、国内贷款利用外资、自筹和其他资金。在资本形成总额中,利用外资、自筹和其他资金(如上市融资)是市场化程度比较高的获取资金的方式,以三种方式获取的投资资金占资本形成总额中的比重可以很好地反映资本形成的市场化程度。

资料来源:《中国统计年鉴》。

18. 外方注册资金占外商投资企业总注册资金的比重

是指年末登记外商投资企业行业分布情况中外方注册资金与总的注册资金之比。

资料来源:《中国统计年鉴》。

19. 城镇土地使用权的拍卖面积占土地使用权出让面积的比例

土地出让是指国家以土地所有者的身份将国有土地使用权在一定年限内出让给土地使用者,由土地使用者向国家支付土地使用权出让金的行为。土地使用权出让的最高年限按用途确定:居住用地70年;工业用地50年;教育、科技、文化、卫生、体育用地50年;商业、旅游、娱乐用地40年;综合或者其他用地50年。出让以采取协议、招标、拍卖三种方式。出让方式获得的国有土地使用权可以转让、出租、抵押或者用于其他经济活动,合法权限受国家法律保护。因此,城镇土地使用权的拍卖面积占土地使用权出让面积的比重从一个侧面反映了我国土地交易的市场化程度。

资料来源:国土资源部编辑的《中国土地资源年鉴》。应指出的是,由于《中国土地资源年鉴》只提供出让的面积,但不单独提供土地的拍卖面积。为此,这里采用土地拍卖交易的宗数占整个土地出让交易的宗数的比重来推算土地拍卖的面积。

20. 社会消费品零售总额中市场定价的比重

指在国民经济各行业直接售给城乡居民和社会集团的消费品总额中按市场调节价和政府指导价销售的消费品的比重。《中华人民共和国价格法》第一章总则中的第三条明确指出,市场调节价是由经营者自主制定,通过市场竞争形成的价格。政府指导价是由政府价格主管部门或者其他有关部门,按照定价权限和范围规定基准价及其浮动幅度,指导经营者制定的价格。社会消费品零售总额中市场定价的比重反映在社会商品零售环节的市场化程度。

资料来源:国家计委。

21. 农副产品收购总额中市场定价比重

指在各单位或部门收购的农副产品总额中按市场调节价和政府指导价收购的农副产品金额的比重。它反映在农副产品收购环节市场化的程度。

资料来源:国家计委。

22. 生产资料销售总额中市场定价比重

指在所有销售部门生产资料的销售收入中按市场调节价和政府指导价销售的生产资料金额的比重。它反映在生产资料出厂环节市场化的程度。

资料来源：国家计委。

23. 平均关税税率

是指各年的《中华人民共和国海关关税税则》所有商品编号项目所规定的关税税率的简单算术平均。

资料来源：中华人民共和国对外贸易经济合作部的网站：moftec@moftec.gov.cn。

24. 从国际贸易中获得的税额占进出口额的比重

是指关税收入与进出口总值之比。

资料来源：《中国统计年鉴》。

25. 违反不正当竞争法规的案件立案查处率

全国查处公平贸易案件基本情况表中，违反不正当竞争法规的案件数中受到立案查处的案件数所占比重。

资料来源：《中国工商行政管理年鉴》。

26. 知识产权案件中立案查处率

全国查处公平贸易案件基本情况表中，涉及知识产权的违法案件数中受到立案查处的案件数所占比重。

资料来源：《中国工商行政管理年鉴》。

27. 非国有银行资产占全部银行资产比重

这里的全部银行界定为国有独资商业银行、政策性银行、股份制银行、其他商业银行、外资银行、城市商业银行、农村商业银行、城市信用社和农村信用社，非国有银行是指除国有独资商业银行和政策性银行外的其他银行，包括股份制银行、其他商业银行、外资银行、城市和农村商业银行、城市和农村信用社。非国有银行资产占全部银行资产的比重从一个侧面反映了我国金融体制改革和金融市场化进展的情况。

资料来源：《中国金融年鉴》。

28. 非国有金融机构存款占全部金融机构存款的比重

这里的全部金融机构是指中国人民银行、政策性银行、国有独资商业银行、其他商业银行、城市商业银行、农村商业银行、城市信用社、农村信用社、财务公司、信托投资公司租赁公司、邮政储汇局、外资金融机构。非国有金融机构是指除中国人民银行、政策性银行、国有独资商业银行以外的所有其他金融机构，包括其他商业银行、城市商业银行、农村商业银行、城市信用社、农村信用社、财务公司、信托投资公司、租赁公司、邮政储汇局、外资金融机构。非国有金融机构存款占全部金融机构存款的比重反映了非国有金融机构在整个金融机构中的作用和地位。

资料来源：《中国金融年鉴》和《中国金融机构人民币信贷收支月报》（内部资料）。

29. 三资乡镇个体私营企业短期贷款占金融机构全部短期贷款的比重

是指金融机构各项贷款的短期贷款中，三资企业贷款、私营企业及个体贷款和乡镇企业贷款所占的份额，反映金融机构的贷款中有多大比例投向了非国有企业。

资料来源：《中国金融年鉴》。

30. 最近五年通货膨胀率的平均值

这里的通货膨胀率是指居民消费价格指数的变化率，最近五年通货膨胀率是将最近五年居民消费价格指数的变化率作简单的算术平均，反映了近期物价的变动情况。

资料来源：《中国统计年鉴》。

31. 各种金融机构一年期贷款利率全距系数

各种金融机构一年期贷款利率全距系数是指各种金融机构一年期贷款最高利率与最低利率之差除以一年期贷款基准利率。据从中国人民银行货币政策司利率处获取的信息，1993年前贷款利率基本上没有浮动，从1993年起，对大型企业（512户重点企业）一年期贷款利率浮动范围为 −10%~10%；对中小型企业为 −10% 到 30%；

农村信用社的利率浮动范围为 −10%~50%。

资料来源：《中国金融年鉴》和有关信息。

32. 资本项下非管制的项目占项目总数的比例

到 2002 年 10 月 11 日，我国资本项目的可兑换范围和可兑换程度已经比较大，而且越来越大。对照国际货币基金组织确定的资本项下 43 个交易项目，我国完全可兑换和基本可兑换（经登记或核准）的有 12 项，占 28%；有限制的 16 项，占 37%；暂时禁止的有 15 项，占 35%。

资源来源：原中国人民银行行长戴相龙在"10+3"短期资本流动研讨会上的发言。

33. 人民币对美元汇率与新加坡无本金交割远期汇率月平均差偏离度

新加坡人民币的本金交割远期市场（NDF）是亚洲最大的离岸人民币远期交易市场。所谓离岸货币市场指的是在某一种货币本国以外交易该国货币的市场。新加坡人民币 NDF 市场的主要参与者是欧美排名前 20 位的大银行和投资机构。这些银行和机构参与人民币远期交割的目的是规避人民币收入和利润可能面临的汇率风险。该市场的行情比较准确地反映了国际社会对于人民币汇率变化的预期。因而该测度指标可以在一定程度上反映人民币汇率决定的市场化程度。

（三）测度指标的评分

为了增加测度方法的国际可比性，我们参照美国传统基金会的评分方法，建立起尽可能客观的评价标准。等级分为 1 分、2 分、3 分、4 分及 5 分五个等级，1 分说明该项指标或因素反映的市场化程度最高，我们将 1 分所在的区间称为评分的上限区间；而 5 分则说明该项指标或因素所反映的市场化程度是最低，我们将 5 分所在的区间称为评分的下限区间。

现将在评分中遇到的主要问题分别阐述如下。

1. 评分上限确定的说明

考虑市场经济实际上是存在政府一定干预的自由经济，因此，在评分中最高的 1 分是有一定区间的。这个区间表明着政府干预是符合市场经济要求的一种干预程度，表明此时的经济主体是自由的。由于各领域情况不同，评分的上限确定就是不同的，比如：社会消费品零售总额中市场定价的比重，根据判断 95% 以上是最自由的，得 1 分；资本项下非管制的项目占项目总数的比例，80% 以上是自由的，得 1 分。这里，95% 和 80% 都是 1 分的上限。

2. 评分下限确定的说明

这里不分正负相关，只讨论下限问题。下限与上限一样，都是一个区间。同时，这个区间对不同指标也是有差别的。确定这个差别，一是根据现实经济情况。在我们的测度表中，是根据 1992 年、2000 年和 2001 年三年情况，对大致的区间情况做出判断。这种判断，是以评分者在此领域的认识和其经济理论研究为基础的，因此，也带着一定的主观成分。最低的下限是 5 分，在评分中下限选择也是不同的，比如分地区常住人口与户籍人口数之差占户籍人口的比重，低于 1% 是不自由的，得 5 分；非国有经济固定资产投资占全社会固定资产投资的比重，我们根据分析，认为低于 20% 是不自由的，得 5 分。

3. 评分中分值区间确定的说明

在分值确定时，我们是采取区间估计的方法，即一个分值对应一个指标值区间，一个指标分值为 5 个区间，分别对应 1 分、2 分、3 分、4 分和 5 分。在上限和下限确定后，中间区三个区间一般是根据等距的形式来划分的，如对"政府消费与 GDP 的比率"指标的评分，该指标是逆指标，10% 及 10% 以下为 1 分，40% 以上为 5 分，中间以 10% 作为区间间距划分的标准，即 10%～20%（含 20%）为 2 分，20%～30%（含 30%）得 3 分，30%～40%（含 40%）得 4 分；而"工资由雇主和雇员自愿谈判的企业比例"是正指标，指标值在 90% 以上为 1 分，60% 及 60% 以下得 5 分，另外三个区间,以等距10%作为区间划分标准,即80%~90%(含90%)得2分,70%~80%(含80%)得3分,60%~70%(含70%)得4分。不等距的评分指标只有少数几个。这种不等距是由上限与下限的框架和我们对实际情况的理解为背景的。

中国市场经济程度测度指标评分见表11-3。

表11-3 中国市场经济程度测度指标评分

指标序号	指标名称	评分标准	指标值 1992年	指标值 2000年	指标值 2001年	2001年得分
1	政府消费占GDP的比重(%)	逆指标。10及10以下为1分;(10,20]为2分;(20,30]为3分;(30,40]为4分;40以上为5分	13.11	13.09	13.58	2
2	企业所得税平均税率(%)	逆指标。20及20以下为1分;(20,25]为2分;(25,35]为3分;(35,45]为4分;45以上为5分	37.35	29.36	30.92	3
3	政府投资占GDP的比重(%)	逆指标。1.5及1.5以下为1分;(1.5,3.5]为2分;(3.5,6]为3分;(6,10]为4分;10以上为5分	2.24	3.54	3.90	3
4	政府转移支付和政府补贴占GDP的比重(%)	逆指标。3及3以下为1分;(3,6]为2分;(6,9]为3分;(9,12]为4分;12以上为5分	5.12	6.70	7.36	3

续表

指标序号	指标名称	评分标准	指标值 1992年	指标值 2000年	指标值 2001年	2001年得分
5	政府人员占城镇从业人员的比重（%）	逆指标。5及5以下为1分；（5,10]为2分；（10,15]为3分；（15,20]为4分；20以上为5分	17.86	14.39	13.90	3
6	非国有经济固定资产投资占全社会固定资产投资的比重（%）	正指标。80以上为1分；（60,80]为2分；（40,60]为3分；（20,40]为4分；20及20以下为5分	31.95	49.86	52.69	3
7	城镇非国有单位从业人员占城镇从业人员的比重（%）	同上	39.03	65.00	68.09	2
8	非国有经济创造的增加值占GDP的比重（%）	同上	53.57	60.62	63.37	2
9	非国有经济税收占全社会税收的比重（%）	同上	33.00	57.72	64.42	2
10	非国有经济进出口总额占全部进出口总额的比重（%）	同上	27.45	54.59	55.04	3

续表

指标序号	指标名称	评分标准	指标值			2001年得分
			1992年	2000年	2001年	
11	财政对国有企业的亏损补贴占GDP的比重（%）	逆指标。0.2及0.2以下为1分；（0.2, 0.5]为2分；（0.5, 1]为3分；（1, 1.5]为4分；1.5以上为5分	1.67	0.31	0.27	2
12	经营者由市场选聘的企业比例（%）	正指标。95以上为1分；（85, 95]为2分；（75, 85]为3分；（65, 75]为4分；65及65以下为5分	7.9（1993）	79.98*	89.22	2
13	拥有决策自主权的企业比例（%）		54.9（1993）	90.46*	93.14	2
14	分地区常住人口与户籍人口数之差占户籍人口的比重（%）	正指标。4以上为1分；（3, 4]为2分；（2, 3]为3分；（1, 2]为4分；1及1以下为5分	1.39	2.35	2.57	3
15	行业间职工人数变动率（%）	正指标。8以上为1分；（6, 8]为2分；（4, 6]为3分；（2, 4]为4分；2及2以下为5分	2.14	5.20	4.96	3
16	工资由雇主和雇员自愿谈判的企业比例（%）	正指标。90以上为1分；（80, 90]为2分；（70, 80]为3分；（60, 70]为4分；60及60以下为5分	70.2（1993）		81.35	2

续表

指标序号	指标名称	评分标准	指标值 1992年	指标值 2000年	指标值 2001年	2001年得分
17	资本形成总额中外资、自筹和其他资金所占比重（%）	正指标。70以上为1分；（55，70］为2分；（40，55］为3分；（25，40］为4分；25及25以下为5分	57.27	74.69	75.28	1
18	外方注册资金占外商投资企业总注册资金的比重（%）	正指标。50以上为1分；（40，50］为2分；（30，40］为3分；（20，30］为4分；20及20以下为5分	59.75	69.68	71.11	1
19	城镇土地使用权的拍卖面积占土地使用权出让面积的比例（%）	正指标。20以上为1分；（15，20］为2分；（10，15］为3分；（5，10］为4分；5及5以下为5分	5.70	13.34	12.00	3
20	社会消费品零售总额中市场定价的比重（%）	正指标。95以上为1分；（85，95］为2分；（75，85］为3分；（60，75］为4分；60及60以下为5分	94.10	96.80	97.30	1
21	农副产品收购总额中市场定价的比重（%）		87.50	95.30	97.30	1

续表

指标序号	指标名称	评分标准	指标值 1992年	指标值 2000年	指标值 2001年	2001年得分
22	生产资料销售总额中市场定价的比重（%）	正指标。90以上为1分；（80，90]为2分；（70，80]为3分；（60，70]为4分；60及60以下为5分	81.30	91.60	90.50	2
23	平均关税税率（%）	逆指标。4及4以下为1分；（4，9]为2分；（9，14]为3分；（14，19]为4分；19以上为5分	43.20	16.40	15.30	4
24	从国际贸易中获得的税额占进出口额的比重（%）	逆指标。1及1以下为1分；（1，1.5]为2分；（1.5，2]为3分；（2，2.5]为4分；2.5以上为5分	2.33	1.91	1.99	3
25	违反不正当竞争法规的案件立案查处率（%）	正指标。95以上为1分；（85，95]为2分；（75，85]为3分；（60，75]为4分；60及60以下为5分	—	87.82	80.90	3
26	知识产权案件中立案查处率（%）		—	79.57	86.29	2

续表

指标序号	指标名称	评分标准	指标值 1992年	指标值 2000年	指标值 2001年	2001年得分
27	非国有银行资产占全部银行资产的比重（％）	正指标。70以上为1分；（50，70］为2分；（30，50］为3分；（10，30］为4分；10及10以下为5分	—	24.59	26.74	4
28	非国有金融机构存款占全部金融机构存款的比重（％）		19.50	26.58	32.22	3
29	三资乡镇个体私营企业短期贷款占金融机构全部短期贷款的比重（％）	正指标。40以上为1分；（30，40］为2分；（20，30］为3分；（10，20］为4分；10及10以下为5分	7.08	14.85	15.74	4
30	最近五年通货膨胀率的平均值（％）	逆指标。3及3以下为1分；（3，6］为2分；（6，12］为3分；（12，20］为4分；20以上为5分	9.94	1.86	0.34	2
31	各种金融机构一年期贷款利率全距系数（％）	正指标。80以上为1分；（60，80］为2分；（40，60］为3分；（20，40］为2分；20及20以下为1分		60.00	60.00	3

续表

指标序号	指标名称	评分标准	指标值 1992年	指标值 2000年	指标值 2001年	2001年得分
32	资本项下非管制的项目占项目总数的比例（%）	正指标。80以上为1分；（60，80］为2分；（40，60］为3分；（20，40］为4分；20及20以下为5分			28.00	4
33	人民币对美元汇率与新加坡无本金交割远期汇率月平均差偏离度（%）	逆指标。0.5及0.5以下为1分；（0.5，1］为2分；（1，2］为3分；（2，5］为4分；5以上为5分		1.68	0.55	2

注：* 指本数据是根据1997—2001年年均值估测出来的。

以上33个变量指标中得1分的有4个，表明这4方面自由度高，市场化程度高；得2分的有12个，表明这12个方面自由度和市场化程度较高；得3分的有13个，表明这13个方面自由度和市场化程度较低；得4分的有4个，表明这4个方面自由度和市场化程度低，是我们进一步改革需要特别关注的地方。

三、因素、子因素和总体市场化的分值计算

上文介绍了测度指标的选择和评分方法。每一测度指标测度的结果反映了市场经济体制的某一方面需要通过一定的规则和程序，把众多测度指标分值综合成总体的市场化分值。这是分两步走的，首先是指标归为子因素，然后子因素归为因素。这一过程就是前面所述的"指标—子因素—因素—总体"的整合过程。在这里，子因素和因素都是某一类性质指标群的概括。

（一）因素、子因素得分的计算

这里先介绍一下因素和子因素是如何计算的，然后对为什么强调多层计算做以说明。

1. 因素、子因素得分的计算方法

经济总体市场化指数的得分是分级进行计算的，而这种分级计算实际上是一个综合平均的过程。在实际工作中，综合平均有多种形式。从国内外经济市场化指数测度或经济自由度指数测度的平均形式看，最基本的形式有简单算术平均形式和加权算术平均形式两种。本报告在经济市场化指数计算时，各层次指标和因素的得分综合均采用简单算术平均的形式。即在确定测度指标得分的基础上，对所有子因素内确定的测度指标得分进行简单算术平均处理，得到该子因素的得分；然后，对所有因素确定的子因素得分进行简单算术平均处理，得到各因素的得分；最后，将五个因素的得分加总和简单平均，得到经济总体的市场化测度总指数。这种综合处理的特点是：假定同一层次的指标和因素具有同等的重要性。这种选择的主要理由是：

第一，在同一层次上的各测度指标和子因素、因素选择具有一定的独立性，它们之间又具有内在的有机联系，共同构成一个统一体，因而很难对其重要性进行量的区分。

第二，在实际中运用的主成分分析法等加权平均统计技术本身是有缺陷的。一是当两个测度指标或因素存在自相关时，主成分分析法很难收到好的效果。二是主成分分析法注重指标和因素量的差异，并作为赋权的依据，而忽视了指标或因素质的差异，因而也存在很大的不合理性。

第三，从国际权威机构的测度实践分析，它们也是采用简单平均形式。美国传统基金会的自由化指数计算一直是简单平均，加拿大弗雷泽研究所在2002年报告中也转而运用简单平均方法。可见，只要在各层次的指标和因素的选择上做到基本对称，用简单平均的

处理形式是可以允许的。同时从任何社会经济领域的测度来说,都不是100%精确的,而是相对客观的。

2. 因素、子因素分值计算的意义

因素、子因素分值计算有其独特的意义。

第一,综合作用。市场化指数体系,是由若干个具有内在联系的因素指数构成的一个整体,计算各因素和子因素的得分,可以把反映经济市场化各个侧面的情况,分两步综合为对总体市场化的判断。经济市场化测度指标体系是一个大的系统,它具有层次性,通过子因素和因素得分两个中间层次过渡到总体指数的形式,正好体现了这种指标体系的层次性。

第二,平衡作用。五大因素对总体市场化的贡献被视为同等的。但五大因素中每一因素的子因素个数不同,子因素中测度指标个数也不同,因此,从子因素分值计算再到因素分值计算过程,就特别突出了五大因素对市场化贡献度的同等性减弱了每一因素中子因素和测度指标数量不同对总体市场化的影响程度。

第三,纠偏作用。各测度指标在反映某一方面的市场化情况时,各有侧重,带有各自的片面性。在综合到子因素时,自然对各种测度指标在反映现实中的偏差进行了一些抵消和模糊,有助于减少整体分值对现实反映中的偏差。我们在子因素和因素计算中都采用了算术平均,通过两次算术平均,也有助于自动地、内在地调整测度指标的权重。

(二)2001年中国经济市场化各因素以及总体测度方法和结果

根据上述方法,对中国2001年经济市场化测度各因素和经济总体得分进行计算,得到表11-4。

表 11—4　2001 年中国经济市场化测度各因素得分计算

指标序号	指标和因素名称	指标得分	因素和总体分值计算	总体和因素得分
	经济总体		对"政府行为规范化""经济主体自由化""生产要素市场化""贸易环境公平化"和"金融参数合理化"5个因素得分求和,并进行简单平均处理	2.51
	一、政府行为规范化		"政府行为规范化"因素的得分根据"政府的财政负担"和"政府对经济的干预"两个子因素的得分进行平均计算	2.75
	1.政府的财政负担		"政府的财政负担"子因素的得分根据"政府消费与GDP的比率"和"企业所得税平均税率"两个指标的得分进行平均计算	2.50
1	政府消费与GDP的比率	2		
2	企业所得税平均税率	3		
	2.政府对经济的干预		"政府对经济的干预"子因素的得分根据"政府投资与GDP的比率""政府转移支付和政府补贴与GDP的比率"和"政府人员占城镇从业人员的比重"三项指标的得分进行平均计算	3.00
3	政府投资与GDP的比率	3		
4	政府转移支付和政府补贴与GDP的比率	3		
5	政府人员占城镇从业人员的比重	3		
	二、经济主体自由化		"经济主体自由化"因素的得分根据"非国有经济的贡献"和"企业运营"两个子因素的得分进行平均计算	2.20

续表

指标序号	指标和因素名称	指标得分	因素和总体分值计算	总体和因素得分
	3. 非国有经济的贡献			
6	非国有经济固定资产投资占全社会固定资产投资的比重	3	"非国有经济的贡献"子因素的得分根据非国有经济固定资产投资占全社会固定资产投资的比重""城镇非国有单位从业人员占城镇从业人员的比重""非国有经济创造的增加值占GDP的比重""非国有经济税收占全社会税收的比重"和"非国有经济进出口总额占全部进出口总额的比重"5个指标得分平均计算	2.40
7	城镇非国有单位从业人员占城镇从业人员的比重	2		
8	非国有经济创造的增加值占GDP的比重	2		
9	非国有经济税收占全社会税收的比重	2		
10	非国有经济进出口总额占全部进出口总额的比重	3		
	4. 企业运营			
11	财政对国有企业的亏损补贴与GDP的比率	2	"企业运营"子因素的得分根据"财政对国有企业的亏损补贴与GDP的比率""经营者由市场选聘的企业比例"和"拥有决策自主权的企业比例"3个指标得分平均计算	2.00
12	经营者由市场选聘的企业比例	2		
13	拥有决策自主权的企业比例	2		

续表

指标序号	指标和因素名称	指标得分	因素和总体分值计算	总体和因素得分
	三、生产要素市场化		"生产要素市场化"因素的得分根据"劳动与工资"和"资本与土地"两个子因素得分平均计算	2.17
	5. 劳动与工资		"劳动与工资"子因素的得分根据"分地区常住人口数与户籍人口数之差占户籍人口的比重""行业间职工人数变动率"和"工资由雇主和雇员自愿谈判的企业比例"3个指标得分平均计算	2.67
14	分地区常住人口数与户籍人口数之差占户籍人口的比重	3		
15	行业间职工人数变动率	3		
16	工资由雇主和雇员自愿谈判的企业比例	2		
	6. 资本与土地		"资本与土地"子因素的得分根据"资本形成总额中外资、自筹和其他资金所占比重""外方注册资金占外商投资企业总注册资金的比重"和"城镇土地使用权的拍卖面积占土地使用权出让面积的比例"3个指标得分平均计算	1.67
17	资本形成总额中外资、自筹和其他资金所占比重	1		
18	外方注册资金占外商投资企业总注册资金的比重	1		
19	城镇土地使用权的拍卖面积占土地使用权出让面积的比例	3		

续表

指标序号	指标和因素名称	指标得分	因素和总体分值计算	总体和因素得分
	四、贸易环境公平化		"贸易环境公平化"因素的得分根据"贸易产品定价自由度"和"对外贸易自由度"两个子因素得分进行平均计算	2.44
	7. 贸易产品定价自由度		"贸易产品定价自由度"子因素的得分根据"社会消费品零售总额中市场定价的比重""农副产品收购总额中市场定价的比重"和"生产资料销售总额中市场定价的比重"3个指标得分平均计算	1.33
20	社会消费品零售总额中市场定价的比重	1		
21	农副产品收购总额中市场定价的比重	1		
22	生产资料销售总额中市场定价的比重	2		
	8. 对外贸易自由度		"对外贸易自由度"子因素的得分根据"平均关税税率"和"从国际贸易中获得的税额与进出口额的比率"两个指标得分平均计算	3.50
23	平均关税税率	4		
24	从国际贸易中获得的税额与进出口额的比率	3		
	9. 法律对公平贸易的保护		"法律对公平贸易的保护"子因素的得分根据"违反不正当竞争法规的案件立案查处率"和"知识产权案件中立案查处率"两个指标得分平均计算	2.50
25	违反不正当竞争法规的案件立案查处率	3		
26	知识产权案件中立案查处率	2		

续表

指标序号	指标和因素名称	指标得分	因素和总体分值计算	总体和因素得分
	五、金融参数合理化		"金融参数合理化"因素的得分根据"银行与货币"和"利率和汇率"两个子因素得分平均计算	3.00
	10. 银行与货币			
27	非国有银行资产占全部银行资产的比重	4	"银行与货币"子因素的得分根据"非国有银行资产占全部银行资产的比重""非国有金融机构存款占全部金融机构存款的比重""三资乡镇个体私营企业短期贷款占金融机构全部短期贷款的比重"和"最近五年通货膨胀率的平均值"4个指标得分平均计算	3.00
28	非国有金融机构存款占全部金融机构存款的比重	3		
29	三资乡镇个体私营企业短期贷款占金融机构全部短期贷款的比重	4		
30	最近五年通货膨胀率的平均值	1		
	11. 利率和汇率			
31	各种金融机构一年期贷款利率全距系数	3	"利率和汇率"子因素的得分根据"各种金融机构一年期贷款利率全距系数""资本项下非管制的项目占项目总数的比例"和"人民币对美元汇率与新加坡无本金交割远期汇率月平均差偏离度"3个指标得分平均计算	3.00
32	资本项下非管制的项目占项目总数的比例	4		
33	人民币对美元汇率与新加坡无本金交割远期汇率月平均差偏离度	2		

第十一章 中国市场经济发展程度测度

对上述计算的子因素和因素得分进行排序，得到如下子因素和因素的清晰顺序，见表11-5。

表11-5　2001年中国经济市场化测度各因素得分排序

排序	子因素名称	得分	排序	因素名称	得分
1	贸易产品定价自由度	1.33	1	生产要素市场化	2.17
2	资本与土地	1.67	2	经济主体自由化	2.20
3	企业运营	2.00	3	贸易环境公平化	2.44
4	非国有经济的贡献	2.40	4	政府行为规范化	2.75
5	政府的财政负担	2.50	5	金融参数合理化	3.00
6	法律对公平贸易的保护	2.50			
7	劳动与工资	2.67			
8	政府对经济的干预	3.00			
9	银行与货币	3.00			
10	利率和汇率	3.00			
11	对外贸易自由度	3.50			

从表11-4、表11-5的分析可以得出以下基本结论：第一，中国经济市场化2001年已处于发展中国家的中等水平。我们通过综合汇总，得到中国经济市场化2001年总指数为2.51分，在设定的指数为1～5的区间里应属于平均状态。如果折算为百分比，近似为69%，反映了中国市场经济程度超过了市场经济临界水平（60%），但与欧美等发达市场经济国家相比还存在一定差距。第二，中国经济领域市场化中各子因素得分差异较大，而因素得分的差异度较小。从子因素分析，市场化程度较高的领域（指数在2以下）有2个：贸易产品定价自由度、资本与土地；市场化程度处于中等的领域（指数为2或2以上但低于3）有5个：企业运营、非

国有经济的贡献、政府的财政负担、法律对公平贸易的保护、劳动与工资；市场化程度不高的领域（指数为3或3以上但低于4）有4个：政府对经济的干预、银行与货币、利率和汇率、对外贸易自由度。从五大因素分析，各领域的程度相差较小，市场化指数在3以下的领域有4个：生产要素市场化、经济主体自由化、贸易环境公平化、政府行为规范化；市场化指数为3的领域是金融参数合理化。

以上测度中，我们将测度指标选择的广泛性与子因素归纳的代表性，以及与市场经济标准五大因素的理解，完全结合在一起。这个测度表明，中国经过20多年的市场化改革，市场经济已经发展到了相当的程度，已经是发展中的市场经济国家了。

四、测算结果可靠性分析

中国市场经济发展程度的测算结果为2.51，折算为百分比，约为69%。这是一个重要的测算结果，需要对其可靠性再做进一步的论证。

测度结果的可靠性主要是指市场化测度中客观成分有多大比重，主观成分是否具有充分的依据。具体体现为四个方面，即测度指标选择的代表性和客观性、评分标准的科学性、因素和指标权重确定的合理性、测度结果的可比性。

（一）测算结果具有基本可靠性

1. 指标体系的客观性和代表性

市场经济是一个复杂的体系，对市场经济的测度不是任何几个指标能反映出来的，需要建立一个相对完整的指标体系。本报告中测度指标的选择，因素和子因素的确定，在众多反映市场经济发展程度的指标中，应是具有代表性与客观性的。

(1) 测度指标的代表性和客观性

我们在选择测度指标时，强调的独立性可量化等，都是保证指标的代表性和客观性的重要依据。没有独立性，指标互相兼容，就不能多方面进行测度，就等于指标个数减少。而测度指标的一定规模是必需的，指标太少，不能反映市场经济程度。我们认为，测度指标的规模，至少在 30 条以上。就这一点而言，加拿大弗雷泽研究所用 23 条指标判断自由化指数显得单薄了。这一点他们也意识到了，现已将指标增加到了 37 个。测度指标的可计量，不仅是一个测算中的技术问题，也关系到客观性。可计量的指标，就需要有系统的统计资料为基础，这比专家评分或问卷调查的客观性、准确度更高一些，涉及面更全面一些。本报告所选用的指标绝大部分来自国家统计局和有关国家部门的统计分析指标。

(2) 指标体系具有逻辑结构的基本合理性

这主要表现在，本报告运用的测度市场经济的五大要素，11 个重要方面和 33 个指标，内在之间有很强的逻辑联系和主从关系，而测度指标之间的相对独立性，也保证着指标体系的广泛覆盖和完整性。众所周知，任何一个国家市场化改革的核心和起点都是如何处理好政府与市场的关系。所谓市场化，实际上就是政府不断放权，逐步从微观管理领域退出，企业不断获得自主权，市场在资源配置中的基础性作用日益增强的过程。中国的市场化进程是在政府主导下进行的，因此，我们以政府行为的规范化为分析的起点，进而分析了企业即市场主体的自由化，并以此为中心对涉及市场化的有关方面进行分析。在传统的计划经济体制下，政府主要是通过对生产要素投入和产品价格的控制来对企业生产经营及整个经济活动来发挥作用的，因此，作为逻辑的展开，我们紧接着对有关生产要素的市场化和贸易环境的公平化进行了分析。现代市场经济是货币媒介高度发达的市场经济，金融不但主导着整个国民经济的发展，也是现代市场经济体制最为敏感的部分，因此，在我们的市场化测度中把金融参数合理化放在整个逻辑体系的最后一个位次。实际上,中国的改革进程也基本上是按照这一顺序进行的。总之,我们整个测度体系的安排和指标的选择做到了历史和逻辑的统一,具有很强的理论依据。

(3)具有国际可比性

我们在对经济市场化进行测度时,吸收了美国传统基金会和加拿大弗雷泽研究所两个研究机构具有较强可测性的经济自由度指标13个,占全部测度指标的40%。这些指标包括:"政府消费与GDP的比率""企业所得税的平均税率""政府投资与GDP的比率""政府转移支付和补贴与GDP的比率""政府人员占城镇从业人员的比重""财政对国有企业的亏损补贴与GDP的比率""经营者由市场选聘的比例""具有决策自主权的企业比例""工资由雇员和雇主自愿谈判的企业比例""产品市场定价的比例""平均关税税率""从国际贸易中获得的税额与进出口额的比率""最近五年通货膨胀率的平均值""信贷扩展到私有部门的比重"等。由于经济市场化和经济自由度的高度相关性,因而使我们的市场化测度指标体系具有广泛的国际可比性。

2. 评分标准的科学性

经济市场化的测度是通过系统地设置测度指标,并将测度指标值与市场化评分之间建立一种一一对应映射关系,而这种映射关系就是评分标准。因而得分的科学性,取决于评分标准的科学性。在本报告的评分标准中体现了两个特点:一是大量借鉴国际上通行的标准,有些市场化测度指标是借鉴美国传统基金会的标准,并且统计口径基本相同。这类指标的评分直接采用传统基金会的评分方法。如企业所得税平均税率、平均关税税率、最近五年通货膨胀率的平均值等。这种借鉴反映出来的科学性,实质上是指国际社会的可承认和可接受性。国际研究机构多年的努力,已得到了国际社会的认可和接受。二是从客观实际出发,在一个相对较长时期的指标比较中确定测度年份的分值。我们在进行市场化测度指标评分时,运用1992年、2000年和2001年的指标比较来决定分值,使测度

年的分值有一个相对客观的基础。同时，评分时，也请专家尤其是统计专家一起来讨论，以克服评分标准的主观随意性，同时还大量运用国际对比的方法，对中国测度指标值进行分析和评估。这些做法，都提高了评分标准的科学性。

3. 赋权中因素和指标权重的合理性

从理论上讲，指标体系同一层次上各构成要素和指标并不具有同样的重要性，因而要按其重要程度对其加以区分，划分的标准是各个构成要素在市场程度中的客观地位和实际产生的作用。从统计技术上讲，赋权的形式有主观赋权法和客观赋权法两种基本形式。本报告采取的权数是主观的简单赋权形式，主要是基于如下考虑：一是所选择的因素和指标的划分是基本对等的，在实际中很难区分其重要性；二是客观赋权本身也存在问题，如目前最为推崇的主成分分析法，虽然从形式上讲有赋权客观性的优点，但它本身却带来了问题。即当两个测度指标存在自相关时，主成分分析法很难收到好的效果；三是由于经济自由的高度复杂性，使各因素的权重确定变得复杂。而对各测度因素和指标采用相同的权重，是统计测度上的一种近似处理。美国传统基金会一直采取简单赋权法，而加拿大弗雷泽研究所在2002年报告中，也放弃了主成分分析法，转而运用简单平均方法。可见，经济市场化的测度不是100%精确的，而是相对客观的。

4. 总体测度结果可靠性要高于个别指标的可靠性

一般来讲，测度指标能够反映经济总体某一较具体方面的市场化程度，子因素能够反映较大经济领域的市场化程度，因素指标则能够反映经济总体中框架性、关键性方面的市场化程度。在测度指标、子因素和因素选择都比较可靠的情况下，总体测度结果，其可靠性比个别测度指标、个别子因素可靠性更高。个别指标或个别子因素分值高低可能有一些主观因素影响，导致分值偏高或偏低。但总体测算时，将会有高有低的误差自我调节，保证整个系统的可靠性。

5. 在国内外同类测度结果比较中感受可靠性

市场化测度结果的可靠性，在与国内外同类研究成果的比较中也是可以感受到的。20 世纪 90 年代末期，国内市场化进程研究多项结果，其平均值接近 60%。如果考虑中国近些年市场化进程较快，因此，69% 的测算结果是具有可信度的。我们邀请了国内 18 位著名经济学家对课题成果进行评审，他们认为课题测度的结果是可信的，是客观反映中国市场经济状况的。在与国际上相关成果的比较中，我们也看到无论是美国传统基金会、加拿大弗雷泽研究所、洛桑国际管理学院和世界经济论坛，还是一些专门研究中国经济问题的著名学者，他们的多项成果中，均反映了中国经济进步的基本趋势，比如加拿大弗雷泽研究所自由化指数测度结果肯定了中国市场化的进程。他们的指数分值是从 0 到 10，越高越自由，而中国经济自由化指数从 1980 年的 3.65 上升到 2000 年的 5.28，反映了越来越自由的趋势。

（二）比较分析：我们测算结果的 2.51 与美国传统基金会测算中国自由化指数的 3.55

根据美国传统基金会的评价结果，中国 2000 年的自由化指数是 3.55 分，在 156 个国家和地区中排第 127 位，属于经济不太自由的国家。而按照我们的测度结果，中国的市场化程度是 2.51 分，属于已建立起市场经济体制的国家。由于我们的测度主要采取了美国传统基金会的方法，因此，以下主要将这两个测度结果的差异进行比较。

如何理解两种测度结果的差异，我们提出五点想法，供国内外朋友参考。

第一，两个测度结果经济含义有区别。市场经济国家，经济自由化程度不同；同一市场经济国家，不同年份的经济自由化指数也不同。因此，即使根据美国传统基金会的测度结果，中国经济仍不太自由，但并不能否认中国已是市场经济国家。"总论"对自由化指数与市场化测度指数的区别已做了较详尽的阐述。

第二，两个测度结果是不同时间的。2.51反映的是中国2001年的市场化指数，3.55反映的是中国2000年的经济自由化情况。由于2001年是中国加入世贸组织的第一年，市场化进程很快，因此，2001年经济市场化程度较高是正常的，可以理解的。

第三，两种测度方法都只能是近似性的测度方法，本身不是很精确的，因此，用精确数值比较差异，要结合区间概念进行定性分析。我们看到，在美国传统基金会的评分等级中，3.55是中间偏下的一个等级；而我们按美国传统基金会评分方法得出的中国市场化程度2.51，属于中间偏上的一个等级。因此，如果不考虑这两种指数的经济含义的差别，它们在分值分布区间的差别是不太大的，都属于中间等级区间。

第四，测度指标选择的不同。美国传统基金会测度指标中主观定性指标比较多，比如腐败、劳动保健、黑市、环境安全等。他们自己也承认，其部分指标的客观性和透明度受到限制。我们的测度指标绝大多数是有系统统计资料支持的量化指标，客观性相对高一点。

第五，分值计算中存在问题。美国传统基金会在评价中国的自由化程度时，对中国新发生的变化有时反映较慢。比如，中国的贸易政策、政府干预、管制、产权等四项因素，连续九年的得分一直没变，这显然不符合中国市场化改革的现实。实际上，正是这几个方面的改革，中国近年来取得的成就尤其突出。中国市场化方面的进步，理所当然应反映在指标分值上，进而反映到总体测度结果上。这一方面，我们愿意与国际相关机构包括美国传统基金会研究人员加强交流，增进共识。

参考文献：

[1] 美国传统基金会. 经济自由度指数报告2003[R].
[2] 加拿大弗雷泽研究所. 经济自由度报告2002[R].

[3] 陈宗胜，吴浙，谢思泉. 中国经济体制市场化进程研究 [M]. 上海：上海人民出版社，1999.

[4] 李宝瑜. 国民经济统计分析 [M]. 北京：中国统计出版社，2002.

[5] 李晓西，等. 中国市场经济发展报告 [J]. 战略与管理，2002（6）.

[6] David Freedman，等. 统计学 [M]. 北京：中国统计出版社，1999.

第十二章　欧美关于"非市场经济"问题的立法比较

"非市场经济",又称"国家控制经济",是反倾销法律中的一个非常重要的问题。因为在确定某种商品是否构成倾销时,要将"正常价值"与出口价格在同一水平上进行比较。在确定"正常价值"时,首先必须区分该产品是来自市场经济国家还是来自非市场经济国家,从而对该产品适用不同的规则。对于来自市场经济国家的产品,欧美一般对不同企业的产品分别计算正常价值和出口价格,因而针对不同的出口商分别计算倾销幅度并征收相应的反倾销税。但是,对于来自非市场经济国家的产品,通常选择一个市场经济国家(即"替代国")作为计算正常价值的基础,并且对所有进口同一产品的进口商征收统一的反倾销税。因此,下面就欧美关于市场经济或非市场经济的立法(标准)做一介绍和比较,这些相关立法是西方国家判断市场经济和非市场经济的标准,如果符合这些标准,就是市场经济(国家),反之,则是非市场经济(国家)。

一、关贸总协定关于"非市场经济"及"替代国"问题的规定

《关税与贸易总协定》第六条及《关于实施〈关贸总协定1994〉第六条的协定》(又称《反倾销守则》),对反倾销问题做出了专门规定。在西方国家的反倾销法中,非市场经济国家通常是指那些实行公有制和计划经济,企业的生产、销售活动和产品价格

由政府决定，货币不能自由兑换的国家。关贸总协定第六条又将这类国家称为"国家控制贸易国家"。

众所周知，关贸总协定多边贸易体系是基于市场经济原则而建立起来的，关贸总协定第六条是以市场经济条件下价格反映成本和市场供求关系这一理论为基础的。根据关贸总协定第六条的精神，反倾销法的作用在于抵制企业为谋求利润最大化和有利的竞争地位而在国际贸易中采取低价倾销商品的不公平贸易做法。然而，按照西方理论界的传统观点，在非市场经济国家，企业既无自身的经济利益，又无追求利润的动机和给产品定价的权利，一切活动都是由政府安排和操纵的，因此，不应当也不可能将反倾销法规定的"正常价值"确定方法适用于非市场经济国家的出口产品。但是，实行市场经济的西方贸易大国又不可能听任实行计划经济的社会主义国家以低价竞争的方式向其出口产品，特别是考虑政治上的原因，它们更不会允许来自非市场经济国家进口的产品享受免反倾销法追究的优惠待遇。

1955年召开对关贸总协定条款进行审议的缔约方全体大会时，确实有一些国家实行计划经济，国家管制生产并直接干预经济，所以价格与成本可能会严重背离市场。鉴于此，关贸总协定第六条做出一条解释条款："如果出口国国家完全或实质性垄断贸易，并由国家制定国内价格，则为计算倾销幅度进行价格比较时将会出现困难，此时进口国会发现与这样的一个国家的国内售价进行比较可能是不合适的。"该解释条款虽然指明了确定非市场经济国家的国内价格与成本时存在困难，但并没有给出在这种情况下应该如何确定正常价值，也即在这方面缺乏国际法律规定。

乌拉圭回合谈判对东京回合《反倾销守则》做了修正。《反倾销守则》本身没有对非市场经济国家做出任何指导性的界定，也没有对涉及到这些国家的倾销问题做出特别规定。解释性的注解经常对关贸总协定第六条进行补充。这些注解解释说，来自这些非市场经济国家的产品价格不具有可比性。其中第二个注解解释道："来

第十二章 欧美关于『非市场经济』问题的立法比较

自那些贸易完全由国家垄断或实质上由国家垄断的进口产品，在对价格进行比较时，存在特殊的困难，在这样的情况下，进口方必然会考虑到与这些国家的国内价格作严格的比较是不合适的。"必须强调的是，这一注解指的是实质上完全贸易垄断和价格全面固定的国家，在这样的前提条件下，与国内的产品价格作严格的比较是不合适的。虽然以上的解释性注解强调了对来自国家垄断贸易的国家的进口产品的价格与国内价格作比较时存在潜在的困难，但是这一注解并没有建议用其他的标准来作为计算正常价值的基础。

目前确定所谓"非市场经济"国家产品的正常价值一般采取"替代国"方法。该方法是美国在肯尼迪回合谈判结束后首次实施的，后来关贸总协定的许多签约国都陆续采用，在西方国家的反倾销立法和司法实践中形成了一套专门针对非市场经济国家出口产品的特殊规定、判例和做法。1979年东京回合谈判达成的反补贴守则第15条规定：当倾销产品的出口国是国家控制贸易国家时，为计算倾销幅度的目的，"可以将进口国以外的其他国家的同类产品的实际销售价格或结构价格来与出口价格进行比较"。该条第3款还规定如果根据上述方法不能得出充分的可比价格，还可以采用经过合理调整后的进口国国内市场价格来与出口价格进行比较。这些条款最终为"非市场经济"国家及"替代国"方法的使用提供了法律基础。

二、欧盟与美国反倾销法律中有关"非市场经济"问题的规定

欧盟与美国是最频繁使用反倾销手段的国家（地区），在反倾销调查中不可避免地要遇到大量的来自非市场经济国家的产品，因此，这些国家（地区）均在反倾销法律中写入了有关"非市场经济国家"及"替代国"问题的内容，但是对于"非市场经济国家"的认定及"替代国"方法的具体做法各不相同。并且，随着一些原计

划经济国家逐渐进行市场经济体制的建设，欧盟和美国法律中分别引入了"市场转型经济"国家以及"市场导向型产业"等概念，开始允许企业在个案中申请市场经济地位或要求被诉产业被确认为市场导向型产业。欧盟与美国有关"非市场经济"问题的法律规定及相关机制深刻影响着其他国家的反倾销立法，具有典型意义。

（一）欧盟

1. 确定"非市场经济国家"的标准

欧盟判断一国是否为"非市场经济国家"的方法非常简单，即制订明确的"非市场经济国家名单"。该名单并未直接写入反倾销法规，而是出现在第 519/94 号理事会条例的附录中，附录中未列名的国家则属于市场经济国家。欧盟最早认定的非市场经济国家主要包括中国和苏联等社会主义国家。随着苏联的解体，东欧国家政治体制发生变化，欧盟相继摘掉了大部分东欧国家及波罗的海国家的非市场经济的帽子，欧盟关于非市场经济国家的名单也在根据有关国家的政治经济体制的变化不断地进行修改。2000 年欧盟修改法律后，欧盟认定的"非市场经济"国家包括：蒙古、朝鲜、亚美尼亚、阿塞拜疆、白俄罗斯、格鲁吉亚、吉尔吉斯斯坦、摩尔多瓦、塔吉克斯坦、土库曼斯坦、乌兹别克斯坦、阿尔巴尼；中国、俄罗斯、越南、乌克兰、哈萨克斯坦被视为转型经济国家。

2. 欧盟反倾销法律的渊源及关于"非市场经济问题"的修改

欧盟现行反倾销法规主要是指 1996 年公布的 384/96 号反倾销法规。该法规公布后，曾先后进行过四次局部修改，其中与非市场经济问题有关的修改有两次。

1998 年，欧盟将中国和俄罗斯从非市场经济国家名单中删除。根据欧盟在修改其立法前向欧盟部长理事会提交的报告，欧盟对中国和俄罗斯的市场经济改革所取得的进展进行了总体评价并给予了一定的肯定。在谈到中国的经济改革成果时，欧盟从中国的改革开放政策、价格放开、货币兑换、取消贸易限制、鼓励私营经济发展及建立现代企业制度、资本市场的发展及经济特区的建立等方面,对中国的改革和市场经济发展给予了积极的评价。但考虑到中俄两个国家的市场经济还不够成熟,正处于从计划经济向市场经济过渡的阶段,应属转型经济,因此,欧盟在积极地修改其有关反倾销立法的同时,有针对性地提出对这两个国家的企业部分适用市场经济的反倾销机制,具体地说,就是允许"转型经济国家"的企业在欧盟反倾销个案中申请市场经济地位。欧盟为此专门制定了以下五条标准,以此来判断是否给予这些企业以市场经济地位。

①有足够证据表明企业有权根据市场供求情况决定价格、成本、投入等,不受国家的明显干预;主要原料的成本价格能够反映其市场价值。

②企业有一套完全符合国际财会标准并能在所有情况下使用的基本财务记录。

③企业的生产成本与金融状况,尤其是在资产折旧、购销、易货贸易、以资抵债等问题上,不受前非市场经济体制的重大扭曲。

④确保破产法及财产法适当地适用于有关企业,以保证法律上的确定性及企业经营的稳定性。

⑤汇率随市场供求变化而变化。

2000年,欧盟宣布将适用于中国和俄罗斯的特殊反倾销机制扩大运用到乌克兰、越南、哈萨克斯坦以及反倾销立案时已经成为世贸组织成员的原非市场经济国家。

3. 统一税率与分别待遇

(1) 一般原则

"统一税率"与"替代国"是"非市场经济"问题的孪生物。一个所谓的"非市场经济"国家在遭遇反倾销调查时,不但在正常价值确定方面与市场经济国家不同,在反倾销税率确定方面也受到歧视。即对市场经济国家每个合作的出口商确定单独税率,而对非市场经济国家则是"一国一税"。这一点，世界各国的做法是一致的。理由是：非市场经济国家的所有自然资源和生产资料都属于一个实体——国家。因此对来自非市场经济国家的所有进口产品都认为是产自一个单一的生产商，只有适用"一国一税"，才能有效地避免规避行为，否则，该国出口商会通过反倾销税率最低的出口商出口来规避反倾销税。

（2）分别待遇

目前欧盟法律虽然原则上采用"一国一税"，但如果来自于非市场经济国家的出口商能证明它是独立运营的，欧委会也同意为该出口商确定单独税率就以该出口商的出口价格与替代国的正常价值相比较。欧盟为认定分别待遇确定了若干标准，这些标准一直由欧委会内部参考处理，只规定在欧委会的工作文件（working documents）中，并未明文写入现行反倾销法律中。

2000年以前，欧盟认定分别待遇有八条标准：

①公司中多数股权由真正的私有公司拥有，公司董事会成员或重要的管理岗位上没有国家官员。如果公司是由外国投资者拥有或控制，则这是公司独立运营的标志之一。

②公司土地是由公司购得，或是土地使用权由公司以与市场经济国家可比的租金额从政府租得。

③公司拥有雇用、解雇和决定工资的权利。

④公司拥有对原材料采购和一般生产投入采购的决定权。

⑤公共设施的提供应有正当的合同来确保公司利益。

⑥外商投资企业的利润及原自有资本可以汇出境外。

⑦公司有权自由决定出口价格。

⑧公司有自主经营权，如公司在国内市场的销售不受限制，公司有权根据外国市场的需要自主决定产量；公司的经营权不会被随意撤销。

根据欧委会的指南，非市场经济国家的出口商要想得到分别待遇必须满足上述八条中的五条，对其他三条（土地获得、劳动工资决定权和公司利益）则由欧委会自由裁量。

在1998年判断市场经济地位的五条标准出台后，与分别待遇的八条标准产生重叠，为此，欧委会于2000年对分别待遇的标准进行了修改，缩短为四条。

①企业可自由汇回资本和利润（适用于三资企业）

②可自由决定出口价格和数量，以及销售条件和条款。大部分股份属于真正的私有公司。担任董事或主要管理工作的国家公务员必须是很明确的少数。一个预先假设是：一个国家控制的企业不能保证其相对于国家干预的独立性，除非出口商能做出相反证明。

③汇率随市场供求变化而变化。

④如果出口商被给予分别待遇，则国家干预不会导致对反倾销措施的规避。

4. 市场经济地位与分别待遇的区别

市场经济地位五条标准解决的是涉案企业产品将适用国内市场价格还是以第三国价格作为正常价值的问题。如果证明涉案企业符合该五条标准，该企业出口产品适用其国内价格作为计算其倾销幅度的正常价值。分别待遇四项标准解决的则是涉案企业的出口价格是否能够在确定其反倾销税率时单独得到运用的问题。如果证明涉案企业符合该四项标准，该企业的倾销幅度在已确定的正常价值（一般为替代国正常价值）和该企业的出口价格相比较的基础上确定，获得市场经济地位的企业也就自动适用分别待遇。也可以说，市场经济地位是分别待遇的一种高级形式，它与分别待遇的主要区别在于确定正常价值的基础不同，前者是以企业自身的国内价格作为确定正常价值的基础。没有获得市场经济地位或者分别待遇的企业，则适用全国统一的税率。一般情况下，统一税率均高于单独税率。

5. 对替代国数据的灵活调整

目前，欧委会在按照替代国确定正常价值时，也会考虑非市场经济国家所具备的自然比较优势，对正常价值进行调整。中国输欧氧化镁案就是证明。

在中国输欧氧化镁案中,土耳其作为替代国,土方产品的生产工艺流程中存在"筛选"工序,成本较高,中方企业抗辩,由于中国享有的天然良矿优势,因此不存在"筛选"工序,最后欧委会同意将土耳其的提炼成本通过调整降低20%。但在碳化硅一案中,欧盟采用美国作为替代国,并拒绝中国出口商关于对中国劳动力价格低于美国劳动力价格而进行调整的请求,重申只有源自于自然比较优势的因素,才产生此调整,仅仅是由于经济而造成的成本差异,并不在调整的考虑之列。显然,这里的逻辑是,自然比较优势不是由经济导致的而是天然存在的。

(二)美国

1. 美国反倾销法律的渊源及有关非市场经济问题的规定

美国与欧盟不同,并没有一部纯粹的反倾销法律。其法律渊源包括1930年关税法第七编、1979年贸易协定法、1988年综合贸易与竞争法、1994年乌拉圭回合协议法案,以及法院审理反倾销案件所做的判例等。

美国的反倾销法是如此定义非市场经济国家的:"所谓非市场经济国家是指由美国商业部确定的那些不按成本和价格结构的市场原则运作,商品在该国的销售不反映其公平价值的国家。"❶

美国为判断一个国家是否属于非市场经济国家制定了具体标准,这些标准体现在1930年关税法第71节第18条C款1项:

货币可自由兑换程度;

雇员与雇主谈判工资自由程度;

允许合资及外资准入程度;

---

❶ 19U.S.C.1677(18)A(1994). 参见 Priya Alagiri:Reform, Reality and Recognition:Reassessing U.S.Antidumping Policy toward China,(1995)26 law and Policy in International Business,p.1061。

政府对产品产量、定价和资源配置的管制程度；

调查当局认为需要考虑的其他因素。

随着大批原"非市场经济国家"逐渐开始建立市场经济体制，美国法律中引入了"市场导向型产业"的概念。允许企业在反倾销案件中申请所在行业被认定为"市场导向型产业"。即使被调查企业所在国被视为非市场经济国家，但如果某一行业被确认为"市场导向型产业"，则仍可使用企业自身数据确定正常价值，换言之，可以不使用替代国方法。美国联邦行政法规第19编对于判断市场导向型产业的标准是：

政府基本不干涉涉案产品的生产产量和定价；

生产该产品的产业以私有和集体所有为主；

所有重要投入以市场决定价格购入。

2. 分别待遇

与欧盟相同，美国在对"非市场经济国家"的企业进行反倾销调查时，也可以给予这些企业分别待遇。给予分别待遇需要考虑的问题是企业的出口活动是否受政府法律上和事实上的控制。其中，对法律控制需要考察的要素包括：被调查国对各个企业的经营和出口许可有关的限制规定、任何对企业减少控制的立法以及其他任何减少对企业控制的措施。对事实控制需要考察的要素包括：出口价格是否由政府确定或须由政府同意；应诉方是否有权协商合同条款并签订合同或其他协议；应诉方在选择管理层时是否不受政府限制而有自治权；应诉方是否保留出口销售的货款，并可以独立做出利润的处置或亏损时的融资决定。

3. 对替代国数据的灵活使用

美国在以替代国方法确定正常价值时，也不拘泥于全部使用单一的替代国数据。对于生产要素的估价，通常只采用一个替代国的数据，但对劳动力的估价，则就几个市场经济国家的工资与国民收入关系确定一个比率，而且该比率每年计算一次。

三、欧美反倾销法中关于非市场经济问题的比较

(一)"替代国"方法存在的问题

从关于"非市场经济"的认定标准及其在反倾销调查中的实践情况看,"替代国"等歧视性做法与公平贸易相违背。

①"替代国"制度是以这样的一个制度为基础的:既然作为受调查产品出口国的非市场经济国家与替代国经济发展水平相近,其生产同类产品的成本也必然是相近的。这一假设成立的前提条件是不同国家间生产要素完全相同,显然这是不可能的。

②在"替代国"备选国不止一个时,最后决定权掌握在调查国手中。替代国是在反倾销调查提起后才选定的,出口商在进行交易前根本无法进行合理的价格比较分析,也就难以推测被认定为倾销的可能性及倾销幅度的大小。进口国主管机关以需要保密为由,不允许将从替代国获得的资料透露给出口商,出口商无从核实依靠这些资料得出的正常价值的真实性和可靠性,更无从得知倾销幅度如何得出。

③被选择的"替代国"的国内销售价格或劳动力成本往往比出口国高得多,特别是对劳动密集型产品,调查国可以通过"替代国"方法轻易地"证明"这些产品存在"倾销",甚至"高幅度倾销",而实际上这些产品的价格已经大大高于出口国(以低收入的发展中国家为主)的真实生产成本加上合理的销售成本和利润。其结果是,运用"替代国"的方法可能意味着像中国这样的出口商将失去相对于全世界竞争对手的比较优势。

(二)欧美反倾销法中关于"非市场经济"的比较分析

欧美在判断市场经济或非市场经济的标准方面基本上是一致的,现将其标准列表,见表12-1。

表 12-1 欧美关于市场经济标准比较

		欧盟	美国
非市场经济（国家）的定义		无	由美国商务部确定的那些不按成本和价格结构的市场原则运作，商品在该国的销售不反映其公平价值的国家
标准	是否是（非）市场经济国家的标准	没有统一的标准，由欧盟指定	1. 货币可自由兑换程度 2. 雇员与雇主谈判工资的自由程度 3. 允许合资及外资准入程度 4. 政府对产品产量、定价和资源配置的管制程度 5. 调查当局认为需要考虑的其他因素
	是否授予单个企业市场经济地位的标准(欧盟)确定市场导向产业的标准（美国）	1. 有足够证据表明企业有权根据市场供求情况决定价格、成本、投入等不受国家的明显干预；主要原料的成本价格能够反映其市场价值 2. 企业有一套完全符合国际财会标准并能在所有情况下使用的基本财务记录 3. 企业的生产成本与金融状况，尤其是在资产折旧、购销、易货贸易、以资抵债等问题上，不受前非市场经济体制的重大扭曲 4. 确保破产法及资产法适当地适用于有关企业，以保证法律上的确定性及企业经营的稳定性 5. 汇率随市场汇率的变化而变化	1. 政府基本不干涉涉案产品的生产产量和定价 2. 该产品的产业以私有和集体所有为主 3. 所有重要投入以市场决定价格购入

续表

		欧盟	美国
标准	确定分别待遇（欧盟）和单独税率的标准(美国)	1. 企业可自由汇回资本和利润（适用于三资企业） 2. 可自由决定出口价格和数量，以及销售条件和条款。大部分股份属于真正的私有公司。担任董事或主要管理工作的国家公务员必须是很明确的少数 3. 汇率随市场汇率的变化而变化 4. 如果出口商被给予分别待遇，则国家干预不会导致对反倾销措施的规避	法律方面：（1）被调查国是否对各个企业的经营和出口制定有关的限制规定；（2）是否存在任何对企业减少控制的立法以及其他任何减少对企业控制的措施 事实方面：（1）出口价格是否由政府确定或须由政府同意；（2）应诉方是否有权协商合同条款并签订合同或其他协议；（3）应诉方在选择管理层时是否不受政府限制而有自治权；（4）应诉方是否保留出口销售的货款，并可以独立做出利润的处置或亏损时的融资决定

从上述介绍可以看出，在判定一个国家是否是市场经济国家时，欧盟的做法相对简单，表现在欧盟反倾销法对"非市场经济国家"没有统一而准确的定义，也没有一个明确的标准，而是通过列举的方式直接把一些国家定性为非市场经济国家或转型经济国家，以区别于市场经济国家。对于非市场经济国家来说，涉案企业只能申请分别待遇，而不能申请市场经济地位；对于转型经济国家而言，涉案企业不仅可以申请分别待遇，也可以申请市场经济地位。欧盟也为此制定了相关的具体认定标准。相比较而言，美国在非市场经济国家的立法上相对较为明确，不仅规定了非市场经济国家的定义，而且有明确的标准。在确定市场导向产业和单独税率方面也有明确的标准。就非市场经济地位而言，尽管欧盟和美国在立法上采取了不同的方式来确定哪些国家在反倾销调查中适用非市场经济

标准，但从结果看，美国的立法标准与欧盟的实际掌握的标准的实质内容也有共同之处，主要体现在以下五个方面。

第一，企业在生产、定价、销售等方面不受政府干预；

第二，企业的内部管理由企业自己决定；

第三，企业对自己的经营所得有独立的处置权；

第四，货币可自由兑换；

第五，企业建立了国际通行的财务制度。

符合以上标准，就是市场经济国家，否则，就是非市场经济国家。

此外，欧美在"非市场经济"问题的具体做法上，还有诸多不同。主要表现在以下五个方面：

第一，判断非市场经济国家的方法不同。欧盟直接列出非市场经济国家的名单，美国则规定了具体的判断标准。

第二，取得市场经济地位的方法不同。欧盟给予单个企业市场经济地位，美国则确认某一行业为"市场导向型产业"。

第三，获得市场经济地位或市场导向型产业及分别裁决的难度不同。美国给予某一整个行业"市场导向型产业"地位，单个企业不易开展"行业抗辩"，而且美国制定的标准很苛刻。欧盟则在个案中给予单个企业市场经济地位，企业通过应诉获得市场经济地位的难度要低于在美国的应诉。与此相反，在分别待遇方面，欧盟由于在个案中考虑给予企业分别待遇，因此具有不确定性，在这个案件中企业获得了分别待遇，不意味着在另外的案件中企业也仍然能获得分别待遇。美国则通过判例确定给予企业分别待遇，在其后的案件中自动给予应诉企业分别待遇。

第四，对替代国数据的使用方法不同。欧盟和美国均主要选择一个替代国的数据确定正常价值，但欧盟在对有些数据的处理方面可以考虑被调查国的比较优势，从而做出调整，美国对若干数据则要参考多个可选替代国的数据进行综合平衡。

第五，欧美在允许涉案企业或所在的行业申请市场经济地位或市场导向型产业地位方面的程序也不同。欧盟专门制订了问卷,企业必须在规定的时间内填好,并接受实地核查,方有可能被给予市场经济地位。美国则无类似问卷,企业可以利用听证会等渠道单独就"市场导向型产业"问题提起抗辩。

需要指出的是,虽然欧美在确定市场经济方面规定了上述所谓的标准,但这不是唯一的标准。欧美判断一个国家是不是市场经济国家,并非完全根据上述标准来确定。还有一个非常重要的、但又没有明文规定的标准,这就是国家利益。欧美等以市场经济国家自居的发达国家(地区)出于自身的政治、经济和军事利益的需要,当然也在一定程度上迫于被视为"非市场经济国家的压力逐渐对这些国家采取宽松的政策。早在通过立法将中俄等国从"非市场经济国家"名单中取消前,为了积极推进"东扩"计划,欧盟便取消了东欧3国和波罗的海3国非市场经济国家的帽子,给予这些国家产品完全的市场经济待遇。因此,非市场经济问题不仅是一个经济问题,而且是一个政治性很强的问题。

四、欧美对中国"非市场经济"的认定是不公平的

在自由贸易和市场经济是世界经济融合过程中的主流思潮的情况下,一国经济体制被其他国家的认定情况,在很大程度上影响着该国的国际形象和融入世界经济的步伐。1992年10月,中国政府明确提出建立社会主义市场经济体制的改革目标。近10年来,中国经济市场化改革获得了重大的突破,市场机制在资源配置中的调节范围不断扩大,调整的程度不断加深。何谓完全的市场经济,世界上并无任何明确的标准。即便是美欧等所谓的市场经济国家(地区),也存在着政府对经济的重要干预,没有人会因此而否认他们是市场经济。从反倾销领域来看,中国目前经济市场化已经达到了较高的程度,并已远远超过某些已被认定是市场经济的"转型经济国家"。然而,迄今为止,尚无任何一个国家明确宣布将中国视为

"市场经济"国家,而继续延续着对中国不公正、不合理的反倾销政策。这种做法不符合中国经济的实际发展情况,不仅影响了中国的出口,而且导致国际社会片面地认为中国经济仍存在大量计划痕迹,融入世界经济的步履缓慢,从而严重影响中国的国际形象。

多年来,中国的"非市场经济"待遇问题一直未能得到彻底的解决,由此导致国外对中国实行歧视性反倾销政策,给中国的经济发展、社会稳定和实施经济全球化发展战略等方面都带来较大的负面影响,主要体现在如下六个方面:

①导致中国企业在反倾销应诉中屡屡败诉,其结果是中国出口产品被征收高额的反倾销税,被迫退出海外市场。由于"非市场经济"问题的存在,必然导致在计算倾销幅度时"替代国"方法的频繁使用,使用这种歧视性的"替代国"方法使中国产品在大量案件中被判定存在高额倾销幅度,或在无倾销的时候被判定存在倾销,从而征收反倾销税。由于反倾销税一征就是5年,中国企业在被迫退出国外市场后,一般很难再占领该市场。

②中国企业在反倾销应诉中败诉的增多,客观上刺激了进口国相关产业更多地提起对中国产品地反倾销申诉,以至于中国出口产品频繁遭遇反倾销,造成恶性循环。

③"替代国"做法,实际上是把中国产品的出口价格锁定在一个未知的第三国(替代国)国内售价上,给中国企业在出口定价上造成困难。中国企业不知该制订何种定价策略才能确保出口不被判定"倾销"。

④由非市场经济问题而产生的歧视性反倾销做法,打击了中国企业的应诉积极性,严重挫伤了中国企业开拓国外市场的信心和积极性,扼杀了中国出口产品,特别是那些拳头产品的国际竞争力和海外市场发展的潜力。这在一定程度上影响了中国通过扩大出口拉动内需的经济发展战略的实施。

⑤可能带来严重的社会问题。中国是最大的发展中国家,人口众多,大量产品依赖出口市场,以劳动密集型为主,吸收了大量的

从业人员，这些出口产品是他们赖以维持生活的基本保障，其中以农产品最为突出。"非市场经济"问题使这些产品的出口企业在反倾销案中败诉，企业经营陷入困境，大批工人和农民将失去主要的生活来源，从而引发一定的社会问题。

⑥影响中国出口多元化战略的实施。某产品在一国败诉，可能导致产品大量涌入他国，对该国相关产业带来冲击，从而在该国再次被诉，并进而波及全球，最终导致中国该产品在全世界范围内的出口市场遭到封闭，使中国出口多元化战略受到阻碍。

总之，"非市场经济"国家的认定与替代国做法的存在直接导致了中国在许多案件中的败诉，间接刺激了调查国产业大量提起反倾销申请，进一步限制中国产品的出口。自1979年以来，中国已经遭受了国外500多起反倾销调查，直接影响中国出口160亿美元，其中60%左右的案件最终裁决结果对中国不公平。而这些不公平既不利于中国出口，也不利于贸易伙伴国利用中国的资源。这其中，"非市场经济"和替代国问题是最主要的原因。因此，彻底解决"非市场经济"问题，是中国政府有关部门在反倾销应诉指导工作中最重要和最核心的内容。随着中国市场经济体制的建立和不断完善，一些国家逐渐开始将中国视为"市场转型经济国家"，这为彻底解决"非市场经济"问题提供了契机。从企业申请市场经济地位或市场导向型产业的情况看，中国企业在欧美国家的个案反倾销应诉中也取得了一些突破性进展。这些成绩将为中国继续全面解决"非市场经济"问题起到重要的铺垫作用。

参考文献：

[1] 石广生. 中国加入世界贸易组织知识读本 [M]. 北京：人民出版社，2001.

[2] 世界贸易组织秘书处. 乌拉圭回合协议导读 [M]. 北京：法律出版社，2000.

[3] 对外贸易经济合作部进出口公平贸易局.国外对中国产品反倾销、反补贴、保障措施案例集——美国卷（第一册）[M].北京：对外经济贸易大学出版社，2002.

[4] 对外贸易经济合作部国际经贸关系司.乌拉圭回合多边贸易谈判结果最后文件（中英文对照）[M].北京：法律出版社，1995.

[5] 国家经贸委反倾销反补贴办公室.反倾销反补贴保障措施知识读本[M].北京：中国经济出版社，2001.

[6] 汪尧田、周汉民.关税与贸易总协定总论[M].北京：中国对外经济贸易大学出版社，1992.

[7] 高永富，等.WTO与反倾销、反补贴争端[M].上海：上海人民出版社，2001.

[8] 黄岩君.中国反倾销实践指南[M].北京：经济管理出版社，2000.

[9] 韩立余.WTO案例及评析（2000）[M].北京：中国人民大学出版社，2001.

[10] 李居迁.WTO争端解决机制[M].北京：中国财政经济出版社，2001.

[11] 高永富，张玉卿.国际反倾销法实用大全[M].北京：立信会计出版社，2001.

第十三章 经济自由度测算的国际比较与借鉴

从20世纪90年代开始,国际上不少机构选择以经济自由度测算为研究对象,其中最具权威性的有两个,一是美国传统基金会(The Heritage Foundation)的《经济自由度指数》,另一个是加拿大弗雷泽研究所(The Frazer Institute)的《世界经济自由度报告》。到2002年年底,传统基金会发布了从1995—2003年的经济自由度指数报告,弗雷泽研究所发布了1972年、1977年、1982年、1987年、1992年、1997年、1999年、2002年经济自由度报告。两大研究机构以经济自由度指数为共同的研究目的,但二者的研究指标、指数形式及测算结果等方面存在着明显的差异,并形成了各自的研究特点。本章重点探讨两大机构对经济自由度测算方法的差异及测度结果的比较。在此基础上,我们借鉴二者的思路对部分经济自由度指标进行了国际排序比较,使中国与其他国家经济自由度的比较更加丰富。

一、经济自由度测算方法的国际比较

(一)经济自由度研究指标的确定

经济自由度的测算首先依赖于对"经济自由"的界定。传统基金会将"经济自由"定义为:"政府在生产、分配、消费等方面超过保护公民和维持其自由的强制或干预的消除。"❶ 如果管制或限制的度超过了这个最低标准以后，经济就会不自由。弗雷泽研究所认为经济自由的核心是"个人选择和交易的自由、自由竞争及个人财产的保护"。❷

　　由于对经济自由理解的差异，两个机构在选择经济自由的因素和具体指标上存在较大的差异。传统基金会侧重考察经济自由的"投入"方面即影响经济自由的各项原因，而弗雷泽研究所则侧重考察经济自由的"产出"方面即经济自由或不自由的结果，强调针对经济增长率变动的解释。根据两个机构2002年所作的研究报告，传统基金会选择的研究因素有10个，分别为：贸易政策、政府的财政负担、政府的经济干预、货币政策、资本流动及外国投资、银行和金融、工资及价格、产权、规制、黑市。弗雷泽研究所选择的研究因素有5个，即政府的规模、法律结构与产权保护、货币政策的合理性、对外交易的自由、信贷和劳动力及商业管制。

　　在具体指标的选择上，二者有较大的不同，但也有相互借鉴的方面。比如在政府规模、外贸、货币政策等方面指标的设置上有相似之处。但从指标的对比看，传统基金会的测度范围更广，而弗雷泽研究所更强调指标的可测性。传统基金会设置的指标总数为50个，并且比较连续和稳定。弗雷泽研究所2002年报告以前的测度指标只有23个，2002年报告对指标修改后增加到37个，主要是在"法律结构和产权保护"及"商业规程"等因素的测度中引入了世界经济论坛《全球竞争力报告》中的部分相关指标。关于两大机构的具体研究指标见表13-1。

---

❶ 转引自美国传统基金会：《经济自由度报告》（2001）。
❷ 转引自加拿大弗雷泽研究所：《经济自由度指数报告》（2002）。

表 13-1 传统基金会与弗雷泽研究所研究指标比较

传统基金会	弗雷泽研究所
一、贸易政策	一、政府的规模
1. 加权平均关税税率	1. 政府消费占总消费的比重
2. 非关税壁垒	2. 转移支付和补贴与 GDP 的比率
3. 海关服务中的腐败	3. 政府企业和投资与 GDP 的比率
二、政府的财政负担	4. 最高边际税率
1. 最高所得税率	
2. 适用于平均收入水平的税率	
3. 最高公司税率	二、法律结构与产权保护
4. 政府消费与 GDP 的比率	1. 司法独立
三、政府的经济干预	2. 公正的法庭
1. 政府消费在经济中所占比重	3. 知识产权保护
2. 企业或产业中的政府所有权	4. 法律与政治程序的武力干预
3. 政府收入来自国有企业和财产的比重	5. 法律体系的统一性
4. 由政府生产的经济产出	
四、货币政策	
最近 10 年的平均通货膨胀率	三、货币政策的合理性
五、资本流动及外国投资	1. 近 5 年中货币供给的年均增长率减去近 10 年间真实 GDP 的增长率
1. 外资法规	2. 新近 5 年间年度通胀率的标准差
2. 对于外资企业的限制	3. 最近年份的通胀率
3. 对外国投资者开放的行业及公司的限制	4. 居民在国内及国外拥有外国银行账户的自由

续表

传统基金会	弗雷泽研究所
4. 对于外资公司的限制及业绩要求	
5. 外商的土地所有权	
6. 外资公司与国内公司在法律上的平等性	四、对外交易的自由
7. 对于外商收入汇出的限制	1. 国际贸易的税收
8. 对于外资公司地方融资的便利程度	（1）从国际贸易中获得的税额与进出口额的比率
六、银行和金融	（2）平均关税税率
1. 政府对于银行的所有权	（3）关税税率的标准差
2. 政府对于外国银行开设分支及附属机构能力的限制	2. 管制性贸易壁垒
3. 政府对于信贷配置的影响	（1）隐性进口壁垒
4. 政府对信贷分配的管制	（2）进口成本
5. 提供所有种类金融服务的自由	3. 对外贸易的实际规模与预期规模的比较
七、工资及价格	4. 官方汇率与黑市汇率间的差异
1. 最低工资法	5. 国际资本市场的管制
2. 在没有政府的影响下私自设置价格的自由	（1）本国居民参与国外资本市场与外国居民参与本国资本市场的途径
3. 政府的价格管制和政府定价的范围	（2）本国居民与外国居民进行资本交易的限制
4. 政府对于能够影响价格的企业所给予的补贴	
5. 政府在工资决定中的角色	

续表

传统基金会	弗雷泽研究所
八、产权	五、信贷、劳动力及商业管制
1. 司法系统不受政府干预的自由	1. 信贷管制
2. 规定合约的商法	（1）银行所有制：私有银行存款的比重
3. 对于合同纠纷国外仲裁的认可	（2）竞争：国内银行面对来自外国银行的竞争
4. 政府的财产剥夺	（3）信贷扩展：信贷扩展到私有部门的比重
5. 司法系统内部的腐败	（4）利率控制和管制的回避
6. 接受法院判决的延迟	（5）银行存款和贷款的利率由市场决定的程度
7. 私有财产受到合法承认和保护	
九、规制	2. 劳动力市场管制
1. 经营企业的许可要求	（1）最低工资的作用
2. 获取企业执照的难易程度	（2）员工的聘用和解聘是否由合同决定
3. 官僚机构内部的腐败	（3）工资由劳资双方谈判决定的劳动力的比重
4. 劳动管制，诸如工作周数、带薪休假、妊娠期休假等	（4）失业福利
5. 关于环境、消费者安全、以及工人健康的规制	（5）兵员征募制的运用
6. 各种规制对于企业所致的负担	
十、黑市	3. 商业管制

续表

传统基金会	弗雷泽研究所
1. 走私	（1）价格控制：企业自由定价的程度
2. 黑市中知识产品的翻制	（2）政府行政管理环境和新企业
3. 由黑市所提供的农产品	（3）政府官僚的效率
4. 由黑市所提供的制成品	（4）企业新设的难易程度
5. 由黑市所提供的各种服务	（5）商业中不正常的、额外的支付
6. 由黑市所提供的运输	
7. 由黑市所提供的劳动力	

资料来源：www.fraserinstitute.ca《经济自由度指数报告2003》和www.heritage.org《经济自由度报告2002》在线资料。

（二）原始数据的来源

传统基金会和弗雷泽研究所发布的经济自由度报告中运用的数据截至报告年份的两年前，如传统基金会2002年发布的《经济自由度指数报告2003》运用的数据是2000年的数据，弗雷泽研究所《经济自由度报告2002》所运用的数据也是截至2000年。经济自由度测度的原始数据一般来自主要国际机构和经济组织的报告。由于这些资料具有统计制度的保障性，并在全球SNA核算体系（System of National Accounts，为市场经济国家和大多数发展中国家采用的国民经济账户体系）下提供了统一的统计口径，因而具有较高的权威性。如二者共同引用了以下机构或组织的数据：国际货币基金组织《政府财政统计年鉴》和《国际金融统计年鉴》、世界银行《世界发展指标》和《世界发展报告》等。另外由于测度指标所需求的原始数据的差异，传统基金会还引用了经济学家智囊团《国家报告和国外投资、许可证和贸易环境报告》、美国商务部

《美国商业导航》、美国国务院《国家经济政策与贸易实务报告》和各国官方政府出版物等资料。弗雷泽研究所另外引用了国际货币基金组织《外汇协议与外汇限制的年度报告》、世界经济论坛与瑞士洛桑学院《国际竞争力报告》、经济合作与发展组织《关税与非关税贸易壁垒指数》、欧洲货币杂志等相关资料。

（三）经济自由度的评价方法

经济自由度一般是用指数的形式来反映的。传统基金会和弗雷泽研究所对经济自由度的测度，都体现了从基本指标到综合指数的整合过程。两大机构指数值的大小具有不同的含义，传统基金会《经济自由度指数》中的指数值设定与经济自由度负相关，指数值的范围为1～5，指数值越小，表示经济自由度越高。而弗雷泽研究所《世界经济自由度报告》中的指数值与经济自由度正相关，指数值的范围0～10，指数值越大，表示经济自由度越高。以下从几个不同的方面对两大机构的经济自由度评价方法进行比较。

1. 传统基金会对经济自由度的评价方法

（1）基本思路

传统基金会对测度指标的评价采用"打分法"，即预先就分值的含义、依据等做出规定，然后对各项因素或指标进行"打分"，各项因素得分的平均值就是该国或地区的经济自由度指数。可见，该方法对同一层次的指标或因素的指数计算设定了相同的权数，即假设它们对经济自由度具有同等重要性。

（2）评分等级

传统基金会对每个国家（地区）的评分是建立在10类因素得分基础上的平均分。每一类因素按照特定的评分标准进行打分。等级分为从1分至5分五等，1分说明一项制度或相关政策对经济自由是最有益的，而5分则说明该制度和政策是最无效的。另外，每一类因素得分依次被描述为"改进的""恶化的""稳定的"，分别用来显示这类经济自由指标与该国去年得分相比是否得到改进、恶化或者保持稳定。最后对这些因素得分进行加总和平均,每个国家会得到一个总分。

在总得分的基础上,确定经济自由广义分类:

第一类:自由的——该国最后总得分小于或等于1.95;

第二类:大部分自由的——该国总得分在2.00~2.95;

第三类:大部分不自由的——该国总得分在3.00~3.95;

第四类:被压制的——该国总得分大于等于4.00。

(3)各因素和指标的具体评分方法

传统基金会对经济自由度的评价是建立在对各因素评分的基础上,每一类因素指标数量不同,在评分等级上采取了客观和主观相结合的方法,各因素和指标的具体评分标准见表13-2。

表13-2 传统基金会各因素和指标评分方法

因素	评价方法	评分标准	得分
一、贸易政策	贸易政策的评分是根据一个国家的加权平均关税税率进行的。加权平均税率是根据这个国家从贸易伙伴那里进口的货物比重对简单平均关税税率进行加权处理得到的。在加权平均税率无法得到时,采用一个国家的平均关税税率,如果平均关税税率无法得到,采用政府从关税中获得的收入占进口货物的比重来衡量。如果关税壁垒数量显著,或充分的证据证明存在大量的关税腐败,加1个点	加权平均税率小于或等于4%	1
		加权平均税率大于4%,小于或等于9%	2
		加权平均税率大于9%,小于或等于14%	3
		加权平均税率大于14%,小于或等于19%	4
		加权平均税率大于19%	5

续表

因素	评价方法	评分标准	得分
二、政府财政负担	政府财政负担的评分有两方面内容：税率和政府支出与GDP的比率。一个国家的个人所得税得分，是将最高所得税税率得分和一般纳税人边际税率得分进行平均处理。一些国家的个人所得税得分被减去1分，是因为它们采用的是固定税率。计算总的个人与企业所得税税率得分，是将个人所得税得分与企业所得税得分相平均得到的	1.个人所得税：最高税率是0；一般纳税人边际税率是0	1
		最高税率大于0%，小于或等于25%；一般纳税人边际税率大于0%，小于或等于10%	2
		最高税率大于25%，小于或等于35%；一般纳税人边际税率大于10%，小于或等于15%	3
		最高税率大于35%，小于或等于50%；一般纳税人边际税率大于15%，小于或等于20%	4
		最高税率大于50%；一般纳税人边际税率大于20%	5
		2.企业所得税率：企业所得税率小于或等于20%	1
		企业所得税率大于20%，小于或等于25%	2
		企业所得税率大于25%，小于或等于35	3
		企业所得税率大于35%，小于或等于45%	4
		企业所得税率大于45%	5
		3.政府支出与GDP的比率：小于或等于15%	1
		大于15%，小于或等于25%	2
		大于25%，小于或等于35%	3
		大于35%，小于或等于45%	4
		大于45%	5

续表

因素	评价方法	评分标准	得分
三、政府对经济的干预	主要考察政府支出与GDP的比率和政府对经济的干预两个指标,该两项指标的平均得分为该因素的得分。政府消费包括政府对商品劳务以及基础设施建设(如桥梁、公路)的支出;支付给政府工作人员的工资;对固定资产的净购买;政府企业的存货变化。政府对经济的干预不仅包括消费稀缺资源,还通过参与一般来讲属于私人部门的商业活动来实现。政府控制国有企业挤出私人企业投资	1. 政府支出与GDP的比率:小于或等于15%	1
		大于15%,小于或等于20%	2
		大于20%,小于或等于25%	3
		大于25%,小于或等于30%	4
		大于30%	5
		2. 政府对经济的干预:小于或等于GDP的10%	1
		大于10%,小于或等于GDP的25%	2
		大于25%,但小于或等于GDP的35%	3
		大于35%,小于或等于GDP的45%	4
		大于GDP的45%	5
四、货币政策	主要考察的指标为最近10年的加权平均通货膨胀率	小于或等于3%	1
		大于3%,小于或等于6%	2
		大于6%,小于或等于12%	3
		大于12%,小于或等于20%	4
		大于20%	5
五、资本流动及外国投资	考察的主要内容有:现有的外商投资法规,这决定了一个国家的投资法律和程序;政府是否	公开无歧视对待外国投资,宽松的外商投资法规,除了一些有关国家安全领域之外,对外资几乎没有限制	1

续表

因素	评价方法	评分标准	得分
五、资本流动及外国投资	通过公平公正对待投资者来鼓励外国投资；对外交换有没有限制；外国公司和本国公司在法律下是否得到一样的待遇；在支付、交换、资本转移方面是否存在限制；在特定的工业部门是否对外国投资关闭	在一些方面对外资进行限制，如公用事业、有关国家安全的重要企业、自然资源；快速有效的审批程序	2
		对很多外资进行限制，但官方政策与建立外资法规相一致；官僚作风的审批程序	3
		外商投资只能在个别条件下进行；官僚作风的审批程序以及腐败	4
		政府极力阻止外国投资，腐败猖獗	5
六、银行和金融	衡量标准：外资银行和金融机构是否自由经营，开放国内银行和其他金融机构的难度；金融系统的管制程度；国有银行的现状；政府是否影响信贷；银行是否能够自由地向公众提供保险和证券投资等金融服务	政府对金融部门的干涉可以忽略；对外国金融机构很少限制；银行可以提供各种金融服务	1
		政府涉及的金融部分比重很小，对外资银行有一些限制；国家可能对金融服务做出一些限制；国内新银行的产生有一些壁垒	2
		政府对银行有相当的影响；政府拥有或者控制一些银行；政府控制信贷；国内新银行的产生面临巨大的壁垒	3
		政府对金融业严重干预；银行体系在转型；银行被政府紧紧控制；一定程度的腐败；国内新银行的产生事实上不存在	4

续表

因素	评价方法	评分标准	得分
六、银行和金融		金融机构混乱，银行从各自利益出发进行经营；绝大部分信贷由政府控制，资金仅仅流向国有企业，腐败猖獗	5
七、工资及价格	衡量的主要方面是政府是否允许市场决定工资和价格。这个指标反映出产品价格是否由政府控制，政府是否制定了最低工资政策，或者其他影响工资的政策	市场决定商品和劳务的价格，国家或者不存在最低工资，或者能够证明最低工资只适用于很小一部分劳动者，并且与工资决定不矛盾。政府可以参与集体的谈判，但是不能强加没有达成的工资协议给其他部门或者工人	1
		政府控制一些商品和劳务的价格，但是这种控制占国家产出的比例不大。政府或者对相当比例的工人实行最低工资，或者扩展集体谈判从工业等部门到工人	2
		政府控制占国家产出很大一部分商品和劳务的价格，政府决定大部分劳动力的工资，或者这两者都有	3
		政府决定绝大部分商品和劳务的价格，以及绝大部分工资	4
		工资和商品劳务的价格几乎完全由政府控制	5
八、产权	这个指标反映了私有财产是否能够得到保护以及政府加强对私有财产的法律保护程度；私有财产被征用的可能性；	政府保证私有产权；法院系统保证有效履行合约；司法系统严惩非法没收私人财产的行为；腐败几乎不存在，征用财产是不可能发生的	1

续表

因素	评价方法	评分标准	得分
八、产权	司法系统是否独立，是否存在腐败；个人和企业履行合约的能力	政府保证私有产权；法院系统存在时滞，对履行合约约束有时候不严格；腐败可能存在但是很少，征用财产现象不可能发生	2
		法院系统效率低下，存在时滞；腐败现象是现在存在的；司法可能会被政府机构影响；征用财产现象可能存在但是很难发生	3
		产权保护很弱，法院系统无效；腐败存在；司法被政府机构影响；财产征用现象可能存在	4
		私有产权在法律之外没有得到保护；几乎所有财产属于国家，这样的国家私有财产的保护不存在，司法很腐败以致财产得不到保护，财产征用时常发生	5
九、规制	这个指标衡量开办和经营企业的难易程度。对商业的规制越多，越难以建立企业。这个指标还考察了政府的腐败程度和规制是否对所有的企业都一视同仁。另外一个考虑的因素是考察该国是否设有政府计划机构制订生产的限量和标准的大部分情况配额。这套评分标准为五	对现有的规章制度应用于各企业，规制对企业不是一种负担，腐败几乎不存在	1
		简单自由的规制，现有的规章制度应用于大部分时间；腐败可能存在，但极少	2
		规制对企业造成一种负担，现有的规制偶尔使用，并且有时不是由政府公布的；腐败可能存在，而且给企业带来一定的负担	3

第十三章 经济自由度测算的国际比较与借鉴

续表

因素	评价方法	评分标准	得分
九、规制	个等级设立了一系列的条件。这些条件包括政府的腐败程度，规制应用的统一性，规制对企业施加负担的程度。一国的得分只需要满足这个得分	政府制订生产数额和一些政府计划，开办企业存在较大的困难；腐败存在且令人担忧，规制给企业带来很大的负担	4
		政府阻碍新企业成立，腐败猖獗，规制无计划性	5
十、黑市	该项内容主要考察黑市活动程度。分值越高，经济自由水平越低。虽然这类因素衡量了在商品和服务的生产、分配或消费领域的黑市活动，但是不包括一些因素如黑市汇率，非法的恶习提供场所包括赌博、麻醉剂、卖淫等。这是一些很难量化的指标	黑市程度很低，经济自由，但在药材和武器方面存在黑市	1
		黑市程度低，但在劳动力和知识产权盗版方面可能存在黑市的困扰	2
		黑市程度一般，但在劳动力、农业和运输方面可能存在黑市行为，知识产权的盗版程度一般	3
		黑市程度高，但在劳动力、知识产权盗版、消费品走私以及电力、运输、电信等方面存在相当程度的黑市行为	4
		黑市程度很高，黑市活动高于正常的经济活动	5

资料来源：www.fraserinstitute.ca《经济自由度指数报告2003》和www.heritage.org《经济自由度报告2002》在线资料。

2. 弗雷泽研究所对经济自由度的衡量

（1）基本思路

弗雷泽研究所对两类不同性质的指标采取了不同的测算方法，一类是数值具有离散性质的指标，运用"打分法"。另一类是基于连续数据的指标，可先设定某一基年（弗雷泽研究所用 1990 年为基年）某一与经济自由度正相关的指标数据的最大值和最小值规定为 10 分和 0 分，而与经济自由度负相关的指标数据的最大值和最小值规定为 0 分和 10 分。然后，在评价某一年度的具体指标时运用统计上的"插入法"公式进行计算。对正相关测度指标运用如下公式：某指标得分 $=[(V_i-V_{\min})/(V_{\max}-V_{\min})]\times 10$（$V_i$ 为该国实际的指标值，$V_{\max}$ 为最大基年值，$V_{\min}$ 为最小基年值）。如果计算出来的得分超过 10 分时定为 10 分，如果计算出来的得分低于零分时定为零分（下同）。对负相关的测度指标的得分运用如下公式：某指标得分 $=[(V_{\max}-V_i)/(V_{\max}-V_{\min})]\times 10$。

（2）权数的确定

在 2002 年以前的报告中，弗雷泽研究所和传统基金会在测量方法上的一个重要区别是权数选取的不同。从形式上说，弗雷泽研究所在选取权数上更为精细，它采取主成分分析法，用原始数据本身的相互关系自动生成各因素的权重，使赋权更具有客观性。虽然主成分分析法有赋权客观性的优点，但它本身却带来了问题，即当两个测度指标存在自相关时，主成分分析法要给这些指标赋以较低的权数。因此，运用主成分分析法必须排除自相关的指标。但在测度实践中往往为了减少由于指标太少而带来的误差，经常会运用一些自相关指标，如在衡量国际贸易税的程度时，选用了"从国际贸易中获得的税额与进出口额的比率"和"平均关税税率"两个相关的指标。因此，弗雷泽研究所在慎重权衡后，在 2002 年报告中，各因素的权重运用了简单平均方法，这是该报告在测度方法上的一个重要变化。同时，正如该报告第一章注释 4 所说："虽然本年度报告运用简单平均权数，并不意味着经济自由度衡量中每一类因素和指标具有同等重要性。"也就是说，指数的计算不是精确的，而是近似的。

（3）各因素和指标的具体评分方法

弗雷泽研究所对经济自由度的评价是建立在对各指标评分的

基础上,同时设定每一个指标在各子因素中具有同等重要性,在评分等级上更多采取了客观的方法,各因素和指标的评分标准见表13-3。

表13-3 弗雷泽研究所对各指标的评分方法

因素	子因素	指标名称	评价标准和方法
一、政府的规模		1.政府消费占总消费的比重	得分根据$(V_{max}-V_i)/(V_{max}-V_{min})$再乘以10计算得出。$V_i$是指这个国家实际政府消费占总消费的比重,同时最大值和最小值分别设为40和6
		2.转移支付和补贴与GDP的比率	得分根据$(V_{max}-V_i)/(V_{max}-V_{min})$再乘以10计算得出。$V_i$是指一个国家的转移支付和补贴与GDP的比率,同时$V_{max}$和$V_{min}$分别代表1990年以来的最大值和最小值
		3.企业和政府投资与GDP的比率	国有企业的数量、组成和产出的份额以及政府投资占总投资的比重被用来构建成0~10个评分等级。政府投资占总投资的比重小于15%,则该国得10分。政府投资占总投资的15%~20%,则该国得8分。政府投资占总投资的20%~25%,该国得7分。政府投资占总投资的25%~30%,该国得6分。政府投资占总投资的30%~40%,该国得分为4分。政府投资占总投资的40%~50%,该国得分为2分。0分给予那些国有企业主导经济、政府投资占总投资50%以上的国家
		4.最高边际税率	对较低的收入额采用较高的边际税率的国家得分较低。起征额的数据是基于1982/1984年的本地货币与美元的汇率进行换算的。根据不同的起征额和最高边际税率确定其分值

续表

因素	子因素	指标名称	评价标准和方法
二、法律结构与产权保护		5. 司法独立	此指标来源于世界经济论坛《全球竞争力报告》
		6. 公正的法庭	此指标来源于世界经济论坛《全球竞争力报告》
		7. 知识产权保护	此指标来源于世界经济论坛《全球竞争力报告》
		8. 法律与政治程序的武力干预	此指标来自 PRS❶ 集团《国际风险指南》
		9. 法律体系的统一性	此指标来自 PRS 集团《国际风险指南》
三、货币政策的合理性		10. 近5年中货币供给的年均增长率减去近10年间真实GDP的增长率	衡量货币供给时采用 M_1 的供给数量。得分计算的公式为 $(V_{max}-V_i)/(V_{max}-V_{min})$ 再乘以 10。V_i 是根据最近 10 年的实际 GDP 增长率调整过的最近 5 年货币供给增长率（两者相减）。最小值和最大值分别设为 0 和 50%。
		11. 近5年间年度通胀率的标准差	一般地，GDP 的紧缩是用通货膨胀率来衡量的。当这些指标无法获得时，采用消费者价格指数替代。下面的公式给每个国家在 0 到 10 分的范围内打分：$(V_{max}-V_i)/(V_{max}-V_{min})$ 再乘以 10。V_i 代表一个国家的最近 5 年通货膨胀率的标准差。最小值和最大值分别设定为 0 和 25%。最高得分的国家年均通货膨胀率的变动最小。当最近 5 年的通货膨胀率毫无变动的时候，得到最高的 10 分

❶ PRS：Political Risk Services Inc USA.

续表

因素	子因素	指标名称	评价标准和方法
三、货币政策的合理性		12. 最近年份的通胀率	一般地,消费者价格指数被用来测定通货膨胀率。得分根据下面的公式来计算:$(V_{max}-V_i)/(V_{max}-V_{min})$再乘以10。$V_i$代表最近一年的通货膨胀率。最小值和最大值分别设定为0%和50%。通货膨胀率越低,得分越高。价格最稳定的国家得分为10。如果年均通货膨胀率接近50%,得分接近0。通货膨胀率等于或者超过50%,这个国家在这个指标上得0分
		13. 居民在国内及国外拥有外国银行账户的自由	当外资银行账户在国内外都被准许并没有任何限制时,得分为10;当账户完全被限制,得分为0。如果外资银行账户在国内被准许但是在国外被限制,得分为5
四、对外交易的自由	(一) 国际贸易的税收	14. 从国际贸易中获得的税额与进出口额的比率	计算公式是:$(V_{max}-V_i)/(V_{max}-V_{min})$再乘以10。$V_i$代表国际贸易税收收入占贸易部分的比重。最小值和最大值分别设定为0%和15%。在国际贸易中平均税率越高,得分越低。在国际贸易中没有特别的税收的国家得分最高,为10。当税收收入的比重接近于15%,得分也相应接近0分
		15. 平均关税税率	计算公式为$(V_{max}-V_i)/(V_{max}-V_{min})$:再乘以10。$V_i$代表这个国家的平均关税税率。最小值和最大值分别设定为0%和15%。对于没有征收关税的国家,根据公式得分为10。当平均关税税率上升时,该国家得分降低。当平均关税税率接近于50%,得分接近于0

续表

因素	子因素	指标名称	评价标准和方法
四、对外交易的自由	（一）国际贸易的税收	16.关税税率的标准差	与正常关税相比，关税率较大的变差对贸易和经济自由化会施加更具有限制性的影响，因此，在关税率尚存在很大变差的国家必须被给予较低的等级。通常用来计算这一因素从0到10等级的公式是 $(V_{max}-V_i)/(V_{max}-V_{min})$ 再乘以10。V_i 代表该国家关税率的标准差。V_{max} 和 V_{min} 的值被分别定义在 0%~25%
	（二）管制性贸易壁垒	17.隐性进口壁垒	此指标来源于世界经济论坛《全球竞争力报告》
		18.进口成本	此指标来源于世界经济论坛《全球竞争力报告》
		19.对外贸易的实际规模与预期规模的比较	根据以下公式确定 0~10 的范围内：$(V_{max}-V_i)/(V_{max}-V_{min})$ 乘以10。V_i 是这一要素在该国的实际价值，V_{max} 和 V_{min} 被分别定义在 100% 到 -50%（注意到 -50% 和 +100% 是对称的）
		20.官方汇率与黑市汇率间的差异	对该成分来说被用来计算从0到10等级的公式是：$(V_{max}-V_i)/(V_{max}-V_{min})$ 乘以10。V_i 是该国的黑市利率贴水。V_{max} 和 V_{min} 被分别定义在 0% 到 50%。该公式将分派等级10给那些没有黑市交换率的国家，比如那些对于国内货币没有限制，完全自由兑换的国家。在交换率控制和黑市存在的情况下，随着黑市贴水增加到50%，其等级趋向于0。当黑市贴水等于或者是高于 50% 时，被赋予等级0

续表

因素	子因素	指标名称	评价标准和方法
四、对外交易的自由	(三) 国际资本市场的管制	21. 本国居民参与国外资本市场与外国居民参与本国资本市场的途径	此指标来源于世界经济论坛《全球竞争力报告》
		22. 本国居民与外国居民进行资本交易的限制	IMF关于13个不同类型的资本控制的报告。这种要素基于资本控制水平的数目。从0到10的等级组成：13减去资本控制数目后除以13然后再乘以10
五、信贷、劳动力及商业管制	(一) 信贷管制	23. 银行所有制：私有银行存款的比重	私有银行拥有存款较大份额的国家被授予较高等级，当私有银行拥有存款在95%~100%的国家被赋予等级10。当私有银行存款占总量的75%~95%被赋予等级8。当私有存款占总量的40%~75%被赋予等级5。占总量在10%~40%的国家被赋予等级2。等级0被赋予那些私有银行存款在10%或者更少的国家
		24. 竞争：国内银行面对来自外国银行的竞争	此指标来源于世界经济论坛《全球竞争力报告》
		25. 信贷扩展：信贷扩展到私有部门的比重	计算公式是：$(V_i-V_{min})/(V_{max}-V_{min})$再乘以10。当私人部门的信贷占总信贷的99.99%时，给10分；当私人部门的信贷占总信贷的10%时，得分也相应接近0分

续表

因素	子因素	指标名称	评价标准和方法
五、信贷、劳动力及商业管制	（一）信贷管制	26.利率控制和管制的回避	当利率主要由市场力量决定和实际利率积极时，得10分；当利率主要由市场力量决定但实际利率低于5%或银行存贷利差大于8%时，得8分；当存贷款利率持续消极且利差由政府管制时，得6分；当存贷款利率由政府管制且利差小于10%时，得4分；当实际存贷款利率大于10%时，得2分
		27.银行存款和贷款的利率由市场决定的程度	此指标来源于世界经济论坛《全球竞争力报告》
	（二）劳动力市场管制	28.最低工资的作用	如果调查表明最低工资的影响很小或者未被有力执行的国家被赋予较高的等级。否则，如果影响被认定很高或者是法律被强有力执行的国家则被赋予相对低的等级。具体根据世界经济论坛《全球竞争力报告》
		29.员工的聘用和解聘是否由合同决定	此指标来源于世界经济论坛《全球竞争力报告》
		30.工资由劳资双方谈判决定的劳动力的比重	由于条件限制这个专门的成分没有在《全球竞争力报告》发行物中出现，这些数据直接由世界经济论坛直接提供
		31.失业福利	此指标来源于世界经济论坛《全球竞争力报告》

续表

因素	子因素	指标名称	评价标准和方法
五、信贷、劳动力及商业管制	（二）劳动力市场管制	32.兵员征募制的运用	军队征募的使用和持久性方面的数据被用来测定等级差距。拥有长期征募时期的国家被赋予较低的等级。没有任何征募的国家被赋予等级10。征募持续在6个月或者更少的国家被赋予等级5。征募持续在6个月以上但不超过12个月的情况下，国家被赋予等级3。当征募时间持续在12个月以上不超过18个月的国家被赋予等级1。当征募时间持续18个月以上时被赋予等级0
	（三）商业管制	33.价格控制：企业自由定价的程度	没有价格控制和市场壁垒存在的国家被赋予等级10。当价格对产业的控制是非常有限的时候，等级8。当价格控制被应用于小部分的产业，等级6。当价格控制被应用于被国内居民广泛购买的能源、农业和其他原材料产品时，国家被赋予等级4。当价格控制被应用于包括农业和手工业在内的很大数目的产品时被赋予等级2。等级0被赋予那些在经济的各个部门中都实行广泛价格控制的国家
		34.政府行政管理环境和新企业	此指标来源于世界经济论坛《全球竞争力报告》
		35.政府官僚的效率	此指标来源于世界经济论坛《全球竞争力报告》
		36.企业新设的难易程度	此指标来源于世界经济论坛《全球竞争力报告》

续表

因素	子因素	指标名称	评价标准和方法
五、信贷、劳动力及商业管制	（三）商业管制	37.商业中不正常的、额外的支付	此指标来源于世界经济论坛《全球竞争力报告》

资料来源：www.fraserinstitute.ca《经济自由度指数报告2003》在线资料。

（四）两大机构测算结果的比较

根据传统基金会2003年报告和弗雷泽研究所2002年报告，二者都运用2000年的数据进行测度，排名结果具有较大的相关性，即发达的市场经济国家的经济自由度较高，但对相同国家的经济自由度的排序存在较大的差异。传统基金会对156个国家和地区进行排名，弗雷泽研究所对123个国家和地区进行排名。其中，对波兰的排名，传统基金会排名为第66位，而弗雷泽研究所排名为第89位；对印度的排名，传统基金会排名为第119位，而弗雷泽研究所的排名为第73位等。如此不同的结果，说明两大机构存在明显的系统性差异。两大机构在方法上试图反映经济自由度的客观性，但事实上是非常困难的。首先，由于全球对经济自由的理解存在争议，因而不同机构对评价指标的选择是有侧重的，不可能反映经济自由的全部内容；其次，资料来源受到限制，使一些重要数据得不到反映，有的指标即使设置也在可测性上存在问题。例如，传统基金会对于如何测算黑市、腐败等，未能给出可测的方法，因而无法做到有效地评估；最后，由于经济自由的高度复杂性，使各因素的权重确定变得复杂。而对各测度因素和指标采用相同的权重是统计测度上的一种近似处理。

（五）国外经济自由度研究对中国经济市场化研究的启示

本报告关于中国市场化程度的研究充分地借鉴了两大机构的经济自由度测算指标以及欧美国家家关于"市场经济国家"的法律标准。从理论上讲，市场经济标准和经济自由化是高度相关的，因而凡是能反映市场经济五大因素内容并且具有可测性的经济自由度测度指标都可作为市场经济程度测度指标。比如，本报告的市场经济程度测度指标运用了大量经济自由度测度方面的指标，譬如，在政府行为规范方面运用了"政府消费与 GDP 的比率""企业所得税的平均税率""政府投资与 GDP 的比率""政府转移支付和补贴与 GDP 的比率""政府人员占城镇从业人员的比重"等；在经济主体自由化方面运用了"财政对国有企业的亏损补贴与 GDP 的比率""经营者由市场选聘的比例""具有决策自主权的企业比例"等；在生产要素市场化方面运用了"工资由雇员和雇主谈判的企业比例"等；在贸易环境公平化方面运用了"产品市场定价的比例""平均关税的税率""从国际贸易中获得的税额与进出口额的比率"等；在金融参数合理化方面运用了"最近 5 年通货膨胀率的平均值"及有关利率与汇率市场形成机制方面的指标。

二、两大研究机构对中国经济自由度的评价

经济自由度的测算在理论和实践上还不尽完善，甚至在目前的评估中还存在某些政治歧视的成分。但是，从总体上说，其研究结果还是具有一定的说服力。对中国市场化程度进行分析，有必要借鉴两大研究机构对中国经济自由度所进行的评估。

（一）中国经济自由度的纵向比较与发展趋势

从弗雷泽研究所的排名来分析，中国的经济自由度一直处于上升趋势。1980 年中国的经济自由度指数为 3.65，2000 年达到 5.28，

增加了44.66%。特别是贸易、价格与管制等有较大的提高。从传统基金会的排名看，从1992—2000年，中国的经济自由度有所提高，经济自由度指数从3.6降为3.55。1993—2000年中国经济自由度提高不多的原因，一是中国已在20世纪90年代初明确了市场经济体制作为经济改革的目标，当时的经济自由度就比较高；二是传统基金会在评价中带有明显的歧视。如对中国的贸易政策、政府干预、管制、产权等四项因素，连续9年的得分一直没有变，这显然不符合中国市场化改革现实。

近两年来，中国经济改革稳步前进，并于2001年年底成功地加入WTO，按照入世的承诺和原则，中国的经济体制和法律环境更加适应市场经济的内在要求。可以说，中国的经济自由度在目前要比2000年的经济自由度有较大幅度的提高，这在传统基金会的《经济自由度指数2003》报告中进行了预言。这一预言还可以在世界经济论坛2002年11月发布的2002—2003年全球竞争力报告中得到印证。该报告显示，中国的微观经济竞争力在2002年80个国家中排名为38。按照可比的计算公式，中国的该项排名从2001年在75个国家中排第43位上升了5位，直逼在微观经济竞争力方面一直领先于中国的印度（其2001年和2002年的排名分别为第36、第37）。决定经济增长竞争力的指标包括技术水平、制度环境和宏观经济环境。中国的竞争力排名向前进了很多名次，一个重要原因是采用了市场原则。

（二）中国经济自由度的横向比较

为比较中国与其他国家的经济自由度，我们选择了全球22个有代表性的国家或地区，包括发达的市场经济国家、发展中的市场经济国家及转轨经济国家。根据两大研究机构2002年度的研究报告，这些国家和地区2000年度的经济自由度指数和排名分别如下（见表13-4）。

表 13-4　中国与有关国家（地区）经济自由度的比较（2000 年）

《经济自由度指数》（排名国家和地区 156 个）			《世界经济自由度报告》（排名国家和地区 123 个）		
位次	国家（地区）	指数值	位次	国家（地区）	指数值
1	中国香港	1.45	1	中国香港	8.80
2	新加坡	1.50	2	新加坡	8.61
6	美国	1.80	3	美国	8.54
9	澳大利亚	1.85	4	英国	8.35
9	英国	1.85	8	澳大利亚	8.00
29	意大利	2.35	24	日本	7.31
35	捷克	2.50	30	阿根廷	7.20
35	日本	2.50	35	意大利	7.08
44	匈牙利	2.65	38	捷克	6.99
52	韩国	2.70	38	韩国	7.01
56	墨西哥	2.80	51	匈牙利	6.66
66	波兰	2.90	66	墨西哥	6.25
68	阿根廷	2.95	73	印度	6.06
72	巴西	3.00	82	巴西	5.78
72	蒙古	3.00	89	波兰	5.72
104	保加利亚	3.35	97	保加利亚	5.51
119	印度	3.50	101	中国	5.28
119	哈萨克斯坦	3.50	114	罗马尼亚	4.85
127	中国	3.55	116	俄罗斯	4.73
135	俄罗斯	3.70		哈萨克斯坦	未评价
135	越南	3.70		蒙古	未评价
138	罗马尼亚	3.75		越南	未评价

资料来源：www.fraserinstitute.ca《经济自由度指数报告 2003》和 www.heritage.org《经济自由度报告 2002》在线资料。

从表 13-4 可知，2000 年传统基金会对中国经济自由度的总体评分为 3.55，在 156 个国家和地区中列第 127 位。弗雷泽研究所对中国的评分为 5.28，在 123 个国家和地区中列第 101 位。根据上述中国的经济自由度指数的得分和排名情况以及中国市场经济发展的实际情况，可以得出如下基本结论：第一，中国的经济自由度和发达的市场经济国家相比还存在较大的差距，这是和中国所处的特定历史阶段和生产力水平相联系的。第二，与一些发展中市场经济国家相比，中国已在一些具体指标中领先，如货币政策、贸易自由、政府的财政负担等方面。同时从近几年的传统基金会的评价分析，中国和印度、巴西等国的经济自由度整体相当。第三，与一些转轨国家相比，中国的经济自由度在总体上处于前列，特别是明显优于俄罗斯。第四，两个研究机构对中国的经济自由度的评价明显带有歧视成分。关于中国市场经济发展程度的评价已在前面进行了详细的论述，这里不再重复。

三、本课题组对若干样本国家经济自由度部分测度指标的排序

（一）排序方法和因素选择

为了更深入地比较中国与其他国家（地区）的经济自由度的差异情况，我们选择了前面所提及的 22 个国家和地区的政府规模和货币金融市场化两个方面的指标进行了对比和排序，以说明中国在这两个方面市场化进程中的相对位置。

1. 选择的指标

在进行经济自由度国际比较时，指标选取的原则是：①参考传统基金会和弗雷泽研究所关于反映政府规模和金融货币自由的测度指标；②考虑指标体系的基本完整性；③考虑各个指标的基本独立性和地位的基本对等性；④本部分的比较只涉及政府规模和货币金

融方面，主要是出于指标的可得性考虑。据此，我们在政府规模方面选择了5个指标，即企业所得税最高边际税率、个人所得税最高边际税率、政府税收与GDP的比率、政府总支出与GDP的比率，以及政府最终消费与GDP的比率。在金融货币自由化方面选择了5个指标，即金融资产与GDP的比率、对私人部门信贷与GDP的比率、直接投资和证券投资流出入之和与GDP之比汇兑项目中管制项目的比例、最近5年通货膨胀率标准差。

2. 因素和指标评价

由于指标打分法分值确定的复杂性，我们对这两个因素的指标的评价不采用打分法，而是采取相对排位法。即根据指标值的大小和指标的性质，对指标进行相对排序，然后对各项指标进行简单平均，计算平均排序值，用平均值的大小确定该因素的相对排序。

在政府规模选择的指标中，全部为逆指标，即指标值越高，排位越低。这些指标值越高，说明国家对经济的干预越大，经济越不自由。

在货币金融自由化的排序指标中，金融资产与GDP的比率说明一个国家金融市场发展的程度，其指标值越高，反映一个国家金融自由的程度越高。对私人部门信贷与GDP的比率越高，说明信贷越可以自由地向私人部门渗透，其自由化程度评价越高。直接投资和证券投资流出入之和与GDP之比越高，说明资本的流动性越高，从而说明资本交易越自由。汇兑项目中管制项目的比例越高，说明汇兑越不自由，从而经济自由度越低。由于通货膨胀率可能出现负值，在评价一个国家的通货膨胀率时采取标准差指标，标准差越高，说明该国的货币政策越不稳定，国家的货币政策干预程度越高，经济自由度越低。

（二）对政府规模的排序与分析

1. 政府规模排序

根据预设的排序指标，用2000年度的数据对21个国家（地区）进行了排序，其排序结果如表 13-5 所示。

表 13-5　2000 年 21 个国家（地区）政府规模排序

国家（地区）	综合排名	企业所得税最高边际税率		个人所得税最高边际税率		政府税收与GDP的比率		政府总支出与GDP的比率		政府最终消费与GDP的比率	
		数值(%)	排序	数值(%)	排序	数值(%)	排序	数值(%)	排序	数值(%)	排序
阿根廷	3	35	16	35	8	12.94	3	16.97	2	13.83	11
巴西	12	15	1	27.5	3	33.18***	19	32.2***	18	19.26	17
保加利亚	10	20	4	38	10	28.91	15	38.53	11	17.68	14
中国	13	30	9	45	18	15.01***	5	24.9***	17	13.09	9
捷克	17	31	13	32	7	32.17	17	37.26	10	19.60	18
中国香港	5	16	2	17	2	42.26***	22	18.4***	13	9.61	2
匈牙利	9	18	3	40	12	32.83	18	47.14	12	9.75	3
印度	4	40	21	30	5	9.59	1	16.99	3	13.21	10
意大利	21	36	20	45.5	19	27.02***	13	55.5***	22	17.97	15
日本	19	30	9	37	9	26.12***	11	23.5***	16	17.6***	21
哈萨克斯坦	1	30	9	30	5	10.22	2	14.33	1	11.20	7
韩国	6	28	7	40	12	17.89***	7	20.7***	14	10.05	4
墨西哥	15	35	16	40	12	26.70***	12	22.9***	15	11.07	6
蒙古	16					21.48	10	29.32	8	20.04	19
波兰	11	28	7	40	12	28.02	14	34.56	9	16.40	12
罗马尼亚	18	25	5	40	12	37.27***	21	35.06*	19	12.45	8
俄罗斯	7	35	16	13	1	20.85	9	22.90	7	16.76	13
新加坡	2	26	6	28	4	15.47	6	18.29	4	10.45	5

续表

国家（地区）	综合排名	企业所得税最高边际税率		个人所得税最高边际税率		政府税收与GDP的比率		政府总支出与GDP的比率		政府最终消费与GDP的比率	
		数值(%)	排序	数值(%)	排序	数值(%)	排序	数值(%)	排序	数值(%)	排序
英国	20	30	9	40	12	34.65*	20	46.9***	21	18.63	16
美国	14	35	16	39.6	11	20.10	8	19.12	5	14.7***	20
越南	8	32	14	50**	21	14.95	4	20.74	6	6.36	1

注：①澳大利亚由于资料缺乏较多未排序；②蒙古缺2个指标的数值，故在计算综合排名时，不考虑缺省指标。③*该数据是1999年的数据，**该数据是1998年的数据。

资料来源：***该数据来源于《世界竞争力年鉴2002》（瑞士洛桑管理学院）；其他资料来源于世界银行在线数据库《世界发展指标2002》。

2. 中国和其他国家（地区）政府规模的比较

从上面的排序结果可知，中国政府的规模处于中等水平，在21个国家和地区中列第13位，而一些发达的市场经济国家的政府规模程度是较高的，如意大利、英国、日本等。这也说明政府规模并非越小越好，而需要具体分析政府规模的效果。在各项指标中，中国2000年政府税收与GDP的比率为15.01%，自由程度列第5位，这说明中国企业和公民的实际税赋较低，中国政府兑现了一系列的税收减免政策。另外，中国2000年度政府最终消费与GDP的比率为13.09%，自由程度列第9位，低于大部分发达国家和发展中国家及经济转轨国家。

（三）对金融货币自由化的排序与分析

1. 货币与金融市场化排序

根据对货币与金融自由化的排序预设指标，用2000年度的数据对22个国家（地区）进行了排序，其排序结果如表13-6所示。

表 13-6　22个国家（地区）货币与金融自由化排序

国家（地区）	综合排名	金融资产与GDP的比率		对私人部门信贷与GDP的比率		直接投资和证券投资流出入之和与GDP之比		汇兑项目中管制项目的比例		最近5年通货膨胀率标准差	
		数值（%）	排序	数值（%）	排序	数值（%）	排序	数值（%）	排序	数值（%）	排序
阿根廷	16	106.73	14	23.83	16	5.34	16	72.22	7	6.39	18
澳大利亚	6	206.15	8	87.94	8	8.93	8	50.00	5	2.68	10
巴西	10	117.22	11	37.58	11	7.62	10	88.89	10	1.57	5
保加利亚	14	42.05	18	14.62	17	9.84	7	77.78	8	5.85	17
中国	12	238.75	7	124.57	5	5.37	15	83.33	9	4.50	15
捷克	7	141.55	10	49.69	10	14.61	5	16.67	2	3.19	12
中国香港	2	646.53	1	158.70	2	120.33	1	11.11	1	2.76	11
匈牙利	11	108.24	13	30.94	13	6.03	13	11.11	1	2.01	7
印度	17	113.26	12	29.04	14	0.93	22	88.89	10	3.94	13
意大利	4	241.64	6	77.55	9	15.13	4	11.11	1	0.43	1
日本	8	311.66	5	187.73	1	3.52	18	16.67	2	5.72	16
哈萨克斯坦	18	21.23	22	11.19	20	7.46	12	83.33	9	2.34	8
韩国	9	169.68	9	101.95	7	5.86	14	66.67	6	2.34	8
墨西哥	20	54.90	16	13.16	18	2.90	21	72.22	7	4.30	14
蒙古	15	28.10	20	8.13	21	3.14	19	66.67	6	0.90	4
波兰	13	83.22	15	26.01	15	8.16	9	88.89	10	2.41	9

续表

国家（地区）	综合排名	金融资产与GDP的比率		对私人部门信贷与GDP的比率		直接投资和证券投资流出入之和与GDP之比		汇兑项目中管制项目的比例		最近5年通货膨胀率标准差	
		数值(%)	排序	数值(%)	排序	数值(%)	排序	数值(%)	排序	数值(%)	排序
罗马尼亚	22	26.00	21	7.20	22	3.10	20	83.33	9	8.71	19
俄罗斯	21	39.36	19	12.28	19	7.61	11	100.00	12	27.14	20
新加坡	5	319.88	4	110.02	6	26.58	3	27.78	4	1.99	6
英国	1	355.57	3	135.08	3	52.33	2	11.11	5	0.75	3
美国	3	364.13	2	143.53	3	10.57	6	22.22	3	0.67	2
越南	19	44.40	17	35.06	12	4.14	17	94.44	11	4.50	15

注：金融资产的计算方法为：金融资产=M_2+有价证券（债券余额和股票市场总市值之和）。

资料来源：M_2、GDP来源于世界银行《世界发展指标2002》；私人部门获得的贷款与GDP的比率根据世界银行《世界发展指标2002》计算；直接投资、证券投资以及最近5年通货膨胀率等有关数据来源于国际货币基金组织《国际金融统计年鉴》（2002）。

2. 中国和其他国家（地区）金融自由化程度的比较

根据表13-6的结论，中国2000年度在22个国家和地区中金融自由化程度综合列12位。整体高于阿根廷、保加利亚、印度、哈萨克斯坦、墨西哥、蒙古、波兰、罗马尼亚、俄罗斯和越南。其中金融资产与GDP的比率和对私人部门信贷与GDP的比率分别列第7位和第5位，处于较好的位置。直接投资和证券投资流出入之和与GDP之比以及汇兑项目中管制项目的比例和最近5年通货膨胀率标准差三项指标分别列第15、第9、第15位，虽然和发达市场经济国家相比还有一定的差距，但仍优于俄罗斯等一些经济转轨国家。

参考文献：

[1] 美国传统基金会. 经济自由度指数报告 2003[R].

[2] 加拿大弗雷泽研究所. 经济自由报告 2002[R].

[3] David Freedman 等. 统计学 [M]. 北京：中国统计出版社，1999.

[4] 王世春，陈文敬. 世界贸易组织主要成员：贸易和授资壁垒（一、二）[M]. 北京：对外经济贸易出版社，2002.

[5] 罗纳德·I. 麦金农. 经济市场化的秩序 [M]. 上海：生活·读书·新知三联书店，1997.

[6] 陈宗胜，吴浙，谢思泉. 中国经济体制市场化进程研究 [M]. 上海：上海人民出版社，1999.

[7] 张春霖. 从市场到企业：理解中国的企业改革 [J]. 经济社会体制比较，2000（6）.

[8] 李寿生. 发达国家宏观经济管理制度 [M]. 北京：时事出版社，2001.

[9] 钱颖一. 市场与法制 [J]. 经济社会体制比较，2000（3）.

[10] 孙翠兰. 金融制度与业务比较研究 [M]. 北京：经济科学出版社，2000.

[11] 丁冰. 资本主义国家市场经济研究 [M]. 济南：山东人民出版社，2000.

[12] 宁军明. 美日德中小企业政策比较 [J]. 世界经济研究，2001（1）.

[13] 杨浩. 国有企业监管模式的国际比较 [J]. 世界经济研究，1999（1）.

[14] 李华. 发达国家对国有经济管理的经验借鉴 [J]. 经济社会体制比较，2001（4）.

第十四章　中国与发达国家市场化程度比较

发达国家的市场化经历了几百年，市场经济的功能才逐渐齐备，市场经济制度才逐渐完善。英国从15世纪初开始到19世纪初工业革命的完成，用了近400年时间。美国建国较晚，但从1776年的独立战争算起，到1865年南北战争结束，这一过程也持续了100余年。德国从16世纪初资本主义生产关系萌芽到19世纪中叶工业革命的完成，市场经济的产生和确立过程大约用了300年的时间。此后，这些国家大约又用了100年时间，才建立起现代市场经济的完整体系。

中国是从计划经济体制转向市场经济体制。由于发展市场经济起步较晚，以及自身历史传统和特殊国情的关系，中国现行市场经济体制与发达市场经济国家之间还存在差距，但是在现代市场经济大环境下，在全球化的大背景下，中国向市场经济的制度性转变，具有"后发优势"。中国经过24年的改革，在通向市场体系的道路上，大步前进，基本完成了市场经济体系框架的建设。目前中国与发达市场经济国家市场体制的区别，已不是非市场经济与市场经济的区别，而是市场经济发育程度上的区别。

下面我们将中国与发达市场经济国家进行较全面的比较，使人们也使我们自己，能更清楚地判断中国市场经济的进展程度，更清楚地看到中国与发达市场经济国家的共性与差异。

一、政府管理体制的比较

(一) 政府规模

1. 政府支出

"政府支出和消费与 GDP 的比率"是分析政府规模中经常使用的基本指标,一般情况下,政府消费与 GDP 的比率越高,政府规模就越大。美国传统基金会在评价一国经济自由度时指出:"政府支出(以政府支出与 GDP 的比率指标进行衡量)描述了政府在社会中的成本耗费。当政府进行消费时相应的就要求花费资源,使原本可以配置到私人选择或私人逐利方面的资源转向了政府部门。这一点,无论资源是用于政府自身消费还是用于转移支付都是成立的。"

在瑞士洛桑国际管理发展学院(IMD)的《国家竞争力报告 2000》中,意大利、英国、美国、日本"一般政府总支出与 GDP 的比率"分别为 57.58%(居 43 位)、47.40%(居第 31 位)、40.10%(居第 23 位)、23.31%(居 13 位)。而中国"一般政府总支出(以与 GDP 的比率计)"为 11.92%,单项指标在 47 个样本国家中排名第二,仅次于新加坡(10.69%),位于各发达国家之前。

中国与发达国家政府支出的比例相比相对较低,部分地表明中国在从计划经济向市场经济过渡进程中,大大收缩了计划经济下大政府的各种职能,减少了政府包揽直接投资的做法,导致政府支出比例的下降。当然,我们也应该看到,政府支出规模并不是越小越好,关键是如何才能更好地发挥政府职能。我们还要看到,中国政府支出相对比例虽不高,但转轨中还存在规则不健全和支出统计口径不完善的方面,因此,我们既要看到中国在这一方面有所进步,国际排序并不落后,也要看到仅凭这一条还不能得出太多的结论。

2. 政府人员

政府公务人员数量与政府规模明显正相关，人数越多，政府规模就越大，反之则越小。在西方国家，政府公务人员一般指政府雇员或公务员，包括政府机关工作人员、公立学校教师、公立医院医生、公立研究机构人员及警察和军职人员等。在中国，公务人员指党政群机关以及需要财政补贴经费的事业单位和社会团体的工作人员，实际上是使用行政编制、军事编制和财政补贴事业编制的人员，不包括使用社团编制和企业编制的人员。

公务人员占人口总量的比例在不同发展阶段上有所不同，但随着经济社会的发展在适度上升。现代市场经济环境下，发达国家这一比例大体维持在5%~15%。如美国近百年来，公务人员占人口比例逐步上升，1901年为0.3%，1942年为4.3%，1999年为6.3%。

改革开放以来，中国政府把适应市场经济体制，转变政府职能，建立一个精简、高效、统一、法制的公共行政管理体系和政府机构作为改革的主要目标之一，并先后进行了四次大规模的机构调整。2001年，中国政府人员与总人口的比例为2.61%（即1：39），政府消费与GDP的比率为13.58%。从国际横向比较来看，无论是与发达国家相比还是与发展中国家相比，中国的政府公务人员规模及其增长速度都在合理的幅度之内，见表14-1。

表14-1　1997年政府雇用人数占总就业人数比重　　　（%）

美国	英国	意大利	澳大利亚	中国	法国	俄罗斯	丹麦	瑞典
14.00	14.40	16.10	19.90	20.19	24.80	25.90	30.70	31.30

资料来源：The World Competitiveness Yearbook 2000，IMD。

3. 税收规模

一国的税收负担，通常可以选用该国税率指标来进行衡量。税收收入是各国政府收入的主要来源。其中，多数国家所得税是其税收的主要税目。美国传统基金会在评价经济自由度时对企业和个人所得税是这样描述的:"对单个的行为主体而言,税率实际上是支付其提供经济努力或者参加创业投资活动所支付的'价格'。这个价格越高,所提供的这种经济努力或者从事的创业活动就会越少。因而,较高的税率会阻碍行为主体在市场上的逐利活动。"以下是中国与发达国家所得税最高边际税率的比较,见表14-2。

表14-2　各国(地区)所得税最高边际税率比较　　　(%)

国家（地区）	企业所得税最高边际税率			个人所得税最高边际税率		
	1998年	1999年	2000年	1998年	1999年	2000年
中国	30	30	30	45	45	45
澳大利亚	36	36	34	47	47	47
中国香港	17	16	16	20	17	17
意大利	37	37	36	46	46	45.5
日本	38	35	30	50	50	37
韩国	28	28	28	40	40	40
新加坡	26	26	26	28	28	28
英国	31	31	30	40	40	40
美国	35	35	35	40	40	39.6

资料来源:World Bank World Development Indicators, online services。

从表14-2中可以看到,中国企业所得税的最高边际税率为30%,居中间水平。与之相比,一些发达国家的企业所得税最高边际税率高过中国,其中包括澳大利亚、意大利、日本,甚至包括英国和美国。IMD在《国家竞争力报告2000》中的企业平均所得税税率排名中,中国企业平均税率(33%)排在47个样本国家中的第19位,而日本(34.5%)、澳大利亚(36%)、意大利(37%)、美国(40%)等各发达国家均排在中国之后。在"经扣减后的企业所得税税额对挫伤企业进行再生产积极性"的指标排序中,中国排在第33位,比较靠后,但仍然高于日本和意大利等国。另外,中国个人所得税最高边际税率为45%,处于较高水平,但是与其他发达市场经济国家相比,低于澳大利亚、日本等。由此可见,中国的税率设置,与发达市场经济国家相比,处于居中位置。

(二)政府对经济的管理

1. 宏观经济调控

西方发达国家经济政策的目标通常包括充分就业、物价稳定、经济增长、国际收支平衡、结构合理和优化、社会公平等。不同国家根据其经济发展的不同时期,经济运行的不同阶段,以及本国实际情况在宏观经济目标的选择上各有侧重,采取的宏观调控手段也多种多样,从而形成了不同的宏观调控体系。

美国推崇私有制和自由企业制度,政府根据短期经济形势,随经济变化采取灵活干预的调控方式,这是一种市场经济模式中的管理方式。德国等欧洲大陆国家采取所谓莱茵模式,其特点是国有经济比重较大,政府宏观经济调节的范围和力度较大,但侧重间接调节手段。以日本为代表的"政府主导型"模式,虽然注重发展私人经济,但政府对经济干预的范围和力度远远大于欧美国家,政府通过强有力的财政货币、经济立法、经济计划、产业政策和行政手段,对资源配置实行引导。

经过24年的改革,中国政府宏观经济调控模式也已经由行政配置资源为主的传统模式向以市场配置资源为基础的模式转移。政府不再直接干预企业的生产,而是通过货币政策和财政政策,通过调整经济参数(货币供给量、税率等)来接引导企业的生产和经营决策。

显然,美国、日本、意大利、法国等许多国家的宏观管理手段都是各具特色不尽相同的。没有一个放之四海而皆准的政府经济功能的标准。各国市场发育程度、经济发展阶段和所处的国际环境不

同，政府管理和调控的功能和手段也会不同。一般来说，在市场经济机制尚未充分发育的时候，政府自然会肩负更多的经济职能。事实证明，市场机制尚未充分发育的时候，政府采取放任自流、无所作为的态度，并不利于经济的发展。因此，尽管中国政府现阶段所担负的职能较发达市场经济国家多，但这是与中国正处于经济起飞的发展阶段以及基本国情决定的，是市场经济体制框架内的管理手段的选择，并不是非市场经济体制的体现。

2. 政府对价格的管理

西方发达国家，其价格体系主要是以市场价格为主，但国家没有完全放弃对价格的直接干预，对自然垄断产品、公共产品、农产品、资源约束性产品、关系国计民生的重大而且短缺的产品价格，国家都直接或间接予以调控与管理。

（1）公用事业的价格管理

在美国，20 世纪 70 年代前对公用行业价格进行管制，由公用事业管理委员会管理公用事业收费，70 年代以来美国政府逐渐放松了对公用行业价格的管制。在日本，公共收费由国会、政府或地方政府分别决定价格。由国会直接决定的公共收费有电报费、电话费、邮费、国营铁路运费、国产香烟的最高价格等，由政府决定的公共收费有国立大学的学费、大米的购销价格等。由政府批准的公共收费有电费、城市煤气费、私营铁路运费、公共汽车票价、出租汽车运价、飞机运价、卡车运价、定期客轮运价等。由地方政府决定的公共收费有公营自来水水费、公立学校学费等。多年来，日本政府就公共收费制定了许多政策，如公共收费政策、收费认可政策、事业许可制政策等。在德国，政府对垄断行业实行价格控制。政府对交通、通信、邮政、能源和供水等部门的价格，实行直接管理；对保险费和医疗卫生的收费，实行部分管理；对烟、酒、汽油等采取税收控制价格。在法国，政府定价的产品或服务主要有煤气费、电费、邮费、火车客票、公路收费、出租汽车收费、电信服务收费。这些产品和服务的消费占整个国民消费的 10%。

(2) 农产品的价格管理

日本对农产品的生产和销售长期以来实行政府管制政策，但不同农产品管理方式各有特点。对大米、烟草实行管理价格制度。1969年前大米由政府统购统销，大米只有政府收购价格。1969年后，由于大米生产出现了过剩，政府只收购一部分，因而大米价格相应地改为政府收购价格（标准价格或官定价格）和自主流通米价。烟草由政府制订价格，实行专卖。蚕茧、生丝、猪肉、牛肉实行稳定价格制度，即以市场价格为主，政府通过有关机构的调节将市场价格稳定在一定幅度之内。对乳制品实行稳定指标价格制度，要求价格稳定在定位上（稳定指标价格）。对甘薯、马铃薯、甜菜、甘蔗等实行保证最低价格制度，即这些农产品的市价下跌到一定水平时，政府采取收购办法保证其最低价格。对蔬菜、鸡蛋和加工原料、水果实行稳定基金制度即这类产品价格降落到一定水平时，由安定基金支付其"差价补助金"，基金由中央政府负担70%，地方政府和民间组织各负担15%。

美国对农产品价格的管理，主要采取限制生产，减少供给，增加销售，拉动需求，实行直接补贴等政策措施。在欧洲，农业也是排除竞争的部门。德国早已形成了一套调节农产品市场价格的体系，通过立法对一系列农产品规定最低和最高保证价格。在欧盟实施农产品统一价格后，对未列入统一价格的个别农产品，仍然实施联邦政府的保证价格政策。

(3) 价格管理体系

西方发达国家为了加强对价格的管理，政府普遍建立了强有力的、有权威的、各方协调的物价管理组织体系。尤其是注重建设了制定基本物价政策和发挥协调作用的综合物价管理机构。在这方面，美国和日本尤为突出。在美国，联邦政府对各种公用事业的管理，一般都是通过各公用事业委员会来实行的。例如，美国州际商业委员会，管辖大多数运输领域的公用事业，管制内容包括公司规定的铁路运费必须公平合理，不得对不同顾主实行运费价格歧视待遇，并规定各类运输公司必须公布各种运费价目。美国的汽车法，把州际汽车运输业也置于州际商业委员会管辖之下，它可要求汽车公司公布收费率规定最低运费率防止"破坏性"的运费竞争。又如，联邦通信委员会，主要负责通信公用事业的价格管理。该委员会对价格的管理，主要是规定最高和最低收费率，以及禁止歧视性收费率。再如，美国联邦动力委员会负责管理电力公司的州级批发价格，这一委员会还管理各州之间天然气的运输和销售。它对天然气公司的管理包括控制收费标准和检查账目。

二、企业的市场化程度比较

（一）企业的所有制

发达国家经济是以私人资本为基础，以企业为决策主体，以市场机制为资源配置的主要手段的市场经济。从所有制关系看，虽然私人经济在各国经济中占主导地位，但各国政府仍然一定程度地经营和掌握着一系列企业。即使是在经典市场经济国家美国，也同样存在受政府控制的企业。美国邮政（USPS）过去是美国最早的政府部门之一，现在是美国最大的国有企业。USPS 年总收入 600 亿美元，雇员人数达 90 万，是美国十大企业之一，也是雇用人数最多的企业。在 1983 年以前，USPS 还得到少量政府补贴。作为国有企业，USPS 董事会 11 名成员中的 9 名是根据参议院的建议和批准，由总统任命。在自主经营权方面，以收费标准为例，美国国会并不是将这项权利直接下放给邮政服务公司，而是制订了一套很复杂的从申请到采用的程序。

从世界范围来看，在不同的国家、不同的历史时期、不同的经济部门，政府对企业经营和掌握的程度各不相同。第一，由于各国市场发育程度不同和国家的历史传统不同，在不同的国家所实行的市场经济体制具有各自的特点，从而形成了不同的市场经济模式。

在市场经济传统越久远的国家，如美国和英国，越强调市场机制的作用，企业制度越灵活；而统制经济越久远的国家，如日本，越强调政府对企业的调节作用；而处于上述两者中间状态的国家，如欧洲大陆国家，市场经济体制具有"自由＋秩序"的特点。因而，我们不能离开各国的国情去评论市场经济模式的优劣，也不能脱离自己的国情去搬用其他国家的市场经济模式。第二，在历史上的不同时期，发达国家的所有制构成也有很大不同，政府干预的程度也有区别。第二次世界大战以后，出于振兴经济、维持稳定的需要，许多发达国家特别是英国、法国、意大利等欧洲国家积极推进"国有化"运动，通过直接投资兴办、购买或没收以及国家持股参与等形式建立国有企业，从而形成了各个国家规模大小不等、管理方式各异的国有经济体系，发达国家的国有经济发展到了空前的高峰。1972年国有企业占本国全部资产总额的比重英国为29%、法国为33%、意大利为30%、联邦德国为30%，日本到20世纪80年代初也达到35%左右。据世界银行统计，到20世纪80年代初，国有企业占全球国内生产总值的比重平均已达10%，占全球总资本的份额则为35%。

第二次世界大战结束后，英国政府在战时已经是国有的供电、广播和伦敦公交事业的基础上，又将英格兰银行收归国有，以后又颁布一系列涉及国有化的重要法令，如1946年煤炭工业国有化法，1948年煤气事业法，1949年钢铁工业国有化法等。20世纪70年代中期以后，工党执政，国有化部门进一步扩大到汽车、造船、飞机、航天航空和石油等。

意大利国有化的特征是国家参与或干预的行业较为广泛。第一次世界大战后，政府就掌握了通信和无线电行业的股份、造船工业的大部分及主要银行。第二次世界大战后，通过组建大公司或企业集团，政府又控制了能源、电力、石油、化工、航空事业、军备事业等，甚至饮食、旅馆、采掘、制衣、农业机械、船运、保险公司、影视和出版等也都实施了国有化。

日本国有企业主要集中在金融业等非生产领域，其投资额占政府对国有企业投资总额的72.9%。在物质生产领域，属于国有国营的企业主要有造币、邮政、银行券的印刷以及国有林区和酒类专卖的企业，通常被称为"政府五业"；属于地方国营的企业，主要有自来水、汽车运输、地方铁路、供电、煤气等公用事业；属于特殊公共法人企业，如日本电信电话股份公司（NTT）等。

应该看到，在20世纪60年代中后期和70年代早期，国有企业在私人资本及国民经济长期发展、增强国际竞争力等方面做出了不可替代的巨大贡献。如法国政府面对美、日两国电子产品的大举进攻，曾于20世纪80年代初对电子产业实行了大规模的国有化，并在5年内筹集了200亿美元用于开发新的电子技术，从而有效地提高了本国电子产业的国际竞争力。

20世纪80年代初，西方发达国家掀起了一股"非国有化"的潮流。其主要原因，一方面由于国有企业经营状况的恶化；另一方面与技术发展和环境的变化有关。民间资本的实力和投融资能力的不断增强，科学技术的创新及其运用，在很大程度上降低了对国家投资的依赖性。加之随着经济的发展和市场体制的成熟，不少西方国家放松了对市场的管制，一些原来由政府垄断的行业，如基础设施、公共服务等，也允许私人资本经营。因此，虽然全球国有经济的比重呈现下降趋势，但从历史角度来看，这只是各国对国有经济的规模、结构和管理方式主动做出的适应性调整，并不意味着发达国家已经完全放弃国有经济。

1992年中国非国有经济创造的增加值在GDP中的比重为53.57%，2001年增加到63.37%。中国国民经济的所有制结构已发生了很大的变化。

（二）公司治理机制

发达国家政府对国有企业的管理和调控主要是在现代公司制度框架下进行的。但这并不意味着"出资者所有权"与"法人财产权"之间不存在任何制约关系。为防止"内部人控制",各个国家的政府作为国有企业的出资者,都力图通过各种措施加强对国有企业经营者行使法人财产权的行为或效果的监督。这种管理和监督,主要是通过议会系统、政府系统及社会监督系统进行的。

意大利的国有企业在发达国家中较为发达。国家参与制是意大利政府管理国有企业的一大特色。它是指政府在内阁中专设国家参与部,负责协调国家参股企业的经营管理,并通过国家级综合性控股公司对企业进行层层参与,逐级控制。国家参与制领导系统和监管系统的顶端是政府机构经济计划部际委员会、工业政策部际委员会、国家参与部,以及它们控制的跨行业、跨部门的集团性的巨型控股公司,中间是各系统的监管机构,即部门性次级控股公司,最下层是众多运行公司的若干附属企业。在职责分工上,国家参与制企业的方针,由两个部际委员会制定,如对控股公司向国家提出的拨款提出意见,协调国家参与部与其他部门的工作,国家参与部负责管理、协调、监督下层各控股公司,并通过它们管理国家各经济部门的股份;作为国有企业的控股公司,主要负责管理国家拥有的股份、督促下属运行公司和企业执行上级指示,并按照股份制的规范,通过市场运营,实现国家规定的两个经营原则:一是盈利;二是体现国家政策。1991年,意大利国家参与部被撤销,参与部的职责分别由国库部、预算部、工业部行使,国库部是国有企业的股东,预算部负责对国有企业的监督,工业部决定国有企业的战略方针。国库部与国有企业的关系由行政关系转为产权关系和民事法律关系,由过去直接任免厂长经理转为依据股权比例向企业派出董事。国库部无权干预企业日常生产经营决策和不违反国家利益的重大决策,其否决权必须依法在某种特定条件下行使。

美国政府在对国有企业的管理上,主要采取把国有企业的大部分出租给私人垄断组织的方式。政府与承租者协商确定条件,以具有法律效力的契约形式强化国有资产的权利和责任,政府通过向出租企业订货的方式为其提供资金,承租者既要有投资又要有销售产品的保证。经营者必须按协议交纳租金，通常由折旧费和一部分利润构成。特殊情况下，国家只向承租人收取一部分利润，而不收折旧费，以补偿国有企业部分不动产和设备的损耗。还有一部分国有企业是由一些特别机构直接管理的。如国家宇航委员会管辖的武器研制和生产空间技术的企业、联邦自然开拓局、农业电气化管理处、田纳西盆地管理处管辖的国家动力建设项目等。美国对直接管理的国有企业，也给予很大的自主权。如在生产销售上，企业可以自行制订计划和商业政策；在人员管理上，企业有权建立各项规章制度；在机构设立上，企业有权依据法律设立董事会和其他管理机构。

日本作为高度发达的市场经济国家，国有企业数量仅占企业数量的1%左右，国有企业职工只占就业人数的2%左右。其国有企业主要分布在交通、通信事业和电力煤气、自来水等基础设施领域，建筑业和金融、保险、不动产业也占一定的比例。日本国有企业的经营方式分为直接经营和间接经营两类。中央直接经营的企业有五种：日本称"五现业"，即邮政、国有林和草原、印刷、造币、酒精专卖。同其他企业相比，中央对"五现业"的管理最直接，监督最严格，企业的经营自主权甚小。企业的利润全部上缴中央作为中央财政收入，若亏损则由中央给予补贴。除"五现业"之外，其余的公社、公团、事业团、公库等都是间接经营的企业。这些企业构成了日本中央企业的主体。这些企业的盈余须用于积累和扩大再生产，若发生亏损，国家视情况予以一定的财政补贴。中央的每一个企业都是根据国家颁布的特殊法令建立起来的，所以每个企业经营的范围、承担的义务及责任都是以法律形式明确规定，不准随意扩大经营范围，更不允许转产。日本政府对国有企业管理的集中程度太高，控制过严，企业成为政府机构的附属，既缺乏竞争意识，又无破产压力，经营状况不佳。为了提高国有企业的经营效率，日本政府从20世纪80年代中期开始对国有企业管理体制进行改革，逐步下放经营自主权，减少政府对其经营活动的干预，广泛推行国有企业民营化。民营化是指变国有为国私混合所有，将国有企业改组为股份公司。其具体做法是：第一步，把国有企业原资产折成股份，国家是该股份公司的唯一股东；第二步，向私人企业出卖部分股权，形成国私共同持股的股份公司。实行民营化的国有企业，政府仍握有控制权。如NTT公司原是一家国有企业，民营化后，大股东有住友生命保险公司、中央信托银行、亥田信托银行等，但政府仍持有绝大多数股票，企业的经营目标、产品价格和财务仍须经政府审批，受政府控制。

英国对国有企业的监管，一是由政府实施监督，二是由议会对企业实施监管。英国政府监管国有企业的机构主要集中在财政部，它从整体上对国有企业的财务负责。财政部通过财政预算和确定对国有企业资助的大小，审批由各主管部门提交的投资报告等方式对国有企业进行监管，并对财政拨款的执行情况进行监督。对国有企业的具体监管，英国政府是根据国有企业的行业特点分别由相应的政府主管部门来进行。各主管部门大臣的职权有：一是掌握人事大权，部长有权任免所属企业的董事长、副董事长和董事会成员；二是英国有关法令授权主管大臣确定所属企业的经营方向，当企业的经营涉及国家利益时，有权发布"原则指令"或通过所谓"建议"对企业施加影响。

中国企业的市场化进展迅速。世界银行三位经济学家最近指出："在过去的10年中，中国在培育现代公司治理的制度基础方面已经取得了长足进展。80%以上的中小企业已经改制，其中很大比例将资产出售给了员工和外部投资者。大约有1200家大公司通过公开上市实现了股权多元化。支持公司体制的基本法律框架已经到位，其中包括公司法、合同法、会计法和证券法。金融体系也进一步多元化，正在逐步摆脱政治因素的影响。监管者实施新法规和防范违规行为的能力也得到了加强。在过去几年中，政府改善公司治理行为的努力大大加强，中国证券监督管理委员会和国家经济贸易委员会推出的上市公司的独立董事制度、上市和非上市公司的公

司治理准则，就是这方面的例子。"❶

由此可见，各国的国有企业公司治理模式各有特点，并且随着经济发展一直处于不断变化中。而这种变化，是适应经济发展不同阶段的内在需要而发生的。中国的公司治理机制正处于转轨时期，并已经取得很大的成绩。这种制度上的转变是一个不断发展和路径依赖的过程，它不一定效仿其他国家的做法，也不必拘泥于现存的某种模式。而是应该立足于本国现阶段基本国情，有序地进行下去。

（三）劳动力流动自由度

劳动力市场实质上就是配置劳动资源的市场。主要表现为一定的就业制度、工资制度、保险福利制度和就业培训制度等。美国、英国的就业制度的基本特征是高度自由的雇用劳动制度。雇员和雇主之间有十分自由的选择性，但政府也会为了维持社会稳定和自由就业制度而对这种自由实行一定的约束，即规定最低工资标准和加班工资标准。工资生成制度是集体谈判式的工资制，政府不是工资谈判的主体，其作用主要表现在工资生成过程中确定和实施最低工资标准、实行收入政策、干预集体谈判、协调劳资关系、解决劳资纠纷等。

日本大企业一般普遍实行的是终生雇佣制。工人一旦被企业雇用，则终身被雇用，直到退休为止，中途不仅经营者不能随意解雇职工，职工也不能随意辞职。这种制度主要是为了培养职工的集团主义精神和以厂为家的思想。但企业也不可避免地承担起职工培训、福利和保险的责任，同时由于缺乏人员流动性，削弱了企业之间为争夺人才和职工之间争夺工作岗位的竞争，减少了企业发展的活力。一次性的雇用招工制和年功序列制是对终身雇佣制的一种补充。

---

❶ 斯道廷·坦尼夫、张春霖、路·白瑞福特："建立现代市场制度：中国的公司治理与企业改革"，《经济社会体制比较》，2002年第4期。

中国劳动和工资决定的市场化程度显著上升。2001年全国行业间职工人数变动率为4.%~6%，是1992年的2.32倍，职工的流动性显著增加；城镇劳动工资自主决定程度显著增加，国有企业70%以上都是由企业自主决定。

三、货币与金融市场化

（一）金融监管体制

美国、英国、日本等发达国家的中央银行负责对国内金融业的监督和管理，通过货币政策从宏观上影响一国经济形势。美国的中央银行即美国联邦储备银行，建立于1913年，其作用一是控制货币供给，二是防止大量银行破产，维护社会金融秩序。英国的英格兰银行成立于1694年，到1946年正式成为英国的中央银行，它既是发行货币的银行，又是银行的银行，但是它还隶属于财政部，是政府的银行。日本作为政府主导型的市场经济模式，始建于1883年的日本银行作为中央银行的作用则更能体现政府的主导力量，其主要任务在于负责贯彻执行国家的金融政策，保持货币的价值稳定，维护信用和金融秩序，以促进日本经济的发展。中央银行对金融宏观控制的方式主要是间接控制，通过实施货币政策来实现的。发达国家经过将近100年的发展演变，逐步形成了存款准备金政策、再贴现政策和公开市场业务在内的三大政策工具为主，选择性的货币政策工具和其他辅助性的货币政策工具为补充的宏观管理体系，来达到调控市场的目的。由于各国的金融业发展程度不同，货币政策实施的时间和效果差异较大。

美国、英国、澳大利亚等发达国家在第二次世界大战后20多年的所谓"凯恩斯时代"，在金融货币政策方面着重于利率的调节，而在20世纪70年代以后，随着新货币主义的兴起又着重于货币供应量的控制放松对利率的调节。在日本，主办银行制的推行，使主办银行与本系统的企业形成了休戚与共的联合,在银行和企业之间形成了层层依附关系,这对稳定经济秩序,促进经济发展是有积极作用的。但是90年代初日本经济泡沫的破灭造成了经济混乱,其后受亚洲金融危机的影响而引发的一些金融机构纷纷倒闭破产,导致大批企业经营困难直至破产,都与此制度有关。

中国市场化进程中的金融管理体制改革取得很大成绩,但要达到发达国家的金融体制和调控水平,防止发达国家近年来金融方面出现的问题,还需要付出更大努力。

(二)金融市场的发育程度

发达国家的金融市场主要包括货币市场、资本市场、外汇市场、金融期货和期权市场。经过几百年的发展,货币市场结构比较完整,包括银行同业拆借市场、商业票据市场、债券市场、贴现市场等等在内的众多子市场平衡发展。美国、英国、日本的货币市场是世界三个最发达的货币市场。在英国,传统的贴现市场和货币市场相互竞争、相互渗透,金融创新工具不断出现。美国的货币市场自由化程度最高,规模最大,境内外业务是严格分开的。相对而言,日本的货币市场则不如美英两国,由于政府的干预,资金是单向流动的,而且各货币市场的利率水平也是不一致的。新加坡是东南亚最具活力的金融中心,其中银行间市场是新加坡货币市场的主体,大约是票券市场规模的3倍,形成最早,运作也最为完善。

股票市场和债券市场是资本市场的主体。作为政府和企业筹集资金的主要渠道,股票市场和债券市场的发展程度决定了一个国家金融业的发展水平。美国纽约证券交易所、英国伦敦证券交易所、日本东京证券交易所是世界上规模最大的证券交易所。其上市公司总市值在2000年分别达到11.5万亿、2.6万亿和3.16万亿美元。❶英国的股票市场出现得最早,国际化程度较高,外国股票交易额、

---

❶ 国际证券交易所联会2000年报(www.filbv.com)。

外国上市公司数量和市值均居世界首位，政府发行的金边债券成为英国资本市场上重要的组成部分。相对而言，英国的债券市场由于发行成本高、收益低等原因使其发展大大落后于其他资本市场。伦敦证券交易所既是一个证券交易市场、也是唯一法定上市资格审批机构，具有对上市公司资格进行审核的管理职能。美国拥有世界上最大的股票市场，但多数美国公司仍通过发行债券，而不是通过发行股票来融资，这是因为美国对上市资格的审批极为严格，同时完善的规章制度和场外交易市场（NASDAQ）也是美国资本市场的特色。在日本，政府色彩较为浓厚，大藏省是绝对的市场管理权威，且具有浓厚的垄断色彩，特有的固定佣金制度是日本证券公司的主要收入来源。

外汇市场的出现主要是为了满足国际间交流不断扩大，需要买进或卖出外汇的需要。第二次世界大战后，各国都对外汇市场实行一定的管制，20世纪70年代才逐渐发生变化。美国、英国、新加坡是全球最大的外汇市场，主要是因为外汇管制的放开和外汇市场服务面的拓宽。比较而言，金融期货和期权市场属于新兴市场，但是发展十分迅猛。国际性的期货和期权交易主要包括利率的期权和期货、股价指数的期权和期货、货币的期权和期货等。金融期货和期权交易活跃了金融市场，促进了一国金融业的发展，但也会为金融动荡埋下隐患。

随着对外交流的不断扩大，要求中国的金融市场不断健全和发展。到2001年年底，中国境内上市公司已达到1160家，市价总值4.35万亿元，与当年GDP的比率为45.36%。尽管在证券市场存在着政府管制，但作为发展中的市场经济国家，为了防止金融投机和维护本国金融安全，适当的管制是必要的。

（三）金融机构的市场格局

发达国家的金融体系是比较成熟、比较完善的，它由政府金融机构和私人金融机构两大部分组成。在市场体系成型初期，政府金融机构参与经济活动比较频繁，私人金融机构的比重偏低，随着市场经济的不断发展，私人金融机构开始活跃起来，逐渐在市场经济活动中占据了主导地位。

私人金融机构的种类较多，主要是根据经营业务的不同而划分的，但随着金融业务的不断深入，各金融机构之间的专营业务变得不甚清晰。第二次世界大战后，银行兼并日加盛行，银行竞争在不断加强。进入20世纪90年代，国际金融业进入了兼并浪潮之中，以美国花旗银行和旅行者银行为代表的金融机构纷纷通过合并或通过在非核心业务、资源、新产品开发等方面建立合作关系的方式，借以提高竞争力。以日本银行业为例，曾发生富土银行和兴业银行、三和银行与东海银行、朝日银行等多起合并案例。国际金融市场兼并风潮使得金融组织结构步入了新寡头主导时期，造成银行数目不断减少。美国银行从1984年的14500家下降到1998年6月的8984家，意大利从1065家减少到1003家，而英国只剩下212家银行。

此外，金融市场的集中度也在不断提高。以美国为例，美国的私人金融机构主要有商业银行和非银行的储蓄机构、非储蓄性的金融中介机构。作为美国金融体系的骨干和基础，商业银行其实是由少数国民银行控制的。《银行家》杂志排出的2001年全球前1000家大银行中，美国就占了100多家，这1000家大银行中前5大银行分别是美国的花旗银行、摩根银行、美洲银行、Wachovia银行和威尔士银行，其总资产占全部银行总资产的1763%，而英国和日本前5大银行总资产占国内银行总资产的比重则分别达到了57.34%和59.46%。

中国4大国有商业银行资产在所有银行机构总资产中的比重逐年下降。虽然1997年的亚洲金融危机影响了这种下降趋势，但同日本一样，这种金融监管的力度的加强，主要为了防止国际游资的冲击，并不能成为影响中国金融业走向市场的阻碍。

(四)利率市场化过程

从市场定价能优化资源配置这一角度来看,利率市场化是市场经济国家利率制度安排的整体趋势。美国、英国、日本等西方国家已经走完了这一过程,作为最后一个发达经济体,香港金管局于2001年7月3日宣布取消所有往来账户的利率管制,标志着利率市场化的完全实现。

美国对银行利率的管理也经历了一个从管制到放开的过程。大萧条之后加强的金融管制已经明显不能满足第二次世界大战后美国金融市场的发展变化,于是政府当局逐步放开了市场利率。1973年,可转让大额存单(CD)开始交易与流通;到1983年之前,分阶段取消对于存款机构持有的定期和储蓄存款的利率限制;同时美联储准许银行发行的偿还期在90日之内的大额CD不受美联储规定利率上限的限制;之后,美国银行界又陆续推出了一系列利率不受限制,或与市场交易的国库券利率挂钩的金融创新手段,货币市场存款账户、超级可转让存单(市场利率)等被陆续创造出来,大大促进了市场利率在银行经营业务中的作用。

日本的利率市场化经历了四个阶段:① 1977年4月,日本大藏省正式批准各商业银行承购的国债可以在持有一段时间后上市,实现了销售国债交易利率和发行利率的自由化。②丰富短期资金市场交易品种。③交易品种小额化将自由利率从大额交易导入小额交易。④ 1991年7月,日本银行停止"窗口指导"的实施;1993年6月,定期存款利率自由化,同年10月流动性存款利率自由化;1994年10月,利率完全自由化。至此,日本利率自由化画上了一个较完满的句号。同时,也标志着其国内金融自由化的基本实现。

结合其他国家的经验,中国的利率市场化要积极稳健地推行,不可能一蹴而就。放松对利率的管制必须与政府在总体稳定宏观经济方面所取得的成就相适应,不然就会出现银行恐慌和金融崩溃。

任何时候都不可能放弃对银行系统的管制,这种管制可为利率市场化提供一个稳健的金融基础。过于激进的利率市场化政策只会带来较高的社会成本和不良的改革效应。

四、对外贸易与国际资本流动的自由化

(一) 对外贸易体制

随着经济全球化的不断深入,各国的对外贸易依存度不断加大,自由贸易的要求也愈加迫切。发达国家作为较早加入 WTO 的成员方,都实行以自由贸易为基调的对外贸易政策。几十年的发展,美国、英国、澳大利亚、日本等国的关税税率均在 5% 以下。美国在第二次世界大战后将确保其"世界领导"地位作为对外经贸战略的首要目标,以《1988 年贸易和竞争综合法案》为标志,美国确立了贸易政策从全球多边主义转向双边互惠主义,加强了有针对性的双边贸易谈判,同时寻求建立区域性贸易集团。1994 年北美自由贸易区的建立便是一例。其次是从倡导"自由贸易"转向所谓"公平贸易",强调对等互惠条件,强化其贸易法的自我保护性和主动性。美国把保障经济利益的安全及增强其在国际市场上的竞争力作为对外贸易的战略措施,虽然基本上遵守了 WTO 规则,但是有些方面仍然颇有争议。虽然大幅度减免关税但是在包括食品、纺织品、鞋类、珠宝等商业部门存在着非关税壁垒;进口到美国的某些农产品仍然受制于 WTO 约束的关税配额,以国家安全为由对进口、采购、投资以及出口实施管制。

第二次世界大战后以来,日本根据关贸总协定第一条关于最惠国待遇原则,始终奉行多边无歧视贸易自由化政策。日本作为出口外向型发展模式支撑经济起飞的范例,通过发展商品贸易,充分发挥了其制造业产品的比较优势。20 世纪 90 年代以来,日本的贸易顺差均保持在每年 1000 亿美元左右,远远大于其他国家。尽管

如此，日本仍然存在着管制过度和市场准入壁垒重重的现象，其农产品市场、水产品市场和食品市场的关税和关税配额结构仍相当复杂，其中还包括使用非从价计税方法，掩盖实际征收的高税率。

新加坡是贸易立国的新兴工业国家，对外贸易是支撑国内生产总值增长的重要因素。新加坡的进口大约99%不征收关税，仅对含酒精饮料的进口货物征收关税。在乌拉圭多边贸易谈判中，同意约束其70%的关税税目，并承诺于2010年以前取消所有关税。新加坡政府以前曾执行过3个出口促进计划：国际贸易奖励计划、双重税扣减计划和出口生产计划，后来这3个计划均分阶段废除。

中国对外贸易体制一直在推行改革，积极加入WTO体现了中国力图推行经济市场化改革的决心。2001年中国的平均关税税率已下降到15.3%。许可证制度和配额管理也大为减少，私营和外资企业享有的外贸权在不断扩大。

（二）资本交易自由化

资本交易自由化对经济增长和社会福利有明显的好处。它能提高一国吸引全球资金的能力；可以通过金融机构的竞争，优化资源配置；还可以增加支持投资、贸易融资和促进其他行业发展的资源供给。但是如果不结合必要的改革和宏观经济政策的话，资本项目自由化同时也会带来风险。

第二次世界大战刚结束时，由于各国普遍面临资金短缺和通货膨胀的压力，除美国以外的多数工业国家对外汇交易和资本实行管制，限制经常账户和资本账户的自由兑换以及居民的外国资产和负债净值。由于美国在两次世界大战中积累了远远超过其他资本主义国家的经济实力，因此实行了较为自由的资本流动政策，为其他国家的融资提供资金来源，同时也较早地放开了经常项目和资本项目下的可自由兑换。随着第二次世界大战后资本主义国家的繁荣，主要发达国家基本上解除了对经常项目的外汇管制。1961年，大多数欧洲货币联盟成员方接受了国际货币基金组织的条款，实现了经常项目下的货币自由兑换。1964年,日本也实行了经常项目下的自由兑换。尽管在1961年OECD发布了《资本流动自由化法案》(Code of Liberalization of International Capital Movement),但大多数国家仍对资本流动进行了限制。限制资本流动的原因之一是在布雷顿森林体系下,要维持名义汇率的稳定,就不能实行资本自由流动。1964年,美国实行利息平衡税和其他阻止资本输出的措施,也对其他工业化国家产生了影响,使整个20世纪60年代资本交易自由化的进程比较缓慢。

1973年,布雷顿森林体系瓦解,保证固定汇率的压力减轻,对资本流动实施控制的压力也随之减轻。布雷顿森林体系瓦解的原因之一就是私人资本自由流动的要求,因为对资本流动的限制禁锢了资本的本性。1974年,美国取消了利息平衡税,1979年英国取消了对外汇交易的限制,以此为契机,一些工业化国家纷纷取消或放松了对资本项目交易的限制。1980年,日本实施《外汇外贸法修改法》,规定除有特别限制者外,允许一切形式的外汇交易。德国(原民主德国)于1981年取消了对资本流入的限制,澳大利亚于1983年也取消了对资本交易的限制。与此同时,上述国家也都实现了浮动汇率体制。

可以看出,工业化国家是在国内资本市场发育较为成熟的条件下开放资本项目的。市场经济在西方经过几百年的发展,在开放资本项目之前,工业化国家已经建立了较为完善的市场经济体制,国内经济的货币化程度也达到了一定的水平,这些都成为工业化国家开放资本项目的前提。一个成熟的资本市场不仅应从其规模(绝对规模和相对规模)去衡量,而且应该从资本市场的结构、投资者的构成、监管制度的完善等去衡量。无论用哪个标准衡量,工业化国家在资本项目开放后,资本市场都发展到了较高的水平。发达国家的资本项目自由化进程从整体上看是渐进式的,以美国1974年取消利息平衡税为起点,以冰岛1995年实现资本项目自由化为终点,时间跨度为21年。同时,各国资本市场国际化的时间表都是从本

国的实际情况出发，并没有拘泥于自由主义的价值观念。❶

著名经济学家罗纳德·麦金农教授在《经济自由化的次序》一文中指出：资本项目的自由兑换是市场化次序的最后阶段。在汇率自由化改革中，同样存在着一个次序正确、步调适当的问题。经常项目的自由兑换应早于资本项目的自由兑换。中国目前的资本管制状况是同目前经济的发展状况相一致的。尽管有政策规定，但是居民持有大量外汇存款的事实却不容忽视，居民外汇储蓄存款余额759.5亿美元。而且人民币同港元的兑换自由度很高，基本上没有什么限制。同时人民币区域化范围和程度将不断扩大和加深。近些年来，在中国与周边国家和地区的边境贸易中，人民币已经被普遍作为支付和结算的硬通货，人民币与这些国家和地区的货币可以自由地兑换。在中国香港、中国澳门、泰国、越南、缅甸、朝鲜、蒙古、俄罗斯等国家和地区，人民币可以全境或局部通用，一些国家和地区的居民还将人民币作为一种储藏手段加以保存，而一些国家甚至官方正式承认和公开宣布人民币为自由兑换货币并逐日公布人民币与本币的比价。因此，在一定程度上说，人民币已经成为了一种区域性的国际货币。这种趋势既有助于推动国内金融业的市场化，又有利于人民币国际信誉的建立。

（三）外国资本投资

随着全球化的深入，国际资本的流动量呈逐渐上涨趋势。资本的流动有利于加强国际间的经济技术合作，促进生产要素在国际间的合理配置，加速经济的发展。资本输入可促使输入国经济的发展，但要控制输入量与投资方向。资本流动能给资本输出国带来高额利润，但同时，也有其消极影响。

美国近十几年来一直处于一家独大的地位，1998年外国资本

---

❶ 何太平："资本市场国际化进程的比较分析"，2000年，江苏经济信息网经济发展论坛，http://www.js.cei.gov.cn。

流入达到了近2000亿美元,占全球对外直接投资流入额的30%。美国政府对外资流入持开放态度,其外资政策的重要特点是遵循国民待遇原则,内外资均享受政府同等待遇并进行公平竞争。同时美国在利用外资方面,没有任何外汇管制。外国投资者和进口商可携带资金在美国参与投资,也可以在美国筹措资金。投资者可以自由将投资收益汇回国内,通过法律的形式保障外国投资人的利益。但在通信业、航空、秘密的政府合同、沿海和内河航运、水电和核能、土地等方面限制外国资本投资。

长期以来,日本的对外投资远远大于其吸收的外资,但两者间的比重在不断降低。1999年中,日本吸收的外国直接投资为215亿美元,但是到了2000年上半年,对日外国直接投资降到了174.5亿美元。日本已经取消了大部分对外国直接投资进行直接限制的法律措施,但仍然存在着非关税壁垒措施,包括政府时常歧视性地使用其决定权。日本目前的外汇管理法对部分行业(如农业、采矿业、森林开发、渔业等)的外国投资仍要求事前通报。

相比于日本等国对外资流入的诸多限制,中国在引进外商投资方面做得相对比较好,通过制定政策法规放宽投资领域,加大开放力度。目前中国已成为吸收外国直接投资最多的发展中国家。

值得注意的是,亚洲金融危机发生的主要原因在于事前大量短期外债的积累,而且这些国家的政府对于短期外资的流入没有明确的规定,银行系统的风险管理相对较弱和不完善,以及金融市场的开放次序的不合理性造成了与宏观经济环境不相适应的情况,使得外资通过本地银行业进行投资过程中,出现了国际游资投机和道德风险,从而引发了金融危机。这就要求中国目前的金融市场化必须按部就班,量力而行,在推进资本项目开放、引进外资等方面,不能一味快速地要求与国际接轨,必须依照本国经济的实际状况稳步推进。

五、法律环境

建立一个公平有效的法律体系是市场经济的基本要求之一。相对于发展中国家来说,由于历史和经济体制的因素,发达国家具有更完善的市场经济法律体系。但是,这并不意味着中国必须遵循或仿照其法律制度来建立自己的市场经济法律体系。

首先,发达国家之间的法律体系具有不一致性。就历史传统而言,当今世界上存在着两大主要法系:英美法系和大陆法系,法理学家和经济学家常用的四种基本法律体系,即英美法系、法国法系、德国法系和北欧法系,其中法国法系、德国法系和北欧法系属于大陆法系。英美法系主要基于判例,而其他的三种(即大陆法系)都是成文法系。不同法系中的法律规定(如对产权保护和公司治理结构)对经济发展有不同的影响。一些经济学家发现英美法系的影响最为正面,法国法系最为负面,而德国和北欧法系介于中间。即使在同一法系中,不同国家的具体法律和执行情况的差别也很大,它们对经济发展的影响的差别也较大。大陆法系的国家,在其法律形成过程中政府起了重要作用。法官更倾向维护政府和管理部门的利益,法庭依赖于政府,而不是像普通法那样与政府对立,因此大陆法系对投资者的利益保护较少,法律实施的效率也较低。在这类国家中,政府往往按政府或长官意志行事,政府控制企业,企业没有良好的治理机制,公司内部人控制现象严重,投资者利益未能得到充分保护,整个金融市场和资源使用效率都很低,其中法国就是一个典型的例子。

其次,发达国家的某些法律制度也存在着不完善性。例如,个人累进所得税在西方多数发达国家实行,似乎是国际惯例。但很多经济学家都意识到了激进的累进税对激励、储蓄等带来的不利后果,以及由此产生的过于庞大的寻租行业(如税务律师和会计师)。所有这些都大大降低了经济效率。只是出于政治原因,即某些利益集团的反对，而无法改变。同时值得注意的是，在美国有效税率远不像名义税率那样累进，因为富人往往通过各种税法漏洞和抵扣项目合法逃税。而普通人却较难这样做，因为他们或雇不起好的会计师和律师，或无钱从事多项经营以更多地利用抵扣项目逃税。

中国在过去的 20 年中，在完善法律体系、发展规则和制度环境方面做出了不懈的努力，取得巨大的成就，仅用了 20 多年时间就完成了发达国家几十年甚至上百年才走过的立法过程。

参考文献：

[1] 罗纳德·I. 麦金农. 经济市场化的秩序 [M]. 上海：生活·读书·新知三联书店，1997.

[2] 张春霖. 从市场到企业：理解中国的企业改革 [J]. 经济社会体制比较，2000（6）.

[3] 斯道廷·坦尼夫，张春霖，路·白瑞福特. 建立现代市场制度：中国的公司治理与企业改革 [J]. 经济社会体制比较，2002（4）.

[4] 王世春，陈文敬. 世界贸易组织主要成员：贸易和投资壁垒（一、二）[M]. 北京：中国对外经济贸易出版社，2002.

[5] R. 巴里. 约翰斯顿，V. 桑德拉拉加. 金融部门改革的次序——国别经验与问题 [M]. 北京：中国金融出版社，2000.

[6] 李寿生. 发达国家宏观经济管理制度 [M]. 北京：时事出版社，2001.

[7] 孙翠兰. 金融制度与业务比较研究 [M]. 北京：经济科学出版社，2000.

[8] 丁冰. 资本主义国家市场经济研究 [M]. 济南：山东人民出版社，2000.

[9] 钱颖一. 市场与法制 [J]. 经济社会体制比较，2000.

[10] 陈炳才，许江萍. 英国：从凯恩斯主义到货币主义 [M]. 武汉：武汉出版社，1994.

[11] 金硕仁. 政府经济调控与市场运行机制 [M]. 北京：经济管理出版社，2000.

[12] 杨世忠. 市场经济与国有资产管理 [M]. 北京：中国社会科学出版社，1998.

[13] 文贯中. 市场机制、政府定位和法治——对市场失灵和政府失灵的匡正之法的回顾与展望 [J]. 经济社会体制比较，2002.

[14] 傅红春. 美国石头中国河——中美经济比较启示录 [M]. 北京：中国财政经济出版社，2000.

[15] 周彦文. 中日经济主体行为方式比较研究 [M]. 武汉：湖北人民出版社，1998.

[16] 宁军明. 美日德中小企业政策比较 [J]. 世界经济研究，2001（1）.

[17] 杨浩. 国有企业监管模式的国际比较 [J]. 世界经济研究，1999（1）.

[18] 李华. 发达国家对国有经济管理的经验借鉴 [J]. 经济社会体制比较，2001（4）.

第十五章　中国与经济转轨国家市场化程度比较

经济转轨国家是指从传统的计划经济体制向市场经济体制过渡的国家。本章通过比较中国和其他经济转轨国家的市场化情况,对中国市场经济体制的发育程度,做出分析和判断。

一、政府规模及政府对经济的干预

对于 20 世纪后期实行经济转轨的国家来说,政府在转轨过程中扮演了重要的角色。计划经济体制向市场经济体制的转轨,本身就要求政府要按照市场经济的要求,加强自身角色的转变,以适应市场经济发展的需要。

市场经济对政府的要求,体现在两个方面。一是政府规模,二是政府干预。这两个方面,对于经济转轨的国家来说,具有一定的特殊含义。其一,中国、俄罗斯等转轨国家从以前的单一所有制(经济由政府控制)转向多种所有制,由规模庞大的政府转向相对较小的政府;其二,转轨过程中以及基本完成转轨之后,政府的干预都不可避免。转轨过程中政府对经济的干预是为了保证新的经济制度成功地发挥作用。即使市场经济体制建立起来之后,由于市场失灵的存在,政府对经济的干预也不可或缺。因此,我们要比较中国和其他转轨国家政府对经济的控制状况,可以从政府规模和政府干预两个方面来分析。

（一）政府规模

政府规模小一点，对于自由的市场竞争而言，是有好处的。政府规模的大小，主要体现在政府收入规模和政府支出规模两个方面。这在一定程度上反映了政府控制资源的程度。

1. 政府支出规模

俄罗斯财政体制分三级预算：俄罗斯联邦、联邦主体和地方财政预算。俄罗斯现有联邦主体89个，各联邦主体下分区、市、镇、乡等，各级政府都各自成为一个预算单位。财政支出分为统一预算支出与预算外基金支出。统一预算支出又分为国民经济支出、社会文化事业支出、国防支出和行政管理支出四类。从1995年起基建拨款成为国民经济拨款中的单列项目后，国民经济拨款大幅度下降，1995年为11.7%，1996年为9.8%，1997年为9.5%。行政管理费用一直增加，从1991年的80亿卢布增至1997年的90亿卢布，占预算总额的比重从1992年的5.9%上升到1996年的8.6%，与GDP的比率分别为1.8%和2.5%。预算外支出主要包括国家养老基金、国家社会保险基金、国家居民就业基金和国家强制医疗保险基金。1997年，它的支出达229万亿卢布，相当于联邦预算的56%，由于数额巨大，俄罗斯联邦核算局对其进行全权监管。

东欧中亚国家财税体制转变比较彻底。国家财政体制一般不再包括企业财务，基本取消国家对企业的财政职能。国家不再在财政上直接干预国有企业的生产、经营和管理活动。另外还减少或取消了各种物价补贴，补贴仅限于能源交通运输和奶制品。国家财政职能转向社会公共部门，强化国家财政的宏观调控经济的职能，中央银行与国家财政分立。

与其他转轨国家相比，中国政府支出规模是一个比较低的水平（见表15-1）。1998年的政府支出与GDP的比率，俄罗斯为25.07%，中国为9.33%，其他国家也在20%～40%；1999年中国这一指标为10.86%，仍为各个转轨国家中的最低水平。

表 15-1　政府支出与 GDP 的比率　　　（%）

年份	1992	1998	1999	2000
保加利亚	40.63	33.50	35.66	38.53
匈牙利	55.22	44.84	43.35	47.14
捷克	—	34.70	35.54	37.26
哈萨克斯坦	—	18.36	15.08	14.33
蒙古	23.08	24.62	25.16	29.32
波兰	—	37.46	35.23	34.56
罗马尼亚	39.91	33.33	35.06	
俄罗斯		25.07	21.93	22.90
越南	—	20.31	21.21	20.74
中国	8.04	9.33	10.86	

资料来源：世界银行：《世界发展指标》各年版本。

2. 税收规模

俄罗斯实行中央与地方分税制，以中央为主，中央税收占了绝大部分。1991年通过《俄罗斯税收纲要》，规定联邦税与地方税共有46种。税率较高，税收征管工作混乱，大量私人与企业逃税或欠税不交。由于税收不上来，各级政府多立税目，在以后的7年中各级政府根据自身需要，一度将各种税费加到近200种。大多数企业和组织的利润税达35%，银行、交易所、保险等行业利润税达43%。各项税费的总和占盈利企业利润的70%～90%或更高。根据俄罗斯财政部统计，按2001年以前的税法，俄罗斯名义税负与2000年GDP的比率为41%，实际税负与GDP的比率为38%。沉重的税负使企业经营困难，无力发展，不得不向政府寻求帮助，对政府的依赖加强。1998年由叶利钦总统签署通过了《税法典》，

2000年普京总统对其修改,通过新《税法典》,统一税率,扩大税基,降低税负,税种从近200种降到28种,主要税种的税率降低。企业利润税由35%降为30%,增值税由20%降为15%,统一社会税由工资基金的39%降为35%,个人收入所得税由累进税改为统一税,税率为13%(见表15-2)。新《税法典》从2001年开始部分执行,当年财政税收收入比前一年增加。2002年开始企业所得税的改革。俄罗斯的财政收入主要靠提高税率,增大税收取得。1998年政府收入与GDP的比率为18.3%,税收收入与GDP的比率为17.1%。1999年俄罗斯政府收入与GDP的比率为21.0%,税收收入与GDP的比率为18.15%。2000年俄罗斯政府收入与GDP的比率为24.6%,税收收入与GDP的比率为20.85%。东欧中亚国家现实行中央和地方分税制。

表15-2 各国税率比较 (%)

国家	企业所得税	个人所得税	增值税
俄罗斯	30	13	15
波兰	34	19,30,40	0,7,22
匈牙利	18	20,30,40	0,12,25
捷克	39	15~40	0,5,22
保加利亚	23.5,28	0,20,26,32,40	—
罗马尼亚	25	0,18,23,28,34,40	0,19

资料来源:吴明新:《中东欧12国贸易投资指南》,经济科学出版社2002年版。

从税收规模上看,税收收入与GDP的比率,中国在1999年达到了6.76%左右的水平(见表15-3)。尽管比较1992年的3.29%和1996年的4.93%来说有了一定的上升,但是横向对比其他经济转轨国家,中国的税收规模还是比较小的。俄罗斯在1999年税收收入与GDP的比率达到18.15%,这个比重比中国高出近两倍之多,2000年更是有了进一步的上升,达到20.85%。其他转轨国家也具有相当高的税收规模,捷克和匈牙利2000年的数据分别达到了32.17%和32.83%,保加利亚、波兰也达到了28.91%和28.02%。

表15-3 税收收入与GDP的比率 (%)

年份	1992	1998	1999	2000
保加利亚	27.49	24.27	26.78	28.91
捷克	—	32.09	32.12	32.17
匈牙利	38.85	33.78	33.85	32.83
哈萨克斯坦	—	—	7.764	10.22
蒙古	16.76	16.72	15.61	21.48
波兰	—	33.95	28.98	28.02
罗马尼亚	33.04	24.27	26.70	—
越南	—	20.30	16.23	14.95
俄罗斯	—	—	18.15	20.85
中国	3.29	4.93	6.76	—

资料来源:世界银行:《世界发展指标》各年版本。

(二)政府干预

1. 政府对经济的管制

中国和俄罗斯以及其他东欧国家在经济转型的过程中,面临的最大问题之一就是如何解决政府管制的问题。在现代市场经济中,政府对经济的干预是不能缺少的,但是旧有的管制不能适应市场经济发展的需要。因此减少政府管制是衡量一个国家市场化改革结果的重要内容。

政府管制的实质是以政府为代表的强势力量介入市场经济，打破了原有的自由竞争秩序。俄罗斯改革初期，企图一夜之间实现经济的全面放开。尽管俄罗斯放松了政府管制，但是由于俄罗斯政府自身与经济利益的密切关系，官员利用手中的权力实际上已形成了相当大的官僚资本。俄罗斯金融工业集团的崛起也渗透到政界，各种特权企业仍存在，国家干预经济、破坏平等竞争等诸多问题严重破坏了市场经济的正常秩序，有些私人企业甚至可以以国有资产托管的名义直接动用财政收入。而且今后国家仍有可能通过官僚政治为某主体提供不同于其他市场主体的优厚条件。《共青团真理报》披露，目前议会中有90人同时拥有公司经理、总裁等身份，他们经常在权力走廊上与商人联络。因此俄罗斯市场经济从无序走向有序，还有一段路要走。对非国家控股企业，俄罗斯政府保留有黄金股权，可以通过动用黄金股影响企业决策。全面放开物价，但对石油、水电、交通、农产品等实行价格管制。现在俄罗斯是世界上唯一在石油、电力、天然气、铁路运输（后三者被认为是自然垄断）领域实行国内国际不同价格的国家，利用这种差价生产出来的产品，被认为带有国家补贴性质。政府指定价格，使许多其他商品的价格也受到影响。俄罗斯财政收入有一半来自石油出口收入。哈萨克斯坦也有一部分商品实行价格管制。

中国改革开放20多年来，在初步建立市场经济体制的条件下，政府管制逐步放松。进一步推动行政审批制度改革，取消了生产的指令性计划，减少了对企业的直接干预，放松了对一些自然垄断行业的管制，同时全面放开了对价格的管制，市场价格成为价格的基本形式，价格法规趋于完善。

2. 政府补贴

在一个国家经济发展的过程中，对国内某些产业的保护往往采用政府补贴的形式。但对价格的直接补贴，直接反映出一个国家的市场竞争是否公平。

俄罗斯目前实际到位的农业补贴为每年10亿美元，由于转轨后农业生产连年下滑，政府希望能增加农业补贴。俄罗斯取消了企业补贴，但仍有很多国有企业从财政那里获得支持。俄罗斯对这些企业正准备进行公司制改革，以期建立股份公司。匈牙利农业较为发达，1998年开始入盟谈判后，匈牙利的农业扶持政策从补贴和价格保护转为出口和信贷补贴。

中国的政府补贴主要是价格补贴和国有企业的亏损补贴。价格补贴逐年减少，其与GDP的比率由1980年的2.61%下降到2001年的0.77%。价格补贴的下降为中国市场经济的有序发展提供了重要条件。同时，政府对国有企业的亏损补贴也在逐年下降。1985年开始，政府就不再给国有企业拨款，改成由银行信贷资金解决企业的资金问题。资本市场的发展也使企业的资金来源渠道更加宽泛。

二、企业的市场化

企业是市场的主体，企业的市场化状况反映了整个市场的发展程度。转轨国家在从计划体制向市场体制的转变中，企业行为发生了很大的变化。在计划体制下，企业没有自主权，按照政府计划进行生产。在市场中，企业成为经济活动的主体，按照市场规律进行生产。不同的国家在企业市场化过程中选择的道路不同，这种不同主要表现在对于不同类型的企业如何实现市场化的选择上。

（一）企业所有制结构

对于原有的国有企业，各个国家都纷纷采取了不同的方式进行私有化。同时，各个国家还大力发展非国有经济，私人企业数量越来越多。俄罗斯以及其他东欧转轨国家的经济中，私有化成分所占的比重越来越大。

俄罗斯私有化经历了小私有化、大私有化等阶段，从1997年起进入个案私有化阶段。改变了以前盲目私有化的做法，认识到私有化的目的是提高效率，因此，近几年特别是普京上台以后，虽然指出"不应该谈重新分配俄罗斯资产的问题",但强调在以后的私有化过程中要提高私有化的效率。俄罗斯的私人企业数量正在逐步增加(见表15-4)。

表15-4 俄罗斯按所有权类型划分的企业分布 (千家)

年份	1996	1997	1998	1999	2000	2001	2002
总数	2249.5	2504.5	2727.1	2901.2	310.4	3346.5	3593.8
比例	100	100	100	100	100	100	100
中央政府所有	322.2	184.4	177.6	183.3	197.7	150.8	155.1
比例	14.3	9.3	5.4	5.1	4.8	4.5	4.3
地方政府所有	197.8	184.4	177.6	183.3	197.7	216.6	231.0
比例	8.8	7.4	6.5	6.3	6.4	6.5	6.4
私人企业	1425.5	1730.5	2014.4	2146.8	2311.9	2509.6	2725.9
比例	63.4	69.1	73.9	74.0	74.4	75.0	75.8

资料来源:《Russia In Figures,2002》。数据为每年1月的统计数。

2000年,捷克以大众私有化方式很快实现了私有化,但国家仍通过银行和投资基金直接或间接控制和影响企业。捷克银行私有化后,70%以上的股份控制在国家手中,形成了国家控制银行,银行控制投资基金,基金控制企业的所有制关系。

波兰正加速企业的私有化,尤其是冶金、煤炭、天然气和电力四大支柱产业。2000年,波兰力图完成商业银行的私有化。到2000年还未实现私有化的工业企业占45%,这些企业几乎全是亏损企业和在经济中举足轻重的大型支柱产业。保加利亚由于关闭国有企业已使失业率攀升,社会压力空前。罗马尼亚在企业改革方面更是走走停停,存在许多问题。表15-5反映了私人部门创造的GDP的增加值占GDP的比重（1990—1998年）。1999年私有成分占GDP的比值，匈牙利为80.8%，捷克为77.2%，保加利亚为72.0%，波兰为70.0%，罗马尼亚在65%以下。❶

表15-5　私人部门创造的GDP增加值在GDP中的比重　　　（%）

年份	1990	1991	1992	1993	1994	1995	1996	1997	1998
波兰	30	40	45	50	55	60	60	65	65
匈牙利	25	30	40	50	55	60	70	75	85
捷克国	10	15	30	45	65	70	75	75	75
保加利亚	10	15	25	35	40	45	45	50	65
罗马尼亚	15	25	25	30	35	40	60	60	60
俄罗斯	5	5	25	40	50	55	60	70	70

资料来源：EBRD Transition Report（1999）。

中国在积极进行国有企业股份制改造的同时，大力发展非国有经济，使之成为市场经济的活跃主体。同时大力引进外国资本，参与本国的市场竞争。1992年非国有经济创造的增加值占全部GDP比重为53.57%，2001年则达到了63.37%。

（二）国有企业改革

俄罗斯各届政府都强调国有资产的作用，强调对国有资产的有效管理。俄罗斯将国有资产分为两类。一类为国家独有的资产，包括单一制的国有企业与联邦不动产和国外财产。其中单一制的国有企业又包括市场竞争性企业与非市场竞争性企业。另一类为公司化企业，主要是天然垄断部门的企业。国家对非竞争性企业的生产、价格、财务、员工的物质奖励等实行直接管理。国家有权没收

---

❶《慕尼黑东欧研究所研究报告》2000年10月，第227页。

属于企业业务管理的多余的闲置财产或将未按用途使用的财产进行处置，对企业的活动实行全面监管。国家有权干涉对改造为市场竞争性企业的经营活动，决定其改组和清理问题，任命企业经理，监督企业所有财产的使用情况。未经国家同意，企业无权将不动产出卖、出租、抵押或以其他方式处置。国家有权获得归企业经营管理的财产的部分利润。国家对国家控股的股份公司采取政府委派代表的制度。在国家股份不构成控股额的股份公司里，国家代表是普通的大投资者之一，但在许多情况下可以对股东大会的决定发生一定影响。然而，由于国家代表缺乏专业能力与责任心，政府委派代表的制度往往效果不好。因此，俄罗斯在"1997—2000年经济发展中期纲要"中提出对国有资产的管理，主要是实行委托管理制度，即按照商业条件通过招标将国有股份转交自然人或法人来管理，以此来为国家控股或参股企业的管理提供一个新的推动力，从而提高其管理效率。另外，俄罗斯新私有化法规定，俄罗斯联邦或联邦财产委员会有权通过"黄金股"的办法来对国家不掌握股份的重要企业进行特别管理。国家通过在开放型股份公司董事会中委派代表，对股东大会的决定拥有一票否决权。俄罗斯企业的私有化很多情况下只是产权的私有化，没有真正实现管理高效率，因此企业效率低下。

中国对原有国有企业进行改革的做法和俄罗斯及其他国家不同。中国在进行市场经济建设的过程中，确立国有企业市场经济主体地位主要是通过公司制改组，通过公司制改组，包括非国有资本进入国有企业这种改组形式，从一定程度上改变了原有国有企业独资或者国家股"一股独大"的局面。俄罗斯先采取无偿私有化形式，后采用现金私有化方式拍卖国有企业产权，最终使原有的国有资产的大部分迅速流向少数人手中，形成众多金融工业集团。这些集团势力庞大，影响政府决策，不利于市场的有序健康发展。中国在改革过程中成立国有资产管理公司，政府不再以政府行政管理者和国有资产所有者的双重身份进入企业，而是以一个普通投资者的角色参与企业的决策和管理，较好地实现了政资分开。因此，市场化并不等同于私有化，在市场并未发育成熟的时候，在各种条件并不健全的时候，进行完全的私有化在一定程度上反而破坏了正常的经济运转秩序，不利于市场体制的确立。市场化改革一定要有利于经济的发展。

三、货币与金融市场化

货币与金融市场化是建立市场经济体制的重要内容之一。下面从银行体制、金融市场状况、利率和汇率的市场化状况等方面来比较中国和其他转轨国家的货币金融市场化情况。

（一）银行体制

俄罗斯的银行体制改革有自身的特点，总的来说属于二级银行体制，在这个体制基础上，中央银行的地位由从属于政府到独立行使自己的职能。转轨之初，俄罗斯中央银行不能独立地履行其职能。宏观经济政策的制定者是政府，央行是经济政策的执行者，因此，央行在制定和执行货币政策方面在很大程度上受政府左右。1990年12月2日，叶利钦总统签署《俄罗斯联邦中央银行法》和《银行及银行活动法》，在法律上明确了二级银行体制，并对中央银行与商业银行的职能作了划分，但由于种种原因这两部法律直到1995年5月1日才在《俄罗斯联邦法律文件汇编》第一次公布。俄罗斯在1999年3月通过《银行破产法》，7月通过《银行重组法》，建立银行间贷款市场，即同业拆借市场。通过同业拆借市场逐步实现利率市场化，此种市场利率成为商业银行向外贷款的主要参照利率。同时，逐步放弃直接分配信贷资源的方法，改为通过信贷拍卖和其他形式向商业银行注入资金。1999年，俄罗斯政府制定《关于俄罗斯联邦中央银行（俄罗斯银行）联邦法》修改草案，2000年7月5日，国家杜马通过该草案。草案规定，在宪法和联邦法律允许的职权范围内,俄罗斯联邦中央银行是独立的,俄罗斯联邦中央银行直接对总统和国家杜马负责。至此,中央银行的独立地位才得到确立。自此中央银行职能转向宏观调控和监管金融体系安全。主要职能与业务范围包括:制定货币和信贷政策,规定宏观调控货币供应量(例如制定利率、调整再贷款利率、建立法定存款准备金制度、外汇调节),实施外汇监管,监管职能,从事公开的市场业务等。央行仍保留一部分专项贷款项目,负责发放并撤销信贷审计机构的许可证,不再从事具体的信贷与结算业务。但是俄罗斯中央银行仍存在一些问题,还不能真正地担负起中央银行的责任。中央银行内部管理不完善,违规违法操作时有发生。

自1989年以来,中东欧以及其他转轨各国都制定了《银行法》《中央银行法》《银行和信贷法》《金融机构和金融机构活动法》等法律,这些法律明确规定了各种银行的地位、职能、作用、机构、各种业务活动的基本原则。各国都在试图以法律为依据推进银行体制的转轨和银行体制的运行。打破由国家垄断的银行体制,建立二级管理体制。第一级是国家级银行,第二级是商业银行。中央银行独立于政府,把中央银行从国家的附属地位中解脱出来,给以独立的法人地位。银行与国家财政分离,银行系统所有制多元化,国有银行产权多元化和股份化,银行商业化和企业化。

哈萨克斯坦于1991年1月颁布《银行和银行活动法》,确定双级银行体制,1993年11月建立哈国家银行,国家银行成为名副其实的中央银行。哈银行系统由中央银行、二级银行、非银行金融机构(典当行、信贷公司、审计机构等)等组成。二级银行数量不断变化,截至2000年5月,哈有二级银行48家,审计机构19家,典当行43家(其中40家有权经营部分银行业务),信贷公司7家,其他经营部分银行业务的机构50家。

罗马尼亚有6家国有银行和20多家私人和合资银行。国家银行是罗马尼亚的中央银行,负责货币的发行,制定有关货币、贷款政策,并监督商业银行活动。各银行可根据资金情况自行决定贷款利息和存款利息。

1998年,中国人民银行即央行取消了信贷规模管理模式,开始实行资产负债比例管理,同年对存款准备金制度进行了改革,合并了存款准备金和备付金,下调了存款准备金比率,放开了同业拆借利率。中央银行利用利率政策、公开市场业务等货币政策工具,调控货币供应量,稳定人民币币值,取得了成功。

(二) 金融发展情况

1. 金融深化程度

表15-6反映了各个转轨国家在不同时期的金融发展状况。一般用M_2与GDP的比率衡量经济货币化程度。2000年,中国M_2与GDP的比率已经达到151%,远远高于俄罗斯的21.4%,以及其他转轨国家的水平。用金融资产与GDP的比率衡量经济金融化程度,2000年,中国金融资产与GDP的比率为228.9%,同样高于匈牙利、波兰等国家的水平(见表15-6)。这说明中国的金融深化程度大于俄罗斯以及其他经济转轨国家。

表15-6 金融深化程度的比较

指标	M_2与GDP的比率(%)			金融资产与GDP的比率(%)		
年份	1992	1996	2000	1992	1996	2000
保加利亚	74.7	71.2	37.2	—	—	—
中国	91.3	112.1	151.0	—	—	228.9
捷克	—	73.7	73.8	—	—	—
匈牙利	56.8	48.1	46.4	—	—	69.0
哈萨克斯坦	—	9.9	15.3	—	—	—
蒙古	29.6	21.8	24.8	—	—	—

续表

指标	M_2 与 GDP 的比率（%）			金融资产与 GDP 的比率（%）		
年份	1992	1996	2000	1992	1996	2000
波兰	35.8	35.2	43.0	36.0	41.0	62.9
罗马尼亚	30.5	27.8	23.1	—	—	—
俄罗斯	—	16.7	21.4	—	—	—
越南	22.7	22.0	44.4	—	—	—

资料来源：WDI。

2. 银行业的市场化

俄罗斯在转轨后商业银行快速发展，数量最多时达到2500家。由于经济危机以及俄罗斯政府对银行业的整顿，银行数量大量减少，截至2001年年底，俄罗斯有1319家银行。俄罗斯虽然银行数目众多，但一般银行的资本规模很小，根本无法与排名前两位的银行平等竞争，排名第一位的俄罗斯储蓄银行总资产约为136亿美元，排名第二位的外贸银行总资产有28.2亿美元，第三位的天然气工业银行总资产只有10亿美元，排名第十五位的古塔银行只有3.5亿美元，可见各银行间势力悬殊。截至2001年10月1日，俄罗斯商业银行总资产为2.9871万亿卢布，约1000亿美元，自由资本3705亿卢布，约125亿美元，资本充足率12.5%。值得指出的是，目前俄罗斯会计结算制度尚未与国际接轨，不少专家认为俄罗斯银行的资本可能远低于统计水平。❶

俄罗斯中央银行既是银行的监管机构，又是俄罗斯最大的两家商业银行的控股人，这不利于中央银行对控股银行的有效监管，也不利于商业银行间形成公平的竞争环境。俄罗斯银行拥有俄罗斯储蓄银行57.6%的股份，拥有对外贸易银行的99.9%的股份，而这

---

❶ 《俄罗斯银行体制概况》，2002年。

两家银行的资本占俄罗斯所有银行总资本的40%,资产占总资产的30%。俄罗斯储蓄银行凭借其央行控股银行的独特地位,在存贷款市场上独领风骚,在存款市场占75%的份额,在贷款市场占1/3的份额。

中国的银行业已经基本形成了竞争性的市场格局。1993年国有独资商业银行、股份制商业银行的资产份额分别为69.07%和5.77%,2001年分别为60.53%和12.27%;而城市商业银行、外资银行从无到有,2001年资产份额为4.87%和2.30%。"入世"之后对外资银行种种限制将被取消,其资产份额的大幅度增长将是必然的。

(三)利率和汇率的市场化

1. 利率市场化

俄罗斯中央银行职能转向宏观调控和金融监管,例如制定利率、调整再贷款利率、建立法定存款准备金制度、外汇调节实施外汇监管等。另外,央行仍保留一部分专项贷款项目,负责发放并撤销信贷审计机构的许可证,建立银行间贷款市场,即同业拆借市场。通过同业拆借逐步实现利率市场化,此种市场利率成为商业银行向外贷款的主要参照利率。罗马尼亚各银行可根据资金情况自行决定贷款利息和存款利息。

中国的利率市场化改革自1996年以来取得了重要进展。目前中国已经放开银行间同业拆借市场利率、银行间债券市场债券回购和现券交易利率,放开了贴现和转贴现利率,放开了国债和政策性银行金融债券发行利率。在贷款利率方面,逐步扩大了金融机构贷款利率浮动权,简化贷款利率种类,并放开了外币贷款利率。同时中国也放开了部分存款利率。

2. 汇率生成机制

俄罗斯实现了汇率并轨,实行以市场供求为基础的、有管理的浮动汇率制。实现了本国货币在国内的自由兑换。问题在于,中央银行控制外汇市场的能力有限，表现在各地方交易所汇率的高度分散化。

中国于1994年人民币实现汇率并轨，在市场供求基础上，实行单一的、有管理的浮动汇率制度，同时取消了外汇留成与上缴，实行银行结售汇，建立全国统一的规范的银行间外汇市场，于1996年实现人民币经常项目可兑换，形成了"人民币经常项目可兑换、资本项目有一定管制"的外汇管理框架。

四、对外贸易与国际资本流动的自由化

对外贸易与国际资本流动是衡量一个国家市场化程度的重要标志。对外贸易体制与国际资本流动方式的管理反映出一个国家的市场是不是开放性、竞争性的市场。

（一）对外贸易

俄罗斯取消了国家对外贸的垄断。放开对外经贸活动，凡在俄罗斯境内注册的企业，无论何种所有制形式，均可从事对外贸易。保加利亚取消了国家对外贸的垄断，所有经济单位有权开展外贸活动。

在对外贸易上的关键问题在于贸易壁垒。贸易壁垒包括关税壁垒和非关税壁垒。贸易壁垒的高低，直接反映出一个国家对国内市场的保护和其市场化程度。

1. 关税壁垒

俄罗斯的关税壁垒主要包括对出口商品和进口商品的关税调节。在出口关税的调节方面，俄罗斯对某些商品的出口征收出口关税，1991年12月31日，开始对主要原材料的出口征收出口关税。1993年10月，俄罗斯政府对出口关税税率作了统一规定，需交纳出口关税的商品由53种减少到29种。1996年7月，俄罗斯完全取消了出口关税。1998年金融危机后，俄罗斯对某些商品重新开始

征收出口关税。2000年3月，对某些商品出口税进行调节，实行新的石油及石油产品的关税，石油出口关税提高到每吨20欧元，柴油的出口关税涨到每吨15～20欧元，重油出口关税提高到每吨15～17欧元。需要缴纳出口税的商品清单中包括煤、石油、天然气等能源产品，有色金属、木材、皮革、大豆、油菜籽、葵花子、某些食品等。在进口关税的调节方面，在实行价格和外贸自由化初期，俄罗斯曾一度对绝大多数进口商品免征进口税。1992年起对免税部分商品重新征收进口税。1993年4月，俄罗斯对国际上通用的协调税目规定的94种商品按4种海关税率征收进口税。2000年8月8日，俄罗斯经济和贸易部向政府提出关税改革方案，将原来一万多种商品的7种进口税率调整为5%（原料类商品）、10%、15%（正常税率）和20%（适用于工艺设备）四种税率，从2001年1月1日起实行；对汽车、白糖、酒精、酒类制品、烟草制品等特别敏感商品仍实行25%或30%的进口税率。另外从1993年2月1日起，俄罗斯开始对进口商品征收增值税，同时对酒类、香烟、汽车、首饰和小轿车五大类进口商品征收消费税。

1992年以来，中国政府对关税税率进行了多次调整。涉及降税的商品税目5300多个，占总税目数（7316个）的73%。中国暂定税率产品也大幅减少。

2. 非关税壁垒

目前俄罗斯对个别商品实行出口配额和许可证管理。对出口实行配额限制的商品：向欧盟出口实行配额的碳化硅、纺织品、含贵重金属和宝石的商品、琥珀及琥珀制品，对这些商品同时实行许可证管理。许可证管理也只针对有限的商品，包括野生动物、药材、武器装备、爆炸品、放射性材料、贵重金属、矿产资源及矿床信息等。后又增加了对食用酒精、伏特加酒、彩电整机、烟草及其工业代用品进口的许可证管理。

保加利亚逐步取消发放进出口许可证制度。需要进行出口配额登记的商品由7种降为3种（纺织品、金属材料、肉类），取消大部分商品的进口税,降低海关手续费,简化进出口手续。

中国较大幅度地减少了实行出口配额许可证管理的商品种类。1992年,中国实行出口主动配额管理的商品共27种,出口发证金额约412亿美元,占当年全国出口总金额的48%。2001年,出口配额许可证管理商品减少到66种,据海关统计出口金额为204亿美元,占当年全国外贸出口总额2661亿美元的7.7%。不断放宽进口数量限制。1995年,实行进口配额许可证管理的商品品种由53种减少为36种,税目由742个减少到354个,进口发证金额为211亿美元,占当年全国进口总额的24%,2001年减至33种,据海关统计进口金额为198亿美元,占当年全国外贸进口总额的8%。

(二)资本管制

苏联解体之初,俄罗斯迅速放开金融市场,对外资进入俄罗斯资本市场几乎不实行任何限制,国际游资在俄罗斯过度投机。1998年以后,俄罗斯采取一系列金融监管措施,开始对外资进入俄罗斯银行业进行限制,但立法工作进展缓慢。

波兰、匈牙利、捷克的货币基本稳定,已经实现或基本实现了国内自由兑换,外国公司的赢利可以不受限制地自由汇出国外。1991年2月,保加利亚实行外汇制度改革,以国际外汇市场作基础取消对外汇支付的限制。放开外汇比价,允许在银行自由兑换,逐步缩小银行外汇牌价与黑市交易的比价差别,使列弗成为可兑换货币。保加利亚公民和保加利亚公司可按规定(在14种情况下可以)和程序通过银行购进外汇和售出外汇。罗马尼亚在经常项目下本币可自由兑换,允许在境内本币自由兑换外币。政府允许企业创汇100%留成。银行间亦有外汇兑换业务。

从表15-7可以看出不同的转轨国家对于资本项目的管制。中国资本管制面在大大缩小,目前,中国尽管对资本项目保持一定管制,但这是在人民币经常项目可兑换的前提下进行的,同时与其他国家相比,中国的资本管制实际上要松很多。俄罗斯的资本管制项目比中国要多,特别是在国际收支部分对于双边支付和单边支付,俄罗斯均进行了管制。对于资本项目交易的机构投资者,俄罗斯也进行了管制。而中国对这些项目没有管制。其他转轨国家与中国相比,资本管制的项目也略有出入。

表 15–7　不同转轨国家对资本项目的管制

	项目	保加利亚	越南	蒙古	捷克	匈牙利	哈萨克斯坦	波兰	罗马尼亚	俄罗斯	中国
汇率安排	货币发行局制度	√									
	盯住一种货币的汇率安排										√
	爬行区间浮动的汇率制度								√		
	无区间的有管理浮动汇率制度		√	√			√			√	
	独立浮动的汇率制度				√			√			
汇兑结构	双重汇率										
	多重汇率									√	
国际收支安排	双边支付	√	√	√		√		√	√	√	
	单边支付	√	√	√						√	
	对无形交易和经常项目交易的管制	√	√				√	√	√	√	√

续表

项目		保加利亚	越南	蒙古	捷克	匈牙利	哈萨克斯坦	波兰	罗马尼亚	俄罗斯	中国
对出口和/或无形交易过程的管制	转回要求	√	√				√	√	√	√	√
	结汇要求		√							√	√
	资本项目交易										
	资本市场证券	√	√	√	√		√	√	√	√	√
	货币市场工具	√	√	√			√	√	√	√	√
	集体投资类证券	√	√	√			√	√	√	√	√
	衍生工具和其他工具	√	√	√			√	√	√	√	√
	商业信贷		√	√			√	√	√	√	√
	融资信贷	√	√	√			√	√	√	√	√
	直接投资	√	√	√	√		√	√	√	√	√
	直接投资清盘						√		√	√	√
	不动产交易	√	√	√		√	√	√	√	√	√
	个人资本流动	√	√	√			√	√	√	√	√
专门条款	商业银行和其他信贷机构	√	√	√		√	√	√	√	√	√
	机构投资者						√	√		√	

注：√指在汇兑制度中已经实施的项目。

资料来源：IMF：The Annual Report on Exchange Arrangements and Exchange Restrictions.2002。

五、法律和制度环境

成熟的和完善的法律体系,能够保证市场交易主体在平等的基础上进行竞争,同时维护市场交易的秩序。市场经济的立法主要体现在两个方面:一是对市场经济主体地位的确立和对产权的保护;二是对市场秩序的维护。在法律完善的过程中立法是第一步,执法的程度好坏同样会影响到法律环境的完善程度。

(一)立法状况

在市场经济主体地位的维护方面,俄罗斯先后通过了一系列法律。在1990年以后通过的《苏联和各加盟共和国土地立法原则》和《关于改组集体农庄和国营农场的方式》基础上开始了大规模的土地私有化;企业方面先后通过了《企业和企业行为法》《私有化法》《有限责任公司法》《股份公司法》等。外资方面通过了《俄罗斯联邦对外投资法》。这些法律对俄罗斯市场经济主体地位的确立提供了依据。但是,这些法律由于没有得到很好的执行,很多条文不能真正发挥作用。

其他转轨国家在确立市场经济主体地位的立法方面也有突破。保加利亚国民议会于1992年通过了《保加利亚农业土地所有和使用法》和《国有和乡办企业改造和私有化法》,确立了私有化的法律依据。匈牙利1988年通过《经济公司法》并于1997年修改,1990年通过《私有化法律》,1991年通过《破产法》,1992年通过《关于国家财产的法律》,1989年通过《公司法》并于1997年修改,这些法律,为匈牙利市场经济主体地位的确立提供了依据。捷克颁布《土地法》,宣布将土地归还原来主人,同时取消了国家对外贸的垄断,全面放开物价,企业可在国内自由兑换外汇。

在维护市场秩序和完善竞争规则方面,俄罗斯1991年通过了《关于在商品市场上竞争和限制垄断的法律》,1992年通过了《破产法》和《消费者权利保护法》。匈牙利也通过了一系列法律，如1991年的《公正法》、1994年的《商品交易所法》、1995年的《中介组织法》、1996年的《禁止不正当市场行为和竞争法》等。

中国1999年的宪法明确规定了个体经济、私营经济等非公有制经济是社会主义市场经济的重要组成部分，国家保护个体经济、私营经济的合法收益。保护私人的合法财产的安全。另外中国在知识产权领域内对《专利法》等法律法规进行了修改，强化了对知识产权的保护。

（二）执法状况

俄罗斯鼓励外商投资的法律与政策有很多，但没有认真执行，致使外商很难相信俄罗斯法律的效力。根据德国经济学院专家对在俄罗斯投资的340家公司的问卷调查，有90%以上的被调查者认为，影响俄罗斯引进外资的主要原因是"法律不稳定，税收过高……高关税、地方当局的官僚主义。"被调查者列举了一系列的不利于投资环境改善的消极现象：法律不稳定，税收过高，犯罪和营私舞弊，高通货膨胀率，高关税，地方当局的官僚主义和外行无知，商品和服务市场垄断，等等。其中多处是涉及法律方面的问题。

俄罗斯虽然颁布了许多新的银行、税收和外汇管理等方面的法律和行政法规，但相应的解释权分散在地方和联邦的税务监察、中央银行和财政部等部门，缺乏必要的统一性，有些甚至相互矛盾。1996年，俄罗斯外汇和出口监管局对中国银行俄罗斯分行处以400万美元的罚款，就是因为在现金抵押贷款方面，俄罗斯中央银行和俄政府外汇管理局有着截然相反的规定。

参考文献：

[1] 马蔚云. 俄罗斯经济转轨十年研究 [D]. 哈尔滨：黑龙江大学，2001.
[2] 张颖. 中东欧走向市场经济 [M]. 北京：社会科学文献出版社，1998.

[3] 吴明新.中东欧 12 国贸易投资指南 [M].北京：经济科学出版社，2002.

[4] 张寿民.俄罗斯法律发达史 [M].北京：法律出版社，2000 年

[5] 纪军.匈牙利市场社会主义之路 [M].北京：中国社会科学出版社，2000.

[6] 施建新，王俊文.今日俄罗斯市场 [M].北京：中国对外经济贸易出版社，2002.

[7] 李建民.俄罗斯加快税制改革步伐 [J].东欧中亚市场研究，2002（3）.

[8] 凌激.俄罗斯银行体制概况 [J].东欧中亚市场研究，2002（2）.

[9] 欧尔.哈萨克斯坦银行业和证券市场 [J].东欧中亚市场研究，2001（5）.

[10] 王秀丽.面临转折的俄罗斯银行业 [J].东欧中亚市场研究，2002（5）.

[11] 期刊《东欧中亚市场研究》各期文章.

[12] 《Russia in Figures，2002》.

第十六章 中国与发展中国家市场化程度比较

本章选取阿根廷、墨西哥、巴西和印度四个有代表性的发展中国家,就经济自由度方面的情况与中国进行对比分析。

一、政府在市场化中的作用

第二次世界大战之后,受到苏联经济快速增长的影响,以国家干预经济为主要特征的"赶超战略"成为很多发展中国家和计划体制国家经济发展的指导方针。由于历史原因,在经济发展开始起步的时候,发展中国家的政府承担着大量工作,从经济发展战略的制定到大量国有企业的经营,从进口替代到出口导向,政府干预在发展中国家经济发展中扮演着主导的角色。经济改革之后,发展中国家政府对经济的干预都有不同程度的减少。本节将从政府规模和政府管制两个方面比较发展中国家政府在经济发展中作用的变化。

(一)政府规模

1. 政府收支规模

发展中国家在不断完善市场化过程中进行了财政改革。在财政收支方面,各国均采取措施压缩财政开支,通过政府财政配置的资源减少,同时适当地发挥政府对经济的宏观调控作用,增加中央政府的财政收入(见表16—1)。

表16-1 各国中央政府财政收入与GDP的比率　　（%）

年份	1992	1996	1999	2000
阿根廷	12.28	13.04	14.01	14.18
巴西	23.54	—	—	—
中国	4.19	5.49	7.19	
印度	13.06	12.53	11.93	13.02
墨西哥	15.42	15.22	13.80	—

资料来源：① World Bank：World Development Indicators, online services；②《国际统计年鉴2002》，中国统计出版社2002年版。

在阿根廷，广泛的经济改革开始于1989年7月梅内姆政府上台。梅内姆政府实行必要的财政调整和改革，努力增收节支。政府压缩财政开支主要从两个方面入手：一方面，精简政府机构和压缩政府日常开支；另一方面，把国有企业私有化视为改善财政状况的重点措施。在私有化高潮结束之后，国有经济成分大大减少，国营企业收支在财政收支中的份额明显减少。

巴西的经济改革相对滞后。1990年3月，科洛尔总统上台执政才开始实施包括减少政府对经济的干预措施在内的经济改革，不过并未取得明显的成效。之后的佛朗哥政府、卡多佐政府继续推出多项计划以紧缩联邦开支，压缩国有企业投资，消除联邦财政赤字，试图达到控制通货膨胀的目标。1992年巴西一般政府消费支出高达66.6亿美元，2000年下降到11.4亿美元，虽然1999年猛增为99.8亿美元，但总体还是呈下降趋势的（见表16-2）。尽管如此，巴西始终不能避免高财政赤字。1997年巴西公共部门赤字与国内生产总值的比率为6.1%，1999年达到13.28%，其中既有经济因素，也有体制方面的因素，表现为公共债务庞大，1998年公共债务与国内生产总值的比率达42%，1997年偿还公债支出与国内生产总值的比率为 5.2%，1998 年上升到 7.2%。

表 16-2　各国中央政府支出比较

指标	政府总支出与 GDP 的比率（%）			一般政府消费支出与 GDP 的比率（%）			一般政府最终消费（10 亿美元）		
年份	1992	1999	2000	1992	1999	2000	1992	1999	2000
阿根廷	12.03	16.95	16.97	2.98	13.73	13.83	6.81	3.89	3.93
巴西	29.21	—	32.3*	17.06	19.20	19.26	6.66	9.98	1.41
中国	8.04	10.86	24.9*	13.11	12.53	13.09	5.48	1.24	1.41
印度	15.91	15.91	16.99	11.22	12.89	13.21	2.90	5.73	6.04
墨西哥	14.44	15.36	22.9*	9.93	11.03	11.07	3.61E	5.30	6.42

资料来源：①*该数据取自瑞士洛桑管理学院《世界竞争力年鉴 2002》；② World Bank：World Development Indicators, online services；③《国际统计年鉴 2002》，中国统计出版社 2002 年版。

墨西哥政府自 1983 年改革起采取削减政府公共开支、压缩公共投资、减少财政赤字、抑制通货膨胀等措施。其结果使财政赤字大幅度下降，1987 年墨西哥公共财政赤字与国内生产总值的比率为 16%，1990 年降到 4.3%，1992 年和 1993 年还实现了财政盈余。经历 1994 年金融危机之后，1997 年财政赤字与国内生产总值的比率进一步降到 0.6%，之后财政赤字一直控制在较低水平，1998 年为 1.4%，2001 年为 1.0%。

20 世纪 90 年代以来，中国政府高度重视财政工作，制定了一系列正确的财政方针政策。1993 年为治理经济过热实行了适度从紧的财政政策。1998 年开始，为应对亚洲金融危机的影响和国内经济运行中出现的通货紧缩迹象，实施了积极的财政政策。两次成功的实践，基本实现了中国财政宏观调控由被动调控向主动调控，由直接调控向间接调控，由单一调控方式向多种调控方式的转变，一个基本适应市场经济发展要求的公共财政体制框架已经建立。2001 年中国财政收入达到16386亿元，比1990年增加了4.6倍。在财政收入稳定增长的同时，国家财政收入与国内生产总值的比率也发生了深刻的变化。1992年财政收入与GDP的比率为40.02%，1993年这一比率大幅下降到20.83%，之后则稳步上升，由1994年的19.13%提高到2000年的23.54%。其中中央政府的财政收入从1992年的4.19%上升到1999年的7.19%（见表16-1）。同时，按照公共财政的要求，政府不断调整财政支出结构，减少在企业投资和资源配置等环节的开支，加大对社会保障、农业、教育、科技、生态建设和环境保护等社会公共需求的支持力度。中国在改革开放过程中一般政府消费支出与GDP的比率整体上呈下降趋势，1978年为30.96%，1990年下降为16.63%，2000年为13.09%，1991—2000年保持在13%左右（见表16-2），中国政府所支配的资源数量已经大大减少，在所比较的几个发展中国家里仅高于墨西哥一个国家。

比较中国和其他四个发展中国家的财政收支状况，可以看出，中国政府在市场化过程中的角色转换是较为成功的，尤其在对经济的宏观调控方面发挥了比其他国家政府更为有效的作用，政府支配的资源数量达到较低水平，而在市场需要的范围内政府掌握必要的资源支配权，引导经济快速增长。

2. 税收规模

阿根廷、墨西哥、巴西的税制改革是围绕着税种结构合理化展开的。基本做法：在税种方面，统一公司、个人所得税，实行统一的增值税；在税率方面，合并公司所得税的多重税率，实行单一税率；增值税逐步向单一税率过渡；取消各种税收优惠减免。墨西哥的税制改革是其中比较典型的。墨西哥税制改革的重点是全面推行增值税和统一所得税，形成了以增值税为主体、所得税相配合的税收结构。印度改革前税制的主要问题在于税率过高，税制结构复杂，于是对直接税和间接税进行全面改革，采取改革个人所得税、降低最高税率、取消一些豁免、简化税种等措施。

总结部分发展中国家税制改革的经验，主要集中在以下几个方面：①增值税尽可能覆盖所有商品生产、销售和劳务活动，实行单一的增值税率。墨西哥在全面推广增值税的过程中合并了以往过多的流转税税种，相应取消了各种形式的销售税，仅对某些特殊商品征收消费税。中国的税制改革也一样，统一税收，合并税种，使增值税成为中国流转税的主体税种，使增值税和所得税成为中国税收体系的主体。这样有利于发挥市场对资源的有效配置，减少政府税收对资源配置的干预。②统一企业所得税。墨西哥实行广税基、低税率的企业所得税。中国也将国有企业、集体企业和私营企业所得税合并，建立统一的企业所得税。这样有利于不同类型的企业能够在公平、相等的税负条件下平等竞争，减少政府对企业的干预，发挥市场优胜劣汰的竞争作用。③改革个人所得税。墨西哥实行适应性强、调节面广的个人所得税。中国则进行合并税种，降低税率，提高起征点的个人所得税改革。这样的个人所得税征收方式有利于发挥个人所得税在公平收入分配方面的积极调节作用，弱化政府在资源再分配中的干预。

税制改革后，阿根廷、巴西、墨西哥和印度的所得税税率如表16-3所示。与其他几个发展中国家相比，中国的企业所得税率30%属于较低水平，个人所得税的税率则是最高的。

表16-3　企业、个人最高边际税率及个人最高边际税率起征点

指标	企业最高边际税率（%）			个人最高边际税率起征点（美元）			个人最高边际税率（%）		
年份	1998	1999	2000	1998	1999	2000	1998	1999	2000
阿根廷	33	35	35	120000	200000	120000	33	35	35
巴西	15	15	15	19459	17880	11076	25	28	27.5
中国	30	30	30	12077	12079	12089	45	45	45
印度	40	35	40	5059	3537	3221	40	30	30
墨西哥	34	35	35	25492	200000	258268	35	40	40

注：最高边际税率（Highest Marginal Tax Rate）是税率表中对个人和

公司应税所得开征的最高税率。

资料来源：World Bank：World Development Indicators, online service.

阿根廷、巴西、墨西哥、印度和中国在20世纪90年代以来的税收收入、非税收收入水平如表16-4所示。中国税收与GDP的比率长期处于较低水平。1985年税制改革前为22.7%，之后逐年下降，虽然1996年开始有所回升，2001年达到15.9%，但中国的税收收入与GDP的比率与发展中国家17%的平均水平相比仍然是较低的❶。可见，中国政府对企业和个人等微观经济主体的干预与发展中国家平均水平相比是比较小的。

表16-4 税收收入、非税收收入水平与GDP的比率　　（%）

指标	税收收入与GDP的比率				非税收收入占政府收入比重			
年份	1992	1996	1999	2000	1992	1996	1999	2000
阿根廷	11.36	12.08	12.48	12.94	7.51	7.36	10.9	8.71
巴西	16.47	—	—	33.18**	30	—	—	—
中国	3.287	4.932	6.67	15.9*	21.6	10.2	5.963	—
印度	9.986	9.454	8.809	9.592	23.5	24.6	26.17	26.3
墨西哥	13.7	12.73	12.26	—	11.1	16.4	11.21	—

注：* 为2001年数据；** 为瑞士洛桑管理学院《世界竞争力年鉴2002》数据。

资料来源：World Bank：World Development Indicators, online services.

（二）政府对价格的管制

阿根廷、墨西哥、巴西在债务危机爆发后全面收缩政府对经济的直接干预行为，使经济逐渐摆脱了政府的直接干预。从放松对价

---

❶ 中国经济发展研究课题组：《中国市场经济发展报告》，载《战略与管理》，2002年第6期。

格的控制、减少政府定价的范围和对价格补贴的幅度开始,从一般消费品价格,逐步过渡到基础产品的价格放开,使产品的价格由市场调节。

印度也在放松对价格的管制。管理价格机制是印度过去在商品流通领域内实行国家干预的一种形式。在半管制经济体制下,印度政府通过对主要必需品的价格进行严格控制来保证供应和平抑通货膨胀。直到1982年,依据《1955年必需品管制法》被列为监控名单的商品共66种,其中包括各种重要工业原料如钢材、水泥、石油制品、化工品、化肥以及糖和棉布等日用必需品。政府对这些商品实行管制价格或管制价格与市场价格并行的双重价格,并对这些工业的生产、销售和库存实行监控。自1991年实行市场导向的经济改革后,已有许多商品从管制价格监控的名单中删除。目前,仍受到管制价格监控的主要是4类商品,即石油制品、化肥、食糖和药品。

在中国,市场形成价格的机制正在不断完善过程中。2001年,市场定价在社会商品零售总额、农副产品收购总额和生产资料销售总额中所占比例分别达到97.3%、97.3%和90.5%,市场价格已经成为基本价格形式。

可见,包括中国在内的发展中国家在价格管制方面的改革都比较深入,在较高程度上实现了市场自发调节和政府有选择地调控相结合、以市场为主的价格形成机制。

二、企业的市场化

阿根廷、巴西、墨西哥、印度等发展中国家在经济改革之前均以国有企业或者公营部门作为国民经济发展的主导,同时对私营企业实行严格的管制和干预。随着经济自由化和全球化的浪潮,经济改革中的发展中国家均把国有企业私有化和减少政府对私营企业的干预提上了日程。以下主要从国有企业私有化和私营企业改革两个方面分析中国和其他发展中国家的市场化发展。

(一)国有企业市场化

阿根廷、墨西哥、巴西在债务危机之后由于财力受到限制，国有企业，特别是亏损的国有企业成为拉美国家调整的重点，由此拉开了国有企业私有化的序幕。这三个国家之间在实行私有化的过程中有很大差别。按照联合国拉美经委会对17个国家11个部门（金融服务业、交通、电信、电力、自来水、港口、公路、石油、燃气和石油化工、农工企业、矿业）的私有化情况的分析，可以分三种类型来分别考察各国的国有企业私有化过程。其中阿根廷、墨西哥属于第一类：私有化推进速度比较快，涉及的领域也比较广泛。巴西属于第二类国家：私有化过程比较谨慎，涉及部门不足11个部门中的一半。

墨西哥政府一方面将非战略性国有企业出售给私人，实行私有化；另一方面对具有战略意义的大型国有企业进行整顿。到1994年，墨西哥国有企业的数量已经由1982年的1155家减少到不足80家❶。1989年以前出售的中小企业有80%出售给私人，20%出售给社会部门（企业职工认股或者由行业工会购买）。债务资本化也是墨西哥国有企业私有化的重要途径。1989年以后，许多大型国有企业通过股市出售。20世纪90年代的头5年里，政府从私有化中得到了大笔资金，通过私有化获得的收入占墨西哥政府财政收支的11.48%。除了将非战略性国有企业实行私有化以外，墨西哥仍将具有战略意义的大型国有企业留在政府手中，为提高其经济效益，并对其进行了整顿和改组。

阿根廷是在1989年梅内姆上台后推出私有化计划的。1990年私有化收入占阿根廷政府财政开支的12.43%。到1994年的短短几

---

❶ 美洲开发银行：《拉美改革的得与失》，社会科学文献出版社1999年版。

年，阿根廷通过私有化减少了将近180亿美元的外债，相当于1994年该国外债总额的1/4左右。

巴西逐步推进私有化进程，早在20世纪70年代就制定了国有企业私有化计划，但长期没有取得实质性进展。90年代后半期，巴西国有企业私有化才进入高潮，先后完成钢铁、石油化工、铁路等部门的私有化。1997年，巴西私有化收入达到174亿美元，其中包括联邦政府出售多西河谷矿业公司、几家发电厂和移动电话公司等，以及州一级政府出售的电力分配企业和电话公司的股权。1998年，出售巴西电讯公司所属12家企业的成交额达190亿美元。据统计，1991—1998年，巴西国有企业私有化收入共618亿美元，加上国有企业债务的转移，总额达854亿美元❶。但巴西的许多大企业仍然掌握在国家手中。

印度自独立以来到20世纪90年代初，一直奉行公私并举的"混合经济体制"。印度政府投资了数万亿卢比建立起200多家国有企业，涉及机械、能源、航空、电力、军工、纺织、银行等要害部门以及国民经济生活的方方面面。印度于1991年开始实行以出售政府股份为主要内容的国有企业产权改革，售股企业转为股份制经营。1996年8月，印度成立"国有企业股份出售委员会"，其职责是就出售国有企业股份的比例、办法和时间等向政府提出建议。委员会对国有企业改革的基本看法和建议：军工、核能、与核能有关的产业及铁路属战略行业，应由政府独家经营，不实行产权改革；对资本和技术密集、持续盈利、占有较大市场份额并具有长远竞争力的核心企业，政府保持不低于51%的控股；对大部分非核心企业实行"战略性"出售；在旅店等服务性行业和部分轻工行业，政府将寻机彻底退出；对亏损严重没有社会效益又无法出售的企业，则予以关闭、变卖；对已决定出售但经过改造可以增值的企业，则先改造后出售；售股收入专用于国有企业的改造和自愿退职

---

❶ 巴西《四月年鉴，1999》。

计划，不得用于冲抵财政赤字。经过多年努力，印度的大型国企已减少到46家，但国有电话公司、航空公司和银行这些各自行业中的"巨无霸"却撤资进展缓慢。整体来说，相对拉美等发展中国家的私有化，印度的国有企业私有化步伐是较缓慢的，长期以来，国有企业效率低下和经营状况不佳一直让印度各届政府挠头不已，现已成为制约印度深化经济改革的一大难题。

从表16-5可以看出，从20世纪80年代后期到20世纪90年代，发展中国家国有企业创造的增加值在国内生产总值中的比重整体呈现下降趋势，政府在生产中的直接参与正在弱化。

表16-5　国有企业创造的增加值与GDP的比率　　（%）

时间	1985—1990年	1990—1997年
阿根廷	2.7	1.3
巴西	7.7	7.4
中国	—	
印度	13.4	13.4
墨西哥	6.7	4.9

注：中国国家统计局计算数据显示，中国国有经济创造的增加值与GDP的比率在1992年高达46.43%，2000年降为39.38%，2001年为36.63%，下降趋势明显。

资料来源：世界银行：《2000/2001年世界发展报告：向贫困开战》。

从1992—2001年，中国国有经济创造的增加值与GDP的比率也快速下降。从绝对量上看，中国的这一比重高出其他国家，但这不能由此而简单地认为中国企业的市场化程度低，因为中国国有企业改革的模式与拉美、印度等国家有明显的差异。中国的企业改革并非简单地将国有企业私有化，而是进行公司制改革，将国有企业市场化和部分国有企业非国有化相结合。中国已经通过公司制改组使非国有资本进入国有企业,从一定程度上改变了原国有企业独资或国家股"一股独大"的格局,国有企业市场退出机制正在形成。比较这几个发展中国家国有企业创造的增加值与GDP的比率的相对下降量及下降速度,中国是下降最多且最快的。

无论国有企业私有化程度多高,各国政府都对某些重要部门进行控制。阿根廷在对包括石油公司在内的许多国有企业进行私有化的时候没有对国有银行进行私有化,银行部门的一半仍由政府控制。墨西哥在对该国包括银行在内的众多国有企业实行私有化的时候仍保留了在国民经济中占重要地位的国家石油公司,电力公司也几乎由国家垄断。巴西则选择了工业作为该国私有化的切入点,工业部门的私有化收入占20世纪90年代巴西私有化收入的3/4左右,但其他部门大多数企业还未私有化。印度的私有化过程则受到了来自各方的阻碍,在电信行业国家至今仍是电信市场上的主导经营者,私有化在制造业领域受到的工会和官僚的牵掣要比在服务业领域大得多。中国的国有企业改革也是与其他发展中国家一样,根据本国国情选择重点放开的部门,也保留部分部门仍由国家控制。

(二)非国有企业改革

印度非国有企业改革的方式:进行经营范围的调整,投资高利润产品,大财团纷纷投资基础设施部门,建立出口部门和地区管理集团。这种"战略经营单位"的迅速发展使多种经营单位更易管理,其职能为自主经营,有自己的生产、市场渠道和人力资源,能很快适应市场变化。与跨国公司结成战略联盟,进行技术调整,扩大研究开发投资和通过引进技术使产品技术升级。通过自愿退休计划裁减工人和管理人员,降低生产成本。印度所有的私营企业不得不进行上述的面向市场的调整。有2/3的私营企业在20世纪90年代初已经进行企业调整。

中国的非国有经济迅速成长。在中国最早发展起来的非国有企业是农村乡镇企业和城镇个体户。现在非国有企业在国民经济建设中的贡献率越来越大。

三、货币与金融的市场化

对于发展中国家来说，实现货币与金融市场化的过程实际上也是改革旧体制建立新体制的过程。经过近20年的改革，中国已经以稳健和渐进的方式基本建立起了自己的货币与金融市场体系。而同为发展中国家的阿根廷、墨西哥、巴西等拉美三国及印度在金融市场化改革的方式上却走了一条不尽相同的道路。下面从金融服务准入、信贷自主权的维护、利率和汇率的市场化状况等方面比较中国和其他发展中国家的货币金融市场化情况。

（一）金融服务准入

表16-6显示了印度、阿根廷、巴西、墨西哥四个国家在金融服务的市场准入方面与中国的比较。

表16-6 金融服务方面的市场准入比较（1997年）

国家	现状	WTO金融服务协议
印度	允许每年对外国银行分支机构发放8张许可证。根据投资数额，允许对非银行金融机构至多100%的所有权	对100%所有权的保险子公司承担义务，然而不能介入分支机构；对每年8张新外国银行分支机构许可证的限额承担义务。对股票经纪业49%的所有权和其他金融服务51%的所有权承担义务
阿根廷	在所有部门里允许100%的所有权	确保在银行业和证券业100%的所有权

续表

国家	现状	WTO 金融服务协议
巴西	根据不同的情况,允许对现有银行至多 100% 的所有权,允许对投资银行 49% 的所有权,在保险业里允许 50% 的所有权,然而不允许设立分支机构或子公司	确保在银行业和证券业 100% 的所有权,根据不同的情况会受到授权的影响。对 100% 所有权的保险子公司承担义务,根据不同的情况会受到授权的影响,然而不能介入分支机构
墨西哥	对 NAFTA,银行子公司的所有权允许为 100%,对非 NAFTA 则为 41%;对非 NAFTA 允许对保险业的所有权为 49%;在证券业允许 49% 的所有权	结合 NAFTA 在保险方面的义务;对保险子公司和分支机构 100% 的所有权承担义务
中国	1979 年开始有限度地开放金融市场。1982 年,准许外资银行在内地成立营业分支机构,准许在 5 个经济特区经营外币兑换业务。1996 年 12 月,准许 8 家外资银行在上海经营人民币业务。1999 年承诺可开放更多的城市	2005 年 1 月前,取消所有地域限制,取消所有客户限制。取消目前大限制外资银行经营的法定形式,包括分支机构及许可证在内的非审核限制。根据审核标准发放许可证。允许外资银行参股中资银行。允许部分国外合资公司参与国内基金管理

资料来源:阿根廷、巴西、墨西哥、印度等国根据各国外经贸资料及相关报告整理,中国根据美国 2000 年 2 月公布的中美 WTO 谈判报告及相关资料整理。转引自《金融服务业应对入世市场开放的策略》http://210.41.242.1/wto/5/glsw/d4z/d3j.htm.

不难看出,中国在市场准入上的自由化步伐很快。由于地方和部门利益的压力,中国金融机构往往会在地区之间互相仿效和拉平,导致实际的金融机构数量锐升。所以,整体来看,中国金融机构准入的自由程度相对来说是不低的。

（二）信贷自主权的维护

印度 1949 年的《银行管制法》赋予印度储备银行管制商业银行的广泛权力。根据规定，印度储备银行有权使用任何数量上和质量上的方法进行信贷控制。具体手段和办法是改变银行利率，实行有选择的信贷控制和公开市场业务，准许和不准许专门集团和个人贷款等。不过由于印度的货币市场不发达，这些控制办法和手段都未达到预期的效果。

阿根廷出台了私有化和放松管制的法规，1988 年汇率并轨；1991 年实行了自由兑换计划，并减少了准备金规定；1994 年推出的《金融机构法》允许外国银行进入，并取消了以前的互惠要求，确立了国民待遇原则，暂停发放新的银行许可证的规定也取消了。在金融深化的背景下，信贷自主权也得到比较全面的贯彻。

巴西有发达的金融业与健全的金融体制，与印度相仿，其国营金融机构居于主体地位，享有较大的干预权限。巴西对处于困境中的本国企业有强制银行信贷的应急性干预措施。巴西中央银行行长阿米尼奥·法拉加曾于 2002 年 8 月 12 日表示将采取各种强制性措施，让巴西的银行系统继续向陷入窘境的巴西公司提供商业信贷。巴西的信贷自主权也未能充分地实施。

1998 年年底，墨西哥颁布了《银行储蓄保护法》，并出台了《墨西哥银行（央行）法》《国家证券和银行委员会法》《联邦存款保障基金法》和《财产收复委员会法》，相应地修改了《金融团体监管法》《贷款机构法》《贷款组织机构及相关活动法》《证券市场法》和《投资机构法》。与此同时，墨西哥立法机构增加了国会在银行救助和清算以及监督银行储蓄保护基金会方面的参与力度。《银行储蓄保护法》建立了银行储蓄保护机制，规定了银行储蓄保护局所担保的债务的范围、资产购置的规章制度、职权范围等制度，并规定了违法行为及相关的制裁措施。

比较以上几个国家的银行信贷自主权可以看出，发展中国家都通过立法形式在一定程度上保证了银行的信贷自主权，不过由于各国的金融市场完善程度不同而使得这一改革的效果有很大差别。印度和巴西的境况离市场化的要求更远一些，中国在这一方面的市场化程度较高。

（三）利率市场化

阿根廷从1976年开始了利率市场化的改革。1977年，所有存贷款利率全部放开，取消了对银行的信贷管制，废止了一直推行的100%的高准备金制度。与此同时，新的审慎的管理条例也开始制定和实施，这场迅速的金融自由化改革一时举世瞩目。1980年金融危机爆发，政府被迫对其他金融机构进行干预，1978年5月，60多家金融机构被清理，金融自由化政策被彻底放弃，大多数种类的存款利率被重新修订，实际利率达到很高的负值，存贷款利差进一步扩大，阿根廷重新推行严格的金融管制政策。此后，阿根廷利率一直有较高程度的管制存在。

印度利率市场化改革前，存贷款利率处于完全管制状态。1988年将贷款利率上限改为下限；1992—1995年为定期存款利率设置上限并不断调整上限值；1992年后优先贷款利率逐渐放开并减少优先贷款种类；1994年放开20万卢比以上的贷款利率；1995—1997年从长期存款开始，逐渐取消了定期存款利率上限；1998年有条件地放开20万卢比以上的贷款利率；仍受管制的利率包括储蓄存款利率、邮政储蓄利率、非居民持有的卢比存款和20万卢比以下的贷款利率。目前经济中大多数利率已由市场供需状况决定。但是，由于存在着巨额的合同小额储蓄（如企业职工储蓄基金），这些小额储蓄利率偏高，并且属于由政府担保的管制利率，因此，这些合同小额储蓄严重制约了利率下降的趋势。

以阿根廷为代表的拉美国家利率市场化改革是典型的激进模式。在短短的几年时间内放开了对利率的管制。其本意是要促进金融业的竞争，提高资金的配置效率，以此来稳定宏观金融形势。但是,利率市场化改革实施后,金融机构正常的竞争因素未发挥主要作用,相反银行却被一些大集团所拥有,成为它们的资金供应商,加上监管不力,导致贷款质量下降,坏账增加。巨大的劣质金融资产说明金融资源的配置效率是低下的,从这个角度看,改革是失败的。主要原因在于管制可以在短时间内放开,但是制度的建设却无法一蹴而就。而印度和中国都是采用渐进式的利率改革模式。但是印度等东南亚国家的利率改革普遍存在一个问题,即没有有效地改善制度环境。市场化的资金定价机制与脆弱的制度环境之间的矛盾积累到一定程度,便促成了后来的东南亚金融风暴。

(四)汇率市场化

巴西在1992—1993年爆发通货膨胀后,当局制订了一个以汇率为基础的稳定计划,采纳了积极的渐进式钉住汇率制。尽管巴西当局未能维持财政纪律,经常项目赤字继续扩大,但是通货膨胀的确下降了。巴西因此而采纳了与通货膨胀目标相结合的限制性浮动汇率制,这让当局有机会降低利率以对抗严重冲击(例如贸易下降),并避免经济衰退。在此背景下,巴西的汇率受到较为严格的限制。

墨西哥有一段很长的时间试图实行钉住汇率制,但后来未能够维持钉住汇率,不得不贬值货币。1994—1995年的货币贬值程度超出了原本估计的范围。于是墨西哥政府进行了一次汇率赌博,将其债务以美元来计算而不是墨西哥比索。与巴西一样,墨西哥也因采纳结合了通货膨胀目标的浮动汇率而获得成功。

阿根廷政府在1991—1992年颁布《可兑换法》,规定比索和美元的比价固定为1∶1,事实上把中央银行变成货币局,实现了抑制恶性通胀的目标。但经历1990年以来持续3年的经济衰退,阿根廷的弱势经济难以支撑美元这样的强势货币。2001年3月,卡瓦略提出了比索钉住一揽子货币的计划,同时钉住美元和欧元。

印度的汇率变动到20世纪90年代以前一直幅度很小,在90

年代后才有所增加（见表 16-7）。汇率市场化还在进行中。

表 16-7 印度名义汇率变动情况及标准差

时间	标准差	变动值
1961—1970 年	0.023	0.0325
1971—1980 年	0.089	0.0152
1981—1990 年	0.103	0.019
1991—2000 年	0.259	0.356

资料来源：International Monetary Fund Working Paper（wp/01/03）Kenneth Kletzer and Renu Kohli, Financial Repression and Exchange Rate Management In developing countries: Theory and Empirical Evidence for India.

对于发展中国家而言，当前的实际情况是汇率在很大程度上体现为一种承诺，向本国（地区）人民和外国投资者做出的对本国（地区）经济发展前景的承诺。它们在布雷顿森林体系崩溃后逐步确立的管理浮动制或目标汇率制已经不再适应新的形势❶。一般而言，发展中国家采用固定汇率制要比浮动汇率制更为有利，然而固定汇率制的缺陷在于中央银行确定的汇率可能因不尽合理而无法维持，而且中央银行为维持汇率有时要提高利率，这对于经济发展更为不利。在经济全球化不断深入的今天，要成功维持固定汇率有三种办法：一是保持广泛严格的资本流动控制，以限制投机冲击，印度等国就采用这种方法；二是采用货币局制度，例如阿根廷；三是推行美元化政策，墨西哥在 1999 年开始考虑这个方案。整体比较后可以说，中国的汇率机制市场化程度与印度大致相当而高于阿根廷、墨西哥和巴西。

---

❶ 管理浮动制和目标汇率制都允许汇率有限浮动。其主要区别：在管理浮动制下，汇率浮动的适当范围是根据实际情况不断调整的；目标汇率制追求满足事先确定的上下限（目标区）。

四、劳动力和土地交易的市场化

劳动力和土地作为两大生产要素,其自由化程度是衡量一国市场经济成熟与否的重要标准。因此,我们从劳动力市场改革和土地改革两方面来比较中国和其他发展中国家的市场化发展是有意义的。

(一)劳动力流动自由度

市场经济需要与之相适应的劳动力市场。劳工立法改革成为中国和巴西、墨西哥、阿根廷等拉美发展中国家经济改革的重要组成部分。

拉美国家有关劳工范畴的改革一直很困难。拉美现行的劳工立法还是与"进口替代"工业化战略、大规模国有化、国家积极干预经济和对市场高度保护相适应的。拉美的劳动力市场有三大特点:一是高度的就业保护,一旦签订劳动合同往往是长期的甚至是终身的;二是集体谈判居重要地位,拉美工会历史悠久,力量强大,工会既作为劳动力市场中工人一方的代表与资方进行集体谈判,从而影响劳动力资源的市场配置,又通过直接或间接的影响推进政府以各种法规和政策介入劳动力市场;三是高社会福利保障。

拉美劳工立法改革是一个整体性改革,涉及劳资关系的各个方面。各国的改革方案、步骤和深度不尽相同,有的方案已经实施,有的方案已提交议会讨论,有的方案尚在政府内部进行讨论。从现在的改革进展来看,大部分拉美国家的改革虽涉及面较广,但多为小规模调整。阿根廷在 1996 年提出一揽子劳工立法改革方案,主要涉及劳动合同的订立和解除程序、关于集体合同的签订与执行、劳动报酬方面的法规、劳工争议处理和工会权利等。但是这个方案正式提交议会后受到工会和反对党的一致反对,工会组织了全面罢工,议会在激烈辩论之后否决了政府议案。此后政府虽以行政命令的形式颁布亦因多方抵制而取消。墨西哥总统在20世纪80年代末就提出劳工立法改革方案,并建立劳工立法改革委员会,后由于多方制约表示"现在不是改革的时候",代之以签订三方社会协议❶。

从目前拉美劳工立法改革的进展来看,问题主要在于:经济发展的不稳定性,居高不下的失业率,以及长期忽视社会问题造成的贫富悬殊等因素,制约着劳工立法改革方案的实施。到目前为止,不少国家政府的方案在议会几经沉浮,迟迟不能出台。阿根廷的改革是以总统采取强硬的手段推出的。墨西哥最大的工会联合会——墨西哥工人联合会(CTM)的总书记非德尔·维拉斯克在评论墨西哥政府的劳工立法改革意图时曾指出:"一旦形势好转",劳工立法是可能的。❷

与以上国家比较,中国的劳动力市场化还是领先一步的。中国自1994年劳动法颁布以来,劳工立法已经有很大进展。由中国科技促进发展研究中心和挪威方面共同主持的"中国城市就业与劳动力流动"研究表明:当前,政府在劳动力配置中的作用明显下降,就业人员中由政府安置获得工作的仅为10%~15%;非制度化就业方式成为"主角",个人社会关系网络成为初次就业的主要方式,有20%的人通过正式市场获得初职;工会在劳动权益保护方面发挥着重要作用,在其他条件相同的情况下,有工会的企业为职工提供了更多的权益保护和福利;人们的职业流动变得更为频繁;地域流动也是劳动力流动的一个重要组成部分,流动人口不是"盲流"而是有目的的,即已经找到了一份工作才开始"流动",其中50%为女性;个人的"受教育水平"取代"政治面貌"成为就业成功的重要因素。

---

❶ 美国:《拉美时代》,1993年7月。
❷ 英国:《拉美商情》,1995年7月17日。

（二）土地交易自由度

对于绝大多数发展中国家来说，农业是国民经济持续发展至关重要的基础，而像印度和中国这样的发展中的农业人口大国尤其如此。

印度的土地法阻碍了土地的流转和土地市场的形成，是印度农业发展的障碍。印度实行地主土地所有制。私人企业很难大规模购买或者租用土地，无法实现规模经营。土改不会对现行土地政策做根本性的改变，改革只能在一定程度上放宽土地持有的最高限额和对地租的限制。

阿根廷、巴西、墨西哥历史上形成的大地产制度造成农村土地占有的高度集中。在工业化过程中，这三个国家虽然进行过一些土地改革，但总体上没有改变广大农民无地、少地的境况。

中国1979年开始的包产到户的家庭承包制，使农民真正拥有了对土地的使用权，在很短的时间内基本解决了中国的温饱问题。比较中国和其他几个发展中国家的土地改革成果，中国的土地改革是进行得比较彻底的。随着土地经营权（一种产权）流转的实现，符合市场经济要求的土地制度将在中国逐步完善，土地作为一种要素在市场中的自由度逐渐增加，土地市场正在形成。

五、对外贸易的自由化

阿根廷、巴西、墨西哥等国正在推行从贸易限制向贸易自由化改革。从出口政策的调整入手鼓励本国产品出口，增加外汇收入，继而改变传统的进口政策，最终推进贸易领域的自由化，其中的核心是从限制进口的关税和非关税壁垒向消除壁垒的贸易自由化转变。此外，拉美地区的贸易自由化还有一个特点就是采取地区一体化的方式来推进。

印度在1991年拉奥政府执政时，国际收支状况已经处于绝境，这驱使新政府把外贸改革放在首要位置。从卢比贬值到改革汇率体制，从进出口许可证的简化放宽到基本取消，从贸易的非国营化到给私营大出口厂商越来越多的优惠和鼓励，从普遍降低关税到实行"免税计划"等，政府不断推出新的贸易政策措施。

（一）关税政策

从债务危机初期，阿根廷、巴西、墨西哥三个拉美国家为了实现对外贸易的顺差，采取了分段小步到位的对外贸易政策的调整，逐步取消关税壁垒的进程在1985—1990年最为迅速。他们从降低关税入手，减少关税种类，统一关税。当时地区平均关税从40%降至15%，最高关税从83.7%下降到41%，对大多数国家而言，关税的削减只用了2～3年时间，削减幅度达到50%❶。各国的具体情况为：巴西的平均进口关税已由1990年的34%降到现在的13%；到1998年年末，墨西哥的最高关税率由原来的100%降到20%，平均关税率由1982年的27%下降到9%，免税商品已经占全部进口商品的82%❷，关税等级由1985年的10级减少到5级；阿根廷的平均关税从1987年的45%降低到1991年的12%，其中制成品的进口关税为22%，生产用制造品的进口关税为13%，初级产品的进口关税为5%，资本品除汽车外的进口实行零关税。还需要强调的一点是，除与有关的贸易伙伴谈判约定外，各国关税税率基本固定，一般不再将关税提高到规定的限度以上。

印度的外贸改革中有多项涉及关税的政策：①普遍降低关税水平。1991年把最高关税降为150%，1992—1993年降至110%，1993—1994年度再度降至85%。目前，印度关税制度规定的基本税一般为20%，辅助税除有特殊税率的原油、乙炔、塑胶、氯化物之

---

❶ 美洲开发银行：《拉美改革的得与失》，社会科学文献出版社1999年版，第32页。

❷ 美洲开发银行：《拉美改革的得与失》，社会科学文献出版社，1999年版，第30页。

类的商品外,一般实际采用的最大税率为从价税的 45%。②关税减免。印度有对出口商的免税细则。根据细则规定,有 6 种许可证不能混用。第一种为预先许可证,注册过的出口商可以凭这种许可证进出口免税原料、备件和消费品;第二种是通用预先许可证,适用于有信用保证的、出口效益达到或超过了最低规定限度的出口制造商;第三种是中级预先许可证,发放给已注册的出口制造商来进口制造中间产品所需的材料,也可供直接出口用,或发给有预先许可证被称为最终出口商的其他出口制造商用;第四种是特殊预先许可证,持此种许可证可以进口免税材料供印度特定机构或工程项目制造产品用;第五种是整批免税许可证,发给国家贸易公司、金属贸易公司以及进出口主管部门指定的其他一些代理机构;第六种是保税预先许可证。它的发放目的在于免税进口外方供给的商品,在印度加工后再进行转口贸易。③推动出口的资本品(进口)计划。这是为了加快出口而对出口商品进行减税的措施。在该计划下,资本品的进口可享受 15% 的优惠税率。这个计划已经延伸到服务行业,即专业人员如建筑师、经济学家、医生及旅行社、饭店等,他们为了出口需要进口时也享受上述的低关税。

从表 16-8 中我们可以看到几个发展中国家关税税率的调整情况。2000 年,中国的加权平均关税税率已经降至 14.7%,相比之下,中国关税税率下降幅度是最大的。中国的关税税率与发展中国家的平均关税水平基本相当。

表 16-8　关税税率与标准差

指标	平均关税税率标准差				加权平均关税税率			
年份	1992	1996	1997	2000	1992	1996	1997	2000
阿根廷	7.4	7	6.8	7.5	11.2	11.3	11.3	10.5
巴西	17.3 (1991年)	8.5	7.5	—	26.7 (1991年)	15.8	14.8	12.7

续表

指标	平均关税税率标准差				加权平均关税税率			
年份	1992	1996	1997	2000	1992	1996	1997	2000
中国	32.1	17.6	13.2	16.3	40.6	25.4	20.9	14.7
印度	—	—	14	12.3（1999年）	—	—	27.7	28.5（1999年）
墨西哥	4.3（1991年）	10.6	10.6	9.2	13.1（1991年）	13.2	13.2	15.4

资料来源：World Bank：World Development Indicators, online services.

（二）非关税壁垒

阿根廷、巴西、墨西哥等国的非关税壁垒逐渐消除，进口数量的限制、进口配额制度等都逐渐取消。墨西哥政府从1984年起逐步取消进口许可证制度，以关税替代进口许可证制度；同时，不断降低关税税率。1984年12月，政府取消了711种进口商品的进口许可证。这些商品占进口总值的16.4%。1985年墨西哥政府颁布法令，进一步将不受进口许可证限制的商品扩大到3064种，占全部进口商品的64.4%。到1989年就已经实现了98%的商品实行自由进口。

印度外贸体制改革也有多项内容触及非关税壁垒：1991年外贸政策规定取消对出口商品现金补贴，代之以出口外汇回扣凭证；改革进出口许可证制度，1992年，印度基本取消了许可证，规定除了"否定品目"外，所有商品的进出口均不再需要许可证。

（三）进出口政策

墨西哥积极鼓励非石油产品出口，大力发展出口制造业。本国制成品中除了极少数战略物资、珍稀动植物、受价格管制的产品之外，其他商品均可自由出口。对出口商的权益加以保护，从资金、税收、外汇使用方面对出口企业提供各种优惠。

为了鼓励出口，阿根廷政府早在1991年10月就取消了出口关税，再加上外汇管制措施的取消，大大改善了出口产品的相对价格。

印度促进出口体现在：①减少国营贸易公司专营的进出口领域，1992年宣布将有进口专营商品权的国营贸易公司由12家减少到5家。②鼓励私营出口商扩大出口业务，给予它们在"自我申报进口通行证计划"和"特别进口许可证"两个项目中的优惠措施。③对出口加工区和出口企业采取特别优惠的措施，例如享受免税进口资本品、原料、部件以及零配件；若使用国内制造的投入品，在征收其最终产品的增值税时可扣除这部分价格；全部外汇收入可以按市场汇率自由兑换。④为出口企业提供融资便利。

从表16-9的比较结果可以很明显地看出，中国改革开放以来的进出口贸易无论是绝对量还是在GDP中的相对比例都是增长最显著的。

表16-9 商品和服务的进出口额及与GDP的比率

国家	货物和服务进出口额（单位：亿美元）						货物和服务进出口与GDP的比率（单位：%）					
	出口			进口			出口			进口		
	1999年	2000年	2001年	1999年	2000年	2001年	1999年	2000年	2001年	1999年	2000年	2001年
阿根廷	124	264	267	41	252	203	10.4	9.8	10.8	4.6	11.5	11.4
巴西	314	551	582	225	585	—	8.2	10.6	10.9	7.0	11.7	12.1
中国	621	2494	2662	534	2251	2436	17.5	22.0	25.9	14.3	19.1	23.2
印度	180	424	436	236	513	496	7.3	12.0	14.0	9.9	15.1	16.6
墨西哥	407	1664	1585	435	1827	—	18.5	30.9	31.4	19.7	32.4	33.2

资料来源：《国际统计年鉴2002》，中国统计出版社2002年版。

参考文献：

[1] 美国开发银行.拉美改革的得与失（1999年）[M].北京：社会科学文献出版社.

[2] 世界银行.2000/2001年世界发展报告：向贫困开战[M].北京：中国财经出版社.

[3] 世界银行.2000世界发展指标[M].北京：中国财经出版社.

[4] 世界银行.2001世界发展指标[M].北京：中国财经出版社.

[5] 世界银行.2001年世界经济展望：发展中国家[M].北京：中国财经出版社.

[6] 世界银行.2002年世界经济展望：发展中国家[M].北京：中国财经出版社.

[7] 中国社会科学院拉丁美洲研究所.拉丁美洲研究[J].2000—2001年各期.

[8] 中国社会科学院拉丁美洲研究所.剪报资料—阿根廷经济，墨西哥经济，巴西经济部分（内部）[R].

[9] 中国社会科学院世界经济与政治研究所.世界经济年鉴[Z].1992，1995，2001.

[10] 江时学.拉美国家的经济改革[M].北京：经济管理出版社，1998.

[11] 江时学.拉美与东亚模式比较研究[M].北京：世界知识出版社，2001.

[12] 李明德，江时学.现代化：拉美和东亚的发展模式[M].北京：社会科学文献出版社，2000.

[13] 林承节.印度现代化的发展道路[M].北京：北京大学出版社.2001.

[14] 苏振兴.拉丁美洲的经济发展[M].北京：经济管理出版社，2000.

[15] 孙士海，孙培均.转型中的印度经济[M].厦门：鹭江出版社，1996.

[16] 张曙光.市场化与宏观稳定[M].北京：社会科学文献出版社，2002.

[17] 李晓西.亚洲金融危机实地考察[M].北京：中国人民大学出版社，1999.

[18] 魏杰.市场经济前沿问题——现代经济运行方式[M].北京：中国发展出版社，2001.

[19] 吴国平.21世纪拉丁美洲经济发展大趋势[M].北京：世界知识出版社，2002.

[20] 殷永林.独立以来的印度经济[M].昆明：云南大学出版社，2001.

[21] 王晓德.贸易自由化与拉美国家的经济发展[J].拉丁美洲研究，2002（2）.

[22] International Labor Office. Statistics On Occupational Wages and Hours of Work and On Food Price October Inquiry Results[R]. 1999, 2000.

[23] Jocoques Rogozinski, High Price for Change, Privatization in Mexico, Inter- American Development Bank[R]. 1999.

[24] Laura Randall: Changing Structure of Mexico. Political, Social, and Economic Prospects Armonk NY：ME Sharpe[R]. 1996.

[25] Organization for Economic Co-operation and Development.Trade Liberalization Policies in Mexico[R]. 1996. Statistical Abstract of India，（2000）.

[26] Organization for Economic Co-operation and Development. Statistical Abstract of India[R]. 1999.

[27] The World Bank.2002 World Development Indicators[R].

[28] Thomas J. Kelly, Middlebury College.Vermont：The Effects of Economic, Adjustment on Poverty in Mexico[M]. Burlington, VT：Ashgate Publishing, 1999.

[29] Werner Baer and Joseph S. Tulchin：Brazil and the Challenge of Economic Reform[M]. The Woodrow Wilson Center Press, 1993.

附录一　重点行业的典型企业市场化调查统计分析

2002年11月,《中国市场经济发展程度课题组》组织了实地调研和问卷调查。这次抽样调查,调查对象是国外对华反倾销涉及的重点行业中的36家企业(其中6家已获"市场经济地位"),并对其中的3家进行了实地考察。36家企业中,公司制企业31家,未改制的国有企业4家,未改制的集体企业1家;国有及国有控股企业19家,外商投资企业5家。从36家企业的制度结构和运作看,它们已达到相当高的市场化程度(见附表1-1至附表1-7)。与此同时,我们还对中国新建集团公司(以下简称新建集团)国有企业进行了调查。新建集团的企业曾是中国计划经济特征最重的经济体。从新建集团国有企业的市场化改革中,可以看到中国最具计划经济色彩的国有企业,其政企关系和企业行为也发生了重大变化,从中我们可以体会到中国企业市场化改革的深度和广度。

一、样本企业总体分析

1. 样本企业的治理结构

36家样本企业中的31家公司制企业都建立有董事会和监事会,即比例都是100%。

在31家公司制企业董事长的产生上,12家企业根据股权最大原则进行选择,7家企业由董事会选举,1家企业由股东大会选举,2家企业由企业选定,2家企业由合资双方根据协议委派。这5种选择方式都属于市场方式，占31家公司制企业的77.42%。只有7家企业由政府委派，占22.58%。需要说明的一点是，由政府委派董事长的7家企业全部是国有独资公司。由于政府是企业资产的唯一的或最大的所有者，因此由它派出董事长符合股权最大原则。

在36家企业总经理的产生上，27家企业由董事会任命，2家企业由董事长提名，经控股股东内部程序决定，2家企业由集团公司任命，1家由最大资产所有者担任。这4种选择方式属于市场方式，占全部36家企业的88.89%。只有4家企业由政府任命，占11.11%，而这4家企业都是尚未改制的国有企业。

在31家公司制企业的董事长与总经理是否兼任上，25家企业是不兼任的，占80.65%。只有6家企业两职是兼任的，占19.35%。这反映了董事长和总经理作为两个不同利益集团的代表，已经在相当程度上予以明确。

2. 样本企业的决策

在企业决策方面，样本企业的自主性已达到比较高的水平。

在投资项目决策上，回答企业34家。其中27家选择企业自主决定，1家企业选择由股东大会按章程决定，2家企业选择集团公司决定。这3种方式属于完全的企业自主决策，占回答企业的88.24%。2家企业选择在政府授权范围内自主决定，这种方式接近自主决策，占比为5.88%。另外2家存在政府干预，占比为5.88%。

在企业改制决策上，回答企业29家。其中20家选择企业自主决策，2家需经集团公司批准（这两家企业是集团公司的子公司），这两种方式属于企业自主决策，占回答企业的75.86%。另7家存在政府干预，占比为24.14%。

在并购或被并购决策上，回答企业13家（只有这13家企业涉及这一问题）。其中10家选择企业自主决策，占回答企业的76.92%。另3家存在政府干预，占比为23.08%。

在生产决策上，在全部36家企业中，35家选择企业自主决策，1家选择集团公司决策。由于由集团公司决策的这家企业是集团公司的子公司，因此，实际上全部36家企业都是自主决策。

在产品价格决策上，在全部36家企业中，35家由企业自主定价，占比为97.22%。另1家的部分产品（军品）由政府定价，部分（民品）则自主定价，占比仅为2.78%。后一种情况可以视为企业部分自主决策。

在产品销售决策上，在全部36家企业中，35家由企业自主销售，占比为97.22%。另1家的部分产品（军品）由政府安排，部分（民品）则自主销售，占比仅为2.78%。与价格决策一样，后一种情况可以视为企业部分自主决策。

3. 样本企业的生产要素取得

在要素取得方面，除了未改制国有企业尚保留极少的计划成分外，其他已基本上实现市场化。

在原材料和基础产品（水、电、煤、气等）的来源上，全部36家企业都从市场上采购或以市场价获得，即以市场方式取得的占比为100%。

在土地获得上，回答企业30家，其中5家租赁，6家购买，4家转让使用权，9家由政府有偿转让，这4种方式属于市场方式，占回答企业的比例为80%。另外6家企业由政府无偿划拨，占20%，但这6家企业或是未改制的国有企业，或虽已改制，但土地划拨是在改革开放之前政府创办该企业时进行的。在24家通过市场方式获得土地的企业中，全部都已交费，但在成本中摊销的企业是18家，占75%。另6家尚未摊销，占25%。

在员工的雇用和解雇上，全部36家企业都由企业自主决定。在员工工资决定上，回答企业34家，其中13家由劳资双方自愿选择，20家由企业管理层自主决定，这2种方式属于市场方式，占回答企业的比例为97.06%。只有1家企业是由政府控制工资总额，而内部分配则由企业管理层自主决定，占比为2.94%。

在固定资产投资的资金取得上，回答企业32家。其中12家有银行贷款，占37.5%；3家有股市融资，占9.38%；30家有自有资金，占93.75%。这3种方式属于市场方式。只有5家国有企业（其中4家是未改制国有企业）存在财政拨款，占15.63%。

在流动资金取得上，回答企业33家。其中19家有银行贷款，占57.58%；2家有股市融资，占6.06%；29家有自有资金，占87.88%。这3种方式属于市场方式。只有2家未改制国有企业存在财政拨款，占6.06%。

4. 样本企业的对外贸易

36家样本企业都有对外贸易业务，其对外贸易的运作已基本实现规范化。

在产品的外销比例上，回答企业18家。其中15家不受限制，占回答企业的83.33%；3家企业受到限制，占比为16.67%。

在进出口经营权的获取方式上，回答企业34家。其中27家经审批制，占回答企业的79.41%；7家经登记制（包括1家外商投资企业自行获取），占比为20.59%。审批制是较早获取进出口经营权的企业所采用的方式，现在已经改为登记制，外商投资企业则自行获取进出口经营权，只需登记备案。

在外商投资企业中的外商利润汇出上，5家外商投资企业的外商利润都可以自由汇出，而没有任何限制。

在贸易方式上，在全部36家企业中，35家是全部现金入账，占97.22%；只有1家企业，其绝大部分贸易是现金入账，极小部分存在易货贸易，仅占2.78%

5. 样本企业的财会制度

中国的财会制度及法律是20世纪90年代以后参照国际标准，经几次修订而出台的，已与国际标准基本接轨。调查发现，样本企业的财会制度是很健全的，其运作是符合法规要求的。

在国有独资或国有控股公司中，国家是否按出资比例参与利润分配上，回答企业13家，全部都按出资比例参与利润分配。

在公司制企业是否按公司章程进行利润分配上，回答企业31家，全部能按公司章程进行利润分配。

在公司制企业能否按有关规定按时分红上，回答企业15家，全部都能按有关规定按时分红。

在是否执行现行国家《会计法》、会计账簿是否齐全、财务报表是否经过审计、记账方法是否按国家标准等方面，全部36家企业都做出了肯定的回答。

在亏损处理方式上，在36家企业中，35家自主解决，占97.22%；1家以其他方式（不含财政补贴）解决，占2.78%；没有企业寻求政府财政补贴。

在固定资产折旧方法上，在36家企业中，31家采用直线法，占86.11%；1家选择加速折旧法，占13.89%。

在无形资产摊销方法上，回答企业24家，全部采用直线法。

在坏账损失的核算方法上，回答企业32家。其中27家采用备抵法，占回答企业的84.38%；5家采用直接销账法，占比为15.62%。

在记账基础上，回答企业35家，全部采用权责发生制。

在计价原则上，在36家企业中，30家采用实际成本法或历史成本法，占83.33%；6家采用加权平均法，占比为16.67%。

在所得税的会计处理方法上，回答企业34家。其中32家采用应付税款法，占回答企业的94.12%；2家采用其他方法，占比为5.88%

二、样本企业分行业基本统计分析

本次抽样调查的36家企业，包括7家冶金企业（其中6家是钢铁企业），10家化工企业，9家外贸企业，9家机电及交通设备制造企业，1家医药制造企业。由附表6可以看出，在企业经营运作的主要方面，各行业并无大的差别。除了冶金行业的部分企业的董事长和总经理还存在政府干预外，其他行业和方面的政府干预已非常少，市场在各个行业和企业的运作中已占据绝对突出地位。

1. 冶金行业

冶金行业7家企业都是公司制企业。在董事长的产生上，4家企业由政府任命，2家根据股权最大比例原则产生，1家由董事会选举。由于由政府委派董事长的4家企业全部是国有独资公司，如前所述，这种选择方式也符合股权最大原则。在总经理的产生上，5家由董事会任命，2家由政府任命。在要素取得上，7家企业的原材料、基础产品（水、电、煤、气等）都从市场购买或以市场价取得，员工的雇用和解雇都由企业自主决定。在员工工资的决定上，4家选择管理层自主决定，1家选择劳资双方自愿决定，这两种方式都属于市场方式，没有本质的不同，只是前者市场化程度较高一点，后者较低一点。在经营资金来源上，5家回答企业中，有3家已不存在财政拨款，有2家企业只存在少量的财政拨款。在亏损处理上，7家企业都已放弃寻求政府财政补贴的传统方式，而选择自主解决。在经营决策上，在生产、价格和销售上，7家企业都已实现自主决策；在投资项目上，6家回答企业中有5家由企业自主决策，1家存在一定的政府干预。在贸易方式上，7家企业全部采用现金入账方式，反映了企业的贸易运作已实现高度规范化。在现行国家《会计法》的执行上，7家企业都已依法建立了规范的财会制度。

2. 化工行业

化工行业10家企业中有7家是公司制企业。在7家公司制企业董事长的产生上，3家根据股权最大比例原则产生，3家由董事会选举，1家由合资双方根据协议委派。在总经理的产生上，8家由董事会任命，2家由政府任命。在要素取得上，10家企业的原材料、基础产品都从市场购买或以市场价取得，员工的雇用和解雇都由企业自主决定。在员工工资的决定上，7家选择管理层自主决定，3家选择劳资双方自愿决定。在经营资金来源上，9家回答企业都已不存在财政拨款。在亏损处理上，9家企业选择自主解决，1家企业采用政府财政补贴和自主解决以外的其他方式（没有指明何种方式）。在经营决策上，在生产、价格、销售和投资项目上，10家企业都已实现自主决策。在贸易方式上，9家企业采用现金入账方式，1家企业存在少量易货贸易。在现行国家《会计法》的执行上，10家企业都已依法建立了规范的财会制度。

3. 贸易行业

外贸行业9家企业中有7家公司制企业（另有2家虽名为"公司"，但并没有真正改制）。在7家公司制企业董事长产生上，1家由政府任命（该公司为国有独资公司），3家根据股权最大比例原则产生，2家由董事会选举，1家由企业选定。在总经理的产生上，7家由董事会任命，2家由总公司或集团公司任命，而总公司和集团公司任命也是非政府选择方式，即也是市场选择方式。在要素取得上，9家企业的原材料、基础产品都从市场购买或以市场价取得，员工的雇用和解雇都由企业自主决定。在员工工资的决定上，7家选择管理层自主决定，2家选择劳资双方自愿决定。在经营资金来源上，8家回答企业都已不存在财政拨款。在亏损处理上，10家企业全部选择自主解决。在经营决策上，在生产、价格和销售上，9家企业都已实现自主决策；在投资项目上，8家回答企业中有6家由企业自主决策，1家由集团公司决策，1家在政府授权范围内由企业自主决策。在贸易方式上，9家企业全部采用现金入账方式。在现行国家《会计法》的执行上，9家企业都已依法建立了规范的财会制度。

4. 机电及交通设备制造

机电及交通设备制造行业9家企业都是公司制企业。在董事长产生上，2家由政府任命（这2家公司都是国有独资公司），3家根据股权最大比例原则产生，2家由董事会选举，1家由企业选定，1家由合资双方根据协议委派。在总经理的产生上，7家由董事会任命，2家由董事长提名，经控股股东内部程序决定。在要素取得上，9家企业的原材料、基础产品都从市场购买或以市场价取得，员工的雇用和解雇都由企业自主决定。在员工工资的决定上，6家选择管理层自主决定，2家选择劳资双方自愿决定，1家由政府控制总额，内部由管理层自主决定。在经营资金来源上，7家企业已不存在财政拨款，2家还存在少量的财政拨款。在亏损处理上，9家企业全部选择自主解决。在经营决策上，在生产上，9家企业都是自主决策；在价格和销售上，8家企业是自主决策，1家企业是部分政府定价（军品部分），部分自主定价；在投资项目上，5家企业是自主决策，1家企业存在政府干预，1家企业由股东大会按章程决定，1家企业由集团公司决策，1家企业是部分政府控制（军品部分），部分由企业自主决策。在贸易方式上，9家企业全部采用现金入账方式。在现行国家《会计法》的执行上，9家企业都已依法建立了规范的财会制度。

三、样本企业中三家典型企业案例分析

案例一：云南马龙化建股份有限公司黄磷案

云南马龙化建股份有限公司（简称"云南马龙"）是在欧盟委员会修改反倾销法规后第一个获得市场经济地位的应诉公司。这也是欧委会第一次正面地、直接地对中国企业实施全面的核查。反倾销调查的产品是黄磷，该产品属原料性化工产品。欧盟市场是中国企业主要的出口市场，涉案金额较大。经过努力抗辩，本案最终以无损害结案，中国出口企业保住了这一重要出口市场。

1. 企业的性质和经营管理

云南马龙是一家改制上市的股份有限公司，其70%的股份由国有资产管理局持有。在应诉欧盟反倾销调查，争取市场经济地位时，云南马龙在所有制的转变、股权结构的再分配、资产评估的原则、企业采用的财务会计标准等方面具有很强的代表性。从经营管

---

❶ 本报告内容仅反映了当时企业的状况。

理角度，云南马龙完全按照我国公司法的相关要求和公司的章程规定设置公司内部的管理体制。

2. 核查所涉及的主要内容

欧委会的核查基本上分三部分：一是公司的组织机构；二是生产、销售和原材料采购；三是会计和成本。核查的重点突出表现在：公司章程、年度财务报告和审计报告、会计原则、生产与销售的决定权、记账是否规范、是否按照所说明的会计原则进行账务处理。

欧委会对于国有资产管理局的性质和职能进行了较为详细地询问了解，尤其是在公司的日常经营管理过程中，国有资产管理局如何具体实施管理职能？特别是70%的股权属于国有资产管理局，其他股东的权益如何保障？生产与销售的决定权和市场的选择是如何确定的？等等。

在产、供、销环节上，欧委会的核查主要从两个方面入手：①决策机构和形成决议的程序；②企业是否按照严格会计制度入账，会计方法的运用是否得当，销售量、产量、库存、原材料消耗是否一致合理，所有发票、凭证、账目的数据是否吻合。在生产明细账、销售明细账、库存明细账上，欧委会从所报出的数据，根据抽查方式，从明细账到发票、凭证，到付款、收款等环节做了实际账、票、证的核对。

在财务会计问题上，欧委会集中对"资产评估"的方法和原则以及资产折旧的计算进行了较细致的核查对证，其中包括改制过程中对资产评估所采取的方法和原则等问题进行了详细的询问、计算。由于云南马龙是改制上市的企业，欧委会非常关注该企业的资产在改制过程中是否有被扭曲的现象，是否受到了过去"国有计划经济"体制下的某些负面影响。在如何断定云南马龙是否恰当地采用了"历史成本"、"直线法折旧"、"一贯性原则"等问题上，欧委会集中挑选了几个主要的固定资产进行了计算。这一核查方法可以同时掌握企业的多方面信息，明确企业在转制过程中其资产是否受到重大扭曲,也即通过对主要固定资产的计算来核证企业采取的是否是"一贯性会计"原则。

通过对原材料的核账,以及产、销、库存、主要成本的计算核实,欧委会基本掌握了云南马龙的会计账务处理的方法和规范程度,同时也了解到该企业在经营管理过程中是否按照法律和市场的规律进行决策,譬如内销市场和出口市场的选择,采购量的制定以及产量的调整等,通过细节上的查询取证,从具体数据到主要会计使用原则,从企业整体管理到局部管理,欧委会认定云南马龙符合市场经济的5条标准,集中体现了中国改制企业所走的过程和呈现的特点。

案例二:山东鲁安制药有限责任公司扑热息痛粉案

山东鲁安制药有限责任公司(简称"鲁安制药")是从原有的"集体所有制企业"转型为"有限责任公司"的企业,主要从事扑热息痛产品的生产和销售。2000年,欧委会正式立案对扑热息痛粉实施反倾销调查。中国3家企业参加应诉并全部申请市场经济地位。经过实地核查(两家企业),鲁安制药获得市场经济地位。经过相关部门和人员的努力、企业的配合和积极的抗辩,本案最终以无损害结案,中国企业保住了欧盟的出口市场。

1. 公司的转制与财务审计

鲁安制药原是集体所有制企业。随着中国经济改革的不断推进和法律框架的不断完善,该企业对其原有结构进行了有步骤的改制,形成了有限责任公司,股东为原企业的职工。欧委会在云南马龙黄磷案的基础上,实施市场经济地位的"预审"程序,即从提交的材料判断申请企业的资格。在这里需要提醒的是,"集体所有制"企业,无论是城镇集体所有制还是乡镇集体所有制,欧委会都无法明确判断其所属的"法律范畴",因此,基本上将它们划在"股权不明"或类似"全民所有制或国有"企业的范围。

黄磷一案的云南马龙属于转制上市企业,而扑热息痛一案的鲁安制药是通过企业内部的改制,将原来的"集体"所有制转变为"有限责任"公司。欧委会在核查过程中,对鲁安制药的股份结构、股东名单、股东的权益、股东大会的选举和代表、董事会的董事,以及转制过程中所需要的法律文件、批复、程序等进行了全面细致地核查对证。尤其是对股票与持股人、股票的买卖、转移、权益、每一股的股利计算等问题实施了周密核查。

相对于其他企业来说,欧委会对鲁安制药在组织结构上的核查进行得比较简捷,不像其他企业那么繁杂。这是因为:①该企业的性质已经彻底改变;②股东和股权明确。所以,管理机构所代表的一定是各股东的利益,其经营的理念也是为了极大地满足股东的要求,确保股东的利益免遭侵犯破坏。

2. 财务会计

鲁安制药的年度财务报表经过审计(尽管审计的内容、范围仍比较笼统),基本会计原则和使用标准在审计报告中有所描述。欧委会的核查步骤如同黄磷案的云南马龙,也是由三部分组成。在具体财务记账入账等方面,欧委会同样以各会计科目的明细账为切入点展开核查。譬如,主要原材料的购买以及获得的渠道核证;原材料的总数与明细账的库存、产出、销售等数据进行多方的交叉核对计算;按月份统计的销售量、生产量、库存结余等数据,从发票到凭证再到明细账,进行"双向"核对,并且根据企业报出的产成品与原料投入比例,核算原料消耗与库存等数据是否合理,等等。计算资产折旧,核对资产明细账的核查比较顺利。在成本核算、会计处理原则、银行贷款、利息支付等方面,详细地核查了支付凭证、银行证明、票据与账目是否统一。

从总体而言,鲁安制药的会计处理和账务处理基本符合会计通用原则,没有发现成本被重大扭曲,或采用不恰当的会计方法处理某些科目的现象。企业基本上按照公司章程的规定,按部就班地实施经营和业务发展战略,票、证、据、本、账管理得比较规范,数据如实反映在财务报表里,即账票一致,来源有据,支出有凭。

案例三：南京新资源国际金属有限责任公司钼铁案

南京新资源国际金属有限责任公司（简称"南京新资源"）是一个比较特殊的案例。欧盟 2000 年年底对中国钼铁产品出口进行反倾销调查，近 20 家企业参加了应诉。南京新资源是唯一获得市场经济地位的企业。钼铁产品的出口量相当大，企业对欧盟出口市场所占的份额异常关注。

欧委会发布反倾销初裁后，南京新资源参加了该行业组织的协调会议，欧委会以"情势变化"为由，认为南京新资源的市场经济地位有水分，在终裁阶段又被欧盟委员会予以撤销。南京新资源认为欧委会的这种做法触犯了欧盟的有关法律，将欧盟理事会告上了欧盟一审法院。目前，此案正在审理中。

南京新资源属于合资企业，股权结构比较简单，但是关联的企业和业务关系比较复杂。欧委会在市场经济地位核查时没有在公司的股东和公司性质、结构、组织等问题上进行过细的核查，重点主要集中在法律框架、文本证明、具体账目的核查上，内容极其广而且深。如关联企业往来账目的核证，几个不同原材料购买的核证，销售数据（内销和外销），收汇结汇证明，银行贷款合同，利息支付证明，固定资产的折旧，无形资产的摊销，销售发票，收款证明，关联企业之间的供货凭证、发票、账目记录、货款支付，出口货物的报关、收款、银行结汇，等等。虽然欧委会在某些地方发现了一些会计处理方法不妥的地方，但是，属于合理正常范围的"误差"，没有导致影响成本的不实或虚假。

注：欧委会核查市场经济地位的步骤及预审企业的资格。

以上三家企业均为欧盟国家反倾销调查对象，因此，这里简介一下欧委会核查企业市场经济地位的一些步骤和内容。欧委会核查市场经济地位的步骤：基本上分为"预审"和"实地"核查。在实地核查过程中，欧委会一般从 3 个方面入手核查：①企业的所有制性质（章程、纪要、股东会和董事会组成、管理机制运作）；②企业产、供、销管理控制（明细账、凭证、发票、支付、数据核对、库存、外销货运、保险、赊账销售、合同、协议等）；③企业的成本、会计原则（审计报告、财务报告、资产折旧、资产明细账、无形资产摊销、银行贷款、利润分配等）。

预审企业的资格：企业财务报告需经过审计，企业属于生产或进出口型企业，企业的国有成分较低，贸易公司具有生产企业与之关联。

四、中国新建集团公司市场化分析

中国新建集团公司（简称"新建集团"）是新疆维吾尔自治区的重要组成部分，在国家实行计划单列，实行政企合一的领导机制，自行管理内部的司法、行政事务，以整体向国家和自治区负责，是执行屯垦戍边的历史使命的特殊组织。国有企业是新建集团国民经济的支柱。改革开放以来，新建集团所属国有企业形成了以市场为导向，以原料为基础，布局日趋合理的体系，呈现不断市场化的趋势。

1. 新建集团所属国有企业的公司制改组

国有企业改制的主要组织形式是产权多元化的有限责任公司和股份有限公司。近年来，新建集团所属国有企业通过加大改革力度，较大程度地改变了原国有企业独资或国有股"一股独大"的格局。截至2002年上半年，新建集团所属1956家国有企业中有股份有限公司20家，有限责任公司854家，股份合作制企业70家，改制为公司的企业达到48.26%。在企业投资主体多元化、建立现代企业制度方面取得很大进展。另外，还有711家实行承包经营，185家实行租赁经营。

新建集团所属企业的上市从无到有。截至2002年上半年，已有新天国际、新疆天业、新农开发、伊力特、新中基、百花村、天宏纸业、天富电力等8家企业上市，占新疆上市公司总数的30%，其中有国家股的公司只有3家，占38%，其中百花村已成为国家一般参股企业（见附表1-8）。

2. **新建集团所属国有企业的治理结构**

中国新建集团公司于2001年成立新建集团国有资产经营公司，通过成立国有资产经营公司，在很大程度上解决了国有企业长期存在的所有者"缺位"和所有者对经营者的约束与激励"不到位"的问题。新建集团国有资产经营公司经过一年的运作，取得显著成效，盈利水平提高一倍。

无论是国有资产经营公司还是下属的改制企业，都重视明确股东会、董事会、监事会和经理层的职责，形成各负其责、协调运转、有效制衡的公司法人治理结构。如新天国际经贸股份有限公司，2000年曾经存在该公司与其控股股东新天集团公司董事长同为一人的高管人员交叉任职问题，有关部门提出整改意见，目前这一问题已得到解决。新建集团根据国家有关规定，专门提出"五分开"要求，即财务、人员、物资、业务和机构分开，致力于建立符合现代企业制度的法人治理结构。

在已改制的新建集团所属国有企业中，经营者的任用基本上由董事会决定。经营者的薪金决定基本上采用了贡献与绩效挂钩的方式。

3. **新建集团所属国有企业的生产经营**

在资金获得方面。新建通过上市公司进入资本市场，为国有企业提供了新的融资渠道。截至2002年上半年，8家上市公司通过股票发行上市、配股、增发新股等形式，共从社会募集资金累计30亿元。新天国际经贸股份有限公司发行企业债券2000万元。2002年，集团所属的青松建化和冠茸果农都已通过国家证监会发审委的审核，正待上市，计划融资6亿元。另有四家拟上市公司已完成改制辅导工作，正在进行上市申报工作。通过资本市场的融资功能，在很大程度上解决了新建集团所属企业的增量资金注入问题,缓解了新建集团经济发展的资金制约。

在财政补贴方面。在新建集团国有资产经营公司百余家权属(托管)企业中,只有通用航空公司有农业飞行补贴,农垦进出口股份公司和棉麻公司有进出口贸易补贴,占公司GDP的20%。其他企业,如工交物资供销公司以前享受的钢材、聚乙烯配额,非金属矿公司的溶剂油专营等,都已取消。

在人力资源获取方面。新建集团国有资产经营公司作为国有资产出资人的代表,是一个特殊企业,实行的是资本运作的方式,要求有一批懂市场经济和资本运营知识的高素质、复合型人才。公司注意建立人才的产生、流动和配置机制。一是从北京、深圳等地聘请、选调一批熟悉国企改革和资本市场运作的职业经理人作为骨干;二是采取社会公开招聘的方式,择优录用一批员工,90%以上的职工是合同制职工;三是与中国社科院、中央党校建立了协作关系,由他们定期选派在读博士到公司挂职工作。目前初步形成了一支博士、硕士在内的比较精干的员工队伍,保证了公司业务的高效运作。员工的工资决定也趋于市场化。

在生产经营自主权方面。新建集团所属国有企业能够自主决定生产经营活动,基本落实了14项经营自主权。如新天国际经贸股份有限公司顺应社会消费趋势,依托新疆特殊的地理和气候优势,实现了产业的转型,从原来的外贸业务转向葡萄酒的生产。加大葡萄产业的投资,引进欧洲最好的酿酒葡萄品种,已形成5万吨葡萄酒生产规模和15万亩葡萄基地,占到全区产量的40%。2001年实现利润7290万元,成为葡萄酒行业的新生力军。

4. 新建集团所属国有企业的市场退出

首先,对亏损企业实施破产重组、拍卖转让等。新建集团自1997年以来,累计实施破产企业35家,兼并企业62家,拍卖企业53家,仅2002年一年,新建集团破、并、关、售企业就达73家,

7家企业破产共核销呆坏账10.25亿元，4家企业债转股金额11.16亿元。

其次，允许其他企业对新建集团国有企业进行控股。如新建集团国有资产经营公司权属企业绿洲旅行社是国有独资企业，在与中国旅行总社合资合作过程中，为开拓市场，吸引资金，国资公司鼓励中国旅行总社以现金收购绿洲旅行社51%的股权，使中国旅行总社成为绿洲旅行社的控股企业。

通过以上分析可以看出，中国新建集团公司虽然是地处边陲、承担屯垦戍边的政企合一的特殊组织，但其国有企业也在进行全面的市场化改革。这足以证明中国国有企业市场化的成效，证明中国经济波澜壮阔的市场化进程在不断深化。

附表1–1　样本企业的治理结构

		企业数（家）	占31家公司制企业的比例（%）	占全部36家企业的比例（%）
公司制企业是否建立董事会	已建立	31	100	—
	尚未建立	0	0	—
公司制企业是否建立监事会	已建立	31	100	—
	尚未建立	0	0	—
公司制企业董事长的产生	市场选择	24	77.42	—
	政府选择	7	22.58	—
总经理的产生	市场选择	32	—	88.89
	政府选择	4	—	11.11
公司制企业董事长与总经理是否兼任	否	25	80.65	—
	是	6	19.35	—

附表 1-2 样本企业的决策

		企业数(家)	占回答企业的比例(%)
投资项目决策	完全自主决策	30	88.24
	基本自主决策	2	5.88
	政府干预	2	5.88
改制决策	自主决策	22	75.86
	政府干预	7	24.14
并购或被并购决策	自主决策	10	76.92
	政府干预	3	23.08
生产决策	自主决策	36	100
	政府干预	0	0
价格决策	自主决策	35	97.22
	部分自主决策	1	2.78
	政府干预	0	0
销售决策	自主决策	35	97.22
	部分自主决策	1	2.78
	政府干预	0	0

附表 1-3 样本企业的要素取得

		企业数(家)	占回答企业的比例(%)
原材料取得	市场上采购	36	100
	政府分配	0	0
基础产品(水、电、气等)取得	以市场价获取	36	100
	政府分配	0	0

续表

			企业数（家）	占回答企业的比例（%）
土地	获得方式	市场方式	24	80
		政府无偿划拨	6	20
	以市场方式获得土地是否交费	交费	24	100
		未交费	0	0
	以市场方式获得土地的费用是否摊销	摊销	18	75
		未摊销	6	25
员工	雇用与解雇	市场方式	36	100
		政府干预	0	0
	工资决定	市场方式	33	97.06
		政府干预	1	2.94
资金	固定资金	政府安排 财政拨款	5	15.63
		市场方式 银行贷款	12	37.5
		市场方式 股市融资	3	9.38
		市场方式 自有资金	30	93.75
	流动资金	政府安排 财政拨款	2	6.06
		市场方式 银行贷款	19	57.58
		市场方式 股市融资	2	6.06
		市场方式 自有资金	29	87.88

注：在资金取得上，每个企业可能同时存在几种方式，因此四种方式的企业加总数会超过回答企业总数（在固定资金和流动资金取得上分别有32家和33家回答企业），占比加总也会超过100%。

附表 1-4 样本企业的对外贸易

		企业数（家）	占回答企业的比例（%）
产品外销比例是否受限	不受限制	15	83.33
	受到限制	3	16.67
进出口经营权的获取方式	审批制	27	74.41
	登记制	7	20.59
外商投资企业中的外商利润的汇出	自由汇出	5	100
	受到限制	0	0
贸易方式	全部现金入账	35	97.22
	绝大部分是现金入账，极小部分存在易货贸易	1	2.78

附表 1-5 样本企业的财会制度

		企业数（家）	占回答企业的比例（%）
国家是否按出资比例参与利润分配	是	13	100
	否	0	0
公司制企业是否按公司章程进行利润分配	是	31	100
	否	0	0
公司制企业能否按有关规定按时分红	是	15	100
	否	0	0
是否执行现行国家《会计法》	是	36	100
	否	0	0

续表

		企业数（家）	占回答企业的比例（%）
会计账簿是否齐全	是	36	100
	否	0	0
财务报表是否经过审计	是	36	100
	否	0	0
记账方法是否按国家标准	是	36	100
	否	0	0
亏损处理方式	自主解决	35	97.22
	寻求政府补贴	0	0
	其他	1	2.78
固定资产折旧方法	直线法	31	86.11
	加速折旧法	5	13.89
无形资产摊销方法	直线法	24	100
	其他方法	0	0
坏账损失的核算方法	备抵法	27	84.38
	直接销账法	5	15.62
记账基础	权责发生制	35	100
	现金发生制	0	0
计价原则	历史成本或实际成本法	30	83.33
	加权平均法	6	16.67
所得税的会计处理方法	应付账款法	32	94.12
	其他方法	2	5.88

附表 1-6　样本企业分行业基本统计　　　　　　　　（家）

主要指标		冶金	化工	外贸	机电及交通设备制造	医药
董事长产生	回答企业总数	7	7	7	9	1
	市场选择	3	7	6	7	1
	政府选择	4	0	1	2	0
总经理产生	回答企业总数	7	10	9	9	1
	市场选择	5	8	9	9	1
	政府选择	2	2	0	0	0
原材料获取	回答企业总数	7	10	9	9	1
	市场上采购	7	10	9	9	1
	政府分配	0	0	0	0	0
基础产品取得	回答企业总数	7	10	9	9	1
	以市场价获取	7	10	9	9	1
	政府分配	0	0	0	0	0
员工雇用和解雇的决定	回答企业总数	7	10	9	9	1
	市场方式	7	10	9	9	1
	政府干预	0	0	0	0	0
员工工资的决定	回答企业总数	5	10	9	9	1
	市场方式	5	10	9	9	1
	政府干预	0	0	0	0	0
资金来源	回答企业总数	5	9	8	9	1
	无财政拨款	3	9	8	7	1
	有财政拨款	2	0	0	2	0
亏损处理方式	回答企业总数	7	10	9	9	1
	自主解决	7	10	9	9	1
	寻求政府补贴	0	0	0	0	0

续表

主要指标		冶金	化工	外贸	机电及交通设备制造	医药
生产决策	回答企业总数	7	10	9	9	1
	自主决策	7	10	9	9	1
	政府干预	0	0	0	0	0
价格决策	回答企业总数	7	10	9	9	1
	自主决策	7	10	9	8	1
	政府干预	0	0	0	1*	0
产品销售决策	回答企业总数	7	10	9	9	1
	自主决策	7	10	9	8	1
	政府干预	0	0	0	1*	0
投资项目决策	回答企业总数	6	10	8	9	1
	自主或基本自主决策	5	10	7	8	1
	政府干预	1	0	1**	2***	0
贸易方式	回答企业总数	7	10	9	9	1
	全部现金入账	7	9	9	9	1
	存在少部分易货贸易	0	1	0	0	0
新《会计法》的执行	回答企业总数	7	10	9	9	1
	已执行	7	10	9	9	1
	尚未执行	0	0	0	0	0

注:* 在交通设备制造行业中,有1家企业的军品的价格和销售受政府干预,其民品则完全由企业自主决定;** 在外贸行业中,有1家企业的投资项目是在政府授权范围内自主决定;*** 在机电及交通设备制造行业中,有1家企业的军品的投资项目受政府控制,其民品的投资项目则完全由企业自主决定。

附表1-7 中国企业市场化抽样调查分行业基本统计

序号	企业名称	所在行业是否反倾销涉案企业	是否已经获得"市场经济地位"	董事长产生方式	总经理产生方式	原材料获取方式	基础产品获取方式	员工雇用和解雇的决定方式	员工雇资的决定方式	资金来源中是否有财政拨款	亏损处理方式	生产决策方式	价格决策方式	销售决策方式	项目决策方式	贸易方式	是否执行国家现行会计法
1	柳州有色冶炼股份有限公司	是	是	3	1	1	1	1		否	1	1	1	1	1	1	是
2	鞍山钢铁集团公司	是		2	3	1	1	1			1	1	1	1	1	1	是
3	本溪钢铁集团有限责任公司	是		2	2	1	1	1	2	否	1	1	1	1	1	1	是
4	广西八一铁合金(集团)有限责任公司	是		2	1	1	1	1	1	有	1	1	1	1	2	1	是
5	潍坊东方钢铁有限公司	是		1	1	1	1	1	2		1	1	1	1	1	1	是
6	徐州环宇特种合金有限公司	是		1	1	1	1	1	2	否	1	1	1	1	1	1	是
7	上海宝钢集团公司	是		2	3	1	1	1	2	有	1	1	1	1	1	1	是

续表

序号	企业名称	所在行业	是否反倾销涉案企业	是否已经获得"市场经济地位"	董事长产生方式	总经理产生方式	原材料获取方式	基础产品获取方式	员工雇用和解雇的决定方式	员工工资的决定方式	资金来源中是否有财政拨款	亏损处理方式	生产决策方式	价格决策方式	销售决策方式	项目决策方式	贸易方式	是否执行国家现行会计法
8	浙江新安化工集团股份有限公司	化工	是		4	1	1	1	1	1	否	1	1	1	1	1	1	是
9	铁岭迳矿"药剂厂		是	是		3	1	1	1	2	否	1	1	1	1	1	2	是
10	云南群星化工有限公司		是	是	1	1	1	1	1	1		1	1	1	1	1	1	是
11	柳州市龙城化工总厂		是	是	3	6	1	1	1	2	否	1	1	1	1	1	1	是
12	柳州富鑫化工有限公司		是	是	3	1	1	1	1	2	否	1	1	1	1	1	1	是
13	南京晶美化学有限公司		是	是	6	1	1	1	1	1	否	1	1	1	1	1	1	是
14	南京隆燕化工有限公司		是	是	1	1	1	1	1	2	否	3	1	1	1	1	1	是

附录一 重点行业的典型企业市场化调查统计分析

续表

序号	企业名称	所在行业	是否反倾销涉案企业	是否已经获得"市场经济地位"	董事长产生方式	总经理产生方式	原材料获取方式	基础产品获取方式	员工雇用和解雇的决定方式	员工工资的决定方式	资金来源中是否有财政拨款	亏损处理方式	生产决策方式	价格决策方式	销售决策方式	项目决策方式	贸易方式	是否执行国家现行会计法
15	镇江江南化工厂	化工	是			3	1	1	1	1	否	1	1	1	1	1	1	是
16	云南马龙化建股份有限公司		是	是	3	1	1	1	1	1	否	1	1	1	1	1	1	是
17	南京新资源国际金属有限公司		是		1	1	1	1	1	1	否	1	1	1	1	1	1	是
18	中国第一汽车集团进出口公司		是	是	5	1	1	1	1	2	否	1	1	1	1	1	1	是
19	厦门万里石有限公司		是	是	1	1	1	1	1	1	否	1	1	1	1	1	1	是
20	中国东风汽车工业进出口有限公司	外贸	是		1	1	1	1	1	2	否	1	1	1	1	3	1	是
21	重庆力帆实业（集团）进出口有限公司		是		3	1	1	1	1	1	否	1	1	1	1	.	1	是

续表

序号	企业名称	所在行业	是否反倾销涉案企业	是否已经获得"市场经济地位"	董事长产生方式	总经理产生方式	原材料获取方式	基础产品获取方式	员工雇用和解雇的决定方式	员工工资的决定方式	资金来源中是否有财政拨款	亏损处理方式	生产决策方式	价格决策方式	销售决策方式	项目决策方式	贸易方式	是否执行国家现行会计法
22	中国电子进出口彩虹公司	外贸	是			5	1	1	1	2	否	1	1	1	1	1	1	是
23	哈尔滨电站设备进出口公司		是		2	1	1	1	1	2	否	1	1	1	1	1	1	是
24	四川东方电力设备联合公司		是		3	5	1	1	1	2	否	1	1	1	1	1	1	是
25	常柴集团进出口有限公司		是		1	1	1	1	1	2	否	1	1	1	1	5	1	是
26	攀钢集团国际经济贸易总公司		是		6	1	1	1	1	2	否	1	1	1	1	1	1	是
27	济南玫德铸造有限公司	机电及交通设备	是		5	1	1	1	1	1	否	1	1	1	1	1	1	是
28	云南CY集团有限公司		是		3	1	1	1	1	2	否	1	3	1	1	5	1	是
29	上海美蓓亚机电设备有限公司		是															

附录一 重点行业的典型企业市场化调查统计分析

续表

序号	企业名称	所在行业	是否反倾销涉案企业	是否已经获得"市场经济地位"	董事长产生方式	总经理产生方式	原材料获取方式	基础产品获取方式	员工雇用和解雇的决定方式	员工工资的决定方式	资金来源中是否有财政拨款	亏损处理方式	生产决策方式	价格决策方式	销售决策方式	项目决策方式	贸易方式	是否执行国家现行会计法
30	广州万宝集团有限公司	机电	是		2	1	1	1	1	2	否	1	1	1	1	2	1	是
31	珠海市格力电器股份有限公司	机电	是		3	4	1	1	1	2	否	1	1	1	1	1	1	是
32	广州市虎头电池集团公司	机电	是		1	1	1	1	1	2	有	1	1	1	1	1	1	是
33	广东格兰仕企业（集团）公司	交通设备	是		1	1	1	1	1		否	1	1	1	1	1	1	是
34	中国嘉陵工业股份有限公司（集团）	交通设备	是		1	4	1	1	1	2	否	1	1	1	1	4	1	是
35	金城集团有限公司	交通设备	是		2	1	1	1	1	4	有	1	1	3	3	6	1	是
36	安丘市鲁安药业有限责任公司	制药	是	是	1	1	1	1	1		否	1	1	1	1	1	1	是

注：①董事长产生方式：1=根据股权最大比例原则；2=政府任命；3=董事会选举；4=股东大会选举；5=企业选定；6=合资双方根据协议委派。②总经理产生方式：1=董事会任命；2=形式上董事会任命，实则政府任命；3=政府任命；4=董事长提名，经控股股东内部程序决定；5=总公司或集团公司任命；6=资产所有者担任。③原材料获取方式：1=从市场上采购；2=部分从市场上采购部分政府分配；3=其他。④基础产品（水、电、煤、气等）获取方式：1=以市场价获得；2=政府以低价供给；3=其他。⑤员工雇用与解雇的决定方式：1=企业自主决定；2=部分人员由政府决定；3=全部由政府决定。⑥员工工资的决定方式：1=劳资双方自愿决定；2=企业管理层自主决定；3=存在政府干预；4=政府控制总额，内部由管理层自主决定。⑦亏损处理方式：1=自主解决；2=财政补贴；3=其他。⑧生产决策方式：1=企业自主决策；2=政府干预；3=集团决策；4=其他。⑨价格决策方式：1=企业自主定价；2=政府定价；3=部分政府定价，部分自主定价。⑩产品销售决策方式：1=企业自主销售；2=政府安排；3=部分政府控制部分自主销售。⑪项目决策方式：1=企业自主决定；2=政府干预；3=政府授权范围内自主决定；4=由股东大会按章程决定；5=集团公司决定；6=部分政府控制，部分由企业自主决定。⑫贸易方式：1=全部现金入账；2=存在少量易货贸易。

附表1-8 2002年中国新建集团公司上市公司股权结构 （%）

上市公司	国家股比重	社会法人股比重	流通股比重
新天国际	0	62.06	37.94
新疆天业	57.14	0	42.86
新农开发	0	63.55	36.45
伊力特	0.91	65.08	34.01
新中基	52.65	11.23	36.11
百花村	0	50.95	49.05
天宏纸业	0	62.57	37.43
天富热电	0	64.51	35.49

附录二 农村市场化程度分析

中国的市场化改革起源于农村,农村市场化是中国经济市场化的一个重要组成部分,但在中国城乡二元经济体制下,农村市场化在某种程度上又有其相对独立性,因而有必要对农村市场化程度进行独立研究。本章主要介绍中国在农村市场化方面所做的努力,以及在市场化方面所取得的成就,并对农村市场化未来的趋势进行了分析和判断。

一、中国农村市场化改革

1992年中国确立发展社会主义市场经济以来,为了在农村建设和发展市场经济,按市场经济体制的要求,中国政府推出了一系列的政策措施,对农村的各项制度进行了一系列的改革,尤其是近几年,中国政府为了适应加入WTO的要求,更是加快了农村市场化的改革步伐。

(一)土地的家庭承包制度和农户作为农村市场主体地位的确立

20世纪70年代末,中国农民发动了一场规模宏大的土地制度变革,束缚农民自由、制约经济发展的人民公社体制被抛弃,以家庭经营为基础的农业经营制度重新得以确立。农业家庭经营制度实施以后,农民不仅可以完全占有生产剩余,而且可以根据市场信号自由地做出有利于自己的生产决策,将资源配置在收益率最高的生产部门,如非农产业。因此,土地的家庭承包制度使农户成为了社会分工和市场交易的积极参与者，成为了农村市场经济的主体。

由于后来一些地方和政府对农业双层经营体制的不同理解，侵犯农民土地承包权的情况时有发生，特别是有的地方在调整农业产业结构、建设小城镇、推进农业产业化经营过程中出现了违背农民意愿，强迫农户放弃承包地，放任工商企业长时期、大面积租赁和经营农户承包地等问题。为此，1992年以后，国家不断出台政策强调农业的家庭经营制度，强化农户的市场主体地位。1993年，在原定15年土地承包期即将到期时，中共中央发出11号文件，决定在原定的耕地承包期到期之后，承包期再延长30年不变。同时，提倡在承包期内实行"增人不增地，减人不减地"的办法。2001年围绕农村土地承包管理又做出了4个方面的政策规定：维护农民土地承包经营权，搞好农业结构调整；正确处理进入小城镇的农民承包地问题，可以保留其土地承包权；重视解决农村妇女土地承包权益问题；规范农户承包地使用权流转工作。《中共中央、国务院关于做好2001年农业和农村工作的意见》明确指出："农业结构调整要依据市场规律，尊重农民意愿，维护农户生产经营自主权。要坚持土地承包30年不变的政策，不能以任何借口侵害农民的土地承包权。生产什么，如何生产，只能由农民根据市场变化自主决策"。

随着市场经济的发展和农户市场主体地位的逐步确立，在坚持家庭承包经营长期不变、确保农村土地承包关系稳定的基础上，农户之间承包土地的转包、转让，承包土地使用权入股、联营、租赁，以及"四荒"使用权的拍卖等土地流转机制已在一些地方逐步建立起来。

在不断推出政策措施的同时，中国也加强了对农村土地的家庭经营制度的法制建设。1993年颁布的《中华人民共和国农业法》第六条规定："国家稳定农村以家庭联产承包为主的责任制，完善统分结合的双层经营体制"。第十三条规定："承包人在承包期死亡的，该承包人的继承人可以继续承包"。1999年的《宪法》修正案

进一步把农村的集体经济体制确定为"农村集体经济组织实行家庭承包经营为基础、统分结合的双层体制"。2001年8月29日第九届全国人民代表大会常务委员会通过了《中华人民共和国土地承包法》（2002年3月1日实行），正式从法律上明确了农村土地的承包制度。"国家依法保护土地承包关系的长期稳定（第四条）"，并且"国家保护土地承包方依法有偿自愿地进行土地承包权的流转"（第十条）。根据这些法律，"土地承包经营权"从其性质上来说，已是具有物权性质的"土地使用权"，实际上成为农民的一种个体财产权。

（二）农产品流通体制的改革

中国农产品流通体制的改革，早在20世纪80年代后期，就放开了除粮食、棉花以外绝大部分农产品的价格，这些产品的价格由市场自主决定。进入90年代以后，农产品流通体制的改革主要表现为粮食和棉花流通体制的改革。

1.粮食流通体制改革

粮食流通体制真正的市场化改革始于1992年。1992年中国粮食流通体制改革的主要内容是：取消统销制度，提高销售价格；放开粮食收购价格，实行保量放价；建立粮食保护价制度；建立粮食风险基金制度。此后，由于粮食价格的急剧上涨，导致了粮食流通体制改革的一些反复。

2001年，为了适应中国加入WTO以后的市场环境，中国对粮食流通体制进行了实质性的改革。2001年年初，国务院决定浙江省率先进行粮食体制的市场化改革，2001年7月又将范围扩大到上海、福建、广东、海南、江苏、北京、天津等省份。2001年7月，国务院发出了《关于进一步深化粮食流通体制改革的意见》，主要内容包括：①加快推进粮食主销区粮食购销市场化改革；②完善国家粮食储备体系，增强粮食宏观调控能力；③完善粮食风险基金包干办法，真正实行省长负责制；④粮食主产区按保护价敞开收购农民余粮;⑤积极培育粮食市场体系,加强粮食市场管理;⑥加快国有粮食购销企业改革。现在这项改革已经取得了初步的成效,市场机制在粮食经济运行和农业资源配置方面均发挥了显著的作用:一是订单取代了订购。如浙江省2001年的粮食订购量相当于2000年全省粮食订购任务的55.7%;二是粮食优质优价的诱导机制调动了农民种植优质粮食的积极性;三是出现了"农业增效、农民增收"的局面。

2. 棉花流通体制改革

与粮食相比,中国棉花流通体制改革要滞后很多。长期以来,中国的棉花价格一直是由政府统一制定,收购价格由国家计委物价局制定,参与棉花的生产、流通、消费的三方均无价格上的主动权。因此,棉花流通中垄断色彩更浓,存在着更多的弊端。鉴于此,2001年7月国务院颁布了《关于进一步深化棉花流通体制改革的意见》,提出要打破经营垄断,鼓励公平竞争,规范市场秩序,提高调控效率,建立适应社会主义市场经济要求的棉花企业经营机制和管理体制。改革的主要内容是:第一,放开棉花收购,打破棉花经营中的行业垄断和地区封锁,实现多渠道经营和有序竞争,充分发挥市场机制在调节棉花生产、流通中的基础性作用。从2001年起,凡符合《棉花收购加工与市场管理暂行办法》的规定、经省级人民政府资格认定的国内各类企业,均可从事棉花收购。鼓励获得收购资格的纺织企业及其他各类企业,到新疆等主产区跨区直接收购棉花。第二,实行社企分开,加大供销社棉花企业改革力度。同时组建国家储备棉管理公司,实现储备与经营彻底分开,确保储备棉优质安全、经济合理。第三,加强对棉花市场的宏观调控;加强市场管理和质量监督;加强棉花信贷资金管理,政策性贷款要逐步退出商品棉经营活动。第四,推进棉花产业化经营,鼓励企业建设棉花生产基地,与棉农签订长期购销合同,与产棉区结成经济利益共同体,建立从生产、收购、加工、纺织到销售的完整的棉花产业体系。这项决策标志着中国棉花收购市场已基本开放,政府对农民进行硬性收购的做法正在取消。

（三）生产资料流通体制改革

作为一种重要的农业生产投入品，农业生产资料（主要是化肥、农药、农膜）的流通在1992年以前一直是由国家严格管制，由中国农业生产资料公司和各级供销社的农资经营单位实行垄断经营。从1992年起开始对农业生产资料进行市场化改革。1992年10月国务院下发《关于加强化肥、农药、农膜经营管理的通知》，主要规定：①农业三站（农业植保站、土肥站、农技推广站）可以有偿转让，即开展技术推广和有偿技术服务所需配套的化肥，凡列入国家统配计划的，由农资公司按批发价供货，未列入统配计划的，按市场经营机制进行。②中央和地方统配的化肥，委托中国农资公司和省农资公司按国家规定的收购分配政策具体执行。③国家安排一部分企业承担统配化肥生产任务，由国家和省计委分别下达，由生产企业与中国农资公司和省农资公司分别按计划签订生产、收购合同。计划外产品，工业部门可以自销给农资经营单位。这一政策一改农资公司独霸天下的格局，这是农资流通领域的重大改革。政策出台后，1993年农资市场出现经营混乱、价格上涨。针对这种情况，1994年国家又恢复了对化肥的垄断控制。1994年9月国务院下发《关于改革化肥等农业生产资料流通体制的通知》，规定各级农资公司是经营农资商品的主渠道，农业"三站"和工业生产企业自销是辅助渠道，除此之外，任何单位和个人不得经营化肥等农资产品。1995年，重申1994年的政策，并实行了化肥省长负责制。但从执行情况看，这些政策并没有得到很好的执行。实践证明，中国的化肥政策随着农村经济的发展，改革的深入和化肥买方市场的形成，化肥生产和流通以及管理方式已不能适应市场供求形势的变化。

1998年11月16日，《国务院关于深化化肥流通体制改革的通知》正式出台，主要内容包括：①改革化肥流通管理，做好总量平衡和宏观调控。国家对化肥流通的管理由直接管理为主转为间接管理为主，发挥市场配置化肥资源的基础性作用，取消国产化肥指令性生产计划和统配收购计划，由化肥生产和经营企业自主进行购销活动。②拓宽化肥流通渠道，扩大企业经营自主权。化肥生产企业可以将自产化肥销售给各级农资公司和农业"三站"及以化肥为原料的企业，也可以设点直接销售给农民。农业三站经营的化肥可以从各级农资公司进货，也可以直接从化肥生产企业进货，赋予中国化工进出口总公司化肥内贸经营权。除上述单位以外，其他单位和个人不得从事化肥批发业务。③改进化肥价格管理方式，建立政府指导下的市场形成价格的机制。化肥出厂价格由政府定价改为政府指导价，放开化肥零售价格。④加强化肥进口管理，改进化肥进口代理办法。各种贸易方式和渠道进口化肥均纳入进口配额管理，中央进口化肥计划下达给供销总社和有关部门，各部门不能对进口化肥指标进行自行调剂，赋予中国农业生产资料集团公司化肥进口代理经营权。⑤建立救灾化肥储备制度，增强宏观调控能力。化肥流通体制改革标志着农业的投入品市场已完成了市场化的改革。改革以后的近几年来，农业生产资料价格不断下降，农民的投入品成本比以前有所降低。

（四）户籍制度改革

户籍制度是分割城乡劳动力市场，保证城乡二元社会结构的制度保证。随着农业剩余劳动力大量从农村转移出来，这种城乡分割的户籍制度已经越来越不适应中国社会主义市场经济体制建设的要求，同时造成了城乡百姓不能享受同等的国民待遇。从1992年中国开始确立市场经济体制改革以来，户籍制度也开始了不断的改革。

1993年11月，中共十四届三中全会通过的《关于建立社会主义市场经济体制若干问题的决定》明确指出"逐步改革小城镇的户籍管理制度，允许农民进入小城镇务工经商，发展农村第三产业，促进农村剩余劳动力的转移"。1997年，国务院批转了《公安部关于小城镇户籍管理制度试点方案和关于完善农村户籍制度的意见》，在打破长期延续的城乡分割关系、促进城乡生产要素的合理流动、加快农村剩余劳动力转移方面迈出了十分重要的一步。

2001年是中国户籍制度改革取得明显突破的一年。2001年3月，国务院转发了公安部《关于推进小城镇户籍管理制度改革的意见》，提出：在县级市市区、县人民政府驻地镇及其建制镇，只要有"合法固定的住所、稳定的职业或生活来源的人员及与其共同居住生活的直系亲属，均可根据本人意愿办理城镇常住户口。"对经批准在小城镇落户的人口，"根据本人意愿，可保留其承包土地的经营权，也允许依法有偿转让。"要切实保障在小城镇落户人员"在入党、参军、就业等方面与当地原有城镇居民享有同等权利，履行同等义务，不得对其实行歧视性政策。""不得借户籍管理制度改革之机收取城市增容费或其他类似费用。"

2001年5月，国家计委下发了《国民经济和社会发展第十个五年计划城镇化发展重点专项规划》，提出：要统筹兼顾，促进城乡协调发展，要形成人口和生产要素在城乡间有序流动的机制，实现城乡经济社会共同进步。打破垄断和地区保护，除个别大城市外，要改革城乡分割的就业制度，取消各地区针对农民和外地人口制定的限制性就业政策。积极开展面向城镇迁入人口的各类社会服务。要高度重视为迁入人口提供创业、就业、生活等方面的条件。中心城市要建立劳动力市场信息网络，提供求职和用人等方面的就业服务。在住房、子女教育、医疗等方面对进城务工的农民提供普遍服务。

2001年11月，国家计委会同财政部发出《关于全面清理整顿外出或外来务工人员收费的通知》，要求各地取消对外出或外来务工人员收取的暂住费、暂住人口管理费、计划生育管理费、城市增容费、劳动力调节费、外地务工经商人员管理服务费、外地建筑企业管理费等多种收费，以促进农村劳动力合理流动和社会稳定。对办理小城镇常住户口的人员,不再实行计划指标管理。2001年10月1日起,以两万多个小城镇为重点推行户籍制度改革,在小城镇拥有固定住所和合法收入的外来人口均可办理小城镇户口。

按照该文件精神,到2001年年底,已有23个省份人民政府出台了当地关于小城镇户籍制度改革的具体实施意见。有的地区则不仅放开了对小城镇的户籍制度,而且一些大中城市也放松了对农民转换为市民的控制条件。如石家庄、珠海、南京、乌鲁木齐、西安、昆明等城市放宽了落户条件,北京、上海、深圳等特大城市,也放宽了落户的条件,实行了投资、购房等有条件落户政策,对招聘、征聘的户口要求纷纷取消。广东省则在2001年年末,按照实际居住地登记户口的原则,在全省范围内取消了农业户口、非农业户口、自理口粮户口及其他类型的户口,实行城乡户口登记管理一体化,统一称为居民户口,以准入条件取代进城人口控制指标。户籍制度的改革,将有助于逐步取消所有歧视农村劳动力的就业政策,让广大农村劳动力在参与就业竞争时享有国民待遇,使他们有权选择职业和居住地。这有助于形成城乡一体化的劳动力市场,打破城乡二元结构,推动城乡经济融合,并带来社会结构、文化等方面的深刻变化。

(五)政府管理体制的变革

市场经济的运作是由受法律保护的契约来实现的。随着市场化取向的农村改革的不断深化,制度规范对经济发展的影响会变得越来越重要。对于政府来说,制定和实施各种旨在处理农户(或农户与企业)之间的关系的制度规范并不难,难的是制定和实施各种旨在处理政府与农户之间关系的制度规范。1992年以来,中国在这方面也进行了一系列的改革。

1.农村村民委员会选举制度

1982年以后,中国在农村普遍废除了政社合一的人民公社体制,在乡镇以下建立了村民委员会,村级组织制度开始规范。1988

年以后，随着《中华人民共和国村民委员会组织法》试行）的实施，村民自治体制逐渐建立。1998年11月正式实行《中华人民共和国村民委员会组织法》后，中国农村已基本上实行了村民自治体制，并普遍进行了四至五届的村委会选举。从《中华人民共和国村民委员会组织法》看，村民委员会已被界定为村民自我管理、自我教育、自我服务的基层群众性自治组织，并要求实行民主选举、民主决策、民主管理、民主监督。这种以村民个人权利为本位的村治体制，是一个历史性的进步。一是它否定了公社体制时国家政权与乡村组织特别是乡政府与村委会之间的行政隶属关系，将过去那种领导与被领导的关系转变成为国家政权对基层自治组织的指导关系；二是它改变了那种自上而下任命村干部的习惯做法，要求村委会主任、副主任、委员均由村民直接选举产生，乡村权力的基础已由上级授权而改变为村民授权，并使乡村开始形成一股新的政治力量。

2. 税费体制改革

农村税费体制是指国家、集体、农民三者之间的利益分配关系。中国的经济改革是从放权让利开始的，村民自治制度是国家对农村事务管理权的下放。但与此同时，国家财政的权力在20世纪90年代以后不断地上收，这造成了基层政府和组织的财政收入越来越依赖于预算外的收入。另外，计划经济时期形成的地方政府财政自筹制度却一直没有改革，这些因素造成了农民负担的不断加重，引起了农民的不满。为了从制度上明确和规范国家、集体和农民三者的权利、义务关系，2000年4月，中共中央、国务院决定在安徽全省和部分省份选取少数县进行农村税费体制改革。2001—2002年，农村税费改革的范围进一步扩大。到2002年，全国已有2/3的省份推行了税费制度改革。税费制度改革方案的内容有三个：一是取消乡统筹，取消农村教育集资等专门面向农民征收的行政事业性收费和政府性基金、集资，取消屠宰税；二是逐步取消统一规定的劳动积累工和义务工；三是调整农业税和农业特产税政策。这次税费制度改革最关键的变化有三项：一是"费改税"，二是规范税费征收方式，三是调整农业税政策。这次较大规模的农村税费体制改革的主要目的是希望从根本上理顺农民与国家的分配关系，彻底减轻农民负担。从根本上说是对政府提供的公共产品和服务的成本费用分摊方式和机制进行改革。

3. 政府职能改革

为了配合农村税费体制改革，政府的管理方式也开始进行以公开、透明为特点的改革，即推行在农业税收和涉农价格、收费等事务上的公示制。现在很多地方向农民的收费做到了项目、标准、范围三公开。通过公示牌、公示栏、价格表等形式以最透明、最直接的方式把国家的税收、涉农价格和收费政策告诉农民。内蒙古、湖南、广东等9省份在试点的基础上，已全面推行农业税收和涉农价格、收费公示制。广东、湖南等地的公示制度已经取得明显成效，受到广大群众的欢迎。

4. 乡镇机构改革

为了建立与市场经济相符合的管理体制，中国的大部分农村地区在进行税费改革的同时，还进行了撤并乡镇和乡镇机构改革。减人减事、减支出，减少了政府的管理规模。2000年，全国农村的乡镇数已从1992年的48250个减少到43735个，2001年又进一步减少到40161个；村民委员会的个数也从1992年的806032个减少到2000年的734715个和2001年的709257个。❶

（六）法律制度建设

1992年以后，中国农村法制建设进程明显加快。1993年第八届全国人民代表大会常务委员会第二次会议通过了《中华人民共和国农业法》和《中华人民共和国农业技术推广法》，之后，又出台了多个农业行政法规。各省份也加快了农业立法的进程，30个省份颁布了减轻农民负担方面的法规或规章；27个省份颁布了农业

---

❶ 中华人民共和国农业部：《中国农业发展报告》，2002年。

承包合同管理法规或规章；20个省份颁布了农作物种子管理法规或规章；10个省份颁布了农业技术推广方面的法规。农业执法方面基本形成了畜禽防疫、植物检疫、动物进出境检疫、种子管理、渔政管理、农机监理、农业承包合同管理、农业环境保护等执法体系。

2001年，为适应WTO规则要求，中国政府清理和修改了有关法规、规章及其他与贸易有关的规范性文件，确保中国的农业法律制度与WTO规则及入世承诺相一致。国务院修改了《农药管理条例》《兽药管理条例》《饲料和饲料添加剂管理条例》。农业部修改了5件部门规章，废止了26件部门规章和规范性文件。这些法规、规章的清理和修改工作体现了以下原则：①履行承诺，保护未披露信息。②贯彻国民待遇，取消差别待遇。③完善农产品质量安全管理法规，保障农产品质量安全。④取消指定经营，修改市场准入条件。⑤借鉴国际法规，完善国内法规。

二、中国农村市场化程度

这一部分主要是从农村市场化的内容及其表现形式出发，从六个方面来分析中国农村的市场化程度。一是农村市场经济主体的市场化；二是农村经济的货币化和多样化；三是农产品的市场化；四是农村生产要素的市场化；五是政府对农业的补贴和支持；六是农村中介组织的发展。

（一）农村市场经济主体的市场化程度

自农村市场化改革以来，农村市场经济主体的市场化主要表现为集体经济在经济总量中比例越来越小，而个人和家庭的地位越来越重要。在第一产业中，农业生产和经营的主体几乎全部是农户家庭；在第二、三产业中，市场主体主要是个体、私营企业和个体工商户（见附表2-1）。

附表 2-1　个体私营企业在乡镇企业中的地位　　　（%）

年份	1998	2000	2001
个数	94.7	—	96.8
增加值	55.1	65.29	68.9
净利润	—	—	72.3
实缴税金	—	53.35	57.8

资料来源：中国社会科学院农村发展研究所：《中国农村经济形势分析与预测》（历年），社会科学文献出版社。

在行政村一级，农户家庭和个体私营企业的主体地位更是占据绝对优势。在乡镇企业中，属于集体所有制的企业只占 1.5%，属于私营性质的企业占 98.5%；在土地经营上，集体经营的土地只占全部耕地的 1.26%，属于非集体经营的则占 98.76%（见附表 2-2）。

附表 2-2　2001 年行政村一级生产经营综合情况

指标	单位	全国	东部	中部	西部
一、被调查村	个	304	92	109	103
二、村年末企业个数	个	9.98	18.12	11.29	6.61
1. 集体企业	个	0.15	0.17	0.17	0.11
2. 股份制和股份合作制企业	个	0.27	0.76	0.05	0.08
3. 合伙企业	个	0.73	1.66	0.44	0.2
4. 私营企业	个	6.09	11.51	3.14	4.36
5. 其他企业	个	1.86	2.59	1.76	1.29
三、耕地情况	—	—	—	—	—
1. 耕地面积	公顷	204.95	146.77	271.96	186.01
集体统一经营	公顷	2.6	4.58	1.69	1.79

续表

指标	单位	全国	东部	中部	西部
农户家庭经营	公顷	199.46	139.27	265.47	183.36
合伙承包经营	公顷	0.38	0.62	0.17	0.41
其他经营	公顷	2.45	2.1	4.63	0.45

资料来源：转引自农业部《中国农业发展报告》2002年。

（二）农村经济的货币化程度和多样化程度

1. 农村经济的货币化

农村经济货币化程度反映了农产品的商品率和农业投入品的商品率，这里以现金收入和现金支出占农户收入和支出的比率来表示。从1992年与2000年、2001年的比较看，农村经济的货币化程度不断提高（见附表2-3）。

附表2-3　农村经济货币化程度　　　　（元，%）

年份	农户家庭纯收入	现金纯收入的比重	实物纯收入的比重	农户家庭总支出	现金支出的比重
1992	783.99	64.86	35.14	1055.91	72.84
2000	2253.42	72.82	27.18	2652.42	80.69
2001	2366.4	73.87	26.13	2779.96	82.18

资料来源：国家统计局农调队：《中国农村住户调查年鉴2002》，中国统计出版社2002年版。

2. 农村经济的多样化

农村市场化改革以后，农民有了选择不同职业和从事不同产业的自由，农村非农经济得到发展，劳动力转移到城镇和外地就业逐年增多，使农村经济呈现出多样化的发展状态。表现在农民收入上，就是农民收入中非农收入逐年增多，收入来源呈多样性。

其中，最显著的变化是在农民的收入中，来自第一产业的收入已不足50%，来自非农产业的收入则超过了50%（见附表2-4、附表2-5）。

附表2-4　农民收入的来源构成　　（元/人，%）

年份	纯收入	1.工资性收入	占比	2.家庭经营纯收入	占比	3.财产性收入	占比	4.转移性收入	占比
1992	783.99	184.38	23.52	561.57	71.63	—	—	38.04	4.85
2000	2253.42	702.3	31.17	1427.27	63.34	45.04	2	78.81	3.5
2001	2366.4	771.9	32.62	1459.63	61.68	46.97	1.99	87.9	3.71

资料来源：国家统计局农调队：《中国农村住户调查年鉴2001》，中国统计出版社2001年版。

附表2-5　农民收入的产业构成　　（元/人，%）

年份	纯收入	1.第一产业纯收入	占比	2.第二产业纯收入	占比	3.第三产业纯收入	占比
1992	783.99	745.95	69.36	104.42	13.32	97.79	12.47
2000	2253.42	1129.58	49.94	488.89	21.7	515.35	22.87
2001	2366.4	1165.17	49.24	532.61	2.51	533.8	22.56

资料来源：国家统计局农调队：《中国农村住户调查年鉴2001》，中国统计出版社2001年版。

（三）农产品的市场化程度

这里关于农产品的市场化程度是从两个方面来说明的，一是在农产品价格形成中市场机制的作用，亦即供求关系在价格形成中的作用；二是在农产品市场的构成中，国有购销企业的地位。

1. 农产品价格形成中市场机制的作用

随着农产品流通体制特别是粮食流通体制的不断改革，中国绝大部分的农产品已实现了完全的市场调节，供求关系已在农产品价格的形成中起了主导作用，同时价格信息也已在农户的生产决策中发挥了明显的调节作用。有研究表明，粮食的市场风险远大于自然风险。近年来中国农业自然灾害导致的产量波动只有平均产量的6%左右，而市场价格波动导致的产量波动却在20%左右，且没有收敛的迹象；农民收入波动在整体上已经基本摆脱自然因素的影响，而主要受制于市场价格的不确定性❶。尽管还有少数粮食实行国家保护价收购，但国家的定价也主要是在参考了市场价格后制定的。粮食的市场价格与国家的收购价格呈现一致的变化方向。以小麦为例，考虑到粮食产量对市场价格的波动反映有一年的滞后期的因素后，可以看到粮食产量的波动与收购价格和市场价格的波动基本上是一致的（见附图2-1）。

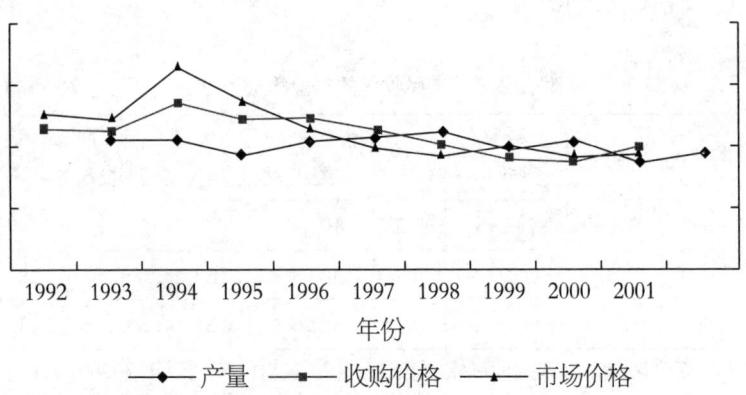

附图2-1　小麦产量及国家收购价格和市场价格的走势示意

2. 农产品市场的构成

中国农产品的流通除了部分粮食由国家统一收购外，其他的农产品都是通过市场销售，中国的农产品市场主要有以下的形式：①农产品集贸市场；②农产品批发市场；③农产品期货市场；④农

---

❶ 张雷宝："粮食流通体制改革与中国期货市场发展"，载《中国农村经济》，2002年第9期。

户直接向企业、个体及机关、居民销售的市场；⑤产品出口市场。其中最重要的是各种农产品集贸市场和批发市场。

中国农产品市场发展情况见附表 2-6。

附表 2-6　　中国农产品市场发展情况

年份	1990	1999	2000	2001
消费品市场数（个）	72579	88576	88811	86454
城市市场（个）	13106	24983	26395	26699
农村市场（个）	59473	63593	62416	59755
消费品市场成交额（亿元）	2168.2	21707.8	24279.6	24949.3
城市市场（亿元）	837.8	12325.7	13800.4	14319.7
农村市场（亿元）	1330.4	9382.1	10479.2	10629.6
在成交额中（亿元）	—	—	—	—
粮油类（亿元）	146.8	1591.1	1959.5	1868.5
肉禽蛋类（亿元）	618.8	3802.1	4201.9	4185.3
水产品类（亿元）	182.4	1800.7	2073.4	2076.8
蔬菜类（亿元）	264.2	2425.5	2661.8	2695.2
干鲜果类（亿元）	183.5	1398.2	1546.2	1584.4

资料来源：《中国统计年鉴 2002》，中国统计出版社 2002 年版。

在各种粮食流通渠道中，国有粮食企业的地位在不断下降，通过市场流通的份额在显著上升。从粮食收购市场看，国有粮食购销企业的市场份额从 1994 年的 60% 下降到 1998 年的 42.9%，下降了 17 个百分点。通过其他经营者，如粮食附营企业、用粮企业、私商粮贩与粮食生产者的直接交易所占的市场份额从 1994 年的 25.6% 上升到 1998 年的 37.7%，上升了 12 个百分点；通过集市贸易直接进入市场的交易方式所占的市场份额从 1994 年的 14.3% 上升到

1998年的19.3%,上升了5个百分点❶。

从国内粮食的销售市场看,国有粮食购销企业的粮食销售量从1991年的9289万吨减少到1998年的5982万吨,减少了3307万吨,销售量下降35.6%。如果按全国粮食商品贸易量计算,国有粮食购销企业销售的粮食量占粮食贸易量的比重,由1990年的59.7%下降到1998年的28.9%,下降了将近30.8个百分点。这说明粮食商品贸易有71%并非掌握在国有粮食购销企业手中,是通过国有购销企业之外的粮食市场进行交易的❷。

(四)农村生产要素市场化

农村经济中两个最重要的生产要素是劳动力和土地。由于城乡二元结构的影响,这两种生产要素在农村内部可以自由流动,没有任何限制。在城乡之间流动,目前还有一些障碍,但随着户籍制度的改革和小城镇的建设,这种障碍已被不断取消。

1. 劳动力市场

众所周知,中国农村存在着大量的剩余劳动力已达1.5亿人。因此,中国农村市场化改革以来,农村劳动力已自发地选择了农业外就业。从1992年起,中国农村从事农业的劳动力数量从绝对量上开始下降。到2000年,农村非农劳动力就业的人数已达1.5亿人,占农村劳动力的比例为31.6%。这些转移出来的劳动力,从农业转移劳动力的行业结构看,工业作为主导行业,比重为37.7%,其他依次为建筑业、服务业、其他行业、运输邮电业、文教卫生业和农业。从转移的区域看,主要转向城镇和东部发达地区。2000年,在劳动力的跨地区转移中,转向东部地区的比例为68.4%,中

---

❶ 朱远洋、杨朝曦等:"供给、需求与市场均衡(下)——关于中国粮食问题的研究报告",《经济工作者学习资料》,2000年第53期。

❷ 朱远洋、杨朝曦等:"供给、需求与市场均衡(下)——关于中国粮食问题的研究报告",《经济工作者学习资料》,2000年第53期。

部地区占 18.5%，西部地区为 13.1%，跨省流动的占 24.6%。在跨省的农村剩余劳动力流量中，转向东部的占 84.5%，转向中西部的占 6.4% 和 9.6%。在转向东部地区的农村劳动力中，来自中、西部的占 56.2% 和 24.9%。在转向西部的农业劳动力中，来自东、中部的分别为 10.0% 和 11.3%。从已转移劳动力的就业情况看，在县级以上城市中就业的劳动力占转移劳动力的 41.1%，约为 6233 万人。其中，省会，13.1%，为 1987 万人；地级市，14.5%，1990 万人；县城，13.5%，2047 万人。1998 年和 1999 年，当年转移的劳动力中，进城的约占 54%，2000 年达 58%❶。

2001 年中国农村外出劳动力占农村劳动力总量的比重为 18.6%，当年农村转移劳动力占劳动力总量的比重为 4.5%，扣除当年返回至农业的劳动力，2001 年净转移劳动力占农村劳动力总数的 3.1%。随着农村劳动力转移步伐的加快，非农业收入已成为农民收入增长的主要来源。2001 年农民从非农业获得的收入为 1066.4 元，比上年增加 62.2 元，增长率为 6.2%，对农民收入的贡献率为 55%。其中，人均外出务工收入为 375.6 元，比上年增长 12.3%。❷

户籍制度的改革不仅为农村劳动力的流动创造了平等的条件，也加快了农村人口的城市化进程。从 1997 年开始国家在 382 个小城镇进行户籍制度改革试点，随后的两年里，已有超过 50 万人办理了小城镇户口。据初步统计，截至 2001 年年底，各地已有符合条件的 130 万人在小城镇办理了落户手续❸。从 1992 年到 2001 年中国乡村劳动力的就业构成变化（见附表 2-7 和附表 2-8）。

---

❶ 国家统计局农村社会经济调查总队：《中国农村住户调查年鉴 2002》，中国统计出版社 2002 年版。

❷ 中华人民共和国农业部：《中国农业发展报告》（2002 年）。

❸ 中华人民共和国农业部：《中国农业发展报告》（2002 年）。

附表2-7　乡村就业人数及构成　　　　（万人，%）

年份	乡村就业人数	乡镇企业		私营企业		个体	
		人数	比例	人数	比例	人数	比例
1992	48291	10625	22	134	0.28	1728	3.58
2000	48934	12820	26.2	1139	2.3	2934	6.00
2001	49085	13086	26.65	1187	2.42	2629	5.36

资料来源：《中国统计年鉴2002》，中国统计出版社2002年版。

附表2-8　农村劳动力的就业结构　　　　（%）

年份	1992	2000	2001
第一产业	77.7	68.4	66.5
第二产业	18.8	17.3	18.2
第三产业	3.5	14.3	15.3

资料来源：中国社会科学院农村发展研究所：《中国农村发展研究报告NO.3》，《2001—2002：中国农村经济形势分析与预测》，社会科学文献出版社2002年版。

2. 土地市场

根据《宪法》和现行法律规定，中国目前实行的是城乡二元结构的土地所有权制度，即城市土地属于国家所有，农村和城市郊区的土地除了法律规定的属于国家的以外，属于农民集体所有。但《土地管理法》第二条对土地使用权的运作做了具体的规定："土地使用权可以依法转让"。现行法律的规定对中国集体土地、所有权的转移具有单向性，即只能由国家因公共利益的需要通过征用将农用地转变为城市土地。但近年来，伴随着农村城市化进程的推进和房地产市场的快速发展，出现了集体农用地、自发地（或隐性地）变为非农业建设用地，并进入流通的现象。这种农地市场化的途径有：一是农村集体经济组织与农民签订租地协议，给农民高于农业收入的经济补偿,从农民手中回租农民承包的土地,然后再以较高租金转租给他人(开发商)进行非农业开发。二是农村集体经济组织以规划修建"中心村"或"居民点"为名,直接或以联建、联营为名从事房地产开发,修建住宅、商铺给本集体经济组织以外的人员;三是农村集体经济组织借用农业结构调整之名,直接将土地出租给本集体经济组织之外的单位或个人进行非农业建设;四是乡镇企业将其用地自发流转,即具有合法占地手续的乡镇企业因停产、停业或别的原因,自发地运用转让、转租或联营、联建、作价入股等方式将集体土地用作城市房地产开发❶。

在农村内部,土地已经出现了自发的、自由的流转。2001年,实现流转的耕地面积已占耕地面积的4.71%(见附表2-9)。这些流转有的是无偿的,有的是有偿的,没有统一的形式。

附表2-9 2001年耕地流转情况

指标	单位	全国	东部	中部	西部
被调查村	个	304	92	109	103
耕地面积	公顷	204.95	146.77	271.96	186.01
年内转包耕地	公顷	9.66	7.36	13.78	7.37
转出耕地	公顷	5.16	3.31	7.48	4.36
转入耕地	公顷	4.5	3.05	6.3	3.00

资料来源:转引自农业部《中国农业发展报告》2002年。

(五)政府对农业的补贴和支持

中国对农业的财政支持主要体现在以下几个方面:一是支援农业生产支出和农林水利气象等部门的事业费;二是农业基本建设

---

❶ 杨继瑞、任啸:"农地'隐性市场化':问题、成因与对策",载《中国农村经济》,2002年第9期。

支出；三是农业科技三项费用；四是农村救济费四项支出（见附表2-10）。按WTO《农业协议》的规定，这些用于农业的财政支持主要属于"绿箱"政策范围内。同时，国家为了保证农产品流通体制改革的顺利进行，每年的财政支出中也有一部分用于农产品价格补贴。2001年用于农产品价格补贴的财政支出为605.44亿元。按WTO中《农业协议》中的规定，这部分补贴属于对于农业补贴的"黄箱"政策。但是这部分补贴并不是补给了农民，而主要是补给了国有的粮食和棉花流通企业。

自从1992年中国开始市场化改革以来，中国国家财政支出中用于农业支出的比例就一直处于下降态势（见附表2-11）。

附表2-10　政策性补贴和粮棉油价格补贴支出　　（亿元）

年份	合计	粮棉油价格补贴
1992	321.64	224.35
2000	1042.28	758.74
2001	741.51	605.44

资料来源：《中国统计年鉴2001》，中国统计出版社2001年版。

附表2-11　国家财政对农业的支出结构　　（亿元）

年份	合计	支援农村生产支出和农林水利气象等部门的事业费	农业基本建设支出	农业科技三项费用	农村救济费	其他	用于农业支出占财政支出的比重(%)
1992	376.02	269.04	85.00	3.00	18.98	—	10.05
1999	1085.76	677.46	357.00	9.13	42.17	—	8.23
2000	1231.54	766.89	414.46	9.78	40.41	—	7.75
2001	1650.00	905.3	—	—	47.68		

注：从1998年开始，"农业基本建设支出"包括增发国债安排的支出。

资料来源：《中国统计年鉴2002》，中国统计出版社2002年版。

由于中国还向农民征收农业税等,形成国家的财政收入,因此,如果考虑将农业税扣除掉,则政府财政支出中用于农业的就更少(见附表2-12)。

附表2-12 国家财政对农业的净投入 (亿元)

年份	支农支出	农业税收入	净投入	净投入占支农支出的比例(%)	净投入占农业GDP比重(%)
1992	376.0	—	—	—	—
1993	440.45	90.18	350.27	79.53	5.09
1997	766.39	332.65	433.74	56.60	3.05
1998	1154.76	306.46	848.30	73.46	5.83
1999	1085.76	294.00	791.76	72.92	—
2000	1231.00	298.91	932.09	75.71	6.3
2001	1650.00	—	—	—	—

资料来源:《2001—2002年:中国农村经济形势分析与预测》,社科文献出版社2002年版。

如果严格按WTO规定的方法进行计算,中国现在的国内支持则是负值。一是国内粮食和棉花的价格补贴,包括了食物安全用途和对于国有流通部门社会功能的补贴,只有很少一部分真正为农民所获得;二是中国的各种农业税费是要纳入计算的,作为负数进行扣除。根据中国加入WTO文件,WTO认可中国在基期(1996—1998年)中的综合支持量是:非专项综合支持量(主要是用于农药、化肥和农用薄膜的补贴)为294.02亿元,相当于农业总产值的1.44%。专项产品支持量只有玉米为正值,为9.35亿元,其他产品均为负值。而中国农业税费负担约为1200亿元。综合计算下来,中国的总综合支持量为-900亿元,即国内支持水平约为-5%(如果只算种植业,则为-7%)。现在的问题不是国家有钱担心有违

WTO规则发不出去,而是如何将有限而宝贵的国家财政资源用得更有效更为合理一些。在"绿箱"政策领域,中国政府投入严重不足。国家用于农业的财政资金,首先应当用于"绿箱"政策和减免农业税。只要不彻底减免农业税费,中国的农业国内支持仍将是负数❶。

（六）农村中介组织的发展

农民的中介组织是指为农民提供产前、产中、产后服务的组织。中国农村市场化改革以来,由于一家一户小规模经营的局限性,各种类型由农民自发组建的中介服务组织便应运而生。这些中介组织有以下几种类型：专业研究会、专业技术协会、专业合作组织、产业化经营组织。专业技术协会是中国经济体制改革以后出现最早的、在农民自愿基础上结成的专业服务组织,主要进行农业科技交流、研究和推广,为成员专业生产提供技术服务；专业研究会是农民自愿结成的专业服务组织,但它所提供的服务比较宽泛,既为成员提供技术服务,也代表成员与有关部门协商对话,同时还为成员提供购销服务；专业合作社是指从事专业生产的农民通过入股的形式组建的为自己的专业生产提供服务的经济实体,这种服务可以是技术的,但更多的是提供购销、加工、储运、营销等服务；农业产业化经营组织是用一系列或松或紧的长期契约关系取代一些临时性的市场交易关系,进而形成一种基于商品契约的组织,是介于企业和市场两种极端形式之间的一种经济组织形式。❷根据契约性质的不同,农业产业化经营组织又分为龙头企业带动型、中介组织带动型、专业市场带动型、经纪人和专业大户带动型。

近几年,农业产业化经营组织发展很快,农户家庭经营与农

---

❶ 柯炳生："加入WTO与中国农业发展",载《中国农村经济》,2000年第1期。

❷ 杨明洪："农业产业化经营组织形式演进：一种基于内生交易费用的理论解释",载《中国农村经济》,2002年第10期。

业产业化经营相结合,使农户找到了在市场经济条件下新的联合与合作的形式。实行农业产业化,由龙头企业和专业合作经济组织与千家万户建立多种形式的联合与合作,可以在不改变家庭承包经营的情况下,使分散经营的小农户组合成专业生产联合体和大规模的农产品生产基地。❶2000 年,全国各类农业产业化经营组织已发展到 66700 多个,其中,龙头企业带动型占 41%,中介组织带动型占 33%,这其中专业合作组织带动的占中介组织带动型的 43%;专业市场带动的占 12%,经纪人、专业大户带动的占 14%。联结方式:合同方式占 49%,合作方式占 14%,股份合作方式占 13%,其他方式占 24%。北京市近两年新发展农民专业合作经济组织 1700 家,参加的农户达 22.3 万户,占全市的 1/3。全市 80% 以上的鲜奶,50% 的蔬菜,47% 的果品,30% 的水产品都是通过农民专业合作组织生产的。截至 2000 年,全国各类产业化经营组织带动农户 5900 万户(见附表 2-13),占全国农户总数的 25%,每户从事产业化经营平均增收 900 元。

附表 2-13　中国农村农民中介组织的发展情况　　　　(万个)

年份	专业研究会		专业技术协会		专业合作组织		产业化经营组织	
	个数	社员户数	个数	社员户数	个数	社员户数	个数	社员户数
1998	14	—	11.56	620	—	—	—	—
2000	—	—	—	—	14	4000	6.67	5900
2001	—	—	—	—	—	—	—	—

资料来源:中国社会科学院农村发展研究所:《中国农村发展研究报告》(第三集),第 216 页;中华人民共和国农业部:《中国农业发展报告》(2002 年)。

---

❶ 范小建:"新形势下推进农业产业化的思考",载《中国农村经济》,2002 年第 10 期。

三、中国农村市场化发展的未来趋势

未来影响中国农村市场化发展方向的一个重要因素就是中国加入WTO。中国加入WTO，对人们的思想观念和体制上所带来的影响将是根本性的、深刻的、长远的。第一，WTO是建立在法制轨道上的国际经济组织，而这些法制轨道是以市场经济体制为基础的，加入WTO要求理解世贸组织的规则，这有助于人们更好地树立市场经济观念，更好地运用市场机制；第二，加入WTO将促使各个政府部门改变思维方式，增强市场经济观念，更加尊重法律法规；第三，加入WTO要求改革贸易体制，这种改革既是经济发展的要求，也是消除经济领域权力腐败基础的要求；第四，加入WTO将促使和加快国内市场政策的深化改革；第五，加入WTO也会推动农村劳动力的外流进程。因此，可以肯定，中国加入WTO以后，农村的市场化进程将进一步加快。具体说来，在农村市场化建设方面，将在以下几方面进一步改革和建设。

1. 农业税费制度将进一步改革

中国目前的农业税的性质十分模糊。它既不是收益税，也不是流转税，更不是定额外税，目前的改革方案又把乡统筹和村提留的一部分纳入了农业税和附加的范畴，更增添了农业税性质的复杂性。现在还基本上是传统农业社会按田亩、按丁口征收的田赋制度。目前除了中国以外，几乎没有什么国家实行农业税。从长远发展看，农业税肯定要进一步改革，按照市场经济的要求，逐步走向科学和规范。其改革方向是取消农业税，要根据不同的征税对象及其性质进行分流：农民生产产品缴产品税（或增值税），生产所得缴所得税（按农户或个人）对土地所有者或土地使用者征土地税或土地使用税。

2. 压力型体制向民主合作体制的转变

目前农村总体上还处于向民主合作体制过渡的压力型体制状

态下。❶压力型体制是在"赶超型"现代化以及正在完善的市场化进程中出现的一种过渡性体制状态。其特点是指在中央向地方分权以后,仍保持上级对下级的行政压力。其运行过程是:为了完成经济赶超任务和各项指标,各级党政组织把这些任务和指标,层层量化分解,下派给下级组织和个人,责令其在规定的时间内完成。然后根据完成情况进行政治和经济方面的奖惩。民主合作体制的特征是:它着眼于中央和地方、政治组织和经济组织之间进行适当的分工,明确各自的职责、权利、义务,从而为合作创造一种必要的条件。随着乡村经济和政治改革,特别是村民自治制度的实行,这种压力体制在乡镇和村庄之间出现了转轨。出现了"乡政管理与村民自治二元并存"。中国农村实行村民自治建设已超过10年,成效是有目共睹的。但总的来看,农村的民主制度和自治建设还需要一段学习和实践。村民参与民主选举、民主决策、民主管理、民主监督的广度和深度都还有限。农民的组织化程度还很低。

3. 政府将转变对农业的支持方式

按照WTO的《农业协议》,中国农业补贴政策面临着将流通领域的价格补贴转向生产领域的生产补贴、将对流通企业的补贴转向对生产实体补贴的结构性调整。因此,今后政府对农业的支持重点将集中在属于免于减让的"绿箱"政策方面:加强水利等农业基础设施建设和生态环境建设;加强农业科技教育投入,扩大对农民的培训教育,提高农民的素质;建立健全农业的质量标准体系和检测体系;加强信息网络建设,提供与农业发展有关的各种信息;支持农产品市场体系建设,健全市场交易规则。改善政府机构的公共服务;深化对外贸易管理体制的改革;加强农村小城镇基础设施建设。

4. 土地流转市场将不断发育和成熟

在中国中央政府做出延长土地承包期30年不变的重大决策后,

---

❶ 唐仁健:"对税费改革若干重大问题的探讨",载《中国农村经济》,2002年第9期。

土地流转市场将不断发育和成熟，农村土地使用权的流转速度将有所加快。但这种流转可能具有"稳"和"活"相结合的特征。所谓"稳"是指在中国人均土地资源极为稀少的条件下，绝大多数农户不会轻易把自己拥有的土地使用权彻底转让出去。所谓"活"是指越来越多的农户会通过各种形式的契约，把自己拥有的土地使用权一次次转让出去。转让期限的长短取决于他们自己的预期。

土地使用权流转有可能发生在农户之间，也可能有经纪人从中牵线，但广大农户会普遍反对强制性地把土地集中起来"反租倒包"。因此今后农民将会对自己的土地有更大的处置权，农业规模经营的水平和农业劳动生产率会相应地得到提高。

5. 农村劳动力市场将得到更健康的发展

今后，中国政府会逐渐取消所有的歧视农村劳动力的就业政策，发育和发展全国一体化的劳动力市场。使乡村劳动力在城乡劳动力市场竞争就业时享受国民待遇，他们将有权自由选择职业和居住地。对于中国的经济发展来说，发展城乡统一的劳动力市场将使中国最大限度地保持劳动力廉价的比较优势和降低经济增长成本，确保中国经济的快速发展和中国产品在国际上的竞争力。

6. 农民的中介组织将会进一步发展

今后，随着农村经济市场化水平的进一步提高，农民对中介组织的需求会进一步增强，因而会推动各种中介组织的建设和发展。为了应对中国加入WTO以后国外歧视性的反倾销和反补贴，维护中国农民的合法权益，农民中介组织的发展也将会得到政府的支持和鼓励。直至成立全国性的农民组织。

参考文献：

[1] 中国社会科学院农村发展研究所，国家统计局农村社会经济调查总队. 中国农村经济形势分析与预测[M]. 北京：社会科学文献出版社，历年.

[2] 中国社会科学院农村发展研究所. 中国农村发展研究报告（NO. 3）[M]. 北京：社会科学文献出版社，2002.

[3] 国家统计局. 中国统计年鉴2002[M]. 北京：中国统计出版社，2002.

[4] 国家统计局农村社会经济调查总队. 中国农村住户调查年鉴2002[M]. 北京：中国统计出版社.

[5] 中华人民共和国农业部. 中国农业发展报告[M]. 2002.

[6] 陈锡文. 中国经济转轨二十年：中国农村的经济改革[M]. 北京：外文出版社，1999.

[7] 唐仁健. 对税费改革若干重大问题的探讨[J]. 中国农村经济，2002（9）.

[8] 崔晓黎. 农村税费改革要"釜底抽薪"[J]. 中国农村经济，2002（9）.

[9] 杨继瑞，任啸. 农地"隐性市场化"：问题、成因与对策[J]. 中国农村经济，2002（9）.

[10] 张雷宝. 粮食流通体制改革与中国期货市场发展[J]. 中国农村经济，2002（9）.

[11] 李泽华. 中国农产品批发市场的现状与发展趋势[J]. 中国农村经济，2002（6）.

[12] 柯炳生. 加入WTO与中国农业发展[J]. 中国农村经济，2000（1）.

[13] 李炳坤. 加入世贸组织与农业发展对策[J]. 中国农村经济，2000（1）.

[14] 于建嵘. 新时期中国乡村政治的基础和发展方向[J]. 中国农村观察，2002（1）.

[15] 范小建. 新形势下推进农业产业化的思考[J]. 中国农村经济，2002（10）.

[16] 杨明洪. 农业产业化经营组织形式演进：一种基于内生交易费用的理论解释[J]. 中国农村经济，2002（10）.

[17] 程志宏，王克臣，严先溥，等. 农村市场的类型及特点[J]. 调研世界，2002（2）.

[18] 李泽华. 中国农产品批发市场的现状与发展趋势[J]. 中国农村经济，2002（6）.

附录三 美国传统基金会和加拿大弗雷泽研究所经济自由度指数

附表 3-1 美国传统基金会经济自由度指数 2000 年各国家（地区）排名

排名	国家和地区	得分	贸易	财政负担	政府干预	货币政策	外国投资	银行金融	工资物价	产权	规制	黑市
1	中国香港	1.45	1.0	2.0	3.0	1.0	1.0	1.0	2.0	1.0	1.0	1.5
2	新加坡	1.50	1.0	2.0	3.0	1.0	1.0	2.0	2.0	1.0	1.0	1.0
3	卢森堡	1.70	2.0	4.0	2.0	1.0	1.0	1.0	2.0	1.0	2.0	1.0
3	新西兰	1.70	2.0	2.0	2.0	1.0	2.0	1.0	2.0	1.0	2.0	1.0
5	爱尔兰	1.75	2.0	3.0	2.0	2.0	2.0	1.0	2.0	1.0	2.0	1.5
6	丹麦	1.80	2.0	4.5	3.5	1.0	2.0	1.0	2.0	1.0	2.0	1.0
6	爱沙尼亚	1.80	2.0	3.5	2.0	2.0	1.0	1.0	1.0	2.0	2.0	2.5
6	美国	1.80	1.0	3.5	2.0	1.0	2.0	1.0	2.0	1.0	2.0	1.5
9	澳大利亚	1.85	2.0	3.5	2.0	2.0	2.0	1.0	2.0	1.0	2.0	1.0
9	英国	1.85	2.0	4.0	2.0	1.0	2.0	1.0	2.0	1.0	2.0	1.5
11	芬兰	1.90	2.0	4.0	2.0	1.0	2.0	2.0	2.0	1.0	2.0	1.0
11	冰岛	1.90	2.0	3.0	2.0	2.0	2.0	3.0	1.0	2.0	1.0	1.0

续表

排名	国家和地区	得分	贸易	财政负担	政府干预	货币政策	外国投资	银行金融	工资物价	产权	规制	黑市
11	荷兰	1.90	2.0	4.0	2.0	2.0	1.0	1.0	2.0	1.0	3.0	1.0
11	瑞典	1.90	2.0	4.5	2.5	1.0	1.0	1.0	2.0	1.0	3.0	1.0
15	瑞士	1.95	2.0	3.5	3.0	1.0	2.0	1.0	2.0	1.0	3.0	1.0
16	巴林	2.00	2.0	2.0	3.0	1.0	2.0	2.0	3.0	1.0	2.0	2.0
16	智利	2.00	3.0	2.5	2.0	2.0	2.0	2.0	2.0	1.0	3.0	1.5
18	加拿大	2.05	2.0	4.0	2.5	1.0	3.0	2.0	2.0	1.0	2.0	1.0
19	奥地利	2.10	2.0	4.5	2.0	1.0	2.0	2.0	2.0	1.0	3.0	1.5
19	比利时	2.10	2.0	5.0	2.0	1.0	2.0	1.0	2.0	1.0	3.0	2.0
19	德国	2.10	2.0	4.5	2.0	1.0	2.0	2.0	3.0	1.0	3.0	1.5
22	巴哈马	2.15	5.0	1.5	2.0	1.0	3.0	2.0	3.0	1.0	1.0	2.0
22	塞浦路斯	2.15	2.0	3.5	3.0	1.0	3.0	2.0	2.0	1.0	2.0	2.0
24	巴巴多斯	2.20	3.0	4.0	2.0	2.0	3.0	2.0	2.0	1.0	2.0	2.0
24	阿拉伯联合酋长国	2.20	2.0	2.0	3.0	1.0	3.0	3.0	2.0	2.0	3.0	1.0
26	萨尔瓦多	2.25	2.0	2.0	2.0	2.0	2.0	2.0	2.0	3.0	2.0	3.5
27	挪威	2.30	2.0	4.0	3.0	1.0	3.0	3.0	2.0	1.0	3.0	1.0
27	中国台湾	2.30	2.0	3.0	2.5	1.0	3.0	3.0	2.0	2.0	2.0	2.5
29	意大利	2.35	2.0	5.0	2.0	1.0	2.0	2.0	2.0	2.0	3.0	2.5

续表

排名	国家和地区	得分	贸易	财政负担	政府干预	货币政策	外国投资	银行金融	工资物价	产权	规制	黑市
29	立陶宛	2.35	2.0	3.5	2.0	1.0	2.0	2.0	2.0	3.0	3.0	3.0
29	西班牙	2.35	2.0	4.0	2.5	2.0	2.0	2.0	2.0	2.0	3.0	2.0
32	葡萄牙	2.40	2.0	4.0	2.0	2.0	2.0	3.0	2.0	2.0	3.0	2.0
33	以色列	2.45	2.0	5.0	3.0	1.0	2.0	3.0	2.0	2.0	3.0	1.5
33	拉脱维亚	2.45	2.0	4.0	2.0	1.0	2.0	2.0	2.0	3.0	3.0	3.5
35	博茨瓦纳	2.50	2.0	3.5	4.0	3.0	2.0	2.0	2.0	2.0	2.0	2.5
35	柬埔寨	2.50	2.0	2.0	1.0	1.0	3.0	2.0	3.0	4.0	4.0	3.0
35	捷克	2.50	3.0	4.5	2.0	2.0	2.0	1.0	2.0	2.0	3.0	3.5
35	日本	2.50	2.0	4.0	3.0	1.0	3.0	3.0	2.0	2.0	3.0	2.0
35	乌拉圭	2.50	3.0	3.5	2.5	2.0	2.0	2.0	2.0	3.0	3.0	3.0
40	法国	2.55	2.0	4.5	3.0	1.0	3.0	3.0	3.0	2.0	3.0	2.0
40	科威特	2.55	2.0	2.5	3.0	1.0	4.0	3.0	2.0	2.0	3.0	2.0
40	泰国	2.55	4.0	2.5	1.5	1.0	3.0	3.0	2.0	3.0	3.0	3.5
43	特立尼达和多巴哥	2.60	4.0	3.5	3.0	2.0	2.0	2.0	2.0	2.0	3.0	2.5
44	亚美尼亚	2.65	1.0	2.5	3.0	2.0	2.0	2.0	3.0	3.0	4.0	4.0
44	玻利维亚	2.65	3.0	3.0	2.0	1.0	1.0	2.0	2.0	4.0	4.0	4.5
44	哥斯达黎加	2.65	2.0	3.0	2.5	3.0	2.0	3.0	2.0	3.0	3.0	3.0

续表

排名	国家和地区	得分	贸易	财政负担	政府干预	货币政策	外国投资	银行金融	工资物价	产权	规制	黑市
44	匈牙利	2.65	3.0	4.0	2.0	3.0	2.0	2.0	3.0	2.0	3.0	2.5
44	马达加斯加	2.65	2.0	2.5	1.0	3.0	3.0	3.0	2.0	3.0	3.0	4.0
44	巴拿马	2.65	3.0	4.0	3.0	1.0	2.0	1.0	2.0	4.0	3.0	3.5
44	卡塔尔	2.65	3.0	2.5	3.0	1.0	3.0	2.0	3.0	3.0	4.0	2.0
44	南非	2.65	3.0	4.5	2.0	2.0	2.0	2.0	2.0	3.0	3.0	3.0
52	韩国	2.70	3.0	3.0	4.0	2.0	2.0	3.0	2.0	2.0	3.0	3.0
52	马尔他	2.70	3.0	4.0	3.0	1.0	3.0	3.0	3.0	1.0	2.0	4.0
52	纳米比亚	2.70	3.0	4.0	3.5	3.0	2.0	2.0	2.0	2.0	3.0	2.5
55	伯利兹	2.75	4.0	3.5	2.0	1.0	3.0	3.0	2.0	3.0	3.0	3.0
56	希腊	2.80	2.0	4.0	2.0	2.0	3.0	3.0	3.0	3.0	3.0	3.0
56	危地马拉	2.80	3.0	2.0	1.0	3.0	2.0	3.0	2.0	4.0	4.0	4.0
56	牙买加	2.80	4.0	4.0	3.0	3.0	1.0	2.0	2.0	3.0	3.0	3.0
56	墨西哥	2.80	2.0	3.5	3.0	3.0	2.0	3.0	2.0	3.0	3.0	3.5
56	阿曼	2.80	3.0	3.0	4.0	1.0	3.0	3.0	3.0	3.0	3.0	2.0
56	秘鲁	2.80	4.0	2.5	3.0	1.0	2.0	2.0	2.0	4.0	4.0	3.5
62	约旦	2.85	5.0	3.5	4.0	1.0	2.0	2.0	3.0	2.0	3.0	3.0
62	菲律宾	2.85	2.0	2.5	2.0	2.0	2.0	3.0	3.0	3.0	4.0	4.0
62	斯洛文尼亚	2.85	4.0	4.0	2.0	3.0	3.0	3.0	2.0	3.0	2.0	2.5

附录三　美国传统基金会和加拿大弗雷泽研究所经济自由度指数

续表

排名	国家和地区	得分	贸易	财政负担	政府干预	货币政策	外国投资	银行金融	工资物价	产权	规制	黑市
62	乌干达	2.85	3.0	3.0	2.0	1.0	3.0	3.0	2.0	3.0	4.0	4.5
66	波兰	2.90	3.0	4.5	2.0	3.0	3.0	2.0	3.0	2.0	3.0	3.5
66	斯洛伐克	2.90	3.0	4.5	2.0	3.0	2.0	3.0	3.0	3.0	3.0	3.5
68	阿根廷	2.95	4.0	3.0	2.0	1.0	3.0	4.0	2.0	4.0	3.0	3.5
68	摩洛哥	2.95	5.0	4.0	2.5	1.0	2.0	3.0	2.0	4.0	3.0	3.0
68	沙特阿拉伯	2.95	4.0	2.5	4.0	1.0	3.0	3.0	2.0	3.0	3.0	3.0
68	突尼斯	2.95	5.0	4.0	3.0	1.0	3.0	3.0	2.0	3.0	3.0	2.5
72	巴西	3.00	4.0	2.5	3.0	3.0	3.0	3.0	2.0	3.0	3.0	3.5
72	哥伦比亚	3.00	4.0	3.5	2.0	3.0	3.0	3.0	2.0	4.0	3.0	3.5
72	马来西亚	3.00	3.0	3.0	3.0	1.0	4.0	4.0	3.0	3.0	3.0	3.0
72	马里	3.00	3.0	3.0	3.0	2.0	3.0	3.0	2.0	3.0	3.0	5.0
72	毛里求斯	3.00	5.0	3.0	3.0	2.0	3.0	2.0	4.0	2.0	3.0	3.0
72	蒙古	3.00	2.0	4.5	2.5	3.0	3.0	2.0	3.0	3.0	4.0	3.0
72	尼加拉瓜	3.00	2.0	3.0	3.0	3.0	2.0	2.0	3.0	4.0	4.0	4.0
72	斯威士兰	3.00	2.0	4.0	2.0	3.0	3.0	3.0	3.0	3.0	3.0	4.0
80	中非	3.05	5.0	2.5	3.0	1.0	2.0	3.0	3.0	3.0	4.0	4.0

续表

排名	国家和地区	得分	贸易	财政负担	政府干预	货币政策	外国投资	银行金融	工资物价	产权	规制	黑市
80	洪都拉斯	3.05	3.0	2.5	3.0	3.0	3.0	3.0	2.0	3.0	4.0	4.0
80	科特迪瓦	3.05	4.0	3.5	1.0	2.0	3.0	2.0	3.0	4.0	4.0	4.0
80	塞内加尔	3.05	4.0	2.5	3.0	1.0	3.0	3.0	3.0	3.0	4.0	4.0
80	斯里兰卡	3.05	3.0	3.5	3.0	3.0	3.0	3.0	3.0	3.0	3.0	3.0
85	多米尼加	3.10	5.0	1.5	1.0	3.0	3.0	3.0	3.0	4.0	4.0	3.5
85	几内亚	3.10	5.0	3.0	1.0	3.0	3.0	2.0	2.0	4.0	4.0	4.0
85	肯尼亚	3.10	4.0	3.5	3.0	1.0	3.0	3.0	2.0	3.0	4.0	4.5
85	毛里塔尼亚	3.10	4.0	4.0	2.0	2.0	2.0	2.0	3.0	4.0	4.0	4.0
89	佛得角	3.15	4.0	4.5	4.0	1.0	3.0	3.0	3.0	3.0	2.0	4.0
89	克罗地亚	3.15	3.0	4.0	2.0	2.0	3.0	3.0	3.0	4.0	4.0	3.5
89	加蓬	3.15	5.0	4.5	2.0	1.0	3.0	2.0	3.0	3.0	4.0	3.0
92	圭亚那	3.20	4.0	4.0	3.0	2.0	3.0	3.0	2.0	3.0	4.0	4.0
92	摩尔多瓦	3.20	2.0	3.5	3.0	4.0	3.0	3.0	3.0	4.0	4.0	3.5
94	安哥拉	3.25	5.0	3.5	3.0	2.0	2.0	4.0	3.0	4.0	3.0	3.0
94	布基那法索	3.25	4.0	3.5	3.0	2.0	2.0	3.0	3.0	4.0	4.0	4.0

续表

排名	国家和地区	得分	贸易	财政负担	政府干预	货币政策	外国投资	银行金融	工资物价	产权	规制	黑市
94	黎巴嫩	3.25	5.0	3.5	3.0	1.0	3.0	2.0	2.0	4.0	4.0	5.0
94	马其顿	3.25	5.0	2.5	3.0	2.0	3.0	2.0	2.0	4.0	4.0	5.0
94	莫桑比克	3.25	4.0	3.5	3.0	2.0	2.0	2.0	3.0	4.0	4.0	4.0
99	吉布提	3.30	4.0	4.0	4.0	1.0	3.0	3.0	2.0	4.0	4.0	4.0
99	冈比亚	3.30	4.0	3.0	3.0	3.0	3.0	3.0	3.0	3.0	4.0	5.0
99	印度尼西亚	3.30	3.0	2.5	3.0	3.0	3.0	4.0	2.0	4.0	4.0	4.5
99	巴基斯坦	3.30	5.0	3.0	3.0	3.0	3.0	3.0	3.0	4.0	3.0	4.0
99	巴拉圭	3.30	3.0	2.0	3.0	3.0	3.0	3.0	3.0	4.0	4.0	5.0
104	阿尔巴尼亚	3.35	5.0	3.5	3.0	2.0	2.0	3.0	2.0	4.0	4.0	5.0
104	阿塞拜疆	3.35	3.0	3.0	3.0	1.0	4.0	4.0	3.0	4.0	4.0	4.5
104	贝宁	3.35	4.0	3.5	3.0	2.0	3.0	3.0	3.0	4.0	4.0	4.0
104	保加利亚	3.35	4.0	4.0	2.0	5.0	3.0	3.0	2.0	3.0	4.0	3.5
104	喀麦隆	3.35	5.0	3.0	3.0	1.0	3.0	3.0	3.0	4.0	4.0	4.5
104	埃及	3.35	4.0	5.0	3.0	1.0	4.0	3.0	3.0	4.0	4.0	3.5
104	吉尔吉斯斯坦	3.35	4.0	2.5	2.0	4.0	3.0	3.0	3.0	4.0	4.0	4.0
104	莱索托	3.35	3.0	4.5	3.0	3.0	3.0	3.0	3.0	4.0	4.0	4.0

续表

排名	国家和地区	得分	贸易	财政负担	政府干预	货币政策	外国投资	银行金融	工资物价	产权	规制	黑市
104	坦桑尼亚	3.35	5.0	2.5	2.0	3.0	3.0	3.0	3.0	4.0	4.0	4.0
113	乍得	3.40	5.0	4.0	2.0	3.0	3.0	2.0	2.0	4.0	4.0	5.0
113	斐济	3.40	5.0	4.0	3.0	2.0	4.0	2.0	3.0	4.0	3.0	4.0
113	佐治亚	3.40	4.0	2.0	2.0	4.0	3.0	3.0	3.0	4.0	4.0	5.0
113	加纳	3.40	4.0	3.5	3.0	5.0	3.0	3.0	3.0	3.0	3.0	3.5
113	尼日尔	3.40	4.0	3.0	2.0	3.0	3.0	3.0	3.0	4.0	4.0	5.0
118	厄瓜多尔	3.45	4.0	2.5	2.0	5.0	3.0	3.0	3.0	4.0	4.0	5.0
119	孟加拉国	3.50	5.0	2.0	3.0	1.0	3.0	4.0	3.0	4.0	5.0	5.0
119	埃塞俄比亚	3.50	5.0	3.5	3.0	1.0	4.0	4.0	3.0	4.0	4.0	3.5
119	印度	3.50	5.0	4.0	3.0	2.0	3.0	4.0	3.0	3.0	4.0	4.0
119	哈萨克斯坦	3.50	4.0	3.0	2.0	3.0	4.0	3.0	4.0	3.0	4.0	4.0
119	尼泊尔	3.50	5.0	2.0	2.0	2.0	4.0	3.0	3.0	4.0	4.0	5.0
119	土耳其	3.50	3.0	4.5	3.0	5.0	3.0	3.0	3.0	3.0	4.0	3.5
119	委内瑞拉	3.50	4.0	3.0	2.0	4.0	3.0	4.0	3.0	4.0	4.0	4.0
119	赞比亚	3.50	4.0	4.0	2.0	5.0	3.0	3.0	3.0	3.0	4.0	4.0
127	中国	3.55	5.0	3.0	4.0	1.0	4.0	3.0	3.0	4.0	4.0	3.5
128	赤道几内亚	3.60	5.0	2.0	2.0	3.0	3.0	4.0	4.0	4.0	4.0	5.0

续表

排名	国家和地区	得分	贸易	财政负担	政府干预	货币政策	外国投资	银行金融	工资物价	产权	规制	黑市
128	海地	3.60	3.0	2.0	2.0	4.0	4.0	3.0	3.0	5.0	5.0	5.0
128	多哥	3.60	3.0	3.0	3.0	2.0	4.0	4.0	3.0	4.0	5.0	5.0
131	马拉维	3.65	4.0	4.0	3.0	5.0	3.0	4.0	3.0	3.0	4.0	3.5
131	卢旺达	3.65	5.0	2.5	3.0	2.0	4.0	3.0	3.0	4.0	5.0	5.0
131	乌克兰	3.65	3.0	4.5	3.0	4.0	3.0	4.0	3.0	4.0	4.0	4.0
131	也门	3.65	3.0	4.5	3.0	4.0	3.0	4.0	3.0	4.0	4.0	4.0
135	刚果	3.70	5.0	4.0	3.0	1.0	3.0	4.0	3.0	4.0	5.0	5.0
135	俄罗斯	3.70	4.0	3.5	2.5	4.0	3.0	4.0	3.0	4.0	4.0	4.0
135	越南	3.70	5.0	3.0	4.0	1.0	4.0	4.0	3.0	4.0	5.0	4.0
138	罗马尼亚	3.75	4.0	4.5	3.0	5.0	3.0	3.0	3.0	4.0	4.0	4.0
139	波斯尼亚和黑塞哥维那	3.80	2.0	4.0	5.0	2.0	4.0	3.0	3.0	5.0	5.0	5.0
140	尼日利亚	3.85	5.0	3.5	3.0	4.0	3.0	4.0	3.0	4.0	4.0	5.0
140	塞拉利昂	3.85	5.0	3.5	2.0	3.0	4.0	4.0	2.0	5.0	5.0	5.0
142	几内亚	3.90	4.0	4.0	2.0	3.0	4.0	4.0	3.0	5.0	5.0	5.0
143	苏里南	3.95	4.0	4.5	4.0	4.0	4.0	4.0	3.0	4.0	4.0	5.0
143	叙利亚	3.95	4.0	4.5	4.0	1.0	4.0	5.0	4.0	4.0	4.0	5.0

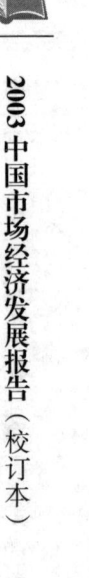

续表

排名	国家和地区	得分	贸易	财政负担	政府干预	货币政策	外国投资	银行金融	工资物价	产权	规制	黑市
143	塔吉克斯坦	3.95	3.0	2.5	3.0	5.0	4.0	5.0	4.0	4.0	4.0	5.0
146	伊朗	4.15	3.0	2.5	4.0	4.0	4.0	5.0	4.0	5.0	5.0	5.0
146	土库曼斯坦	4.15	5.0	2.5	4.0	4.0	4.0	4.0	4.0	4.0	4.0	5.0
148	缅甸	4.20	5.0	2.0	3.0	4.0	5.0	4.0	4.0	5.0	5.0	5.0
149	乌兹别克斯坦	4.25	5.0	3.5	3.0	5.0	4.0	5.0	4.0	4.0	5.0	4.0
149	塞尔维亚	4.25	4.0	3.5	4.0	5.0	5.0	4.0	3.0	4.0	5.0	5.0
151	白俄罗斯	4.30	4.0	4.0	3.0	5.0	4.0	4.0	5.0	4.0	5.0	5.0
151	利比亚	4.30	5.0	4.0	4.0	1.0	5.0	5.0	5.0	5.0	5.0	5.0
153	老挝	4.40	5.0	3.0	4.0	5.0	5.0	4.0	4.0	5.0	5.0	5.0
153	津巴布韦	4.40	5.0	4.0	3.0	5.0	5.0	4.0	5.0	5.0	4.0	4.0
155	古巴	4.45	3.0	4.5	4.0	5.0	5.0	5.0	5.0	5.0	4.0	5.0
156	朝鲜	5.00	5.0	5.0	5.0	5.0	5.0	5.0	5.0	5.0	5.0	5.0

注：传统基金会 2003 年报告所采用的数据为 2000 年的。

资料来源：传统基金会《经济自由度指数报告 2003》，www.heritage.org 在线资料。

附表 3-2　加拿大弗雷泽研究所经济自由度 2000 年各国家（地区）排名

排名	国家（地区）	总得分	政府规模	法律结构与产权保护	货币政策合理性	对外交易自由度	规制
1	中国香港	8.8	9.19	7.23	9.36	9.78	8.44
2	新加坡	8.6	8.08	8.53	9.74	9.32	7.37
3	美国	8.5	7.57	9.23	9.66	8.00	8.23
4	英国	8.4	6.22	9.29	9.68	8.46	8.13
5	新西兰	8.2	6.68	9.10	8.99	8.33	7.91
5	瑞士	8.2	7.21	9.27	9.40	8.34	6.98
7	爱尔兰	8.1	6.13	8.97	9.49	8.94	7.10
8	澳大利亚	8.0	6.19	9.49	9.29	7.75	7.26
8	加拿大	8.0	5.97	9.27	9.31	7.93	7.63
8	荷兰	8.0	4.58	9.62	9.45	8.79	7.59
11	芬兰	7.7	4.32	9.49	9.31	8.29	6.96
11	冰岛	7.7	6.04	9.03	9.04	6.82	7.58
13	卢森堡	7.6	4.63	8.35	9.71	8.53	6.88
13	丹麦	7.6	3.75	9.54	9.60	8.08	7.18
15	奥地利	7.5	3.94	9.34	9.53	8.34	6.39
15	比利时	7.5	3.70	8.29	9.58	8.90	6.96
15	智利	7.5	7.12	6.53	9.35	7.43	7.03
15	德国	7.5	4.26	9.14	9.61	8.60	6.08
19	阿曼	7.4	6.07	7.15	9.25	7.73	6.59
19	阿拉伯联合酋长国	7.4	7.61	6.55	8.86	—	6.46

续表

排名	国家（地区）	总得分	政府规模	法律结构与产权保护	货币政策合理性	对外交易自由度	规制
19	巴拿马	7.4	7.45	5.80	9.73	7.25	6.61
19	葡萄牙	7.4	5.57	7.64	9.29	8.02	6.37
19	瑞典	7.4	3.26	9.02	9.73	8.29	6.69
24	巴林	7.3	6.80	5.95	9.65	7.51	6.50
24	哥斯达黎加	7.3	7.12	6.87	7.61	8.11	6.84
24	日本	7.3	5.35	8.18	9.51	6.83	6.66
24	约旦	7.3	5.58	7.22	9.57	7.71	6.39
24	挪威	7.3	4.06	8.85	9.50	7.62	6.62
24	西班牙	7.3	4.62	7.54	9.33	8.26	6.78
30	阿根廷	7.2	8.03	5.41	9.54	6.40	6.62
30	萨尔瓦多	7.2	8.42	4.51	9.36	7.35	6.42
30	毛里求斯	7.2	7.12	6.00	9.62	7.01	6.24
30	中国台湾	7.2	6.04	6.08	9.67	8.01	6.09
30	特立尼达和多巴哥	7.2	5.87	6.77	9.50	6.56	7.23
35	巴哈马	7.1	7.72	7.15	6.79	—	6.75
35	爱沙尼亚	7.1	5.93	6.67	7.68	8.72	6.48
35	意大利	7.1	4.57	7.66	9.43	8.08	5.63
38	博茨瓦纳	7.0	5.26	7.15	8.57	7.72	6.49
38	科威特	7.0	6.12	7.15	9.47	7.21	5.14

续表

排名	国家（地区）	总得分	政府规模	法律结构与产权保护	货币政策合理性	对外交易自由度	规制
38	捷克	7.0	5.33	6.89	9.25	7.80	5.67
38	法国	7.1	2.54	8.09	9.46	8.13	7.01
38	牙买加	7.0	7.52	5.81	8.20	6.95	6.55
38	菲律宾	7.0	7.09	4.65	8.98	7.60	6.47
38	韩国	7.0	7.11	5.97	9.50	7.01	5.44
45	希腊	6.9	6.63	5.70	9.09	7.50	5.34
45	秘鲁	6.9	8.69	3.94	8.50	7.14	6.43
47	以色列	6.8	3.14	8.01	9.23	7.75	5.93
47	拉脱维亚	6.8	5.93	6.83	8.24	7.32	5.77
47	南非	6.8	5.45	6.54	7.46	7.31	7.03
47	乌拉圭	6.8	6.65	6.29	7.59	7.29	6.19
51	玻利维亚	6.7	7.47	3.43	9.25	7.30	6.12
51	多米尼加	6.7	8.55	4.30	7.50	6.51	6.70
51	埃及	6.7	6.54	5.87	9.36	6.26	5.37
51	匈牙利	6.7	5.39	7.01	6.72	7.21	6.96
51	马来西亚	6.7	6.72	5.62	7.17	7.49	6.47
56	圭亚那	6.6	4.84	7.15	7.78	—	6.74
56	肯尼亚	6.6	6.60	4.15	8.90	7.13	6.17
56	纳米比亚	6.6	3.91	8.35	7.12	6.90	6.60
56	泰国	6.6	6.84	5.99	6.53	7.65	6.19
60	海地	6.6	8.00	4.15	8.07		5.98

续表

排名	国家（地区）	总得分	政府规模	法律结构与产权保护	货币政策合理性	对外交易自由度	规制
60	马耳他	6.5	5.91	7.75	7.18	6.17	5.48
60	乌干达	6.5	6.24	4.75	9.16	6.83	5.60
60	赞比亚	6.6	6.60	6.55	5.91	8.13	5.55
60	立陶宛	6.5	6.09	6.62	6.73	7.39	5.56
60	尼加拉瓜	6.5	6.81	4.03	8.12	7.34	6.29
66	危地马拉	6.3	9.10	2.95	7.53	6.36	5.63
66	洪都拉斯	6.3	7.48	3.54	7.93	6.88	5.88
66	墨西哥	6.3	7.59	4.25	6.17	7.85	5.40
66	巴拉圭	6.3	7.57	3.53	8.95	6.57	5.03
70	伯里兹	6.2	6.01	—	6.81	5.32	6.78
70	塞浦路斯	6.2	5.91	7.15	6.78	5.77	5.36
70	斐济	6.2	5.92	—	6.62	6.15	5.93
73	摩洛哥	6.1	5.94	7.15	6.74	5.52	5.09
73	突尼斯	6.1	5.28	6.55	6.90	6.07	5.60
73	印度	6.1	6.88	5.99	6.54	5.10	5.78
73	斯洛文尼亚	6.1	3.17	7.34	7.14	7.08	5.74
77	坦桑尼亚	6.0	5.55	6.55	8.42	5.63	3.73
77	印度尼西亚	6.0	7.82	3.36	6.45	7.59	4.69
77	斯里兰卡	6.0	7.02	3.94	6.79	5.99	6.08

续表

排名	国家（地区）	总得分	政府规模	法律结构与产权保护	货币政策合理性	对外交易自由度	规制
80	科特迪瓦	5.9	7.73	3.55	6.81	6.25	5.37
80	尼泊尔	5.9	5.30	—	6.71	5.94	5.50
82	巴巴多斯	5.8	5.21	—	6.45	5.29	6.41
82	贝宁	5.8	6.47	—	6.55	5.26	5.07
82	新几内亚岛	5.9	6.49	4.15	5.41	6.85	6.36
82	巴西	5.8	6.71	5.35	5.12	5.65	6.07
82	斯洛伐克	5.8	3.48	6.30	6.46	7.76	5.20
82	土耳其	5.8	6.95	5.39	3.60	7.26	5.57
82	委内瑞拉	5.8	7.11	3.75	5.74	7.06	5.15
89	加纳	5.7	6.76	4.15	5.21	6.49	5.88
89	塞内加尔	5.7	6.68	4.15	7.03	6.02	4.56
89	波兰	5.7	3.91	6.50	6.21	6.38	5.58
92	布隆迪	5.6	6.46	—	6.04	4.48	5.46
92	乍得	5.6	6.46	—	6.26	5.80	3.89
92	克罗地亚	5.6	3.28	7.15	6.17	6.08	5.51
92	马里	5.6	5.73	5.35	6.63	5.87	4.63
92	哥伦比亚	5.6	5.38	3.53	7.11	6.33	5.69
97	阿尔巴尼亚	5.5	6.20	4.75	6.34	5.19	4.98
97	喀麦隆	5.5	5.55	4.75	6.36	5.77	4.97

续表

排名	国家（地区）	总得分	政府规模	法律结构与产权保护	货币政策合理性	对外交易自由度	规制
97	尼日尔	5.5	5.91	4.75	6.69	5.43	4.59
97	保加利亚	5.5	4.86	5.41	4.77	7.06	5.47
101	卢旺达	5.3	5.49	—	5.85	4.56	5.18
101	中国	5.3	3.84	4.15	6.52	6.69	5.23
101	厄瓜多尔	5.3	8.69	3.30	3.28	6.98	4.39
101	尼日利亚	5.3	5.52	3.62	5.53	5.83	6.07
105	加蓬	5.2	3.69	4.15	6.91	5.91	5.55
105	马达加斯加	5.2	6.54	4.75	4.51	5.96	4.38
107	巴基斯坦	5.1	6.69	2.95	6.43	4.30	5.20
107	孟加拉国	5.1	5.18	2.89	6.90	4.90	5.66
109	中非	5.0	4.26	—	6.75	5.15	3.91
109	伊朗	5.0	4.55	6.55	7.22	2.84	3.92
109	塞拉利昂	5.0	6.16	2.95	7.02	4.06	4.83
109	叙利亚	5.0	3.75	5.35	7.08	6.19	2.71
113	刚果	4.9	3.53	2.35	6.83	6.98	4.84
114	罗马尼亚	4.9	4.65	6.37	1.58	6.26	5.38
114	津巴布韦	4.8	4.67	5.02	2.84	6.28	5.36
116	马拉维	4.7	4.22	5.95	2.05	6.01	5.08
116	多哥	4.7	4.44	3.55	6.47	—	4.42
116	俄罗斯	4.7	6.39	4.45	1.46	6.95	4.39

续表

排名	国家（地区）	总得分	政府规模	法律结构与产权保护	货币政策合理性	对外交易自由度	规制
119	乌克兰	4.5	3.83	4.81	2.62	6.57	4.55
120	阿尔及利亚	4.1	4.02	2.35	5.81	5.41	3.09
121	几内亚比绍	3.8	4.63	2.95	2.57	—	5.12
122	缅甸	3.3	3.50	2.95	4.46	1.66	3.98
123	民主刚果	3.2	4.40	1.75	2.50	—	3.98

注：弗雷泽研究所经济自由度排序所根据的分值比较，要求所有分值小数点后保留一位。

资料来源：弗雷泽研究所《经济自由度报告2002》，www.fraserinstitute.ca在线资料。

主要参考文献

[1] 国家统计局.中国统计年鉴[M].北京:中国统计出版社,1992—2001.

[2] 国家统计局.中国统计摘要[M].北京:中国统计出版社,2002.

[3] 国家统计局农调总队.中国农村统计年鉴[M].北京:中国统计出版社,2001.

[4] 中国金融年鉴编辑部.中国金融年鉴[M].北京:中国金融协会,2001.

[5] 中国财政杂志社.中国财政年鉴[M].2001.

[6] 中国城市发展研究会.中国城市年鉴[M].2001.

[7] 中国对外经济贸易年鉴编辑委员会.中国对外经济贸易年鉴[M].2001.

[8] 中国工商行政管理年鉴编辑部.中国工商行政管理年鉴[M].北京:工商出版社,2001.

[9] 国家统计局.中国农村住户调查年鉴[M].北京:中国统计出版社,2001.

[10] 对外贸易经济合作部进出口公平贸易局.国外对中国商品反倾销、反补贴、保障措施案例集(美国卷)[M].北京:中国对外经济贸易出版社,2002.

[11] 国家统计局.中国发展报告[M].北京:中国统计出版社,2001.

[12] 国家统计局贸易外经统计司.中国市场统计年鉴[M].北京:中国统计出版社,2000.

[13] 中国社会科学院工业经济研究所.中国工业发展报告[M].北京:经济管理出版社,2002.

[14] 国家信息中心.中国经济展望(产业卷)[M].北京:中国计划出版社,2002

[15] 国家信息中心.中国经济展望(宏观卷)[M].北京:中国计划出版社,2002.

[16] 国家统计局.中国经济景气月报[R].全年各期,2001.

[17] 中国企业联合会,中国企业家协会.中国企业发展报告[M].北京:企业管理出版社,2001—2002.

[18] 国家统计局城调总队.中国价格及城镇居民家庭收支调查统计年鉴[M].北京:中国统计出版社,2001.

[19] 中国经济改革研究基金会"中国改革与发展报告"专家组.制度的障碍与供给——非国有经济的发展问题研究[M].上海:上海远东出版社,2001.

[20] 国务院体改办.我国经济体制改革取得新进展[J].改革信息,2002(45).

[21] 国家统计局.国企改革仍是"十五"改革重中之重[N].新华社,2001-07-05.

[22] 国务院发展研究中心"经济全球化与政府作用"课题组.经济全球化背景下的政府改革:中国的经验、问题与前景[J].管理世界,2001(4).

[23] 国家工商行政管理总局.个体私营经济地方性法规、规范性文件汇编[M].北京:工商出版社,2002.

[24] 中国社会科学院工业经济研究所课题组.中国外商投资的区位特征及其变迁[J].经济研究参考,2001(41).

[25] 刘国光.中国经济体制改革模式问题研究[M].广州:广东经济出版社,1998.

[26] 吴敬琏.改革:我们正在过大关[M].北京:生活·读书·新知三联书店,2001.

[27] 吴敬琏.转轨中国[M].成都:四川人民出版社,2002.

[28] 厉以宁,董辅礽,韩志国.中国经济跨世纪的主题和难题[M].北京:经济科学出版社,1999.

[29] 厉以宁.转型发展理论[M].北京:同心出版社,1996.

[30] 张卓元.中国经济体制改革的总体回顾与展望[J].经济研究,1998(10).

[31] 萨缪尔森，威廉·诺德豪斯．经济学（16版）[M]．北京：华夏出版社，2002．

[32] 约瑟夫·斯蒂格利茨．政府在经济发展中的作用[J]．经济导刊，1997（6）．

[33] 尼古拉斯·R.拉迪．整个中国进入全球经济[M]．华盛顿：布鲁金斯协会出版社，2001．

[34] 刘仲黎．奠基——新中国经济50年[M]．北京：中国财政经济出版社，1999．

[35] 曾培炎．领导干部宏观经济管理知识读本[M]．北京：人民出版社，2002．

[36] 石广生．中国加入世界贸易组织知识读本[M]．北京：人民出版社，2001年

[37] 张皓若．中国改革开放二十年辉煌的历程[M]．北京：中国商业出版社1998．

[38] 陈锡文．中国经济转轨二十年：中国农村的经济改革[M]．北京：外文出版社，1999．

[39] 楼继伟．新中国50年财政统计[M]．北京：经济科学出版社，2000．

[40] 王世春，陈文敬．贸易和投资壁垒（一、二）[M]．北京：中国对外经济贸易出版社，2002．

[41] 樊纲，王小鲁．中国市场化指数——各地区市场化相对进程报告（2000年）[M]．北京：经济科学出版社，2001．

[42] 刘伟．转型中的企业、市场、国家[M]．广州：华文出版社，2001．

[43] 李晓西．转轨经济笔记[M]．广州：广东经济出版社，2001．

[44] 邱晓华．中国的道路[M]．北京：首都经贸大学出版社，1998．

[45] 江小娟．转轨中的中国产业：产业组织、准备率变化及增长绩准备（英文）[M]．洛杉矶：美国NOVA科学出版社，2001．

[46] 张曙光．市场化与宏观稳定[M]．北京：社会科学文献出版社，2002．

[47] 范恒山．所有制改革：理论与方案[M]．北京：首都经贸大学出版社，1999．

[48] 陈东琪.社会主义市场经济学 [M].长沙：湖南人民出版社，2002.
[49] 魏杰.企业制度安排 [M].北京：中国发展出版社，2002.
[50] 卢中原.中国市场发育研究 [M].杭州：浙江人民出版社，1991.
[51] 许宪春.中国国民经济核算理论方法与实践 [M].北京：中国统计出版社，1999.
[52] 陈宗胜，吴浙，谢思泉.中国经济体制市场化进程研究 [M].上海：上海人民出版社，1999.
[53] 高明华.权利配置与企业效率 [M].北京：中国经济出版社，1999.
[54] 刘学敏.中国价格管理研究——微观规制与宏观调控 [M].北京：经济管理出版社，2001.
[55] 戴宪生.中国农业与证券市场 [M].太原：山西经济出版社，2002.
[56] 裴长洪，李雪松.中国对外贸易形势分析与预测 [J].财贸经济，2001（5）.
[57] 杨琳.金融发展与实体经济增长 [M].北京：中国金融出版社，2002.
[58] 董念清.新编经济法教程 [M].北京：中共中央党校出版社，2002.
[59] 中国诚信债券评估有限公司，中诚信国际信用评级有限责任公司.中国上市公司基本分析 [M].北京：中国财政经济出版社，历年.
[60] 李恒光.我国主要中介组织发展现状分析 [J].东方论坛，2000（2）.
[61] 刘剑文，杨汉平.私有财产法律保护 [M].北京：法律出版社，2000.
[62] 刘笋.国际投资保护的国际法制若干重要问题研究 [M].北京：法律出版社，2002.

后 记

报告各章主要执笔人如下：

总　论　李晓西

第一章　苏旭霞

第二章　高明华

第三章　袁培红　鄢晓发

第四章　李建伟　杨　琳

第五章　周武光

第六章　刘学敏　刘　韬

第七章　李文锋　吴振宇　张生玲

第八章　侯万军　田　辉

第九章　余　明

第十章　董念清

第十一章　李晓西　曾学文　苏旭霞　施发启等

第十二章　王世春　余本林

第十三章　曾学文　张江雪　范丽娜等

第十四章　王雪磊　徐薇薇

第十五章　和晋予　张国会

第十六章　余洁雅

附录一　余本林　高明华　蒲凌尘　戴宪生

附录二　李　静

附录三　江明清